Processo integrativo:
o pensamento de
Mary Parker Follett –
da ontologia à administração

Margaret Stout
Jeannine M. Love
Tradução de Maria Thereza Moss

Processo integrativo:
o pensamento de
Mary Parker Follett –
da ontologia à administração

EDITORA intersaberes

Rua Clara Vendramin, 58 . Mossunguê
CEP 81200-170 . Curitiba . PR . Brasil
Fone: (41) 2106-4170
www.intersaberes.com
editora@editoraintersaberes.com.br

Conselho editorial
Dr. Ivo José Both (Presidente)
Drª Elena Godoi
Dr. Nelson Luís Dias
Dr. Neri dos Santos
Dr. Ulf Gregor Baranow

Editor-chefe
Lindsay Azambuja

Editor-assistente
Ariadne Nunes Wenger

Capa
Luana Machado Amaro (design)
Lukasz Szwa/Shutterstock (imagem)

Projeto gráfico
Bruno Palma e Silva

Diagramação
Maiane Gabriele de Araujo

Revisão de texto
Schirley Horácio de Gois Hartmann

Revisão técnica
José Francisco Salm
Luis Moretto Neto

Iconografia
Regina Claudia Cruz Prestes

Dados Internacionais de Catalogação na Publicação (CIP)
(Câmara Brasileira do Livro, SP, Brasil)

Stout, Margaret
 Processo integrativo: o pensamento de Mary Parker Follett – da ontologia à administração/Margaret Stout, Jeannine M. Love; Maria Thereza Moss (tradutora). Curitiba: InterSaberes, 2017.

 Título original: Integrative Process: Follettian Thinking from Ontology to Administration.
 Bibliografia.
 ISBN 978-85-5972-520-9

 1. Administração pública 2. Follett, Mary Parker, 1868-1933
I. Love, Jeannine M. II. Título.

17-08527   CDD-351

Índices para catálogo sistemático:
1. Administração pública: Teoria   351

título original
Integrative Process: Follettian Thinking from Ontology to Administration
© 2015 Process Century Press

direitos da edição brasileira
reservados à Editora
InterSaberes Ltda.

1ª edição, 2017.
Foi feito o depósito legal.
Informamos que é de inteira responsabilidade das autoras a emissão de conceitos.
Nenhuma parte desta publicação poderá ser reproduzida
por qualquer meio ou forma sem a prévia autorização da Editora InterSaberes.
A violação dos direitos autorais é crime estabelecido na Lei n. 9.610/1998
e punido pelo art. 184 do Código Penal.

Sumário

Prefácio da série "Rumo à Civilização Ecológica"   11
Dedicatória   13
Prefácio   15
Prólogo   17
Agradecimentos   21

Capítulo 1
Complementando a obra de Follett   25

1.1 Vida e obra de Follett   33
1.2 A contribuição intelectual de Follett   35
1.3 Uma metodologia complementar   43
1.4 A estrutura deste livro   50
1.5 Conclusões   51

Capítulo 2
A linguagem e os pressupostos ontológicos de Follett 57

  2.1 Holismo 62
  2.2 O vir a ser dinâmico 64
  2.3 Relação e relatividade 67
  2.4 Cocriação 68
  2.5 Uma observação sobre a linguagem de Follett 72

Capítulo 3
A teoria psicossocial de Follett 83

  3.1 Crítica da teoria social 87
  3.2 Revisando a psicologia grupal e individual 93
  3.3 O novo individualismo 107

Capítulo 4
Os conceitos epistemológicos de Follett 121

  4.1 Uma crítica às epistemologias convencionais 124
  4.2 A epistemologia relacional dinâmica 133

Capítulo 5
As crenças de Follett 153

Capítulo 6
A concepção de ética de Follett 163

  6.1 O certo 166
  6.2 Propósito 171

6.3 A lealdade reinterpretada   180
6.4 A obediência reinterpretada   181
6.5 Uma nova ética pública   184

Capítulo 7
A teoria política de Follett   191

7.1 Crítica à representação   195
7.2 O processo da democracia verdadeira   209
7.3 A estrutura da democracia verdadeira: o federalismo   226

Capítulo 8
A teoria econômica de Follett   237

8.1 Crítica ao capitalismo de mercado   241
8.2 O criar como desejo fundamental   243
8.3 A cooperação como o caminho para o criar   245
8.4 A autogovernança da cooperação econômica   247

Capítulo 9
A teoria administrativa de Follett   251

9.1 Do gerenciamento científico à administração colaborativa   255
9.2 Do comando e controle à autoridade emergente   259
9.3 Da unidade funcional ao unificar funcional   268
9.4 O Estado servil   286

Capítulo 10
Estabelecendo uma conversa entre
Follett e Whitehead — 295
com Miroslaw Patalon

10.1 A natureza do vir a ser — 302
10.2 O papel de Deus no vir a ser — 308
10.3 A natureza da diferença — 313
10.4 O propósito do vir a ser — 319
10.5 Por que comparar Follett e Whitehead — 323

Capítulo 11
Recapitulando — 327

11.1 Interpretações equivocadas na teoria do gerenciamento — 332
11.2 Interpretações equivocadas na teoria política — 339
11.3 Um resumo das interpretações equivocadas — 345
11.4 Em busca de ontologias políticas — 346

Capítulo 12
Os frutos do pensamento follettiano — 353

12.1 Processo integrativo — 359
12.2 Aplicação prática — 364
12.3 A democracia como modo de vida — 366
12.4 O progresso como colaboração criativa — 368
12.5 O pensamento follettiano na teoria contemporânea — 371

Capítulo 13
Uma afirmação da governança follettiana:
por que agora? 391

13.1 O contexto contemporâneo da globalização 394
13.2 A teoria contemporânea da governança 408

Capítulo 14
Implementando a governança follettiana 421

14.1 A integração como habilidade 425
14.2 A comunidade como conservatório 429
14.3 A academia como conservatório 432
14.4 Afirmando a governança follettiana 442

Referências 449
Sobre as autoras 495

John B. Cobb Jr.

Prefácio da série "Rumo à Civilização Ecológica"*

Vivemos no final de uma era. Mas o final do período moderno difere do final dos períodos anteriores, como o período clássico ou o medieval. Os grandes feitos da modernidade tornam possível ou até provável, que este seja também o final da civilização, de muitas espécies, ou até mesmo da espécie humana. Ao mesmo tempo, vivemos em uma era de recomeços que prometem uma civilização ecológica. Seu surgimento é marcado por um crescente senso de urgência e pelo aprofundamento da consciência de que as mudanças precisam chegar à raiz daquilo que nos trouxe até a ameaça atual.

---

* N. da T.: *Na edição original em inglês, esta obra integra a série "Rumo à Civilização Ecológica". Nesta edição traduzida, ainda que publicada individualmente, optamos por manter o prefácio da série em razão da relevância de tal conteúdo para o entendimento do contexto da obra.*

Em junho de 2015, acontecerá em Claremont, na Califórnia, a Whitehead International Conference*. Intitulada *Buscando uma alternativa: rumo à civilização ecológica* (em tradução livre), a conferência reafirma a necessidade de uma conceitualidade processiva, não dicotômica, integrada, relacional e orgânica e o fato de que Alfred North Whitehead pode providenciá-la de forma excepcionalmente integral e rigorosa. Sugerimos que ele pode ser o "filósofo da civilização ecológica". Com a ajuda dos que chegaram a uma visão ecológica por outros caminhos, a conferência explorará essa alternativa whiteheadiana, mostrando que é suficientemente avançada para proporcionar a visão comum tão urgentemente necessária.

O julgamento implícito nesses esforços é o de que as esferas acadêmicas contemporâneas ainda veneram a visão de natureza do século XVII, articulada por Descartes e reforçada por Kant. Sem libertar nossas mentes desse entendimento de mundo objetificante e reducionista, não teremos chance de direcionar nossas ações com sabedoria em resposta à crise à qual essa tradição nos trouxe. Uma vez que o objetivo de substituir os padrões de pensamento ora dominantes por um padrão que nos reoriente em direção à civilização ecológica é ambicioso, claramente precisaremos de mais do que uma única conferência. Felizmente, está em desenvolvimento uma plataforma maior que inclui a conferência e enxerga além dela. Chama-se Pando Populus, em homenagem ao maior e mais antigo organismo vivo do mundo, um bosque formado por um único indivíduo da espécie *Populus tremuloides*.

Em preparação para a conferência, e para apoiar a iniciativa da Pando Populus (<http://pandopopulus.com>), publicamos esta série, que adequadamente chamamos de *Rumo à Civilização Ecológica*.

---

* N. da T.: O original em inglês foi publicado em 2015.

Dedicatória

Este livro é dedicado a todos os pesquisadores e profissionais que mantiveram a memória de Mary Follett viva nos corações e mentes de empresas e governantes, assistentes sociais, especialistas em desenvolvimento de comunidades e teóricos de política e administração. São poucos e raros os que reconhecem a genialidade nos lugares mais improváveis e se disponibilizam a desenterrar ideias consideradas impopulares ou até mesmo perigosas em determinados regimes e épocas. Citamos especificamente: Matthew Shapiro e os membros da Mary Parker Follett Network, a biógrafa Joan Tonn e os autores Benjamin Barber, Warren Bennis, John Child, Angela Dumas, Peter Drucker, Tokihiko Enomoto, Brian Fry, Pauline Graham, Michael Harmon, Rosabeth Moss Kanter, Paul Lawrence, Jane Mansbridge, Kevin Mattson, O. C. McSwite, Henry Metcalf, Henry Mintzberg, Nitin Nohira, Sir Peter Parker, Jos Raadschelders, Camilla Stivers e Lyndall Urwick.

John B. Cobb Jr.

Prefácio

Agradeço a Margaret Stout, Jeannine Love e Miroslaw Patalon por me apresentarem o trabalho de Mary Follett. Mais que discípula, ela era colega de Whitehead, uma vez que estudou em Radcliffe quando a primeira geração de filósofos do processo e do pragmatismo, como William James, Charles Peirce e Josiah Royce, ainda estudava em Harvard.

No coração da comunidade estendida de pensadores do processo e do pragmatismo esteve há muito tempo a ideia de que o mundo é feito de processos que constantemente trazem à tona novas sínteses do passado. Follett chamava isso de *processo integrativo* com base na *experiência criativa*. Charles Hartsthorne escreveu extensivamente sobre *síntese criativa*. Henry Nelson Wieman descreveu a bondade humana como gerada em um processo de *transformação criativa*. Whitehead entendia *criatividade* como o processo de muitos se tornarem um e defendia que todo e qualquer evento é um exemplo disso. Ele fez a mais completa análise desse processo.

Juntos, esses autores mostraram que o mundo pode ser muito diferente quando visto nos termos dos processos contínuos de integração em vez de objetos substanciais em movimento.

Quando Follett estava em Harvard, não era difícil imaginar que as ideias que estavam sendo discutidas ali seriam a base do pensamento futuro em um espectro bastante amplo. Porém, a academia se afastou desse início promissor. Ela preferiu dividir o conhecimento em disciplinas separadas, dando pouco valor às relações entre elas. Questões ontológicas foram postas de lado. James, Peirce, Royce e Whitehead foram marginalizados. Follett foi quase esquecida.

Sentimos que as ideias dos homens que mencionamos estão retornando à cena, mas o interesse renovado pelas ideias de Follett tem sido mais dramático. Embora os desenvolvimentos subsequentes tenham sido tamanhos que as questões relevantes para esses homens dificilmente são discutidas nos departamentos de filosofia, no caso das atividades de gerenciamento e administração, a evolução do pensamento guiou-nos de volta às preocupações de Follett. Hoje, ela pode ser vista como alguém que antecipou as necessidades atuais. Para o movimento do processo em geral, esse crescente entusiasmo pelas ideias dela é uma centelha de esperança.

Em todo caso, a comunidade whiteheadiana em específico pode comemorar o fato de que o pensamento de Follett relaciona *insights* compartilhados com Whitehead com alguns dos mais importantes campos do pensamento e da prática, incluindo política, relações internacionais e economia. Especialmente importante é a colaboração da autora para o pensamento sobre gerenciamento e governança. Os estudiosos whiteheadianos acreditam que a conceitualidade de Whitehead é relevante para todas as áreas do conhecimento, mas mostrar isso e especificar as implicações disso ainda é, em grande parte, um projeto embrionário. O trabalho de Follett vai nos levar longe. Ficaremos felizes em ver Stout, Love, Patalon e outros continuarem no caminho que ela traçou.

Claremont, Califórnia
1º de dezembro de 2013

Prólogo

O estímulo que originou este livro foi um artigo escrito para a conferência Normandy Conversations on Mary P. Follett, organizada pelo Centro de Pesquisa em Ciências Administrativas da Universidade de Rouen, em 25 e 26 de outubro de 2012. Entre os temas sugeridos estava *Follett e sua nova visão da democracia*, um assunto tratado por ambas as autoras em dissertações e outros trabalhos já publicados. Assim, um resumo e uma carta de motivação para participar da conferência foram enviados, o que resultou em um convite para encaminhar um artigo completo para avaliação por pares antes da conferência.

Durante as fases de revisão bibliográfica e análise de conteúdo conduzidas para o artigo, logo ficou evidente que um livro sobre o assunto seria mais frutífero para o nosso propósito, em especial tendo em vista o limite de páginas do artigo para a conferência. Assim, ambos os esforços correram paralelamente: uma primeira versão deste manuscrito e trechos selecionados para o artigo.

O artigo foi apresentado e o *feedback* recebido durante a avaliação por pares e a discussão ajudaram a dar forma ao manuscrito final. Particularmente, fomos elogiadas pela interpretação abrangente do trabalho de Follett e pelo propósito de incluí-lo como uma importante contribuição para o pragmatismo norte-americano, bem como para a filosofia do processo. Houve grande aceitação de que, sem tal abordagem, o trabalho de Follett seguiria mal interpretado e mal compreendido, especialmente ao se considerar unicamente a aplicação à teoria da administração ou mediação de conflito e negociação. O argumento de que existe uma incompatibilidade antológica comum em tais tentativas foi aceito como válido para basear nossa abordagem do trabalho de Follett.

Acreditamos que essa reorganização do pensamento de Follett com citações exemplares de todos menos um (*The Speaker of the House of Representatives*) de seus artigos, palestras e livros publicados é uma representação de seu modelo de entendimento da democracia como modo de vida. Nossa missão foi citar o mais livremente possível e interpretar o mínimo possível para manter a voz de Follett em todo o livro, e esperamos que o charme e a sagacidade perdidos em seu estilo narrativo conversacional sejam compensados pela utilidade de uma apresentação sistemática de seu argumento da "verdadeira democracia" (Follett, 1998, p. 156).

Em seguida, depois de participar da 9ª International Whitehead Conference (9 a 12 de setembro de 2013) em Cracóvia, na Polônia, com o tema *Sociedade e processo: da teoria à prática* (em tradução livre), ficou ainda mais claro que uma ponte entre Whitehead e Follett precisava ser construída para posicioná-la totalmente dentro dessa linhagem filosófica e apoiar os estudiosos de Whitehead nesse projeto de aplicação. Assim, convidamos Miroslaw Patalon, um pesquisador whiteheadiano, para se juntar a nós e completar as conexões já discutidas por Stout e

Staton (2011). Patalon aplica a filosofia do processo e a teologia em seu trabalho social e religioso, assim oferecendo uma perspectiva aplicada adequada ao pensamento de Follett.

Autoras:

Margaret Stout, professora assistente
>Departamento de Administração Pública
>Rockefeller School of Policy and Politics
>West Virginia University
>PO Box 6322 / 325 Willey Street
>Morgantown WV 26506-6322
>+1 304-293-7978
>Margaret.Stout@mail.wvu.edu

Jeannine M. Love, professora assistente
>Departmento de Ciências Políticas e Administração Pública
>Roosevelt University, Mail Stop 835
>430 S. Michigan Ave
>Chicago, IL 60605
>+1 312-322-7159
>jmlove@roosevelt.edu

Colaborador:

Miroslaw Patalon, professor
>Departamento de Educação e Serviço Social
>Pomeranian University
>ul. Boh. Westerplatte 64
>76-200 Slupsk, Poland
>+48 59 84 05 924
>patalon@apsl.edu.pl

Agradecimentos

As autoras gostariam de agradecer a importante contribuição de Carrie Staton, mestre em Administração Pública, para o projeto de situar Follett dentro da filosofia do processo. Especificamente, seu reconhecimento da similaridade entre Follett e Whitehead incentivou a exploração inicial dos pressupostos ontológicos comuns a ambos. O resultado dessa pesquisa foi o artigo "The Ontology of Process Philosophy in Follett's Governance Theory", publicado na obra *Administrative Theory & Praxis* (Stout; Staton, 2011), que é a base do Capítulo 10. Devemos muito ao intelecto e à intuição de Staton!

As autoras também gostariam de agradecer o apoio institucional para pesquisa que possibilitou a finalização deste manuscrito. Margaret Stout recebeu da West Virginia University a bolsa *Senate Grants for Research and Scholarship* em 2012 (R-12-026) e 2013 (R-13-049). Jeannine Love recebeu apoio da Roosevelt University na forma de uma licença para pesquisa no primeiro semestre letivo de 2012, bem como assistência de Roselyn Abassah-Manu.

As autoras agradecem ainda às seguintes editoras pela permissão de uso de conceitos e trechos extensos de artigos publicados anteriormente:

- Capítulo 1: À SAGE Journals por:

    STOUT, M.; LOVE, J. M. Relational Ontology: A Grounding for Global Governance. **Administration & Society**, 2013.

- Capítulo 1: À American Society for Public Administration por:

    STOUT, M. Competing Ontologies: A Primer for Public Administration. **Public Administration Review**, v. 72, n. 3, p. 388-398, 2012.

- Capítulo 1: À Public Administration Theory Network por:

    STOUT, M. Revisiting the (Lost) Art of Ideal-Typing in Public Administration. **Administrative Theory & Praxis**, v. 32, n. 4, p. 491-519, 2010.

- Capítulo 2: À Public Administration Theory Network por:

    STOUT, M. Toward a Relational Language of Process. **Administrative Theory & Praxis**, v. 34, n. 3, p. 407-432, 2012.

- Capítulo 2: À Public Administration Theory Network por:

    STOUT, M.; STATON, C. The Ontology of Process Philosophy in Follett's Governance Theory. **Administrative Theory & Praxis**, v. 33, n. 2, p. 268-292, 2011.

- Capítulo 8: À SAGE Publications por:

    STOUT, M. Back to the Future: Toward a Political Economy of Love & Abundance. **Administration & Society**, v. 42, n. 1, p. 3-37, 2010.

- Capítulo 10: À Public Administration Theory Network por:

    STOUT, M.; STATON, C. The Ontology of Process Philosophy in Follett's Governance Theory. **Administrative Theory & Praxis**, v. 33, n. 2, p. 26-92, 2011.

- Capítulo 11: À Taylor & Francis Group por:

    STOUT, M.; LOVE, J. M. 2015 (em publicação).

- Por:

    FOLLETT, M. P. [Sem título]. Encyclopedia of Public Administration and Public Policy, 3. ed.

- Capítulo 12: À National Center for Public Performance (NCPP) at the School of Public Affairs and Administration (SPAA), Rutgers University-Newark por:

    STOUT, M.; LOVE, J. M. The Unfortunate Misinterpretation of Miss Follett. **Public Voices**, v. 13, n. 2, p. 11-32, 2014.

- Capítulo 13: À Taylor & Francis Group, CRC Press por:

    STOUT, M. **Logics of Legitimacy**: Three Traditions of Public Administration Praxis. 2013.

- Capítulo 14: À SAGE Journals por:

    STOUT, M.; HOLMES, M. H. From Theory to Practice: Utilizing Integrative Seminars as Bookends to the Master of Public Administration Program of Study. **Teaching Public Administration**, v. 31, p. 186-203, 2013.

Capítulo 1
Complementando a obra de Follett

Mary Follett[1] foi uma renomada pensadora da chamada *Progressive Era*, período de intensas reformas políticas nos Estados Unidos entre as décadas de 1890 e 1920. Foi pesquisadora de teoria política, assistente social e consultora de administração tanto para a indústria quanto para o governo dos Estados Unidos e do Reino Unido até sua morte, no final de 1933. A ênfase de Follett estava na governança em larga escala em vez de na administração de empresas especificamente. Independentemente do setor, a resposta de Follett para uma sociedade ordenada e justa "está na governança democrática"* (Graham, 1995a, p. 15), como descreve em suas principais obras publicadas, sem tradução no Brasil: *The Speaker of the House of Representatives* (Follett, 1896), *The New State: Group Organization*

---

* N. da T.: Esta obra contém inúmeras citações extraídas de textos que não foram publicados no Brasil. Assim, todas as citações aqui contidas são tradução nossa.

the Solution of Popular Government (Follett, 1918), *Community is a Process* (Follett, 1919), *Creative Experience* (Follett, 1924), *Dynamic Administration* (Metcalf; Urwick, 1942), e *Freedom & Co-ordination* (Urwick, 1949).

Essencialmente, os estudos de Follett enfocavam os MODOS DE ASSOCIAÇÃO DE SERES HUMANOS EM GRUPOS, recorrendo a qualquer área do conhecimento que pudesse basear esse entendimento: filosofia, ética, teoria política, direito, sociologia, psicologia, biologia, física e matemática. Follett considerou essas muitas fontes, identificando correspondências, correlações, corolários e "fertilizações cruzadas" (Follett, 2013c, p. xvii) que baseassem suas críticas à hierarquia e à competição, além de fundamentar sua afirmação de que uma teoria da integração seria a base adequada para a organização e a governança na sociedade civil, no governo e na indústria[2]. Com essas ideias, Follett deu voz ao que mais tarde seria chamado de *uma perspectiva feminista da teoria da administração* (Banerjee, 2008; Kaag, 2008; Mansbridge, 1998; McLarney; Rhyno, 1999; Morton; Lindquist, 1997; Nickel; Eikenberry, 2006; Pratt, 2011; Stivers, 1990; Witt, 2007). Não queremos dizer, com isso, que Follett era feminista. Embora fosse uma mulher dentro do funcionalismo público atuando em diversas funções, desde assistente social até conselheira presidencial (Tonn, 2003), e uma figura pública na condição de mulher pesquisadora, ela nunca declarou fazer parte do movimento feminista de sua época. Em vez disso, buscou uma compreensão do ser humano não atrelada ao gênero: "A essência do movimento feminista não é que as mulheres, como mulheres, devem ter direito ao voto, mas que as mulheres, como indivíduos, devem ter direto ao voto. Aqui existe uma diferença fundamental" (Follett, 1998, 171). Assim, suas ideias deram voz a uma perspectiva filosófica que é mais bem descrita como "culturalmente 'feminina'" (Stivers, 2000, 2002a, p. 128) do que como FEMINISTA.

Apesar de "ela não ter buscado ser uma 'filósofa sistemática'" e poder até mesmo "ter considerado [essa busca] uma arrogância intelectual" (Drucker, 1995, p. 8), quando consideramos sua obra como um todo, "o que é particularmente atraente nas ideias de Follett é que elas se enredam perfeitamente umas com as outras. [...] Além disso, suas ideias são bastante abrangentes" (Graham, 1995a, p. 25). De fato, embora não tenha sido uma FILÓSOFA propriamente dita, Follett analisa e discute conceitos e princípios da ontologia à administração, levando em consideração as implicações práticas da filosofia e da teoria em todas as camadas conceituais intermediárias da ação social.

A obra de Follett foi uma resposta às condições sociais de seu tempo, que não eram tão diferentes das nossas. Ao descrever seu contexto histórico, Follett (2003e) alegou que a sociedade passava desesperadamente por necessidades em decorrência: "(1) [...] da exploração de nossos recursos naturais que estão prestes a se esgotar; (2) da competição acentuada; (3) da escassez de trabalho; (4) de uma concepção mais ampla da ética das relações humanas; (5) da ideia crescente de empresas como serviço público, que carrega consigo um senso de responsabilidade por sua conduta eficiente" (p. 122). Claramente, em nossa atual crise de sustentabilidade social, econômica e ambiental em uma sociedade globalizada, os desafios que ela buscou abordar apenas se tornaram mais urgentes. Esse raciocínio é discutido em mais detalhes no Capítulo 13.

Outro motivo para tratar da obra de Follett agora é o fato de que, desde o final da década de 1980, tem crescido o interesse em seu trabalho dentro das áreas de gerenciamento, negócios, mediação e resolução de conflitos, assistência social e administração pública. Evidências desse interesse incluem o lançamento de uma biografia completa (Tonn, 2003), reedições recentes de seus livros (Follett 1998; 2013a) e volumes editados (Graham, 1995b; Metcalf; Urwick, 2003; Urwick, 2013), edições frequentes de capítulos de obras de referência (por exemplo, Fry; Raadschelders, 2013; Shafritz; Hyde; Parkers, 2004) e uma miríade de referências ao seu trabalho na literatura contemporânea, conforme analisado no Capítulo 12. Em resumo, esses pesquisadores, organizadores e editores concordam que o contexto atual e a prática cada vez mais participativa tanto nas organizações quanto na governança em todo o mundo apresentam um meio mais receptivo para a teoria e a prática de Follett do que aquele que existia no passado. Nas palavras do especialista em gerenciamento Warren Bennis (1995), sua "impressionante obra estava [...] à frente de seu tempo" (p. 181). Tanto pesquisadores quanto profissionais maravilharam-se com sua genialidade inovadora e "a riqueza de suas percepções e a integralidade de sua abrangência" (Lawrence, 1995, p. 291), tanto que ela recebeu a alcunha de "profeta do gerenciamento" (Drucker, 1995, p. 9)[3].

De fato, com sua redescoberta na teoria contemporânea do gerenciamento, um interesse renovado em sua obra floresceu. Em uma análise de conteúdo do índice de citações em ciências sociais da Thomson Reuters, o *Social Sciences Citation Index*, Fry e Thomas (1996) descobriram que, entre 1969 e 1990, os textos de Follett foram citados por 129 autores em 96 periódicos diferentes. Essa tendência se acentuou muito desde 1980 em virtude de um aumento no interesse por negociação, mediação e resolução de conflitos. Porém, a maioria das referências era de natureza superficial e suas teorias organizacionais foram citadas muito mais frequentemente do que suas ideias políticas. Como mencionamos anteriormente, a biografia extensa e detalhada produzida por Tonn (2003) sobre a vida e a obra de Follett "é um bom resumo da obra de Follett, mas, e isso é o mais importante, evita interpretá-la" (Stivers, 2006, p. 473). Infelizmente, muitos pesquisadores que buscam fazer o mesmo interpretam mal suas ideias (Stout; Love, 2014b), o que é explicado em mais detalhes no Capítulo 11.

Portanto, uma recapitulação clara e completa e um tratamento digno de um livro inteiro sobre o conjunto da obra de Follett se fazem necessários se desejamos que a totalidade de sua contribuição teórica seja levada a sério pelos pesquisadores. Isso é especialmente importante para o campo da administração pública, em que as duas principais linhas teóricas de Follett se encontram: a teoria política e a teoria do gerenciamento. Contudo, o reconhecimento de Follett de que o poder é inerente a toda ação social torna ambas as linhas importantes para todos os tipos de prática administrativa. Nesse sentido, este livro foi pensado para ser utilizado por pesquisadores e alunos de cursos de pós-graduação que explorem as bases intelectuais, históricas e filosóficas da administração pública e da assistência social, levando-se em conta que Follett começou como teórica política e terminou como teórica do gerenciamento, ao mesmo tempo que trabalhava com assistência social[4]. Porém, o livro também é útil para outros campos do gerenciamento e de serviços, em especial os que interagem com o público de alguma maneira. Além disso, terá utilidade também para filósofos que desejem transformar a teoria em prática.

Como pesquisadoras dedicadas, oferecemos uma perspectiva única a partir da qual podemos colaborar com esse projeto. Ademais, chegamos à obra de Follett por meio do trabalho com desenvolvimento de comunidades, assistência social e pastoral, descobrindo em sua filosofia sensata algo que se encaixa em nossas experiências e oferece explicações precisas sobre por que as coisas acontecem da maneira como acontecem, de acordo com suas análises e demonstrações criativas. Como teóricas, também vemos a forma como seu pensamento se assemelha à filosofia do processo e prevê muitos dos nossos mais renomados teóricos do pragmatismo e do pós-modernismo, conforme mencionamos nas notas de fim de cada capítulo[5]. Não considerar Follett como pertencente à linhagem teórica do processo ocidental a partir de Heráclito em diante é um absurdo[6]. Este livro esclarece onde ela se encontra dentro dessa genealogia.

Em se tratando da linhagem pessoal de Follett, uma vez que existem biografias das mais breves às mais aprofundadas facilmente disponíveis (ver, por exemplo, Graham, 1995; Mattson, 1998; Metcalf; Urwick, 2003; Tonn, 2003; Urwick, 2013), escolhemos nos abster de comentar extensivamente o perfil pessoal e profissional de Follett. No entanto, convém fazer uma breve introdução à sua vida e obra para situar historicamente seu pensamento. Ademais, uma visão geral de sua contribuição intelectual e de como foi recebida tanto no passado quanto no presente contextualiza ainda mais suas ideias e por que elas ainda são relevantes, ou até mesmo particularmente pertinentes, para encarar os desafios da governança contemporânea na sociedade pós-moderna. Ambos os aspectos serão abordados nesta introdução.

Contudo, o principal propósito desta obra é RECAPITULAR e EXPLICAR o pensamento de Follett de modo a integrar de maneira extensiva e coerente os muitos pressupostos filosóficos que sugerem suas recomendações únicas para a prática do processo integrativo. Isso é necessário visto que, quando seus preceitos são tirados do contexto de seus pressupostos filosóficos, eles são frequentemente mal compreendidos por leitores com uma visão de mundo diferente. Essa questão é explicada no Capítulo 11.

Uma barreira ainda mais essencial para um entendimento correto é colocada pelo estilo narrativo único de Follett, que facilmente leva à má interpretação. Alguns notam que tais erros podem ocorrer em razão da dependência de interpretações de terceiros: "Sugiro ler o pré-texto de Barber, Mansbridge e Mattson depois de terminar o livro. Embora esses pesquisadores tenham elaborado um resumo fiel, sua análise dos fatos concretos e das opiniões expressas no texto deixam de lado a intensidade e a paixão de Follett. Leia os livros nas palavras dela. Podemos aprender muito com sua escrita" (Cunningham, 2000, p. 91). Nós concordamos: pesquisadores que citam Follett podem RESUMIR fielmente, mas é comum que não INTERPRETEM corretamente.

Todavia, argumentamos que isso provém não só da dependência de interpretações de terceiros, mas de uma noção incompleta dos alicerces filosóficos de Follett. Dada a natureza robusta de sua abordagem teórica, selecionar um ou outro trecho para análise é uma receita para a má interpretação. Em resumo, não se pode pegar os ensaios e palestras de *Dynamic Administration* (Metcalf; Urwick, 2003) ou *Freedom and Co-ordination* (Urwick, 2013) e ter uma noção completa de seu significado sem ter lido *The New State* (Follett, 1998), *Community is a Process* (Follett, 1919) e *Creative Experience* (Follett, 2013c). Nessas últimas palestras, fica claro que Follett supõe que seu público já leu trabalhos anteriores e busca mais explicações e aplicações de seus conceitos ao contexto particular de cada um. De fato, a teoria da administração de Follett é o AUGE de seu corpo de trabalho – o nível de análise em que tanto seus conceitos filosóficos (pressupostos ontológicos, teoria psicossocial, princípios epistemológicos e crenças) quanto suas teorias voltadas à prática (ética, teoria política e teoria econômica) convergem para a ação como um todo integrativo.

Em suma, em virtude da disseminação de interpretações errôneas e talvez da incompreensibilidade, para muitos pesquisadores, de suas verdadeiras intenções, "as ideias de Follett constituem um diferencial que a administração pública nunca absorveu" (Stivers, 2006, p. 475). Este livro busca remediar esse problema reapresentando a obra de Follett de maneira a sempre manter na linha de frente da interpretação sua "ontologia do processo relacional" (Stout; Love, 2013b), ou seja, a mensagem de Follett de que O PROCESSO INTEGRATIVO PERMEIA TODA AÇÃO SOCIAL.

1.1 Vida e obra de Follett

Mary Follett nasceu em 3 de setembro de 1868 no seio de uma afluente família *quaker* e cresceu em Quincy, Massachusetts, um subúrbio do sul de Boston. Estudou na Thayer Academy na cidade vizinha de Braintree, até hoje tida como uma das mais renomadas escolas preparatórias dos Estados Unidos. Embora motivos familiares tenham atrasado a continuação de seus estudos, em 1892 Follett matriculou-se na Society for the Collegiate Instruction of Women em Cambridge, Massachusetts (que viria a se tornar a Radcliffe College, hoje integrada à Universidade de Harvard), para estudar economia, política, direito e filosofia. Durante seus estudos em Radcliffe, também passou um ano na Newnham College na Universidade de Cambridge. Sua tese de pesquisa foi publicada em 1896, antes de sua formatura, como *The Speaker of the House of Representatives*, tornando-se rapidamente um reconhecido estudo de ciências políticas. Ela se formou com a menção honrosa *Summa cum Laude* em 1898, mas, por ser mulher, foi proibida de receber um doutorado.

De 1900 a 1908, Follett entrou para a equipe de assistência social da Roxbury Neighborhood House, um centro comunitário em um dos bairros de minorias étnicas e sociais de Boston. Seguindo por essa linha, em 1908 passou a se envolver com o movimento dos centros comunitários como presidente do Women's Municipal League's Committee on Extended Use of School Buildings. Em 1911, o comitê abriu o East Boston High School Social Center a título de experiência. O sucesso da iniciativa foi um catalisador para o desenvolvimento de outros centros. Foi por meio dessas experiências que Follett se tornou fascinada com a prática da democracia como modo de vida, o que baseou seus futuros trabalhos acadêmicos: *The New State: Group Organization the Solution of Popular Government* (Follett, 1918) e *Community is a Process* (Follett, 1919).

Trazendo seu trabalho na advocacia para o âmbito das relações industriais, Follett serviu como membra do Massachusetts Minimum Wage Board e, em 1917, tornou-se vice-presidente da National Community Center Association. Também esteve envolvida com o *The Inquiry*, um movimento de reforma social fundado pelo Federal Council of Churches in America. Essas experiências ampliaram o foco de Follett, que passou a incluir, além do setor público e organizações sem fins lucrativos, também o gerenciamento de empresas, desde a década de 1920 até sua morte.

Contudo, o crescimento de suas atividades em consultoria e advocacia não refrearam sua pesquisa acadêmica, culminando em *Creative Experience* (Follett, 1924), que refinou muito do pensamento mais filosófico apresentado em *The New State* (Follett, 1918). Em 1926, mudou-se para a Inglaterra para viver e trabalhar, além de continuar seus estudos na Universidade de Oxford. Desse momento em diante, Follett tornou-se uma palestrante requisitada tanto no governo quanto na indústria, exportando sua filosofia do processo relacional e suas experiências na sociedade civil para outras esferas da sociedade. Palestrou na Universidade de Harvard, na Siracure University, na Taylor Society, no Ford Hall Forum em Boston, no Bureau of Personnel Administration em Nova York, na American Historical Association, na American Philosophical Association, na Rowntree Conference na Universidade de Oxford e na London School of Economics. Também prestou consultoria para a League of Nations, a Organização Internacional do Trabalho em Genebra e o então presidente dos Estados Unidos Franklin D. Roosevelt.

1.2 A contribuição intelectual de Follett

A obra de Follett é, de maneira bastante literal, uma homenagem ao relevante papel da Universidade de Harvard no surgimento do pragmatismo americano e da filosofia do processo. Follett era ativamente engajada na vida em Harvard como palestrante e desenvolveu seu pensamento em grande parte por meio de suas interações com professores de Harvard e de suas próprias interpretações, durante e após seus estudos em Radcliffe. Em específico, ela faz referência ao professor de psicologia Edwin Holt, aos professores de psicologia William James, Josiah Royce e Gordon Allport, ao professor de filosofia Alfred North Whitehead, reitor da Harvard Law School Roscoe Pound, e ao professor de ética Richard Cabot.

Com base em sua abordagem relacional do processo grupal, Follett é vista no campo da administração pública como uma TEÓRICA DO PROCESSO (Harmon, 2006; Harmon; McSwite, 2011). A importância de se compreender sua obra à luz da filosofia do processo de Whitehead foi introduzida por Stout e Staton (2011). Ademais, o valor que Follett traz para o desenvolvimento da linguagem do processo (o qual difere nitidamente do uso que Whitehead faz de conceitos hierárquicos trazidos da ontologia estática e atomística) também foi explorado (Stout, 2012b). Em suma, Follett faz conexões coerentes entre conceitos retirados da ontologia e linguagem do processo relacional, teoria psicossocial, epistemologia e crenças para a ética e a prática política, econômica e administrativa: um projeto que os estudiosos de Whitehead contemporâneos pesquisam e são encorajados a continuar. O tema da 9ª International Whitehead Conference foi "Sociedade e processo: da teoria à prática" (em tradução livre), e o tema da 10ª International Whitehead Conference será "Buscando uma alternativa: rumo à civilização ecológica" (em tradução livre). Os temas dessas conferências enfatizam a necessidade de passarmos do abstrato ao prático, da ontologia em si ao seu real SIGNIFICADO PARA A VIDA.

Por causa dessa capacidade única de unir a filosofia à prática, a biógrafa Joan Tonn (2003) mostra que, ao longo de sua vida, Follett foi altamente reconhecida e respeitada nas rodas da filosofia na academia e entre líderes do gerenciamento e da administração tanto em empresas quanto no governo. Na verdade, *The New State* vendeu cópias suficientes para ser reeditado cinco vezes no início da década de 1920. Da mesma forma, *Creative Experience* "foi amplamente comentado na imprensa popular e acadêmica e, à exceção de uma resenha, foi muito bem recebido" (Tonn, 2003, p. 384). Em sua resenha de *Creative Experience*, o sociólogo Charles A. Ellwood avaliou cada capítulo como "uma contribuição vital para a teoria social", chamando Follett de "a maior pensadora social e política de nossa era, quem sabe uma das maiores filósofas no campo da teoria social de todos os tempos" (citado por Tonn, 2003, p. 385). A continuação de sua obra foi publicada postumamente em duas coleções de ensaios: *Dynamic Administration: The Collected Papers of Mary Parker Follett* (Metcalf; Urwick, 1942) e *Freedom & Co-ordination: Lectures in Business Organisation by Mary Parker Follett* (Urwick, 1949).

De fato, a profundidade filosófica das teorias associacionistas de Follett é extraordinária. A teórica do gerenciamento Rosabeth Moss Kanter (1995) acredita que "Mary Parker Follett foi uma sonhadora e romântica por excelência" (p. xvii) mas, no sentido crítico, descrita por Yeats como alguém "que se levantou contra o Iluminismo com sua demasiada confiança na razão e nos sistemas" (Parker, 1995, p. 287). Assim, ela era romântica, "mas não tinha a cabeça nas nuvens" (p. 290). Em sua resenha de *The New State* no periódico *Journal of Philosophy, Psychology and Scientific Methods*, Harry A. Overstreet caracterizou a obra como "filosofia com o pé no chão. O um e o múltiplo estão presentes; o universal e o particular; o monismo e o pluralismo; objetivismo e subjetivismo; personalidade real; unidade de opostos; compenetração e todo o resto; mas eles não flutuam à deriva no éter metafísico. Estão ancorados aos comportamentos mundanos de homens e mulheres em sociedade" (citado por Tonn, 2003, p. 305)[7].

Na outra extremidade desse espectro, em sua introdução a *Freedom and Co-ordination*, Lyndall Urwick (2013) adverte: "caso o leitor esteja disposto a questionar a validade do raciocínio de Mary Parker Follett com base no fato de que ela não era um 'homem prático' (ela era uma mulher que nunca se propôs a gerenciar uma empresa em sua vida), aconselho-o a consultar o relato de David Lilienthal da experiência brilhantemente bem-sucedida que ele dirigiu [a Tennessee Valley Authority]. Ali, encontrará exemplo após exemplo da aplicação prática de cada um dos princípios que ela desenvolveu em teoria" (p. xiv). Mas isso também fica evidente na miríade de histórias de práticas em comunidades e indústrias enredadas em seus escritos. Em suma, Follett triunfa onde tantos outros falharam. Em sua resenha de *Creative Experience*, o sociólogo Arthur E. Wood afirmou que "a genialidade da obra de Follett reside em sua síntese eficaz de teoria e prática" (citado por Tonn, 2003, p. 385)[8].

1.2.1 Barreiras interpretativas da mensagem

Em seus textos e palestras, Follett não tinha medo de "apresentar uma argumentação audaciosa em nome de crenças democráticas profundamente enraizadas" (Barber, 1998, p. xvi). Por exemplo, "uma retórica vívida permeia *The New State*, e mais de um crítico encontraria falhas em seu interior" (Tonn, 2003, p. 301)[9]. A "prosa por vezes passional [de Follett] deixava [os cientistas políticos] desconfortáveis" (p. 307), tal como sua abordagem de engajar-se "profundamente com o mundo da prática sem jamais realizar pesquisas convencionais", de modo que suas ideias por vezes eram recebidas como "mais idiossincráticas do que seguramente comprováveis" (Child, 2013, p. 86). Ademais, por "escrever com a linguagem de seu tempo, uma linguagem fortemente influenciada pelo idealismo hegeliano" (Mansbridge, 1998, p. xxvi), "sua declaração de que o Estado é o maior dos grupos [...] pode não ter sido muito popular em uma época que viu a ascensão de governos totalitários na Europa" (Fry & Raadschelders, 2014, p. 154). O'Connor (2000) reflete: "penso que muito de sua história tenha a ver com seu ser politicamente incorreto. Ela era hegeliana em uma época em que se suspeitava cada vez mais do poder do Estado, em particular do Estado alemão" (p. 187). De fato, "desde a década de 1930 até muito recentemente, Follett era 'subversiva'" (Drucker, 1995, p. 1). Ideias como a do conflito construtivo que leva à integração eram impensáveis nas décadas de 1930 e 1940 (p. 4). Como resultado de sua mensagem direta, durante as cinco ou seis décadas que vieram antes, durante e depois da Segunda Guerra Mundial, a obra de Follett foi marginalizada e descreditada, tida como sendo de pouca importância. Em 1950, "ela já havia se tornado uma ninguém" (p. 2) ou, na melhor das hipóteses, "uma figura *cult*" (Bennir, 1995, p. 177).

Contudo, mesmo para aqueles que se interessaram pela mensagem de Follett, em razão de sua complexidade teórica, Tonn (2003) argumenta que os pesquisadores têm "uma compreensão fundamentalmente equivocada do raciocínio de Follett" (p. 308). Como exemplo, Tonn (2003) observa que, em uma tentativa de corrigir mal-entendidos sobre o processo grupal explicado em *The New State*, Follett enfatiza a noção de modos de associação no processo social em vez da formação de grupos de fato em seu artigo "*Community is a Process*", no periódico *Philosophical Review*. De maneira semelhante, a introdução de Lord Haldane[10] para a edição de setembro de 1920 de *The New State* concentra-se largamente na teoria que fundamenta o livro, buscando enfatizar e esclarecer sua posição filosófica única como um "princípio" ou "teoria" que permeia todo o seu pensamento (Haldane, 1920, p. v-vi):

> *É a exposição de um princípio que não é novo, mas que, da forma como é afirmado pela autora, parece colocar muitas dificuldades sob uma nova perspectiva, além de enterrar controvérsias, algumas das quais surgiram de más interpretações do que é fundamental. A imprecisão sobre os primeiros princípios é fonte, ao mesmo tempo, de confusão de conceitos e de desperdício de energia valiosa. Agora, o livro de Follett se propõe firmemente a evitar tais imprecisões.* (Haldane, 1920, p. v)

Descrevemos essa teoria como PROCESSO INTEGRATIVO. Haldane (1920) afirma que o debate ontológico entre o monismo e o pluralismo fundamenta as dificuldades na economia política da sociedade moderna.

Ele defende que Follett eruditamente encerra essa discussão filosófica sobre os primeiros princípios – ambos baseados em um ultimato imutável, concebidos como todo o grupo ou todo o indivíduo – com sua noção de processo integrativo alicerçada em provas empíricas obtidas pela observação dos contextos de comunidades, governos e indústrias. Ela mostra que a derradeira natureza da existência é uma composição complexa e em constante mutação de grupos interconectados formados por indivíduos que contribuem à sua maneira, de forma única. Através da integração, "indivíduos e grupos não se contrapõem uns aos outros" (Haldane, 1920, p. x); através do processo, nenhuma configuração específica tem o direito de reivindicar sua permanência ou soberania. De fato, "não há, numa assembleia, elemento passivo" (p. xiv).

A noção filosófica de Follett da teoria do processo integrativo se baseia em estudos interdisciplinares e em sua articulação de uma compreensão coesa dos princípios ontológicos, da teoria psicossocial, dos princípios epistemológicos e das crenças, juntamente com a aplicação desses conceitos à ética e às teorias política, econômica e da administração. Cada elemento conceitual tem por base os demais, com o entendimento de Follett da ontologia do processo relacional expressando-se através de todas as outras camadas conceituais no que ela entende como uma "coerência autocriadora" (Follett, 2013c, p. 61). Assim, quando o corpo de trabalho de Follett é analisado como um todo, o leitor encontra "uma sensação de satisfação pela consistência fundamental de suas ideias" (Phillips, 2010, p. 57).

A partir dessa teoria conceitualmente consistente do processo integrativo, Follett critica enfoques baseados tanto no idealismo quanto no realismo na forma de positivismo e behaviorismo, ao mesmo tempo que promove uma abordagem pragmática alternativa. De fato, Follett nunca hesita entre nenhuma das posições dialéticas, dualismos ou binarismos que critica. Por meio de seu entendimento da integração, Follett (1918, 1919, 1924) consistentemente promove uma "terceira posição (nem monista nem pluralista)" (Tonn, 2003, p. 317) que é uma verdadeira síntese – sendo ambas, paradoxalmente, idealista e realista, humanista e instrumental, conservadora e liberal e, ao mesmo tempo, nenhuma das duas. Nas palavras dela, "Idealismo e realismo convergem para o verdadeiro" (Follett, 1919, p. 587). Ela afirma que "a essência disso é [...] tão importante para a ética quanto para a fisiologia ou a psicologia; para a sociologia, seu valor é inestimável" (Follett, 2013c, p. 88). Mas, talvez mais importante, deveria ser a base de todos os tipos de ação social – na "política, indústria e legislação" (p. 74-75) tanto quanto na "ética" (p. 295).

Infelizmente, quando suas recomendações práticas são lidas sem esse conhecimento-base, a mensagem de Follett do processo integrativo que permeia toda ação social se perde. De fato, suas ideias são frequentemente reinterpretadas através das próprias lentes dualistas que ela rejeita. Os que não compreendem totalmente seus pressupostos ontológicos, suas teorias psicossociais cuidadosamente revisadas, seus pressupostos epistemológicos fenomenológicos e relacionais, e a forma como eles interagem com seu sistema de crenças *quaker*, podem facilmente interpretar erroneamente suas recomendações para a ética participativa, a política, a economia e a administração. Em suma, mal-entendidos devem-se a uma falta de conhecimento da base de ontologia do processo de Follett. Sem ativamente interpretar sua obra sob essa ótica, corre-se o risco de uma má interpretação fundamental.

Assim, defendemos que se deve evitar retirar as recomendações práticas de Follett do contexto filosófico em que surgiram. É a perspectiva filosófica que este livro busca esclarecer, apresentando suas ideias de maneira mais sistemática, além de mais concisa do que a leitura de sua obra completa.

1.2.2 Barreiras interpretativas do estilo

Além dos equívocos quanto à sua mensagem, existe uma barreira ainda mais básica para a compreensão do pensamento de Follett, mesmo entre leitores solidários que podem sentir-se "frustrados porque a prolixidade e redundância de seus textos fazem com que seja muito difícil ter um entendimento claro" de sua filosofia (Phillips, 2010, p. 57). Conforme Fry e Raadschelders (2013) gentilmente descrevem, seu estilo de escrita tem "um certo ritmo" (p. 151). A narrativa de Follett tende para o conversacional, intercalada generosamente com histórias que ilustram os princípios que ela está explicando. Como resultado, embora alguns apreciem este "traço único" de "relacionar visões filosóficas abstratas com histórias de experiências concretas e corriqueiras" (O'Connor, 2000, p. 183), muitos sentem que a leitura de Follett pode ser intimidadora em virtude de sua "prosa muitas vezes difícil" (Mattson, 1998, p. xxx). Harold Laski escreveu que *The New State* "peca por ter sido escrito em um jornalês terrível que remove grande parte de sua eficácia" (Tonn, 2003, p. 306). Alguns chamam isso de "um estilo cientificista por vezes obscuro que caracterizou grande parte dos textos políticos do período anterior e posterior à Primeira Guerra Mundial" (Barber, 1998, p. xv). Por exemplo, em *The New State*, "ignorando amplamente o uso de citações, notas de rodapé, referências e mesmo de um índice, Follett adota um estilo informal. […] Para os leitores modernos que não estão familiarizados com as inúmeras referências informais e crípticas de Follett às ideias e questões da época, seu livro pode parecer obscuro, com uma organização esquisita e desesperadamente precisando ser mais conciso" (Tonn, 2003, p. 267).

Assim, por um lado, "os leitores são […] desafiados pela erudição de Follett: uma miríade de disciplinas acadêmicas (filosofia, teoria política, sociologia, psicologia e até biologia) fundamentam suas ideias" (Tonn, 2003, p. 267)[11]. Supondo que seu público fosse tão culto e bem informado quanto ela, Follett raramente aborda seu raciocínio completo sobre conceitos distintos, mas explica peças de um todo interconectado da forma como se expressam em vários contextos pertinentes ao tópico em questão. Follett "nunca foi uma escritora muito sistemática: lançava ideias interessantes mais ou menos ao acaso, e uma linha de raciocínio consistente é difícil de encontrar e mais ainda de seguir" (Fox, 1968, p. 521). Por outro lado, o uso de frases e ilustrações simples esconde essa grande complexidade conceitual (Fox, 1968). Portanto, embora a visão de Follett seja singular em seu teor, é altamente complexa e, assim, "é difícil explicá-la em partes, ela só pode ser entendida como um todo" (Parker, 1995, p. 290).

Em suma, como reflete O'Connor (2000) sobre a escrita de Follett, "é difícil separar linhas de pensamento específicas, como se exige de um ensaio expositivo, sem arruinar a integridade destas" (p. 177). Não obstante, conseguimos fazer isso neste livro. Por meio de uma análise sistemática de cada camada conceitual de seu pensamento, recapitulamos a mensagem de Follett em um estilo que busca ser mais organizado, ao mesmo tempo que mantém a integridade de sua perspectiva filosófica do processo integrativo intacta.

1.2.3 Um resumo da contribuição intelectual de Follett

No geral, Follett foi reconhecida em vida como uma pesquisadora brilhante tanto em termos de suas contribuições teóricas ao pragmatismo e à filosofia do processo quanto de suas recomendações práticas para os três setores da sociedade. Considerando o cenário inóspito do pós-Primeira Guerra Mundial, o estilo desafiador da escrita de Follett e sua morte precoce aos 60 anos, o professor de ética de Harvard Richard Cabot lamenta: "Talvez ela tenha perdido a chance de servir à sua época e à sua geração, e de deixar claro que ela preparou o caminho para os que vieram depois" (Cabot, 1934, p. 82). Embora o valor de seu trabalho tenha sido redescoberto pelo movimento da gestão humanista na década de 1980, muitos pesquisadores interpretam mal suas recomendações práticas porque não compreendem sua perspectiva filosófica. Todo o seu contexto filosófico deve ficar claro para evitar esse tipo de mal-entendido. Assim, DEIXAR CLARO é o propósito deste livro, por meio da interpretação ativa do trabalho de Follett através da lente da ontologia do processo relacional que fundamenta seu trabalho, da organização de suas ideias de maneira mais sistemática e da apresentação destas de forma mais concisa.

1.3 Uma metodologia complementar

O método de interpretação de Follett remete à abordagem de Weber (1949) de definir o tipo ideal com base na coerência conceitual. Mais especificamente, Follett promove a missão social de estudar e tecer recomendações para todas as esferas da atividade humana[12]. Seu objetivo é "saber como a humanidade pode interagir e co-agir melhor" (Follett, 2013c, p. xii) para "transformar a economia e a política, as leis e a ética" (Follett, 919, p. 579). Contudo, ela reconhece que não podemos fazer isso simplesmente reorganizando o comportamento nesses níveis de análise. O comportamento, incluindo o das instituições de governança, é guiado por princípios e pressupostos filosóficos. Porém, "a maioria das pessoas não tomou essa decisão, ou sequer refletiu sobre quais seriam os diferentes princípios. [...] Certamente é uma pena. Saber quais princípios podem basear qualquer atividade nossa é tomar uma atitude consciente com relação à nossa experiência" (Follett, 2013f, p. 50).

Follett defende que, ao adotarmos tal atitude consciente, descobriremos que "não podemos separar nosso raciocínio em divisões. [...] Por debaixo de todo o nosso raciocínio, há certos princípios fundamentais que devem ser aplicados aos nossos problemas" (Follett, 2003m, p. 183)[13]. Se tentarmos encontrar esses princípios através de armazéns individualizados de atividades para progredir naquela determinada área, provavelmente não veremos os reais fatores que impulsionam a mudança: "Muitos também pensam que seria bom separar política e negócios. Mas muito abaixo da superfície estão as forças que uniram a política e os negócios; precisamos ir muito abaixo da superfície, portanto, se temos a intenção de divorciar esse casal malformado" (Follett, 1998, p. 216-217). Entretanto, Follett não tem a intenção de lograr essa separação – na verdade, ela busca ajudar tanto a indústria quanto a governança a operar de acordo com os mesmos princípios democráticos. Com essa afirmação, ela quer dizer que, para mudarmos a economia política, precisamos mudar os compromissos filosóficos compartilhados que fundamentam seu surgimento e então buscar substituí-los por princípios mais produtivos[14,15]. Nas palavras dela, "Quero mostrar que a base para entender os problemas da ciência política é a mesma que serve para entender a administração de empresas: o entendimento da natureza das unidades integrativas" (Follett, 2003m, p. 190).

Nesse sentido, Follett busca referências em fontes de diversas disciplinas para identificar correspondências, correlações, corolários e "fertilizações cruzadas" (Follett, 2013c, p. xvii)[16,17]. Como disse a autora, "Eu gostaria muito que [...], quando um princípio fosse estudado, digamos, no campo da ética, ele não precisasse ser redescoberto na psicologia, na economia, na administração pública, nos negócios, na biologia e na sociologia. É uma perda de tempo!" (citada por Cabot, 1934, p. 81). No mais, ela não se limita às ciências e à filosofia, nem mesmo à esfera acadêmica. Follett foi influenciada por literalmente qualquer pessoa com quem ela teve contato – não só nos círculos intelectuais. De fato, Lyndall Urwick (2013) enxerga esse fator como fundamental para entender a profundidade de seu pensamento:

> *Como é possível que uma só mulher, sem metodologias elaboradas de pesquisa, sem equipe de assistentes, tenha feito tamanha contribuição original para o conhecimento e o entendimento da administração? A resposta está no fato de que cada indivíduo que Mary Follett conhecia – e ela fazia questão de conhecer muitas pessoas – tornava-se de bom grado, ainda que inconscientemente, seu assistente de pesquisa. [...] Quem quer que ela conhecesse, sem distinção intelectual ou social – o Lorde Haldane de Cloan em um minuto e uma criada ou um condutor de ônibus no minuto seguinte –, era incentivado por ela a falar, seja do coração, seja da mente. [...] Uma mente profundamente científica e filosófica, ela alistou inúmeras outras mentes, embora nem todas tivessem tais qualidades, como colaboradores dispostos a ajudar, acessíveis e entusiasmados. (p. xvi)*

A própria Follett escreve sobre essa prática. Por exemplo, referindo-se à sua pesquisa sobre poder, ela disse: "estou fazendo uma lista de todas as diferentes definições que encontro – de romancistas, artistas ou quem quer que seja – e percebo que isso me ajuda em minha observação do poder na vida cotidiana" (citada por Parker, 1995, p. 285). De fato, ela observa que "pessoas trabalhando de forma bastante independente umas das outras, e em áreas bastante diversas, estão começando a concordar em um princípio fundamental" e que esse princípio do processo integrativo é, "para mim, hoje, a coisa mais interessante do mundo" (Follett, 2013g, p. 12).

Em suas discussões teóricas, Follett frequentemente retira informações de fontes selecionadas, em especial aquelas com que teve contato nos círculos intelectuais de Cambridge, Massachusetts, como meio de ressaltar as conexões que fazia entre áreas do conhecimento amplamente distintas. Por exemplo, a autora tece elogios à filosofia orgânica de Alfred North Whitehead e à forma como ele explica o processo unificador de vir a ser. Para desenvolver sua teoria psicossocial, Follett baseia-se fortemente na interpretação de Freud de acordo com Edwin Holt, professor de psicologia e filosofia de Harvard, mas também se fundamenta no entendimento da consciência do filósofo pragmatista (e professor de psicologia de Harvard) William James, bem como na teoria da psicologia da Gestalt conforme explicada pelo professor de psicologia de Harvard Gordon Allport. Ela sente que essa linha de pensamento da psicologia "contém uma profecia para o futuro, visto que tomou como problema central da política – e, por sua vez, da vida –, com a mais afiada percepção, o problema da identidade, da associação, do federalismo" (Follett, 1998, p. 317). Para considerarmos de que forma essas ideias da psicologia dizem respeito a aplicações práticas, Follett aponta seu amigo e professor de ética de Harvard Richard Cabot como referência. Ela também menciona com frequência Roscoe Pound, reitor da Harvard Law School, e sua teoria do direito moderno como prática relacional em evolução.

Em sua interpretação das ideias desses estudiosos, Follett atenta para a importância da linguagem e seus significados: "Você perceberá que dividir um problema em partes menores envolve EXAMINAR SÍMBOLOS, isto é, envolve um exame minucioso da linguagem usada para entender seu real significado" (Follett, 2003b, p. 41). Ela observa que é "inevitável usar símbolos; toda linguagem é simbólica; mas devemos sempre estar atentos para o que está sendo simbolizado" (p. 42). Desse modo, ela muitas vezes usa uma terminologia única para esclarecer os significados de sua fala (Stout, 2012b). Nesse sentido, Follett prenuncia os filósofos continentais pós-modernos que tratam dos efeitos estruturais da linguagem sobre a identidade e o saber. Ademais, seu pressuposto de que a linguagem e a terminologia podem conter múltiplos significados é necessário para se desenvolver um tipo ideal coerente com base na vasta literatura teórica.

Ainda assim, Follett insiste que essa atenção à linguagem se dá não por um motivo esotérico, mas por um bastante prático: "Um grave obstáculo para a integração que todo empresário deve considerar é a linguagem utilizada" (Follett, 2003b, p. 47). Portanto, ela incita a teoria do gerenciamento a mudar "em grande parte nossa linguagem" (Follett, 2013f, p. 29). Isso se torna ainda mais crítico na teoria política e econômica: "Em um livro de um autor recente sobre política, estas quatro palavras são usadas em uma frase de três linhas: poder, propósito, liberdade e serviço. Mas o autor não nos contou o que essas palavras significam – e nós não sabemos" (Follett, 2013c, p. ix). Seu cuidado com a linguagem, bem como seu trabalho de identificar princípios não declarados em diversas esferas, permite a Follett demonstrar que existem múltiplas interpretações e aplicações para esses termos, tal como sua distinção entre *poder sobre* e *poder com* (Follett, 2003j).

Por meio de sua cuidadosa interpretação dos significados, o conceito básico que Follett tira de diversas fontes teóricas combinadas é a noção de *integrar* (Follett, 2013c, p. 57). Para ela, o processo integrativo é a característica essencial do mundo, tanto físico quanto social. Ela explica que o processo ontológico e dinâmico do que ela também chama de *resposta circular* pode ser encontrado na química, na engenharia e na teoria da relatividade da física (p. 73-74). Mais tarde, ela observa que ele também é encontrado na biologia, na filosofia whiteheadiana e na psicologia (Follett, 2013h, p. 80). Follett também observa que o princípio relacional e dinâmico da integração se repete em camadas conceituais que passam de princípios ontológicos físicos e metafísicos tanto a psique individual quanto para grupos de seres humanos no contexto social.

1.3.1 Nossa metodologia

Partindo-se do método interdisciplinar de Follett, para organizar seu pensamento em uma estrutura mais lógica sem perder a integridade de seus princípios filosóficos fundamentais, o significado conceitual de suas ideias é interpretado usando-se uma tipologia gerada para entender padrões de coerência em variados sistemas de governança (Stout; Love, 2013b). Mais especificamente, usamos a abordagem do tipo ideal de Weber (1949), que permite uma combinação de descrição, crítica e afirmação. Um exemplo desse tipo de análise é o modelo dos tipos ideais de democracia de Hendriks (2010) ligados às culturas políticas e sociais subjacentes a cada tipo. Aplicações semelhantes podem ser encontradas em *Logics of Legitimacy: Three Traditions of Public Administration Praxis* (Stout, 2013b) e em uma série de artigos que desenvolvem a tipologia da governança empregada neste livro (Love, 2008, 2012, 2013; Stout, 2012a, 2014; Stout; Love, 2013a, 2013b). De maneira análoga a essas outras tipologias, o tipo ideal da "governança follettiana" (Stout; Staton, 2011) aqui apresentado pode ser usado para examinar as teorias e as práticas para identificar os pressupostos ontológicos que as fundamentam e determinar se eles se encaixam no tipo ideal.

Modelos de tipo ideal bem construídos (tipologias) compreendem dois componentes: elementos genéricos e significados genéticos (Stout, 2010c). *Elementos genéricos* são conceitos essenciais de um dado fenômeno necessários para entender relações causais – como e por que as coisas acontecem da forma que acontecem. Também são culturalmente significativos, tendo importância para atores sociais ou valor teórico para a pesquisa. Os elementos genéricos compõem a tipologia como um todo. *Significados genéticos* referem-se às definições específicas dos elementos genéricos que criam coerência lógica dentro de um determinado tipo ideal. Assim, os significados genéticos compõem cada TIPO IDEAL dentro do modelo.

Os elementos conceituais genéricos que consideramos necessários para formular uma teoria completa da governança são: ontologia e linguagem, teoria psicossocial, epistemologia, crenças, ética, teoria política, teoria econômica e teoria da administração (Stout; Love, 2013b). Se considerados juntos, os primeiros quatro elementos conceituais do modelo de tipo ideal (ontologia e linguagem, teoria psicossocial, epistemologia e crenças) moldam os compromissos filosóficos que prefiguram as formas de governança por meio da chamada "ontologia política" – pressupostos logicamente relacionados sobre a natureza, identidade e vida social do ser humano (Catlaw, 2007; Howe, 2006)[18]. Os últimos quatro elementos conceituais (ética, teoria política, teoria econômica e teoria administrativa) moldam formas e práticas de governança prefiguradas pela fundamentação filosófica. Considerando-se esses elementos genéricos como conjuntos coerentes, essa tipologia serve à exploração das relações entre várias práticas de governança e os compromissos filosóficos que as prefiguram (Hendriks, 2010; White, 2000).

Para construirmos o tipo ideal, aplicamos o processo integrativo de Follett à interpretação de sua própria obra. Conforme recomendado pela própria autora na PRÁTICA do processo integrativo, começamos com o primeiro passo: "dividir inteiros; analisar, diferenciar e discriminar" (Follett, 2013c, p. 171). Suas explicações obscuras e confusas foram "des-integradas" para então serem "re-integradas" em um padrão mais linear e direto de argumentação lógica. Interrompemos o estilo narrativo de Follett; desagregamos elementos conceituais de situações específicas; usamos análise de conteúdo interpretativa para diferenciar ideias em diversas categorias; e reintegramos suas ideias para explicá-las dentro de um padrão coeso e completo, uma peça conceitual de cada vez. Essa interpretação dependeu grandemente de uma análise lógico-significativa conforme desenvolvida por Sorokin (1957). Essa abordagem de categorização identifica "o princípio central ('a razão') que permeia todos os componentes, dá sentido e significado a cada um deles e assim faz de um caos de fragmentos não integrados um cosmos" (p. 14). Dessa forma, analisamos os textos de Follett à procura de um princípio central que os unisse; um princípio que pudesse oferecer "a unificação adequada dos fragmentos em um todo de acordo com sua significância lógica ou seu copertencimento lógico" (p. 14). Esse princípio é o PROCESSO INTEGRATIVO, que busca referências no que chamamos de *ontologia do processo relacional* (Stout; Love, 2013b).

Oferecemos interpretações suficientes da obra de Follett de modo a deixar claro seu entendimento do processo integrativo como linha que se desprende dos pressupostos ontológicos através de todas as outras camadas conceituais. Porém, em vez de simplesmente parafrasearmos suas ideias nesses capítulos e perder o caráter encantador de sua voz e sua prosa, citamos livremente seus artigos, palestras e livros publicados. Embora isso possa parecer um tanto fora do comum, queremos que esta obra tenha o caráter e o tamanho de uma antologia, trazendo ao mesmo tempo uma estrutura sistemática e uma cobertura completa de suas ideias, independentemente da fonte.

Este livro também inclui uma robusta revisão bibliográfica. Na explicação do pensamento de Follett, usamos notas de fim de capítulo para assinalar em que pontos suas ideias convergem com o pensamento contemporâneo, bem como onde nossa interpretação é semelhante à de outros pesquisadores ou onde detalhes contextualizantes foram observados por eles, mas não por nós. Fazemos isso da maneira mais concisa possível, sem interromper Follett nos capítulos centrais do livro. Completamos nossa análise de conteúdo propositalmente ANTES de revisar comentários de outros autores sobre seu trabalho para verificar tanto as similaridades quanto as diferenças nas interpretações[19]. Estando explicada a obra de Follett, revisamos outras publicações nos últimos capítulos para contextualizar suas ideias no pensamento contemporâneo.

1.4 A estrutura deste livro

Oito elementos genéricos conceituais são usados para analisar, categorizar e interpretar a obra de Follett: ontologia e linguagem, teoria psicossocial, conceitos epistemológicos, crenças, conceituação da ética, teoria política, teoria econômica e teoria administrativa[20]. Os resultados são apresentados do Capítulo 2 ao Capítulo 9 deste livro, um para cada elemento conceitual da tipologia.

Considerando-se essa explicação, o Capítulo 10 promove um diálogo entre Follett e Whitehead por meio da análise dos pressupostos ontológicos que claramente posicionam a obra de Follett dentro da linha de pensamento do processo. Eis os temas conceituais em comum: (1) a natureza do vir a ser; (2) o papel de Deus no vir a ser; (3) a natureza da diferença; e (4) o propósito de vir a ser. Essa ligação clara de Follett com a teoria do processo estabelece a base para o argumento do Capítulo 11 a favor da necessidade de recapitulação das ideias dela para corrigir os mal-entendidos presentes na bibliografia contemporânea – mal-entendidos que se devem em grande parte à incompatibilidade ontológica.

Para resumir a explicação e o argumento do livro, a abordagem follettiana[21] da governança é apresentada no Capítulo 12, enquanto o Capítulo 13 a apresenta como uma promissora abordagem da governança no contexto global contemporâneo para um futuro sustentável. O Capítulo 12 destaca os princípios transversais que são evidentes através das camadas conceituais discutidas nos Capítulos 2 a 9: o processo integrativo, a situação, a legislação da situação e o método de integração. A aplicação desses conceitos em todas as formas de governança grupal é então explicada, juntamente com os frutos do processo integrativo: a democracia como modo de vida e o progresso como colaboração criativa. O capítulo se encerra com uma revisão da literatura contemporânea, em que se aplica o pensamento follettiano à governança, ao gerenciamento e à administração, à negociação e ao serviço social. O Capítulo 13 demonstra que o contexto contemporâneo e sua crescente demanda por governança democrática participativa em todo o mundo representam um meio mais receptivo para a filosofia e a prática de Follett do que aquele que existia no passado.

O Capítulo 14 completa o livro com sugestões de como implementar a governança follettiana, considerando-se a necessidade de desenvolver as habilidades do processo integrativo na vida cotidiana e também por meio da formação profissional. Encerramos com algumas reflexões sobre nosso desafio, como pesquisadoras, de afirmar o pensamento follettiano em um meio acadêmico que não é tão acolhedor para uma teoria tão transdisciplinar.

1.5 Conclusões

Em suma, estamos bastante satisfeitas com o ressurgimento do interesse pela obra de Mary Follett, o qual persiste até os dias de hoje. Contudo, levando em conta equívocos substanciais nas interpretações da obra de Follett – muitos dos quais foram notados por outros comentaristas durante e depois de sua época –, convidamos os pesquisadores que utilizam sua obra a reconsiderar suas análises, ou ao menos apresentá-las esclarecendo a posição ontológica a partir da qual tecem suas interpretações ou análises. Com vistas a um entendimento esclarecido do posicionamento ontológico de Follett, recorremos a uma recapitulação sistemática de seu pensamento – da ontologia à administração.

Notas de fim de capítulo

1. Referimo-nos a *Mary Follett* em vez de usar a denominação mais convencional *Mary Parker Follett* porque era assim que a autora era chamada antes de sua morte (Tonn, 2003, p. xiv).
2. É assim que Mesle (2008) descreve o projeto de filosofia especulativa buscando um entendimento unificado – começar com um princípio básico e imaginá-lo aplicado a muitas áreas

do conhecimento para encontrar uma generalização aceitável. Como observa o autor, "a tarefa exige uma combinação de pensamento criativo, imaginativo e disciplinado que poucas pessoas possuem" (Mesle, 2008, p. 16). Defendemos que é precisamente isso que Follett faz.

3. A alcunha de Follett de "profeta do gerenciamento" é frequentemente atribuída ao volume editado (Graham, 1995b), mas foi George (1972) quem observou que ela era "um profeta na selva do gerenciamento" (p. 139).

4. No campo da administração pública, Cunningham (2000) resenhou *The New State* à luz de sua reedição, trazendo-o de volta à atenção dos pesquisadores da administração pública, enquanto Stivers (2006) resenhou a biografia escrita por Joan Tonn. Um ressurgimento do interesse em Follett na teoria política bem como na teoria da administração levou à sua inclusão na obra *Mastering Public Administration: From Max Weber to Dwight Waldo* (Fry, 1989; Fry; Raadschelders, 2008), um texto comumente indicado em cursos de pós-graduação, em especial no mestrado. De fato, Follett foi chamada de "a primeira dama da administração pública" (Morton; Lindquist, 1997, p. 350).

5. O'Connor (2000) sugere que o engajamento de Follett com a filosofia "faz com que apreciá-la seja difícil para nós" (p. 167). Ainda assim, ela é uma entre pouquíssimos pesquisadores a relacionar a filosofia à teoria do gerenciamento – uma disciplina que ignorava a filosofia em prol da ciência.

6. A própria Mary Follett cita Heráclito em uma nota de rodapé em *The New State* (1998, p. 34).

7. De maneira semelhante, Krupp (1961) observa que, enquanto Follett era normativa em suas teorias, de acordo com o costume da época, suas teorias baseavam-se tanto na observação quanto na filosofia e assim seus resultados pouco difeririam das subsequentes pesquisas empíricas.

8. Nem todos concordam com essa caracterização. O'Connor (1996) afirma, um tanto pejorativamente: "Follett se situa em um nível abstrato, filosófico, ao falar sobre a atrativa, mas ilusória, 'lei da situação', de modo que não há maneira nem possibilidade de alicerçar sua visão" (p. 46).
9. O'Connor (1996) critica o uso de Follett de "afirmações fortes e radicais" e superlativos, sugerindo que ela é "quase obcecada com o conceito de unidade" (p. 40).
10. Lorde Richard Burdon Haldane (1856-1928) foi não apenas um político, mas também membro da Academia Britânica, cofundador da London School of Economics e palestrante nas Gifford Lectures. Também era admirador do trabalho filosófico de Whitehead e da teoria da relatividade de Einstein, apresentando os dois em uma reunião alegadamente infrutífera (Desmet, 2007).
11. O'Connor (1996) também observa a amplitude de fontes de diversas disciplinas que fundamentam a filosofia de Follett, incorporando seu tema da integração.
12. Barclay (2005) observa que os conceitos de Follett se emprestam a metodologias qualitativas que podem ajudar a melhor compreender fenômenos dinâmicos. Da mesma forma, Child (2013) sugere que a metodologia de Follett baseia-se no raciocínio indutivo mediante a obtenção de dados de observações empíricas de "cerca de vinte e cinco anos de engajamento ativo no serviço comunicativo e em outros serviços públicos, complementado ao final de sua vida por frequentes interações com empresários e suas empresas" (p. 86).
13. Mendenhall, Macomber e Cutright (2000) defendem que Follett foi "a profeta do caos e da complexidade" (p. 203) e que ela oferece o raciocínio para incorporar conceitos do campo da dinâmica não linear (teoria do caos ou da complexidade) no estudo de fenômenos sociais.

14. Ryan e Rutherford (2000) observam que se exige que os filósofos baseiem suas posições ou no indivíduo ou no grupo como unidade essencial da humanidade, e "cada posição logicamente leva a teorias éticas e políticas muito diferentes" (Ryan; Rutherford, 2000, p. 216).
15. Nessa empreitada, Follett é a única a anunciar a mais recente "virada ontológica" (Prozorov, 2014a, p. xxviii) na teoria social que reconhece a relação prefigurada entre a ontologia e as práticas e estruturas sociais (White, 2000).
16. Mendenhall, Macomber e Cutright (2000) argumentam que, uma vez que os conceitos de Follett resultam indutivamente de fenômenos sociais reais, não há risco em aplicar teorias das ciências físicas às ciências sociais, como tem sido observado nas últimas décadas.
17. Gehani e Gehani (2007) enxergam essa abordagem interdisciplinar como exemplo do fato de a própria Follett ser uma "integradora buscando sinergias em uma variedade de disciplinas inter-relacionadas" (p. 391).
18. De forma semelhante, Morton e Lindquist (1997) observam que a ontologia, a epistemologia e a ética estão relacionadas à maneira de um quebra-cabeças inter-relacionado.
19. Morton e Lindquist (1997) oferecem uma análise filosófica semelhante organizada em torno das categorias da ontologia, da epistemologia e da ética. Eles afirmam que "ninguém ainda apresentou uma análise filosófica formal de Follett usando o feminismo contemporâneo como contexto, particularmente uma vez que seu trabalho está relacionado à administração pública" (Morton; Lindquist, 1997, p. 349) e defendem que as ideias de Follett podem ajudar a construir uma fundamentação teórica coerente para a administração pública.

20. Neste projeto, não incluímos seu livro *The Speaker of the House of Representatives* (Follett, 1896), uma vez que ele não é diretamente pertinente ao nosso propósito.
21. John Child (1995) usa o termo *follettiano* (p. 91).

Capítulo 2
A linguagem e os pressupostos ontológicos de Follett

A ONTOLOGIA é um entendimento da existência que fundamenta nossos pressupostos sobre a realidade e nossa visão de mundo ou cosmologia. A LINGUAGEM reflete nosso entendimento da ontologia e, assim, é discutida dentro desse elemento do modelo de tipo ideal. As explicações ontológicas geralmente consideram se a realidade é um estado estático ou dinâmico e se a fonte da existência é transcendente ou imanente e singular (o um) ou plural (o múltiplo) em sua expressão. A discussão acerca dessas características opostas remonta aos filósofos gregos pré-socráticos Parmênides e Heráclito, que oferecem diferentes conceptualizações da natureza do ser e do saber (Graham, 2002; Novicevic et al., 2007). Com base no próprio entendimento de Follett da síntese dialética como integração[1], pensamos que seus pressupostos refletem uma síntese desses pares opostos que permanece presente em todos os outros elementos conceituais de seu pensamento.

O nível de discussão mais profundo de Follett é ontológico, referindo-se com frequência aos argumentos filosóficos clássicos sobre a existência como o um *versus* o múltiplo e pedindo uma alternativa integrativa aos dualismos comuns que remontam a esses pressupostos básicos[2]. Para Follett, a existência é um o-um-tornando-se-através-do-múltiplo em constante mutação. "É a complexidade da vida que nem monistas nem pluralistas parecem levar em consideração" (Follett, 1919, p. 579). Por esse motivo, ela pode ser considerada tanto uma pragmatista quanto uma filósofa do processo. Suas referências ao pragmatismo são frequentes e retiradas principalmente de William James[3]. Porém, grande parte de seu pensamento está mais bem representada na filosofia do processo de Alfred North Whitehead, conforme explicado com mais detalhes em outras obras (Stout; Staton, 2011)[4].

Whitehead ingressou na Universidade de Harvard em 1924, entrando para o ilustre grupo de intelectuais de Cambridge profundamente envolvidos com o movimento do pragmatismo americano[5]. Ele participou do Seminário Follett-Cabot em 1926, durante o qual Follett discutiu a situação evolutiva e o relacionar-se recíproco, enfatizando que "o professor Whitehead, com seu conceito de organismo como estrutura de atividades que estão continuamente em evolução, chegou 'mais perto do ponto central da questão do que qualquer pessoa'" (Tonn, 2003, p. 433-434). "Na filosofia, nossos maiores pensadores nos deram mais do que indicações dessa visão de unidade. Entre os filósofos vivos, penso que o professor Whitehead é o que mais contribui para nosso entendimento dessa verdade" (Follett, 2003m, p. 188). Whitehead parece corresponder a essa admiração, sugerindo que, na questão de definir a justiça, "confio em Follett e em Platão juntos" (Tonn, 2003, p. 436). No entanto, deve-se observar que o tratado de Follett sobre o processo relacional, *Creative Experience*, foi lançado em 1924 e muitas de suas ideias apareceram pela primeira vez na edição de 1918 de *The New State*. A obra de Whitehead *Process and Reality: An Essay in Cosmology* só foi publicada em 1929. Embora a argumentação de Follett sempre corresse em direção ao nível social da análise e a de Whitehead permanecesse principalmente no nível orgânico da manifestação física, as duas parecem influenciar-se mutuamente no desenvolvimento de um entendimento coerente da realidade como um processo relacional de vir a ser.

Por vezes, Follett chega a quase ignorar o debate filosófico: "É inútil percorrer o universo em busca de um eu 'real' ou um você 'real'; é muito mais produtivo estudar nossas interações, estas são certamente reais" (Follett, 2013c, p. 177). Nesse sentido, sua atitude reflete o pragmatismo americano em sua essência. Mas seu foco em questões práticas e na experiência em si não a impede de explorar e explicar o profundo que existe no mundano. As seções a seguir detalham os múltiplos princípios que contribuem para sua ontologia: holismo, vir a ser dinâmico, relação e relatividade e cocriação. Considerando-se o termo *entrelaçar*, bastante usado pela autora, esses princípios ontológicos são os fios que formam a primeira carreira da filosofia de Follett, a partir da qual uma trama de outros elementos é tecida. É o conceito com base no qual todos os outros são reinterpretados para produzir o entendimento de Follett do PROCESSO INTEGRATIVO QUE PERMEIA TODA AÇÃO SOCIAL, conforme ilustrado na Figura 2.1. O capítulo se encerra com uma discussão sobre o cuidado de Follett com a linguagem, dadas as suas características estruturais no nível da ontologia (Stout, 2012b)[6].

Figura 2.1 – A filosofia de Follett que permeia toda ação social: o processo integrativo

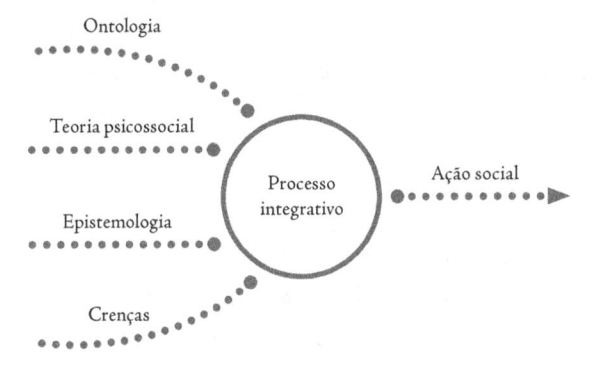

2.1 Holismo

O primeiro princípio ontológico de que Follett trata é a noção de *holismo*: a existência é completa e tudo inclui, ao mesmo tempo que acomoda diferenciações entre suas partes[7]. Assim, a terminologia utilizada por Follett empenha-se em sugerir a completude e a impossibilidade ontológica dos dualismos e da hierarquia. Dessa forma, ela busca integrar a discussão clássica sobre a existência como o um *versus* o múltiplo em uma qualidade do ser que é naturalmente buscada: "A completude é uma força irresistível que compele cada membro" (Follett, 1998, p. 83) mas nunca é finalizada ou totalizadora. "Este é o processo da vida, sempre unificando mediante a interpretação do múltiplo-unidade como objetivo eterno" (Follett, 1998, p. 284). Follett chama essa completude dinâmica de "a situação total", uma "expressão acertada que mostra a importância do objeto externo da situação como constituinte do processo comportamental" (Follett, 2013c, p. 55)[8].

Follett observa que

> *há muito tempo que a filosofia nos ensina a unidade da experiência. Podemos quebrá-la em vários pedaços e encontrar sujeito e objeto, estímulo e resposta, ou podemos nos recusar; podemos reivindicar o direito de vê-la como uma interação relacional de forças, como o funcionamento de uma coerência autônoma. A consciência é a interação viva de atividades autogeradas. [...] A ideia mais fundamental da filosofia é, acredito, o reconhecimento de que não existe uma* Denkform *[forma-pensamento] que sirva de molde para fundir cada pensamento, mas um modo constante de autogeração como pensamento, uma lei perpétua da unificação à qual a atividade livre se submete.* (Follett, 2013c, p. 74-75)

Esse princípio se mantém presente na forma como a autora entende a vida: "Como podemos viver com essa separação artificial que apodrece nossa vida? Primeiro, precisamos perceber que cada um tem algo a acrescentar. [...] Busquemos, então, os laços que nos unem com todas as outras formas de vida. Então encontraremos a realidade: apenas na união, nunca no isolamento" (Follett, 1998, p. 191).

Em vez de retomar o pensamento clássico para desenvolver seu raciocínio, ela recorre às ideias então contemporâneas da teoria da psicologia da Gestalt, sugerindo que "a doutrina da *Gestalt* [...] há muito tem lugar reservado no pensamento filosófico" (Follett, 2013c, p. 91). Sobre as tendências contemporâneas, a autora sentia que "nenhuma é mais valiosa do que a tendência atual de afastar-nos de conceitos atomísticos. Vamos, portanto, voltar-nos brevemente para o conceito da Gestalt, que foi chamado de uma doutrina dos todos" (p. 91).

Follett esclarece sua interpretação da completude mais detalhadamente em seu resumo, incluindo uma definição do que hoje chamaríamos de *sinergia*. "Muitos autores da linha da *Gestalt* afirmam que o todo é 'mais' do que suas partes constituintes. Penso que essa palavra é perigosa; o todo pode ser DIFERENTE das partes sem ser MAIS. [...] O debate em torno da palavra *mais* deve-se, penso, a uma confusão com relação a um mais quantitativo e um mais qualitativo" (Follett, 2013c, p. 98). Se supusermos que o maior valor do todo é de natureza quantitativa, "estaremos cometendo um grande erro. Certamente isso nos desviaria demais para as ciências sociais. Na política ou na economia, seria muito perigoso pensar no todo como mais ou maior do que as partes" (p. 98). É por essa porta que entra a hierarquia: o um SOBRE o múltiplo. Além disso, "os que dão ao todo um caráter superior muitas vezes dão a ele um caráter estático" (p. 99). Esse é o caminho para dar permanência ontológica ao um sobre o múltiplo. "Os perigos tanto de um todo superior quanto de um todo estático podem ser vistos em um certo tratamento da doutrina de valores" (p. 100). Se supusermos que os valores são mais quantitativos do que qualitativos, o um sempre será superior a qualquer indivíduo dentro do múltiplo.

Em vez de um todo que é separado de e superior a suas partes, Follett afirma que o um é COMPOSTO por meio da experiência criativa contínua do múltiplo naquilo que ela descreve como "crescimento federalista" (Follett, 2013c, p. 101)[9]. Assim como "James descobriu que a 'forma-todo' e as 'formas-cada' são incompatíveis" (Follett, 1998, p. 265), as partes em conjunto são "o um em formação; isso envolve um estudo do todo e das partes em sua relação ativa e CONTÍNUA entre si" (Follett, 2013c, p. 102). Quando consideramos isso como um processo social entre seres humanos e o ambiente é somado como um todo em formação, temos "a situação total – também em formação" (Follett, 2013c, p. 102). Assim, o termo que Follett comumente usa para o um ou o todo em formação é *a situação*.

Esse entendimento do todo em formação não permite hierarquia pois se trata de uma "coerência AUTOCRIADA" (Follett, 2013c, p. 61, grifo nosso) em vez de ordenada. Além disso, o desejo de participar do processo de unificar "não é uma redução, uma simplificação, mas a necessidade de abraçar mais e mais, é pedir ajuda, é buscar, é o conceito de pluralismo mais distante possível, é o pluralismo concebido espiritualmente, e não materialmente. Não é a 'redução' à unidade que é o processo social, mas a expansão em direção à unidade. Ou seja, o processo de expansão e o processo de unificação são os mesmos" (Follett, 1919, p. 582).

De fato, conforme será explicado mais detalhadamente na discussão de sua teoria psicossocial, Follett insiste na importância do indivíduo em suas qualidades únicas. A autora afirma que "o oposto de toda particularidade pode ainda manter sua unidade com tudo o que for individual, que de fato sua autoridade deriva de nada além das atividades INDIVIDUAIS que se entrelaçam" (Follett, 2013c, p. 48).

2.2 O vir a ser dinâmico

É nos termos *em formação* e *unificar* que o segundo princípio integrativo de Follett se entrelaça na trama ontológica – a noção do vir a ser dinâmico em oposição ao ser estático. Follett declara: "Quando tivermos realmente adquirido o hábito dinâmico da mente que ostentamos agora e pensarmos sempre em termos de processo, então pensaremos tanto em organismo quanto em ambiente, tanto em indivíduo quanto em situação, como atividades" (Follett, 2013c, p. 129) – "o que podemos chamar de situação EM EVOLUÇÃO" (p. 55, grifo nosso)[10]. Os problemas binários hierárquicos do um transcendente e estático e do múltiplo imanente e estático podem ser evitados reconhecendo-se que a existência está sempre se desdobrando em um processo de vir a ser[11].

O princípio dinâmico acomoda tanto a potencialidade quanto a manifestação dentro do todo. "Tanto o imutável quanto o imutabilizado estão inclusos na ideia de crescimento. Estabilidade não é rigidez nem esterilidade: é o poder perpétuo de originar (Follett, 1998, p. 100)[12]. Em outras palavras, o paradoxo do vir a ser dinâmico é que a mudança em si – a potencialidade – é a única constante. Follett cita James para alegar que precisamos acomodar a potencialidade na vida social por meio do uso do "argumento do 'e seguinte' para provar que nunca teremos um estado unificado, que sempre existirá alguma coisa que nunca é incluída. Vou usá-lo para provar que podemos e devemos ter um estado do unificar, que este 'e' é o princípio do unificar em si. O 'e seguinte' é a verdade mais profunda da psicologia [...] O 'e seguinte' é a tarefa da humanidade para toda a eternidade – para trazer mais paixão, mais conhecimento, mais harmonia" (Follett, 1998, p. 302). Porém, dado o entendimento que a autora tem do todo, o todo é trazido da potencialidade implícita do múltiplo, não do um explícito: "cada uma dessas partes essenciais é uma torneira de uma fonte inesgotável – em cada ser humano vive uma possibilidade infinita" (p. 139)[13].

Portanto, Follett parte do princípio de que "o processo deve ser enfatizado em vez do produto, que o processo é contínuo e que a formação dos todos e a dissolução dos todos são igualmente importantes" (Follett, 2013c, p. 103)[14]. As atividades de desmontar e montar são pontuadas apenas por momentos de observação, não de estase. De fato, "não existem, como propõem alguns sistemas de filosofia, dois princípios do Universo, o da imutabilidade e o do fluxo, existem 'integrações progressivas'" (p. 146).

Da mesma forma, é assim que Follett entende a natureza do progressismo: um processo de desenvolvimento orgânico de desagregação e agregação em novos todos que é autogerador em vez de externamente dirigido ou orientado a metas. De fato, ela frequentemente observa que essa realidade se reflete em todas as formas e processos orgânicos: "Unificação significa esterilização; o unificar significa uma criação perpétua" (Follett, 1998, p. 286). Ela sugere que "colocar o conceito do unificar no lugar da unidade pode ajudar a aproximar mais monistas e pluralistas. O unificar espontâneo é a realidade para a humanidade" (Follett, 1919, p. 582)[15]. Follett explica que esse processo não é de natureza agregadora nem quantitativa, mas uma mudança qualitativa contínua no todo por meio de combinações dinâmicas: "A atividade do unificar muda sua qualidade a todo momento. *La durée* [o longo prazo] não abandona a si mesma, mas transforma-se na nova *durée* infinitamente, suas qualidades interpenetrando-se de forma que, a cada momento, o todo se renova. Assim, a atividade do unificar está mudando sua qualidade a todo momento trazendo outras qualidades para si" (p. 581)[16]. É um o-um-tornando-se-através-do-múltiplo em constante evolução.

Em suma, "não existe resultado DO processo, somente um momento EM processo" (Follett, 2013c, p. 60). Portanto, "a coisa mais importante a lembrar sobre a unidade é: ela não existe. Existe apenas o unificar. Não se pode pegar a unidade e esperar que dure por um dia, nem por cinco minutos" (Follett, 2013b, p. 76). Ainda assim, "um erro que muitas vezes cometemos é o de que o mundo fica parado enquanto passamos por algum ajuste. Ele não para. Os fatos mudam, precisamos acompanhar os fatos; acompanhar os fatos muda os fatos. Em outras palavras, o processo de ajuste muda as coisas a serem ajustadas" (Follett, 2013h, p. 85). De fato, é precisamente por essa razão que a legislação se baseia em precedentes em vez de em um simples princípio: "A ordem legal de hoje é nos dizer que os precedentes devem ser interpretados à luz dos eventos sempre em movimento" (Follett, 2013c, p. 31).

Esse vir a ser dinâmico é justaposto aos todos estáticos, aos quais Follett muitas vezes se refere usando a expressão alemã *ding-an-sich*, ou *coisa em si*, referindo-se à noção kantiana de um *status* ontológico objetivo de coisas separadas (múltiplo) não mediadas pela percepção ou conceptualização. Porém, ela também usa o termo para diferenciar o estático do dinâmico: "Não existe todo, apenas uma busca infinita pela completude" (Follett, 1998, p. 249). Portanto, Follett se compromete com essa tarefa: "O objeto maior da minha lealdade não é nunca uma coisa, algo 'pronto'. É ao próprio processo que dou minha lealdade e cada atividade de minha vida" (Follett, 1919, p. 581).

2.3 Relação e relatividade

A terceira linha ontológica de Follett é o princípio da relação. Dentro do todo dinâmico, as partes estão sempre em relação e, portanto, a relação em si tem *status* ontológico: "O valor de cada fato depende da sua posição em todo o processo do mundo, está conectado em suas relações multitudinárias [...] um fato fora de uma relação não é um fato" (Follett, 2013c, p. 12)[17]. Apesar de os adeptos do empirismo dizerem o contrário, Follett insiste: "não é possível distinguir arbitrariamente aquilo que não é distinto. A experiência é unitária" (Follett, 2013c, p. 146). Isso significa que a relação não é algo formado DEPOIS do vir a ser – é PARTE do vir a ser pelo qual passam todas as coisas[18].

Baseando-se no livro de Holt (1925), *The New Realism*, Follett explica o que acontece entre partes aparentemente separadas: "a realidade está no relacionar-se, na atividade-entre" (Follett, 2013c, p. 54). Só podemos compreender totalmente a vida por meio desse relacionar-se, "pois a objetividade só não é a realidade" (p. 54). "Onde, então, está a realidade? Na situação objetiva, ou nas 'pessoas'? Em nenhum deles, mas no relacionar-se que liberta e integra e cria" (Follett, 2013c, p. 130).

Follett sugere que o termo "relatividade total" é "bastante infeliz", mas explica que ela está "tentando expressar um total que inclua todos os fatores em uma situação não como um total adicional, mas como um total relacional – um total em que cada parte foi permeada por todas as outras partes" (Follett, 2013h, p. 79). Em outras palavras, as partes "juntas constituem uma certa situação, mas constituem essa situação por meio de sua relação umas com as outras. Elas não formam uma situação total apenas existindo lado a lado (p. 79). Isso seria uma simples agregação ou adição com um valor puramente quantitativo. Para expressar mais corretamente a forma como as relações se encaixam com a situação total, ela usa "a linguagem da analogia matemática" (Follett, 2013c, p. 55) que "implica que as variáveis dessa fórmula PODEM ser interdependentes, cada uma sendo uma função da outra" (p. 56)[19]. "Ou então seria mais correto dizer que todos os fatores na situação estão passando por esse processo de relacionar-se recíproco" (Follett, 2013h, p. 79). Essa característica relacional cria condições para o quarto e último princípio da trama ontológica de Follett: a cocriação.

2.4 Cocriação

Follett refere-se ao processo de INTEGRAÇÃO como processos cocriativos utilizando alternadamente o termo *resposta circular* e muitos outros. Como explica a autora, "a doutrina da resposta circular envolvida na teoria da integração nos dá a experiência criativa" (Follett, 2013c, p. 116). "Mas a teoria da experiência criativa que nos foi dada pela mais profunda filosofia ao longo das eras, e agora é tão felizmente reforçada por pesquisas recentes em diversas áreas, mostra que o indivíduo pode criar sem 'transcender'. Ele expressa, faz manifestar, poderes que são os poderes do Universo e, portanto, as forças que ele mesmo está ajudando a criar, as que existem nele e por ele e por meio dele, estão cada vez mais prontas para responder, e assim a vida se expande e se aprofunda; preenche e ao mesmo tempo possibilita ainda mais preenchimento" (p. 116)[20].

Esse conceito do criar dentro da resposta circular reitera o pressuposto de que o um não é separado do múltiplo, mas cocriado por ele: em um todo em formação, "organismo e ambiente não 'expressam', mas fazem todos" (Follett, 2013c, p. 125). Ela insiste: "cada avanço da física, da fisiologia e da psicologia nos mostra a vida como um processo" (Follett, 2013c, p. 118). "E este é um processo de criar" (p. 119). Porém, por causa da condição relacional e holística da existência, o criar ocorre com "influência recíproca" na "situação em evolução" (p. 57).

Em outras palavras, a situação em evolução está continuamente se desdobrando no "padrão emergente, o todo emergente complexo, que se forma pelo interagir, pelo relacionar-se, dos fatores constituintes" (Follett, 2003m, p. 198). O múltiplo interage continuamente e através do processo unificante do relacionar-se, o um está continuamente se renovando. "Estes três – o interagir, o unificar e o surgir – não são partes de um processo no sentido de passos em um processo. Existe um processo simultâneo, e esses três são aspectos desse processo (p. 198). Assim, em seus trabalhos posteriores, Follett vê o cocriar da situação total refletido nas teorias de surgimento encontradas na biologia, na psicologia e na metafísica. "'Surgir' é a palavra que está sendo usada cada dia mais por cientistas para denotar uma novidade sempre que esta aparece na evolução" (p. 198).

A sinergia descrita em seu entendimento da completude, a formação a partir da potencialidade descrita em suas explicações do vir a ser dinâmico e a variação da qualidade gerada na relação ocorrem a partir do processo de cocriação. "O relacionar-se envolve um crescimento que só pode ser medido por juros compostos. [...] Isso ocorre com todo crescimento orgânico" (Follett, 2013c, p. 64). Follett argumenta que "a lei da progressão geométrica é a lei do crescimento orgânico, que o relacionar-se dinâmico sempre tem um valor de mais. [...] Uma psicologia dinâmica nos dá, em vez de equivalentes, mais valentes. [...] Essas são as 'novidades' nos momentos de evolução 'críticos' dos psicólogos" (p. 73)[21]. A autora relaciona claramente esse progresso relacional à noção de progressismo:

"A experiência PROGRESSISTA em todos os níveis significa a criação de mais valentes" (p. 73). É a "doutrina do comportamento integrativo ou circular" que "nos dá pistas desse 'momento misterioso' que vai do existente ao novo, nos mostra uma experiência PROGRESSISTA, o caminho do desenvolvimento individual e social" (p. xv).

Por meio dessa experiência progressista, "estamos criando uns aos outros o tempo todo por resposta circular" (Follett, 2013c, p. 62). Esse é um processo dinâmico bastante complexo e completo[22]. Fundamentalmente, "a relação entre o todo e as partes é uma relação de resposta circular" (p. 99). Entretanto, a resposta circular é sempre uma resposta "a um relacionar-se" (p. 73). Assim, a cocriação está acontecendo entre todas as partes do todo, bem como entre os produtos de suas relações. Primeiro, existem as relações DENTRO das partes, nas quais o ser individual está se tornando com relação ao seu ambiente: "É o eu mais o-entrelaçamento-entre-você-e-eu que encontra o você mais o-entrelaçamento-entre-você-e-eu etc., etc." (Follet, 2013c, p. 63). Então, temos de adicionar a relação ENTRE as partes: "Nunca reajo a você, mas a você-mais-eu; ou, para ser mais precisa, é o eu-mais-você reagindo ao você-mais-eu. O 'eu' nunca pode influenciar o 'você' porque você já me influenciou; ou seja, no próprio processo de encontrar-se, através do próprio processo de encontrar-se, ambos nos tornamos algo diferente" (p. 62-63). Por fim, devemos incluir as relações com o ambiente para acomodar a situação total envolvida no processo cocriativo. Em suma, o relacionar-se ocorre simultaneamente dentro das partes, entre as partes e entre as partes e o ambiente. Follett observa que, se isso fosse traduzido em uma fórmula matemática, seria uma equação diferencial ou um conjunto de equações diferenciais que só poderia ser resolvido através da integração.

A integração é o produto da resposta circular ou, mais claramente, o integrar-se ocorre através do processo de resposta circular. Follett supõe que partes únicas do todo diferem e que o impulso de unificar requer a integração dessas diferenças: "Essa é a realidade para a humanidade:

o unificar de diferenciações" (Follett, 1919, p. 585). É através dessa integração que novas configurações ocorrem e o progresso individual e coletivo acontece. Assim, "uma experiência integrativa é sempre uma experiência progressista (Follett, 2013c, p. 106). Contudo, este não é um simples movimento linear adiante, tampouco uma espiral ascendente. Por causa do movimento constante das montagens dentro do todo, a autora não "ignora a parte da desintegração no processo criativo [...] a ruptura pode ser um verdadeiro momento na integração [...] porém a ruptura só é parte do processo total de vida, o qual, em seu aspecto mais abrangente, podemos chamar de integração" (p. 178).

Esses momentos de integração criam um patamar da experiência progressista ao qual responde o próximo conjunto de diferenciações: "Somente a integração realmente se estabiliza. Mas por estabilização eu não quero dizer algo estacionário. Nada nunca fica parado. Quero dizer apenas que aquele conflito em específico está resolvido e o próximo conflito ocorre em um nível mais alto" (Follett, 2003b, p. 35). Em outras palavras, o que é cocriado através do processo de resposta circular é uma integração de diferenças a partir da qual surgem novas diferenciações, para as quais novas integrações são cocriadas, e assim por diante[23].

Follett acredita piamente no processo e nos "recursos inesgotáveis da vida, nos novos poderes surgindo constantemente. O teste de vitalidade de qualquer experiência é seu poder de unir em uma atividade viva, geradora suas diferenças autoproducentes. Buscamos uma experiência ricamente diversificada em que cada diferença fortalece e reforça a outra. Através da interpenetração de um espírito em outro, as diferenças são conservadas, acentuadas e reconciliadas na vida maior em questão" (Follett, 2013c, p. 302). Por fim, Follett traduzirá esse processo ontológico para cada aspecto da vida política e social em seu entendimento de que o processo integrativo permeia toda ação social: "A atividade de cocriar é o núcleo da democracia, a essência da cidadania, a condição para ser cidadão do mundo" (p. 302).

2.5 Uma observação sobre a linguagem de Follett

Follett insiste que significados linguísticos têm "quase sempre conotações éticas que prejulgam, que por si sós atribuem elogios ou culpas" (Follett, 2013c, p. x). De fato, tal imparcialidade e preconceito não podem ser evitados porque "nossa própria língua, com as ideias e emoções da raça sobrepostas, impede isso" (p. 10). Portanto, a autora sugere que "devemos tirar também nossa linguagem dos acontecimentos cotidianos" (p. x), ou seja, dos efetivos processos da experiência criativa, e não da perspectiva ontológica falha do *status quo*. Para descrever essa visão de mundo alternativa, a linguagem necessariamente precisaria ser de caráter holístico, não distintivo, não binário, não hierárquico e descritivo de ações (Stout, 2012b)[24,25].

As línguas ocidentais não se emprestam prontamente à ontologia do processo relacional. De fato, a maior parte da língua inglesa e sua estrutura implica separação, dualismo, hierarquia e estase, conforme observado por Follett. A autora afirma: "Todos os dias, usamos mais símbolos não compreendidos, muito mais palavras-todo, palavras não analisadas, do que deveríamos" (Follett, 2003b, p. 42). "Palavras-todo" são problemáticas porque indicam estase ontológica e atomismo – partes imutáveis que são consideradas todos distintos em vez de partes dinâmicas e relacionadas. "É a solidez dos símbolos que os torna um perigo para nós" (Follett, 2013c, p. 170). "Nossa perspectiva é curta, nossas chances de sucesso grandemente diminuídas, quando nosso pensamento é restringido pelos limites de uma situação mutuamente exclusiva. Nunca devemos nos permitir ser intimidados por uma situação de exclusão mútua" (Follett, 2003m, p. 201).

Símbolos alternativos que permitam a integração são necessários, e eles não podem ser obtidos se "deixarmos o pensamento ficar dentro dos limites de duas alternativas mutuamente exclusivas" (Follett, 2003b, p. 33). Portanto, Follett argumenta que devemos "desenvolver uma linguagem que expressará mudanças QUALITATIVAS contínuas" (Follett, 1919, p. 581). Por *mudança qualitativa* ela quer dizer que não só todos os elementos do Universo estão em um estado dinâmico constante, mas todas essas mudanças são significativas e substanciais, não apenas quantidades diferentes disso ou daquilo. O processo de vir a ser muda a qualidade da expressão a cada momento porque "a atividade de unificar está mudando sua qualidade o tempo todo ao trazer novas qualidades para si" (Follett, 1919, p. 581). Portanto, a linguagem deve refletir a essência do que potencialmente está se tornando (por exemplo, *inexperiência*) em vez de uma característica estática e superficial (por exemplo, *inexperiente*)[26].

Conforme observado na explicação sobre o holismo, além de sugerir uma falsa estase, o atomismo é a porta pela qual entra a hierarquia – tanto do um sobre o múltiplo quanto de qualquer parte do múltiplo sobre qualquer outra de suas partes. "Os que falam de hierarquia tratam com o quantitativo em vez do qualitativo: saltam do fazer para a coisa já feita" (Follett, 1919, p. 581). Essas hierarquias são exacerbadas pela linguagem que implica não apenas separação, mas dualismos que posicionam um de dois opostos como melhor do que o outro. De fato, em suas deliberações sobre o Estado, Follett observa "palavras frequentemente aplicadas a ele pelos monistas: é 'superior', é 'supremo', está 'além', está 'acima'" (p. 580)[27].

Portanto, Follett insiste que precisamos descartar essa maneira quantitativa de pensar e falar" (Follett, 1919, p. 580) porque "não existe acima e abaixo. Não podemos esquematizar pessoas como objetos espaciais. O estudo da comunidade como processo nos levará, penso, não à mente superindividual, mas à mente interindividual, uma concepção totalmente diferente" (Follett, 1919, p. 581). A autora sugere, pois, que "talvez em algum momento possa ser aconselhável nos livrarmos das palavras 'acima' e 'abaixo'" (Follett, 2013a, p. 35). "Digo que tanto executivos quanto funcionários opõem-se a estar abaixo de qualquer pessoa. Descobri, entre altos executivos, uma objeção a estar acima dos outros e um sentimento de que essas palavras, acima e abaixo, são uma escolha infeliz" (p. 36). Porém, isso exigiria simultaneamente nos livrarmos das hierarquias de autoridade e de poder, o que significaria que "precisamos mudar radicalmente nosso pensamento quanto a essa questão" (p. 37).

É precisamente isso que Follett pede: "a comunidade como processo dá fim à hierarquia, pois nos faz trabalhar com o qualitativo em vez de com o quantitativo" (Follett, 1919, p. 580). Para descrever essa qualidade diferente do relacionar-se ou "modos de associação" (Follett, 1919, p. 582), ela cria novos termos: *poder sobre* descreve a hierarquia, e *poder com* descreve sua alternativa não hierárquica (Follett, 2003j). Ao inserir a preposição *com*, Follett ajusta o modo de associação para torná-lo relacional e participatório, que "conota unidade funcional", explicando que "o estudo da situação envolve a preposição *com*" (Follett, 2003c, p. 62). Da mesma forma, ela rejeita a autoridade individualista, substituindo-a pela lei não hierárquica da situação (Follett, 2013a, 2013b). Para descrever conceitos que substituem entendimentos atomísticos do comportamento como transação, ela usa palavras que conotam plural e relação em ação, tais como *interpenetração, entrelaçamento*, "*interpermeação*", *integração, harmonização, misturar-se, inter-relacionar-se, coadaptação, interindividual* e *síntese*.

A linguagem de Follett também tende a descrever ações sempre que possível, observando o caráter relacionado do processo contínuo: "Todas as expressões estáticas devem ser evitadas. [...] Devemos ter cuidado com os particípios, pois eles levam a muitos 'todos', o tipo errado de 'todos'. [...] Um particípio torna-se o ponto final do pensamento" (Follett, 2013c, p. 58). Da mesma forma, "partes, aspectos, fatores, elementos – todas essas palavras são demasiado estáticas; devemos diferenciá-las como ATIVIDADES" (p. 168). Ela acredita que "substantivos têm maior valor para *post mortems*" (p. 88). Por outro lado, Follett pensa que "é melhor, quando possível, usar verbos" (p. 88). Verbos refletem melhor sua ontologia: ela busca expressar "a doutrina do vir a ser" (Follett, 1998, p. 99). "Essa influência recíproca, essa situação em evolução [...] fica mais clara se, para as palavras *pensamento, motivação, vontade* numa descrição do processo do comportamento, usarmos *pensar, motivar, querer*" (Follett, 2013c, p. 57). Em vez de propor um estado unificado, ela propõe um estado do unific*ar* (Follett, 1998, p. 245) e um processo do unific*ar* (Follett, 1919, p. 582).

Em vez de descrever a integração ou criação, ela se refere ao integr*ar* e ao cri*ar* (p. 576, 578).

Follett também gosta muito do "uso da linguagem matemática" (Follett, 2013c, p. 72) e da "linguagem da analogia matemática" (p. 55)[28]. Ela acredita que "os psicólogos que estão usando a linguagem do cálculo abriram toda uma nova gama de possibilidades do pensamento para nós, pois os princípios da relação como apresentados pelo cálculo diferencial nos ajudam a entender claramente esse princípio fundamental da vida" (p. 64)[29]. A autor sente que a linguagem do cálculo é a mais adequada porque "somos trazidos de uma só vez ao centro de toda a situação: o relacionar-se de coisas que estão mudando, que faz com que o relacionar-se em si mude" (p. 67-68). Porém, sobre usar a linguagem matemática, ela adverte que "não devemos confundir a função como relação e a função como quantidade [...] a função é a atividade do relacionar-se, é a operação, não os resultados. Uma função é sempre um funcionar" (p. 76).

Para explicar sua ontologia do processo relacional, Follett usa e recomenda um desenvolvimento da linguagem que seja de caráter holístico (não distintivo, não binário e não hierárquico) e dinâmico (descreve ações). Tal linguagem oferece uma contextualização por meio de termos menos familiares como *integrar* e *resposta circular*. Como observa a autora, "a menos que estejamos pensando holisticamente em termos de processo, as afirmações que faço não terão nenhum significado" (Follett, 2003m, p. 195). Assim, para adequadamente interpretarmos e aplicarmos a ontologia do processo relacional de Follett, devemos vetar significados que sugerem uma falta de relação, assimetrias de poder e estase de qualquer tipo. Permitir que esses tipos de significados se embrenhem na interpretação terá efeitos nocivos sobre o desenvolvimento progressista tanto dos indivíduos quanto da sociedade em virtude da natureza estruturante da linguagem no nível mais fundamental da ontologia ou, como diria Follett, da experiência criativa.

Resumo da análise

Ainda usando sua metáfora da tecelagem, a ontologia de Follett envolve um número de princípios que compõem a trama de sua filosofia, sobre a qual são tecidos todos os outros elementos conceituais: holismo, vir a ser dinâmico, relação e relatividade e cocriação. Para usar um dos termos mais utilizados pela autora, *entrelaçamento*, esses princípios ontológicos se combinam para criar a base de uma ontologia do processo relacional que ela descreve com termos como *interpenetração, entrelaçamento, "interpermeação", integração, harmonização, misturar-se, inter-relacionar-se, coadaptação, interindividual* e *síntese*. Em todos os momentos a autora sugere dinamismo e completude, bem como a impossibilidade ontológica de dualismos e hierarquias. Dessa forma, ela busca integrar o argumento clássico da existência como o um *versus* o múltiplo em uma qualidade do ser que é naturalmente buscada: "A completude é uma força irresistível que compele todos os membros" (Follett, 1998, p. 83). "Este é o processo da vida, sempre unificar através da interpenetração do múltiplo: a unidade como objetivo eterno" (p. 284).

Follett chama essa unidade de "a situação total", uma "expressão acertada que mostra a importância do objeto externo da situação como constituinte do processo comportamental" (Follett, 2013c, p. 55). Contudo, a autora toma o cuidado de observar que essa completude compõe mais do que abarca: um "todo em formação; [...] o todo e as partes em [...] relação ativa e CONTÍNUA entre si" (p. 102). Ela explica esse processo cocriativo usando "a doutrina da resposta circular" (p. 116) que descreve a "influência recíproca" na "situação em evolução" (p. 57). Juntos, o entendimento de Follett do holismo incorporado, cocriativo, relacional e dinâmico é bastante denso, assim como a linguagem que a autora usa para explicá-lo. A respeito da complexidade de suas propostas, ela conta uma anedota sobre um aluno tentando aprender cálculo. O professor diz ao aluno: "'Depois você vai precisar sair desse universo; neste, muitas vezes temos variações com relação a outras variações que somos obrigados a aprender para pensar nos termos dessas condições'" (p. 70). Mas, para seu objetivo final de mudar a governança, esses princípios relacionais e dinâmicos permitem uma noção mais atrativa do Estado:

> Eu disse que os pluralistas políticos estão lutando contra um hegelianismo mal-entendido. Eles adotam a concepção cruamente popular do Estado hegeliano como algo 'acima e além' das pessoas, como uma entidade virtualmente independente delas? Tal concepção está fundamentalmente equivocada e vai totalmente contra o estilo de Hegel. Assim como James descobriu que a experiência coletiva não independe da experiência distributiva e reconciliou as duas por meio da "consciência composta", as partes relacionadas de Hegel também receberam seu significado somente na concepção da relatividade total. A alma do hegelianismo é a relatividade total, mas essa é a essência do composto da consciência. Da mesma forma que para James, as partes relacionadas e suas relações aparecem simultaneamente e com igual realidade também para a relatividade total de Hegel. (Follett, 1998, p. 266)

Por meio desse entendimento do processo relacional, "o verdadeiro hegelianismo encontra sua forma atualizada no federalismo" (Follett, 1998, p. 267), que é a maneira como Follett descreve todos orgânicos em formação dentro de situações em evolução. Uma vez que cada pessoa é um cocriador, esse tipo de todo é democraticamente aceitável. Jogando os monistas contra os pluralistas, Follett sugere que "nossa lealdade não é nem com todos imaginários nem com todos escolhidos, mas é parte integrante dessa atividade que, ao mesmo tempo, está criando a mim" (Follett, 1919, p. 579). Assim, no nível da ontologia, Follett estabelece seu princípio primário e transversal: O PROCESSO INTEGRATIVO. Mas, para chegarmos à totalidade dessa teoria, precisamos somar outros elementos conceituais. Vamos tratar primeiro da teoria psicossocial.

Notas de fim de capítulo

1. De fato, Cabot (1934) sugere que a busca de Follett pela integração apoiou-se nos conceitos de tese, antítese e síntese de Hegel. De maneira semelhante, Tonn (2003) observa que a noção de Follett do unificar inspira-se em partes no método hegeliano da exposição: tese, antítese e síntese. Sugerimos que o entendimento de Follett acerca da integração prevê o conceito da síntese dialética da fusão de horizontes descrita por Gadamer (1997).
2. Ryan e Rutherford (2000) observam que a preferência por dicotomias claramente definidas baseia-se nos alicerces filosóficos fundamentalmente contraditórios – sua metafísica. Exige-se que os filósofos baseiem suas posições ou no indivíduo ou no grupo como unidade essencial de humanidade.
3. Banerjee (2008) refere-se à "ontologia pragmatista do entrelaçamento" (p. 10).
4. Enomoto (1995) também afirma que o pensamento de Follett tem ligação com o de Whitehead.
5. Kaag (2008) oferece uma análise importante das relações históricas entre os intelectuais de Cambridge, em especial entre Follett e Richard e Ella Cabot. O autor observa que Whitehead e Royce eram ambos professores de Ella Lyman Cabot e que ela tinha uma relação próxima com a jovem Follett.
6. Inspirando-se em Maturana e Varela (1992), Shapiro (2003) sugere que o todo é internalizado no individual por meio da linguagem.
7. Em termos de física contemporânea, o Universo é uma ordem implícita (Bohm, 1980) – um espaço imanente que não tem uma contraparte transcendente.
8. Tonn (2003) observa que muitos dos exemplos de caso da situação total usados em *Creative Experience* inspiram-se na colega de Follett, Ada Eliot Sheffield (irmã de T. S. Eliot), uma assistente social de Boston.

9. Esse pressuposto reflete a noção whiteheadiana da experiência como sendo fundamental desde o nível quântico até o nível universal da análise (Mesle, 2008). Isso se deve provavelmente ao fato de que ambas as noções se basearam em James (1909).
10. Em termos de física contemporânea, o Universo é uma ordem implícita (Bohm, 1980).
11. Como explica Whitehead, o mundo é composto de eventos e processos (Mesle, 2008).
12. Shapiro (2003) liga o pensamento de Follett à filosofia emancipatória dos sistemas e ao pensamento evolucionista em geral. "A evolução é definida aqui como um processo de desenvolvimento dinâmico e internamente motivado pelo qual as diferenças imprevisivelmente fazem surgir novas relações e as relações imprevisivelmente fazem surgir novas diferenças, e assim por diante, levando à capacidade de criação e à liberação progressista" (Shapiro, 2003, p. 586).
13. Aqui, Follett difere muito da noção de Whitehead (1979) de objetos eternos e o papel de Deus no vir a ser.
14. Isso se assemelha muito ao entendimento contemporâneo de montagens (Deleuze; Guattari, 1987), que estão em um estado constante de reconfigurar-se, mas que juntas estão compondo, através de suas inúmeras conexões, o todo.
15. Fox (1968) defende que Follett usa os termos *unificar*, *integração* e *síntese* como sinônimos.
16. Aqui parece que Follett tem conhecimento de Bergson (2001) e seu entendimento da multiplicidade no vir a ser.
17. Como explica Whitehead, o relacionamento vai "até as raízes da realidade" (Mesle, 2008, p. 8).
18. Whitehead (1978) compartilha desse entendimento do princípio da relatividade e do panexperiencialismo (Griffin, 2007).

19. Essa diferenciação entre a singularidade quantitativa (atomística) e a singularidade qualitativa (relacional) também é feita por Mesle (2008).
20. Isso vai ao encontro da noção whiteheadiana de que "a 'criatividade' é a universal de todas as universais caracterizando a derradeira matéria do fato. [...] A 'criatividade' é o princípio da novidade" (Whitehead, 1978, p. 21). "O Universo é, assim, um avanço criativo em direção à novidade" (p. 222).
21. Aqui, Follett parece referir-se à noção de Whitehead (1979) de novidade como motivação para mudança e também à noção de Bergson e Mitchell (1920) do impulso vital por trás da evolução.
22. Morton e Lindquist (1997) enxergam no conceito de Follett da resposta circular um presságio da ênfase feminista contemporânea sobre uma ontologia relacional e dinâmica.
23. Essa mesma experiência orgânica é explicada por Whitehead (1979) como a maneira em que compreensões são momentaneamente harmonizadas em verdadeiras ocasiões de concrescência e como o vir a ser é atraído para a novidade e uma maior complexidade.
24. A esse respeito, a linguagem de Whitehead é problemática, uma vez que leva adiante conotações culturais do uso de conceitos binários e estáticos, tais como hierarquia e dominância. Assim, a atenção de Follett à linguagem ajuda a "criticar, melhorar e, em alguns aspectos, transcender" o pensamento whiteheadiano (Mesle, 2008).
25. Esta seção baseia-se livremente em Stout (2012).
26. Da mesma forma, Whitehead penou com o problema da linguagem e a escolha entre redefinir o significado de termos existentes *versus* criar novos termos – ambos podem resultar em confusão (Mesle, 2008).

27. Whitehead (1979) não exclui tal linguagem de sua filosofia do processo.
28. Tonn (2003) sugere que Follett é influenciada pelo uso que Holt (1914) faz dos conceitos matemáticos e da linguagem em *The Concept of Consciousness*.
29. A esse respeito, Follett está de acordo com Bergson (2007).
30. O conhecimento de Follett sobre Hegel veio por meio de Anna Boynton Thompson, uma aluna de Josiah Royce, o professor de história de Follett na Thayer Academy, escola de nível médio que a autora frequentou (Metcalf; Urwick, 1942).

Capítulo 3
A teoria psicossocial de Follett

§

O termo *teoria psicossocial* refere-se ao nosso entendimento do *self* e de outros seres humanos. Essas teorias tendem a enfatizar a IDENTIDADE como unitária ou descentralizada e a CONDIÇÃO SOCIAL do indivíduo como enraizada ou isolada. A IDENTIDADE UNITÁRIA é uma narrativa coerente e estática em um caminho teleológico linear: o *self* cartesiano. A IDENTIDADE DESCENTRALIZADA é fluida e responsiva a mudanças externas ao sujeito. Em termos da condição social, ENRAIZADA significa que o contexto social é preexistente e que os indivíduos relacionam-se primeiro com o todo e então uns com os outros como indivíduos. Uma CONDIÇÃO ISOLADA significa que não existe vínculo social *a priori* ou identidade grupal estável decorrentes da relação.

O primeiro fio que Follett tece sobre a trama de sua ontologia do processo relacional é a teoria psicossocial. Follett (1998) descreve o indivíduo não como uma parte mas como "um todo visto de uma perspectiva especial" (p. 66) que não é nem particularista nem coletivista[1]. Assim, Follett interpreta os aspectos psicossociais do ser HUMANO usando seus princípios ontológicos. O primeiro princípio é a identidade multidimensional, combinando seu entendimento do holismo dinâmico, ou dos todos em formação. O segundo princípio é o da relação ou resposta circular, mas aqui no que diz respeito às pessoas em relação com a situação total. O terceiro princípio apresentado é a cocriação do *self* e do grupo através da integração. Esses princípios são fundamentais para o resto de suas teorias, porque, independentemente de qual aspecto da ação social esteja em questão, afirma Follett, "temos problemas humanos com aspectos psicológicos, éticos e econômicos, e quantos mais você puder imaginar" (Follett, 2003m, p. 184).

Sempre com a atenção voltada à aplicação prática, para construir suas teorias sobre o indivíduo na sociedade, Follett apresenta seu argumento de maneira qualitativamente diversa da lógica padrão que começa com o indivíduo e depois agrega indivíduos em grupos. Em vez disso, Follett afirma que "estou sempre em relação não com a 'sociedade', mas com algum grupo concreto" (Follett, 1998, p. 20); assim, "só existe o grupo e a unidade-grupo" (p. 21). Portanto, "o grupo EM RELAÇÃO deve ser o objeto de nosso estudo se desejamos que ele seja produtivo para a política" (p. 10). De fato, "a organização em grupos deverá tornar-se o novo método na política, a base de nosso sistema industrial futuro, o alicerce da ordem internacional" (p. 3).

Consequentemente, existe apenas a pessoa-em-comunidade socialmente enraizada, cuja identidade não é unitária nem descentralizada, mas formada através da experiência tanto individual quanto social[2]. Esse reordenamento em que se passa da ênfase do indivíduo como unidade fundamental pré-social para a do indivíduo criado através do inter-relacionar-se exige que "a psicologia social [...] preocupe-se primeiramente com a interação das mentes [...] o indivíduo social" (Follett, 1998, p. 21). Em suma, para entendermos a sociedade, precisamos entender o grupo. Para entendermos o grupo, precisamos entender o indivíduo em relação. Para entendermos o indivíduo em relação, precisamos estudar a real experiência e como a ontologia do processo relacional se expressa nos seres humanos.

Follett sustenta sua linha de raciocínio com a teoria psicanalítica e a teoria da Gestalt, argumentando que a psicologia social provavelmente dará melhores bases para a organização política do que os esforços anteriores da teoria e ciência políticas. Porém, como é de costume, Follett também critica as próprias teorias que ela usa como alicerce para suas ideias. Mais especificamente, ela encontra equívocos na forma como a teoria psicanalítica explica a integração dentro do indivíduo, mas sem considerar a experiência de maneira dinâmica. A teoria da Gestalt explica como o indivíduo se relaciona com a situação, sem considerar como os indivíduos se relacionam uns com os outros ou com aspectos integrados de si mesmos. Assim, ambas as teorias devem ser alteradas para incluir a resposta circular e o processo resultante da integração.

Para fazer esses ajustes, Follett se baseia fortemente no entendimento de William James acerca da consciência, na interpretação de Edwin Holt da psicanálise freudiana e na teoria da psicologia da Gestalt como explicada por Gordon Allport. Contudo, antes de explicarmos suas teorias alternativas, precisamos explicar a crítica que a autora faz para acentuar as diferenças que ela enxerga entre o que chama de individualismo "particularista" (Follett, 1998, p. 125), baseado na ontologia atomística estática, e o que ela entende como "individualismo verdadeiro" (Follett, 1998, p. 74), baseado na ontologia do processo relacional.

3.1 Crítica da teoria social

Follett critica as explicações que recebeu sobre o indivíduo em sociedade – particularismo e coletivismo – argumentando que elas levam tão somente à MULTIDÃO. Suas críticas baseiam-se em uma combinação de observação em contextos comunitários e industriais, das então recentes teorias da psicanálise e da psicologia e da variedade de fontes que fundamentam seu entendimento da ontologia do processo relacional. A seguir, discutiremos cada uma dessas críticas.

3.1.1 Particularismo

Follett começa sua explicação com uma crítica do individualismo como ele é entendido atualmente – o individualismo particularista –, que inclui tanto o atomismo quanto o pluralismo. Ela diz que primeiro devemos reconhecer o particularismo como uma FORMA específica de individualismo que difere do que ela chama de "individualismo verdadeiro" (Follett, 1998, p. 3). O "indivíduo verdadeiro nós ainda não conhecemos, pois não temos nenhum método de libertar os poderes do indivíduo. Nosso particularismo – nosso *laissez-faire*, nosso cada-um-por-si – tem pouco a ver com o individualismo verdadeiro" (p. 3). De fato, a era do *laissez-faire* "não foi uma época individualista, mas particularista" (p. 74). Ela compara a linha particularista do individualismo à hoje refutada "teoria do 'colar de contas', que já foi bem aceita na genética" e alerta que aplicar essa teoria a indivíduos e suas relações sociais "é igualmente fatal para a sociologia" (Follett, 2013b, p. 78). Para enfatizar esse perigo, ela chama o particularismo de "tragédia do individualismo" (Follett, 1998, p. 3).

Para corroborar seu argumento, Follett mira em dois princípios fundamentais do particularismo. Em primeiro lugar, ela ataca categoricamente a ideia de que o indivíduo é capaz de existir fora da sociedade de qualquer maneira, de que o indivíduo é um ser pré-social e pré-formado "que observa seus grupos de fora" e em relação ao qual "existe algo de peculiarmente sagrado" (Follett, 1919, p. 579). Em suma, Follett avalia que "esse indivíduo é um mito" (p. 579). Assim, não podemos usar esse indivíduo fictício como parte formadora de um grupo, no pluralismo, ou da sociedade como um todo, porque "a sociedade não é uma coleção de unidades" (Follett, 1998, p. 75). Em segundo lugar, tendo rejeitado a possibilidade de indivíduos pré-sociais, ela rejeita igualmente a alegação de que indivíduos são unicamente responsáveis por suas próprias circunstâncias: a doutrina do *bootstrapping*. De forma bastante simples, ela coloca que "o *self-made man* não existe" (p. 62).

Para Follett, o individualismo particularista não é apenas equivocado – esses princípios básicos são profundamente danosos aos indivíduos e à sociedade. O indivíduo isolado e autossuficiente é "uma existência fragmentada demais" (Follett, 1998, p. 314), causando disfunções nas relações humanas e corroendo o vínculo social. Follett enxerga essa ruptura na forma como os indivíduos relacionam-se uns com os outros, explicando que "a psicologia particularista, que nos deu o *ego* e o *alter*, nos deu a simpatia que vai de um ser isolado ao outro" (p. 44). A simpatia, de uma perspectiva particularista, é definida por Follett como um sentimento altruísta que o *ego* (*self*) experimenta pelo *alter* (outro); "simpatia de fora" em vez de "simpatia de dentro" (Follett, 2003l, p. 218). Na primeira, há uma relação sujeito-objeto em que se sente POR, enquanto na segunda a relação é sujeito-sujeito em um "sentir COM" (p. 218, grifo nosso), como no conceito de *empatia*[3]. Para Follett, a simpatia de dentro é "a mais verdadeira, mais vital simpatia" (p. 219), enquanto a simpatia de fora reforça o mito do particularismo e permite que relações hierárquicas se formem.

3.1.2 Coletivismo

Para abordar a disfunção criada pelo individualismo particularista, Follett defende que precisamos do "reconhecimento constante de que cada todo é sempre um elemento de um todo maior" (Follett, 1998, p. 306). Porém, isso não significa que ela apoia o coletivismo. A autora explica que o coletivismo é uma interpretação equivocada da unidade como *estática*: "quando a sociedade é do interesse de alguns autores, eles tendem a fazer dela uma entidade da 'alma social', da 'mente grupal'" (Follett, 2013c, p. 41). Mas Follett insiste que "não existe vontade coletiva estática nem 'mente grupal'" (p. 207). Portanto, "a ideia de uma vontade coletiva como unificadora de vontades" – no sentido de homogeneização – "precisa acabar" (p. 208).

Quando o coletivismo se concentra em criar uma unidade estática em vez de um unificar ativo, a porta se abre mais uma vez para dar passagem à hierarquia e ao PODER SOBRE na forma do um-sobre-o-múltiplo. Uma vontade coletiva uniforme deve ser alcançada por meio de uma imitação voluntária ou de uma conformidade coagida, e ambas apresentam "o risco de pensar que o indivíduo é menos importante porque o aspecto coletivo da vida instigou nosso fervor e ganhou nossa devoção" (Follett, 1998, p. 73). "Se descobrirmos que a vida desse grupo consiste principalmente de imitação, veremos que ela não envolve nenhuma atividade do verdadeiro *self*, mas o destrói e o sufoca. A imitação condena a raça humana" (p. 37)[4]. A uniformidade coagida é ainda pior: "A socialização, que as pessoas tratam como se fosse uma virtude suprema, é muitas vezes puramente uma ideia de multidão, a multidão tentando preservar a si mesma em seu estado atual" (Follett, 2013c, p. 128).

Quando a vida social toma esse formato, Follett argumenta que temos apenas o coletivismo e a multidão, não o individualismo verdadeiro dentro dos grupos. "Não podemos ter nenhum coletivismo genuíno até que tenhamos aprendido a desenvolver o pensamento coletivo e a vontade coletiva" (Follett, 1998, p. 73); e para isso precisamos do grupo. Assim, a distinção entre a multidão e o grupo é fundamental para Follett, cuja teoria social começa com o grupo. Portanto, é necessário dar consistência à sua crítica da multidão e da relação desta com o excesso tanto do particularismo quanto do coletivismo.

3.1.3 A multidão

Para Follett, os tipos de individualismo encontrados no particularismo e no coletivismo levam a um agrupamento social que ela rotula de *multidão* e seus vários derivados[5]. Lembrando-nos mais uma vez da importância da linguagem, ela explica que "as palavras *sociedade*, *multidão* e *grupo* muitas vezes são usadas como sinônimos para um número de pessoas reunidas" (Follett, 1998, p. 85). Contudo, Follett afirma que uma multidão não é um grupo nem uma sociedade: "não vemos forças grupais em multidões:

a multidão e o grupo representam modos de associação completamente distintos" (p. 85)[6]. Infelizmente, uma vez que o particularismo e o coletivismo dominam as ideias sobre associação humana, Follett lamenta que "a sociologia fala muito sobre a multidão" (Follett, 2013c, p. xi), mas nada sobre os outros modos de associação. Portanto, Follett assume a tarefa de desenvolver uma explicação detalhada da distinção entre multidões e grupos. Multidões se formam por agregação ou homogeneização, enquanto grupos se formam pelo relacionar-se de verdadeiros indivíduos engajando-se em integração[7].

Um método de formação de multidões é o pluralismo, que Follett descreve como um resultado do particularismo. Seres pré-sociais reúnem-se em torno de semelhanças preexistentes e vivem o conflito um com o outro com base em diferenças preexistentes. A organização e a competição pluralistas criam o que Follett descreve como indivíduos corporativos postos lado a lado sob a mesma bandeira, mas que não estão de fato uns COM os outros porque eles não formaram o grupo juntos ativamente. Em outras palavras, a fragmentação do particularismo leva a uma conexão artificial, temporária e contratual entre coletividades concorrentes, o que é tipicamente entendido como pluralismo. Entretanto, para Follett, essa distinção entre ser quantitativamente COLETIVO e ser quantitativamente COM reflete o problema de que "o atomismo em qualquer forma, de grupos tanto quanto de indivíduos, significa anarquia" (Follett, 1998, p. 305). Assim, ela chama esse tipo de associação lado a lado de *multidão*.

Uma multidão particularista também pode se tornar uma MANADA. Nessa situação, os indivíduos reúnem-se com base em semelhanças com o propósito de "buscar o 'conforto' da associação" (Follett, 1998, p. 89). Embora Follett reconheça a necessidade emocional de associação que pode guiar a manada, a autora questiona o modo de associação por meio do qual isso é obtido. "Somente estudos futuros nos ensinarão a distinguir o quanto o instinto da manada e o quanto a convicção grupal contribuem para nossas ideias e sentimentos em determinado momento e quais são as tendências quando essas duas forças entram em conflito" (p. 90).

Particularmente instigante é a incapacidade da manada de acomodar a natureza dinâmica da identidade individual.

Por outro lado, o coletivismo produz uma multidão que Follett descreve como uma "massa indistinta" (Follett, 1998, p. 87) de indivíduos que cria similaridades removendo as diferenças por meio da dominação ou da imitação. "Não existem 'diferenças' na mentalidade da multidão. Cada pessoa é varrida do mapa sem que possa parar e encontrar sua própria diferença" (p. 86). Essa forma de multidão é movida pela sugestão e "não distingue entre fervor e sabedoria" (p. 86). Assim, a multidão coletivista é uma massa unificada mantida pela emoção da multidão e por um senso de pertencimento. "Sentimos a emoção da multidão quando todos gritamos 'Deus salve o Rei!'. Sugestão, sentimento, impulso – essa é geralmente a ordem da mentalidade da multidão" (p. 85). Esse fervor emocional pode transformar uma multidão coletivista em uma TURBA, que é "essa emoção da multidão levada ao extremo" (p. 88).

Todas as formas de multidão – MULTIDÃO, MANADA, MASSA e TURBA – levam à homogeneidade, em que "a unanimidade é amplamente superficial e baseada na disseminação de ideias semelhantes, não no unificar das diferenças" (Follett, 1998, p. 86)[8]. De fato, tanto a agregação pluralista de indivíduos particularistas quanto a homogeneização dentro do coletivismo tentam ignorar ou eliminar as diferenças. Portanto, a associação por multidão limita as possibilidades de progresso social, porque "o mal essencial das multidões é que elas não permitem a escolha, e a escolha é necessária para o progresso" (p. 87). Como resultado, as "grandes realizações da humanidade não são alcançadas na associação por multidão" (Follett, 2013c, p. xi). Com efeito, os dois entendimentos de *grupo* levam a duas afirmações problemáticas: "(1) que a evolução social depende do progresso individual com imitação pela multidão; (2) que a evolução significa dificuldade e a sobrevivência do mais forte" (p. 93). Follett argumenta que nenhum desses pressupostos leva ao nível mais alto do progresso individual ou social.

Ao considerar os problemas contínuos da mentalidade de multidão, Follett teme que "ainda não aprendemos a viver juntos" (Follett, 1998, p. 3) de uma maneira que encoraje a cocriação ativa e com propósito. "Se desejamos que a experiência seja progressista, devemos encontrar outro princípio de associação humana" (Follett, 2013c, p. x): a integração. Assim, Follett parte para a definição de sua abordagem alternativa à teoria psicossocial.

3.2 Revisando a psicologia grupal e individual

Finalizando suas críticas à teoria psicossocial, Follett revisa a psicologia grupal e individual para relacioná-la à sua ontologia do processo relacional[9]. Ela afirma que não podemos definir o indivíduo fora do grupo, como no particularismo, nem podemos definir o indivíduo como coincidente com o grupo, como no coletivismo[10]. Essas teorias psicossociais só podem nos ajudar a entender a multidão. Em vez disso, devemos entender o indivíduo-em-relação – o indivíduo verdadeiro no grupo. Portanto, em vez de usar a sociologia baseada no particularismo ou no coletivismo, Follett emprega teorias da psicologia para explicar e construir um entendimento alternativo do indivíduo no grupo. Como seria de se esperar, os princípios da ontologia do processo relacional oferecem as métricas para avaliar todas as potenciais teorias psicológicas. "Qualquer psicologia individual que não tenha reconhecido a natureza unificante da experiência, qualquer psicologia social que tenha deixado de enxergar isso, tratou não da vida, mas de abstrações da vida" (Follett, 2013c, p. 113).

Na época de Follett, a psicologia estava prestes a reconhecer a resposta circular e começando a rejeitar os alicerces do particularismo: o *ego* (*self*) e o *alter* (outro). "Agora que sabemos que não existe um ego separado, que indivíduos são criados por interações recíprocas, todo o nosso estudo da psicologia está sendo transformado" (Follett, 1998, p. 19). Ela demonstra isso com uma anedota referente ao debate entre agência e condicionamento social. A resposta de Follett exige ambos: "Recentemente me surpreendi ao ver um psicólogo colocar a pergunta: 'O comportamento é interna ou externamente condicionado?'. Os fatores de estímulos intra e extraorgânicos são não apenas igualmente importantes como também interligados. Devem ser considerados simultaneamente. Temos agora uma psicologia dinâmica completamente nova" (Follett, 2013c, p. 66).

Para formular essa psicologia dinâmica, Follett chama atenção para duas teorias principais: a psicanálise e a psicologia da Gestalt. O caráter complementar desse par de teorias oferece a base para entender as dinâmicas psicossociais que produzem o indivíduo verdadeiro e o grupo: a resposta circular dos todos em formação e o cocriar através da integração[11].

3.2.1 Teoria psicanalítica

Follett recorre primeiro à teoria psicanalítica de Freud, considerando a inter-relação entre a motivação emocional e a experiência. A autora baseia-se na interpretação de Freud feita por Holt, o qual explica que "a psicologia agora nos dá 'desejo' como palavra-chave para nossa vida individual" (Follett, 2013c, p. xiii). Follett aceita tal interpretação, mas com a ressalva de que uma visão limitada da motivação baseada no desejo pode levar de volta ao particularismo, em que o indivíduo está em uma relação sujeito-objeto com os outros e o ambiente[12]. "Para sermos exatos, não podemos afirmar que o indivíduo age sobre o outro ou é alvo da ação do outro, porque isso insinua que o indivíduo é uma entidade finalizada, definitiva, dada, e essa ideia faz dele um mero agente ou alvo da ação. Não podemos colocar o indivíduo de um lado e a sociedade do outro, devemos entender toda a inter-relação entre os dois" (Follett, 1998, p. 61). Onde a psicanálise negligencia a interpenetração entre desejo e ambiente, Follett alerta que "a terapêutica do psicanalista seria uma contradição à sua teoria se ele visse desejos inconscientes como imutáveis" (Follett, 2013c, p. 121).

Follett acredita que Holt evita essa armadilha aprofundando a relação entre o indivíduo e o ambiente em que surge a formação do desejo. Em vez de uma relação sujeito-objeto com o ambiente em que desejos se tornam fins estáticos, os desejos individuais estão constantemente sendo recriados na situação relacional. De acordo com Follett, Holt define "a experiência como uma inter-relação de forças, como a atividade do relacionar-se através de novas relações em direção a uma nova atividade, e não do propósito ao ato e do ato ao propósito com um abismo fatal entre os dois, como se a vida se movesse tal qual as engrenagens de brinquedos mecânicos com apenas uma manivela externa responsável por tais engrenagens, ou como uma energia psíquica demasiado misteriosa" (Follett, 2013c, p. 80-81). Em outras palavras, a vida "é um processo" (p. 81), um conjunto interconectado contínuo de experiências movido pelos desejos em suas relações. Assim, a psicanálise deve permitir um entendimento mais profundo da ação relacional em que "buscamos propósito dentro do processo em si" (p. 80).

Quando focamos o processo e não fins estáticos, "podemos ver em nossas próprias vidas que a necessidade é sempre a falta; o objetivo muda conforme tentamos um meio após o outro de suprir aquela falta" (Follett, 2013c, p. 81). Não se trata nunca de um cenário simples de necessidade (estímulo) e satisfação (resposta). De fato, "a necessidade vem como necessidade somente quando a possível satisfação da necessidade já existe. Não há lacunas no processo. O automóvel não apenas satisfaz vontades, ele cria vontades; esse é o significado da nossa fórmula da sociologia. O automóvel não foi inventado para resolver os problemas dos fazendeiros. O propósito à frente sempre nos confundirá. A psicologia agora nos dá o fim como momento EM processo" (p. 81). Vendo um determinado fim como mera fotografia de um momento dentro de um processo contínuo, dentro da situação total, Follett defende que podemos começar a entender a inter-relação entre desejo e a situação total. A esse entendimento devemos somar o conhecimento de um integrar contínuo de desejos tanto dentro do indivíduo como entre indivíduos:

> *A psicologia freudiana, como interpretada e aprofundada por Holt, fornece-nos uma exposição clara do processo do integrar no indivíduo. Mostra que a personalidade se produz através do integrar*

> de *"desejos"*, ou seja, planos de ação que o organismo se determina a cumprir. A essência da psicologia freudiana é que dois planos de ação não são mutuamente exclusivos, que um não *"suprime"* o outro. Mostra claramente que integrar não é absorver, derreter, fundir, nem reconciliar no chamado sentido hegeliano da palavra. O poder criativo do indivíduo aparece não quando um *"desejo"* domina os outros, mas quando todos os *"desejos"* se unem em um todo que funciona. (Follett, 1919, p. 576)

Em outras palavras, os desejos múltiplos dentro do indivíduo são integrados no processo de desenvolvimento psicológico, enquanto os desejos multitudinários dos indivíduos são integrados no processo grupal de desenvolvimento social.

Para aprofundar a diferenciação entre desejo como fim estático e processo contínuo, Follett emprega sua linguagem descritiva de ações: "Eu gostaria de expressar isto da seguinte maneira para a psicologia social: O pensar (querer, motivar) é o relacionar-se ESPECÍFICO das variáveis interdependentes, o indivíduo e a situação, cada um deles, pois, recriando-se, relacionando-se de novo e assim nos dando a situação em evolução" (Follett, 2013c, p. 89). Esse reformular a dinâmica psicanalítica é uma reiteração da resposta circular ontológica aplicada à psicologia individual e grupal. No nível psicossocial, a resposta circular nos ajuda a entender "o comportamento como função do entrelaçamento entre a atividade do organismo e a atividade do ambiente e nos dá uma nova abordagem das ciências sociais" (p. 79). Portanto, Follett usa a teoria da Gestalt para esclarecer seu raciocínio sobre o indivíduo grupal.

3.2.2 Teoria da Gestalt

Follett usa a "teoria da *Gestalt*" e seu "conceito dos todos" (Follett, 2013c, p. 79) para aprofundar sua explicação acerca da relação entre o indivíduo e o ambiente. Follett começa com o conceito da Gestalt de "figura e fundo", em que ela vê "uma analogia crua com o indivíduo e a situação" (p. 109-110) – dois todos que se definem mutuamente. Assim, a linha da

Gestalt "nega que situações sociais, psíquicas ou físicas sejam compostas de elementos em uma relação mais-mais. O todo, eles dizem, é determinado não apenas por seus constituintes, mas pela relação deles uns com os outros" (Follett, 2003m, p. 185-186). Porém, enquanto a teoria da Gestalt traz o holismo do unificar para a psicologia social e grupal, Follett (2013c) atenta para dois equívocos "fatais" (p. 103) da teoria: (1) não reconhecer a situação total como um todo e (2) a tendência a pintar o todo como estático em vez de dinâmico e engajado em uma resposta circular. Essas críticas estão inter-relacionadas e, portanto, são explicadas em conjunto. Começamos com os dois todos da Gestalt, o indivíduo e o ambiente, e então explicaremos as emendas de Follett a essa teoria.

Considerando o indivíduo em si como um todo, Follett defende que a Gestalt mostrou o erro do "método [...] de dissecação da psicologia tradicional" (Follett, 2013c, p. 115-116), que busca entender os componentes interpessoais da personalidade e da experiência como um agregado de suas respectivas partes. Mas o indivíduo não é meramente uma coleção de características analisadas isoladamente e então reunidas para construir o todo. Em vez disso, a psicologia da Gestalt "nos fala dos estados e processos psíquicos cujas propriedades e atividades características diferem das propriedades de suas chamadas partes" (p. 92). Por exemplo, "a personalidade nunca nos pode ser revelada por um estudo de seus traços constituintes" (p. 95). Da mesma forma, "as percepções têm uma qualidade além da soma de excitações sensoriais individuais... Divida-a em suas partes e a essência da experiência desaparece" (p. 92). Recorrendo ao psicanalista Edward J. Kempf, Follett chama isso de "unidade integrativa de um todo funcional" (Follett, 2003m, p. 185).

No mais, assim como o todo desaparece quando tentamos dissecá-lo e estudar suas partes, esses "elementos da experiência" em si não são "suscetíveis ao isolamento" (Follett, 2013c, p. 110-111) porque "uma única característica de uma pessoa não tem muito significado até que tenha sido compreendida em sua relação com as outras características dessa pessoa" (p. 96). "Assim, em todo o nosso estudo, desde a simples experiência perceptual, ou estruturas fisiológicas que fundamentam essa experiência, até o trabalho no campo da personalidade, encontramos a mesma coisa, a necessidade de estudar os todos porque a natureza do todo é diferente da natureza das partes e não pode ser deduzida a partir das partes" (p. 94)[13]. Isso levou Follett a ser altamente crítica de "estudos de personalidade [...] que tendem a separar a pessoa e a situação", um esforço que ela vê como "uma asneira tão comum nos estudos desses psicólogos que constitui um problema sério em seus trabalhos" (p. 60). O indivíduo deve ser entendido como um todo que inclui "nossa experiência perceptual, nossa experiência pessoal, nossa experiência social" (p. 113). Nem o todo nem suas partes podem ser entendidos em isolamento porque "a personalidade em ação não pode ser estudada separada do contexto geral dentro do qual ela age": seu ambiente (p. 110).

Assim como com a figura e o fundo, o indivíduo "deve ser disposto sobre um cenário de algum tipo, do contrário, não existe" (Follett, 2013b, p. 110). Assim, o ambiente é o segundo todo da Gestalt. Follett sugere, contudo, que o ambiente é muitas vezes mal concebido: ele não é apenas um cenário sobre o qual a figura do indivíduo é colocada. A autora explica que "em toda a pesquisa social vemos que não podemos descartar 'o ambiente social' como uma mera expressão e deixar por isso mesmo" (p. 107). O ambiente não é tão inconsequente. Entretanto, o todo relevante do ambiente também não engloba toda a existência. "Quando dizemos ambiente total, certamente não queremos dizer 'ambiente total'" (p. 109). Em vez disso, o ambiente é "aquilo que está em relação tão imediata com o indivíduo que suas forças podem contar tanto como causa quanto como efeito da atividade deste" (p. 109). Assim, o ambiente e o indivíduo são definidos em relação um com o outro: "Eles nunca podem ser estudados separadamente e depois reunidos" (p. 109).

Para demonstrar melhor a relação entre todo-indivíduo e todo-ambiente, Follett narra a experiência de uma assistente social que tenta ajudar um menino prestando uma série de serviços. Ao avaliar quais são os serviços de que o menino precisa, a assistente social "preocupa-se não somente com as respostas da criança ao ambiente; ela deve entender que o comportamento da criança não é exatamente uma função do ambiente social, mas uma função do relacionar-se contínuo entre a criança e o ambiente" (Follett, 2013c, p. 106). Essas relações contínuas permitem que a assistente social "encontre o que aqui chamamos de caráter desse ambiente enquanto 'todo'" (p. 107). Em outras palavras, uma vez que o indivíduo e o ambiente são mutuamente definidos e impactados, esses todos tornam-se partes do novo todo – a situação. Essa soma de um terceiro todo, A SITUAÇÃO, é a primeira emenda de Follett à Gestalt.

Assim, para Follett, "a 'situação psicológica' é sempre uma situação total" (Follett, 2013c, p. 102) que contém o indivíduo e o ambiente afetado/que afeta. Mas meramente adicionar um terceiro todo não é suficiente. Seguindo com seu exemplo da assistente social e a criança, Follett demonstra que essas relações não se dão entre pares estáticos parte-todo, tampouco a situação total é estática. A criança deve ajustar-se "não a um ambiente estático. As várias e variadas atividades da criança se relacionam com as várias atividades ao seu redor que constituem seu ambiente social" (p. 105). A situação total é um "todo emergente complexo, formado pelo interagir, pelo relacionar-se, dos fatores constituintes" (Follett, 2003m, p. 198). Assim, Follett insiste que os teóricos da Gestalt "devem explicar a relação entre o todo e as partes, bem como as partes um do outro, mas isso não pode ser feito de forma satisfatória, penso, sem incluir alguma descrição de comportamento circular" (Follett, 2013c, p. 99). Deve-se atentar ao fato de que "não é possível alterar nenhuma característica [do todo] sem produzir repercussões que alterem o todo" (Follett, 2003m, p. 188).

Novamente, Follett vê o problema da estase presumida refletida na linguagem como abertura para a hierarquia. "Muitos autores da linha da *Gestalt* dizem que o todo é 'mais' do que suas partes constituintes. Penso que essa palavra é perigosa" (Follett, 2013c, p. 98). Esse discurso que prioriza o todo em detrimento de suas partes leva os teóricos da Gestalt a entender o todo como um produto final, como a epítome: o um-sobre-o-múltiplo. Usando essa linguagem, uma vez que um todo é identificado, os teóricos da Gestalt são obrigados a "chegar a um ponto final, ou, no mínimo, uma lacuna em sua argumentação" e, portanto, "para alguns, o todo parece ser um momento de descanso entre as atividades" (p. 99). Para quem permanece nessa lacuna, o indivíduo e o ambiente são estáticos. A atenção fica "concentrada no produto, negligenciando parte do processo. Ao chamarem atenção de forma tão constante para a singularidade do todo, o 'mais' do todo, tais autores parecem desencorajar o interesse na formação do todo" (p. 103). "Essa ideia deve ser recusada rápida e enfaticamente" (p. 99). Portanto, Follett insiste em sua segunda emenda à Gestalt: os todos não são estáticos, mas relacionalmente dinâmicos por meio da resposta circular.

Follett corrige explicitamente este "erro fatal onde quer que ele apareça" (Follett, 2013c, p. 103) através de sua repetição propositada do todo em formação ontológico na expressão psicossocial "a formação do todo" (p. 103). Essa mudança na linguagem pode ajudar os teóricos da Gestalt a ilustrar "um entendimento mais completo da natureza dinâmica de seus todos" em que "o todo em si é também parte do processo inteiro, é também entrelaçado com as partes ao mesmo tempo que as partes se entrelaçam para formar o todo" (p. 99). Esse entrelaçamento de indivíduos, ambiente e situação total coloca os três todos dinâmicos no processo da resposta circular. O todo-ambiente "também é um todo em formação, e o entrelaçamento desses dois todos em formação [indivíduo e ambiente] cria a situação total – também em formação" (p. 102). Follett insiste que "nenhum estudo psicológico penetrante, nenhum estudo penetrante de condições sociais, é possível sem um estudo desses três todos em formação" (p. 102). Devemos considerar "não apenas a totalidade da situação, mas a natureza da totalidade" (Follett, 2003m, p. 192). Em outras palavras, a situação total "nunca é uma fotografia total; é uma atividade total em que a atividade do indivíduo e a atividade do ambiente são constantemente entrelaçadas" (Follett, 2013c, p. 106)[14].

Em suma, existem "três princípios fundamentais que nos guiam em nosso estudo das situações totais: (1) que a minha resposta não é a um ambiente estático, rígido, mas a um ambiente em constante mutação; (2) a um ambiente que está mudando por causa da atividade entre mim e ele; (3) que a função pode ser continuamente modificada por si só" (Follett, 2013c, p. 73). Devemos considerar a "situação inteira conforme ela se desenvolve, uma vez que os fatores se entrelaçam para formar a situação inteira em desenvolvimento" (p. 109) e "esse interagir é a 'situação total' da psicologia recente" (p. 105). "Devemos nos lembrar de que devemos sempre tomar a situação total não apenas tentando ver cada fator que influencia a situação, mas ainda mais que isso, a relação desses fatores uns com os outros" (Follett, 2003m, p. 187). A situação total está sempre no processo de se tornar cocriada pelos indivíduos e pelo ambiente na situação total, interpenetrando-se por resposta circular em todos os níveis da análise. O indivíduo, o ambiente e a situação total estão sempre reunindo o todo e sendo reunidos pelo todo por resposta circular, quando não também pelos esforços conscientes de integração. Assim, recorremos à explicação de Follett para essas duas dinâmicas sociais.

3.2.3 Resposta circular psicossocial

A resposta circular psicossocial, ao contrário da ontológica, é explicada pela teoria psicanalítica como o processo de formar e integrar desejos no nível da análise individual. Porém, seguindo a teoria da Gestalt emendada por Follett, a reposta circular permeia todos os aspectos da formação da identidade individual e grupal e é "o termo psicológico para a mais profunda verdade da vida" (Follett, 2013c, p. 116)[15]. "Através da resposta circular, estamos criando um ao outro a todo momento" (p. 62)[16]. Isso significa que "o indivíduo não está ajustado à sociedade; existe uma relação de criação entre eles. [...] Estamos renovando nosso ambiente a todo momento, mas esse novo ambiente está, ao mesmo tempo, nos recriando" (p. 128)[17]. Cada ajuste muda o indivíduo e o grupo, resultando em mais ajustes que novamente mudam tanto o indivíduo quanto o grupo, em um processo contínuo[18]. Sempre atenta para um uso da linguagem que reflita o processo, Follett aconselha que "daqui em diante devemos usar a palavra *ajuste* em situações sociais somente se a entendermos como um aspecto do comportamento circular" (p. 129).

Em sua explicação de tal comportamento circular, Follett conta com o conceito de reflexo circular encontrado no artigo de S. T. Bok, *The Reflex-Circle*, publicado em 1917 em Amsterdam, bem como com as palestras não publicadas de Holt que explicam "o reflexo circular e a teoria funcional da causalidade" (Follett, 2013c, p. 78)[19]. Combinando o trabalho de ambos os pesquisadores, Follett primeiro descarta o "arco reflexo" em que uma experiência sensorial do ambiente produz um gatilho mental seguido por uma ação ou resposta. Ela argumenta que o arco reflexo perpetua uma relação sujeito-objeto particularista em que o sujeito está constantemente respondendo a estímulos externos "tão passivamente quanto o depósito de lenha aceita a lenha" (p. 54). Follett descarta essa ideia: "o sujeito não é 'um mero arco reflexo' mais do que é uma alma evangélica" (p. 55)[20]. Contudo, mesmo em sua estase, o arco reflexo é útil como ponto de partida, uma vez que "esclarecerá as variáveis independentes da fórmula [de resposta circular] quando usarmos essa fórmula para a psicologia social" (p. 59), começando com a relação sujeito-objeto de estímulo-resposta.

Follett defende que a relação sujeito-objeto dentro do arco reflexo reforça a separação entre sujeito e ambiente, chegando a dividir disciplinas acadêmicas. "Nas artes, especialmente na pintura, o balanço do pêndulo entre 'subjetividade' e 'objetividade' fica aparente da maneira mais interessante. Na psicologia, temos os introspeccionistas e os behavioristas" (Follett, 2013c, p. 54). Mas ambas as disciplinas supõem sujeitos de estudo estáticos e distintivos: estados mentais internos como separados da expressão externa. Embora os behavioristas PAREÇAM estudar a atividade ou o processo, "os mecanismos neuromusculares dos behavioristas tendem, nas mãos de alguns autores (apenas alguns), a vir a ser tão estáticos quanto os antigos 'estados mentais'. O 'padrão' de comportamento é uma figura de linguagem, e em geral não muito boa. Se não tivermos cuidado, teremos tanto trabalho com os 'padrões' dos behavioristas quanto os behavioristas tiveram com as 'mentes' dos psicólogos mais antigos" (p. 66).

Assim, a ênfase de Follett sobre a atividade relacional no processo não é "um apoio incondicional do que tem sido chamado de behaviorismo" (Follett, 2013c, p. 90). Nas palavras da autora, enquanto continuarmos a pensar em sujeito e objeto como entidades isoladas, "Não vejo como podemos correr de um para o outro rápido o suficiente para continuarmos dentro do conceito de verdade" (p. 54). Ela vê o trabalho tanto de Holt quanto de Bok como "dando um passo nessa direção" (p. 54) porque o reflexo circular "implica a possível influência recíproca de sujeito e objeto" (p. 55). Esse *insight* nos mostra que a atividade do indivíduo, apenas em um determinado sentido, é causada pelo estímulo da situação porque essa atividade em si está ajudando a produzir a situação que causa a atividade do indivíduo.

Em outras palavras, "o comportamento é um relacionar-se não apenas de 'sujeito' e 'objeto' como tais, mas de suas atividades" (Follett, 2013c, p. 60). Isso significa que "em cada situação nossa própria atividade é parte da causa de nossa atividade. Respondemos a estímulos que ajudamos a criar" (Follett, 2003m, p. 194). Portanto, "o que a medicina e a psicologia nos ensinam hoje é que parte da NATUREZA da resposta é a mudança que ela causa na atividade que causou, por assim dizer, a resposta, ou seja, nunca veremos o estímulo estimulando ou a resposta respondendo. Nunca é demais frisar a importância disso. Estímulo não é causa e reposta não é efeito" (Follett, 2013c, p. 60). Em vez de um arco reflexo, "existe uma resposta CIRCULAR além de LINEAR, e a exposição desse fato é a contribuição mais interessante da psicologia contemporânea para as ciências sociais" (Follett, 2003b, p. 44).

A persistente aceitação do arco reflexo e o poder que a ontologia particularista e estática tem dentro da teoria psicossocial são um problema para Follett. "A resposta circular parece uma questão simples e bastante óbvia, algo que todos deveríamos aceitar. Ainda assim, todos os dias tentamos evitá-la, todos os dias realizamos uma ação e esperamos evitar a inevitável resposta. [...] Devo dizer: a resposta é sempre a uma relação. Eu respondo não só a você, mas à relação entre mim e você" (Follett, 2003b, p. 45). "Ignorar essa condição é o motivo de encontrarmos uma simplificação demasiada em alguns psicanalistas" (Follett, 2013c, p. 120). É somente com a incorporação da resposta circular na teoria psicossocial que encontraremos uma posição de síntese que elimina o balanço do pêndulo entre agência e condicionamento; o indivíduo está reagindo ao ambiente e mudando o ambiente simultaneamente. "Para resumir esse ponto: o pensamento mais fundamental sobre tudo isso é que a reação é sempre uma reação a um relacionar-se. Bok encontra isso no sistema neuromuscular. A psicologia integrativa nos mostra o organismo reagindo a ambiente mais organismo" (p. 62).

Assim, não é suficiente considerar a resposta circular meramente como sujeito e ambiente. "Nos níveis da medicina, da psicologia e da sociedade, a lei se aplica: a resposta é sempre a um relacionar-se" (Follett, 2013c, p. 63). Como é de seu costume, Follett usa um exemplo simples para ilustrar: "Um bom exemplo de resposta circular é um jogo de tênis. Se A faz um saque, o modo como B devolve a bola depende parcialmente da forma como foi sacada. A próxima jogada de A dependerá de seu primeiro saque mais a devolução de B, e assim por diante. Vemos isso em uma discussão. Vemos isso na maioria das atividades entre o um e o outro" (Follett, 2003b, p. 44). Cada resposta não é apenas à ação do outro indivíduo, mas às relações contínuas entre os indivíduos dentro da situação total.

Em suma, podemos considerar "o reflexo circular como uma lei, a qual a observação nos mostra que opera nos níveis infra-pessoal, pessoa e social" (Follett, 2013c, p. 59). No nível ontológico da análise, um indivíduo se encontra fisiologicamente em resposta circular com o ambiente. No nível psicológico da análise, as dimensões múltiplas do ser humano estão em resposta circular criando uma identidade. No nível social da análise, os desejos multitudinários de todos os envolvidos na situação total estão em resposta circular criando o potencial tanto para a diferença quanto para a integração. Assim, "o vínculo social é uma relação psíquica" (Follett, 1998, p. 76) em que o "autounificar psíquico" é "libertado das limitações de tempo e espaço" (p. 77). É essa consideração da resposta circular no nível social da análise que leva Follett ao seu próximo princípio psicossocial: a INTEGRAÇÃO.

3.2.4 Integração psicossocial

Unindo suas teorias revisadas da psicanálise e da Gestalt, Follett formula um entendimento da condição psicossocial em que um indivíduo é um todo engajado em resposta circular com o ambiente, entrelaçando juntos a situação total em formação. "O que hoje podemos chamar de resposta circular ou comportamento circular é visto todos os dias conforme observamos e analisamos as relações e situações sociais humanas" (Follett, 2013c, p. 61). É através de resposta circular que a situação total em formação e os todos-partes em formação estão constantemente surgindo. "Todo processo social tem três aspectos: o interagir, o unificar, e o surgir. [...] Esses três [...] não são partes de um processo no sentido de etapas de um processo. Existe um único processo simultâneo, e esses três são aspectos desse processo" (Follett, 2003m, p. 198). Este é um processo orgânico contínuo, uma inevitabilidade psicossocial e ontológica.

Reconhecer a resposta circular não basta, contudo, para evitar as patologias da multidão e suas várias manifestações. É necessária ainda a ação PROPOSITADA: O COMPORTAMENTO circular. Por meio do comportamento integrativo, a resposta circular é elevada à atividade consciente porque "comportamento integrativo significa comportamento circular, que implica a continuidade da experiência – uma concepção psicológica importante" (Follett, 2013c, p. 107). Em outras palavras, integração é "comportamento circular" ou "resposta circular" (p. 129) conforme aplicado à interação social. Como tal, "o comportamento circular é a base da integração" (Follett, 2003j, p. 105) e a integração requer intencionalidade: "Para resumir: a concepção de resposta circular, de comportamento integrativo, desafia o significado de ajuste em seu uso ordinário e nos dá o ajuste como uma relação do criar" (Follett, 2013c, p. 129). De acordo com a explicação de Cabot (1934), a integração é composta de evocar, entender e unir perspectivas mutuamente: "O processo é circular ou espiral. O evocar é o unir. O entender é o evocar. O unir é o entender. De acordo com cada elemento envolve os demais e recebe a todos, cresce nosso conhecimento e caráter" (p. 82). Assim, Follett descreve a integração como "a lei fundamental da vida" (Follett, 2003c, p. 65)[21].

Com isso, Follett não quer dizer que devemos simplesmente nos engajar em "atividades sociais", uma vez que esse termo "não nos dá o processo descrito aqui" (Follett, 2013c, p. 255). De fato, Follett sugere manter distância do termo *social*: "Para a maioria das pessoas, a palavra *social* não conota a UNIDADE FUNCIONAL que eu penso ser a concepção mais valiosa do pensamento contemporâneo" (p. 256). Em vez da "palavra abstrata *social*", Follett insiste que "devemos usar a palavra total e concreta *integrar*" (p. 256). A integração não é apenas uma coleção de atividades sociais genéricas e não é apenas resposta circular. "A verdade sobre a integração é que ela é a conexão entre o relacionar de duas atividades, sua influência interativa, e os valores criados através dela" (p. 53). Assim, a integração retrata o processo intencional de criar "UNIDADE FUNCIONAL" (p. 256), surgindo continuamente de um esforço consciente, o processo cocriativo de verdadeiros indivíduos engajando-se ativamente em um comportamento circular.

O comportamento integrativo, portanto, faz parte de um "processo social [que] é um processo de experiência cooperativa" (Follett, 2013c, p. 30) que "não pode ser imposto por um corpo externo. É essencialmente, basicamente, pela própria natureza, um processo de atividade autocontrolada" (Follett, 2013h, p. 82). A experiência cooperativa na integração nos permite evitar o impulso coletivista "de nos adaptarmos a uma situação – cada um de nós é necessário demais para o mundo", bem como evitar o impulso particularista "de moldar uma situação à NOSSA vontade – nenhum de nós é tão importante assim para o mundo"

(Follett, 2003b, p. 49). Em vez disso, a integração nos permite "levar em conta esse ajuste recíproco, esse comportamento interativo entre a situação e nós mesmos, o que significa uma mudança tanto na situação quanto em nós mesmos" (p. 49). Para que isso ocorra, a integração requer "uma atitude responsável com relação à nossa experiência – uma atitude consciente e responsável" (Follett, 2003c, p. 50). Essa "atitude CONSCIENTE com relação à experiência significa que notamos a mudança que a situação em desenvolvimento causa em nós; a situação não muda sem mudar a nós" (p. 65). Portanto, a integração sintetiza agência e construção social: "Ajustar, no sentido de integrar, é a união perfeita entre submissão e maestria" (Follett, 2013c, p. 129).

Como será discutido mais adiante com relação à sua ética, Follett insiste que "existe uma técnica para a integração" (Follett, 2013b, p. 68) e que o desenvolvimento do raciocínio normativo para a participação ativa na integração faz ressurgir um importante componente das teorias administrativa, econômica e política de Follett. Embora a resposta circular ontológica e a integração estejam sempre ocorrendo, somente quando são trazidas para o domínio psicossocial é que pode haver uma integração consciente do *self* multidimensional juntamente com a integração intencional dos outros e do ambiente. A partir desse processo psicossocial, encontramos verdadeiros indivíduos formando grupos no que Follett refere-se como "o novo individualismo" (Follett, 1998, p. 73).

3.3 O novo individualismo

Tendo em mãos essas críticas e teorias revisadas da psicologia, Follett está preparada para explicar o que a integração produz no nível psicossocial da análise: o indivíduo verdadeiro e o grupo. Cada um desses conceitos será discutido, observando-se que a ordem em que são discutidos não tem nenhum significado substancial. Para Follett, o indivíduo e o grupo são parte integral um do outro e não podem ser compreendidos separadamente.

3.3.1 O indivíduo verdadeiro

Revendo suas teorias emendadas da psicanálise e da Gestalt, Follett explica que, para o todo individual em formação, "a experiência não é questão de instintos ou sensações ou reflexos – nem de nada mais que seja atomístico" (Follett, 2013c, p. 98), então "não devemos mais pensar na personalidade como entidade estática, mas como 'comportamento integrado até agora'" (p. 207). A identidade é tanto relacional quanto dinâmica, constantemente recriada através das relações de seus traços internos e das relações com o ambiente externo e a situação total[22]. Começando com o todo individual, Follett enxerga os humanos como um conjunto de aspectos biológicos, emocionais, intelectuais, psicológicos e espirituais entrelaçando-se com o ambiente. O indivíduo multidimensional e relacional existe mediante a "colaboração com todos os poderes do Universo. O ser humano vive em diversos planos e seu desenvolvimento depende do unir de todos eles" (p. 145-146). Follett descreve o indivíduo como um ser multifacetado em que um conjunto complexo de identidades, personalidades e experiências se integram em um todo em formação dinâmico que é o indivíduo verdadeiro[23]. Seguindo James, ela explica que "uma vez que o ser humano é um complexo de experiências, existem muitos *selves* em cada um" (Follett, 1998, p. 20). A própria natureza do indivíduo é "um ser múltiplo" (p. 291).

Follett alega que "O Estado nunca conseguirá obter o todo do ser humano tentando dividi-lo em partes. Um homem não é um pai em casa, um cidadão nas urnas, um artesão no trabalho, um executivo em seu escritório, um cristão na igreja. Ele é, a todo momento, um cristão, um pai, um trabalhador, se entendemos que ele é a qualquer momento todas essas coisas em um sentido verdadeiro. Queremos o homem todo na política" (Follett, 1998, p. 291-292). Esses *selves* podem ser, por vezes, conflitantes, mas todos eles estão em relação um com o outro dentro do *self*-todo, e nenhum deles é diminuído pelos outros. "O milagre do espírito é que ele pode se doar inteiramente a todas essas coisas e ainda permanecer incólume, inesgotável, indivisível. Eu não sou uma história em série que deve ser lida em ordem" (p. 318). De fato, o *self*-todo é todas essas coisas juntas e diferente de qualquer aspecto único ou simples agregação de características.

Assim, a natureza dinâmica do ser múltiplo não se limita ao inter-relacionar-se dos aspectos INTERNOS do *self*. Ela também se expressa por uma identidade relacional complexa que se interpenetra com outros *selves*-todos multidimensionais – todos sendo "criados por entrelaçamento recíproco" (Follett, 1998, p. 19) em resposta circular. "A verdade é que o *self* está sempre no fluxo, tecendo a si mesmo a partir de suas relações" (Follett, 1919, p. 577). Quando isso é reconhecido, "a falácia do *self*-e-outros desaparece e existe apenas o *self*-dentro-e-através-dos-outros" (Follett, 1998, p. 8). Em outras palavras, "não existe nenhuma forma de separar os indivíduos" (p. 60) porque "o que pensamos que possuímos como indivíduos é o que armazenamos da sociedade. [...] Absorvemos mais e mais do nosso ambiente o tempo todo" (p. 62)[24]. Como *selves* multidimensionais, os indivíduos estão engajados no processo contínuo de integrar tanto traços internos quanto inter-relações externas, ambos formulados através de resposta circular. Assim, "o indivíduo não é uma unidade, mas um centro de forças (tanto centrípetas quanto centrífugas)" (p. 75), um "centro de consciência" (Follett, 1919, p. 580), "um ponto no processo social em vez de uma unidade nesse processo" (Follett, 1998, p. 60).

Mas as relações dentro e entre os *selves*-todos nesse processo social sempre existem em relação à situação total: "Nós, pessoas, temos relações umas com as outras, mas elas se encontram dentro e através da situação total" (Follett, 2013f, p. 24). No nível social da análise, a situação total é muitas vezes chamada de *sociedade* – o fundo social sobre o qual se encontra a figura do indivíduo. Para o individualismo verdadeiro, "a relação do indivíduo com a sociedade não é de ação e reação, mas de interações infinitas por meio das quais tanto o indivíduo quanto a sociedade estão eternamente em formação" (Follett, 1998, p. 61). Em outras palavras, o indivíduo não existe fora do todo da sociedade; em vez disso,

"ENCONTRAMOS o indivíduo através do grupo, USAMOS o indivíduo sempre como indivíduo verdadeiro – o indivisível – o qual, ele vivo do grupo vivo, ainda assim não é jamais enredado nas tramas, mas está eternamente livre para cada nova possibilidade de uma vida em eterno desdobramento" (Follett, 1998, p. 295)[25].

Isolar o indivíduo dessas relações variadas é cortar esse elo. "Não é possível termos relações saudáveis uns com os outros enquanto tirarmos o indivíduo do contexto que lhe deu significado e valor. Divorciar pessoas de situações causa um grande dano" (Follett, 2013f, p. 24). A cocriação da identidade que acontece na integração é o núcleo da teoria psicossocial de Follett: "a inter-relação sem fim entre o um e o múltiplo através da qual ambos estão constantemente formando um ao outro" (Follett, 1919, p. 580). O resultado dessa natureza dinâmica e situada do ser humano é que "nossa definição de individualidade agora deve ser 'encontrar meu lugar no todo' [...] mas meu lugar é uma questão de relação infinita e de relação infinitamente em mutação" (Follett, 1998, p. 65). Através da integração ativa, o indivíduo conscientemente contribui com suas relações e responde a elas, e através delas o indivíduo, por sua vez, é continuamente recriado. Assim, através do ato de integrar, a ação e a experiência cocriativas são o que sustenta o indivíduo verdadeiro "porque o sustento deste é a relação e ele busca eternamente novas relações" (Follett, 1919, p. 580). Como resultado, as várias facetas da identidade estão em constante evolução. "Pois, assim como o organismo responde a muitos estímulos ao mesmo tempo (por meio da visão, da audição, do tato etc.), também o ser humano responde a muitas pessoas, muitos deveres, muitas demandas, muitos aspectos da vida ao seu redor. O integrar das respostas do organismo forma a vida fisiológica normal; já o integrar das respostas do ser humano, o indivíduo 'equilibrado'" (Follett, 2013c, p. 123).

Tomados juntos, o *self* dinâmico, relacional, complexo e multidimensional é cocriado por meio da resposta circular com o ambiente, da integração dentro do *self* e da integração do *self* com os outros em uma variedade de grupos no nível social da análise. Esse relacionamento produz um senso de pertencimento ou uma "consciência de unidade" (Follett, 1998, p. 45) que é fomentada e desenvolvida através do processo integrativo contínuo da vida: "A comunidade é um processo [...] a comunidade é um processo CRIATIVO. É criativo porque é um processo de integrar" (Follett, 1919, p. 576). "A comunidade é um misturar-se que evoca o poder criativo. O que é criado? Personalidade, motivação, vontade, lealdade" (p. 577). Dessa comunidade surge o "individualismo verdadeiro, ou seja, com o indivíduo como conscientemente responsável pela vida da qual ele tira seu respirar e com a qual ele contribui com o seu todo" (Follett, 1998, p. 3). Assim, recorremos à explicação da autora sobre como os grupos, ao contrário das multidões, são cocriados pelos indivíduos verdadeiros engajados no processo contínuo do integrar.

3.3.2 O grupo

Follett defende que, se deve haver progresso social, devemos aprender a nos associar em grupos em vez de em multidões, o que exige o entendimento total das diferenças entre os dois. Ela nos lembra que "a sugestão é a lei da multidão; a interpenetração é a lei do grupo" (Follett, 1998, p. 86) e que "uma multidão é uma massa indistinta; um grupo é um todo articulado" (Follett, 1998, p. 87). Portanto, "em multidões temos uníssono; em grupos, harmonia" (p. 86). Isso significa que grupos não são agregações ao redor de um único problema ou similaridade, e eles não são massas unificadas; são feitos de partes articuladas que se interpenetram para criar um todo integrado. Essa é uma diferença qualitativa, não quantitativa: "não de grau, mas de tipo" (p. 87)[26].

O grupo de Follett sintetiza as partes fragmentadas do particularismo com o todo unificado do coletivismo e cria uma terceira alternativa para a ação social: o grupo integrado. Ela busca "não apenas uma psicologia que tem um olhar sobre nós como realmente somos, mas uma psicologia que mostra o caminho para o que podemos nos tornar. [...] A evolução consciente significa dar menos e menos espaço para o instinto da manada e mais para o imperativo do grupo" (Follett, 1998, p. 91). Sair da multidão, da manada, da massa ou da turba e chegar ao grupo exige a integração da diferença por meio da cooperação, e não da imitação[27]. Follett reconhece que a ideia de cooperação não é nova. Na verdade, "muitas formas de cooperação estão sendo testadas", mas a autora insiste que "alguém deve analisar o processo psicológico da geração de atividade cooperativa" (p. 91).

Follett assume essa responsabilidade, explicando que, em contraste com a multidão, quando o grupo se forma através da integração, "o processo de tomar essas decisões pela interpenetração do pensamento, do desejo etc. transfere o centro da consciência do eu singular para o eu grupal. A decisão que daí resulta é a do *self*-dois. Assim é com um *self*-três, um *self*-muitos, quem sabe até um *self*-comunidade" (Follett, 1919, p. 578). Esse *self*-grupo não faz parte de uma multidão agregada ou de uma massa uniforme agindo e falando em uníssono emocional. Assim como o indivíduo não se adapta meramente à situação, ele também não abre mão de sua singularidade em prol do grupo. Follett é firme com relação a esse equívoco comum: "Antes de encerrar este ponto, deixe-me chamar sua atenção para o fato de que esse relacionar-se, coordenar, unificar é um processo que não exige sacrifício da parte do indivíduo. A falácia de que o indivíduo deve abster-se de sua individualidade pelo bem do todo é uma das mais insidiosas e generalizadas que conheço" (Follett, 2013h, p. 81). "Pelo contrário, a obediência e a autoexpressão, ou mesmo a autodireção, estão reciprocamente envolvidas" (Follett, 2003n, p. 275). Os indivíduos não são homogêneos, eles formam grupos através de um processo de harmonização e integração através da interpenetração. As diferenças são integradas de maneira única para cada contexto em círculos cada vez mais amplos da sociedade.

Portanto, embora enfatize o grupo e o desenvolvimento do *self*-grupo através da integração, Follett toma o cuidado de frisar que o indivíduo não sucumbe à maioria. "Dizem que [...] 'O indivíduo deve abster-se de seu direito de julgar por si mesmo, deixar a maioria julgar.' Mas o indivíduo não deve nem por um momento abster-se de seu direito de julgar por si mesmo; pode julgar melhor por si mesmo se ele se unir aos outros para desenvolver um julgamento sintetizado. Nossa consciência individual não é absorvida em uma consciência nacional; ela deve ser incorporada em uma consciência nacional como uma de suas partes constituintes" (Follett, 1998, p. 55-56). Além disso, quando a consciência individual e a consciência grupal estão ligadas através da integração, o autointeresse e o interesse coletivo estão intimamente ligados dentro da situação total. Assim, Follett não vê "o autointeresse como um palavrão, [...] mas o que [ela está] pedindo é que devemos ser tão interessados, tão autointeressados, quanto possível, mas somente como membros da mais alta unidade com a qual somos capazes de nos identificar" (Follett, 2003l, p. 218).

Dessa forma, a integração no grupo é simplesmente outra perspectiva a partir da qual podemos ver o autoajuste que ocorre através da integração no nível individual da análise. Para demonstrar a semelhança, Follett dá um exemplo do gerenciamento em que chefes de departamento estão trabalhando para unificar as metas da organização:

> *Tome quatro chefes de departamento. Não é possível ver exatamente o que acontece entre eles pensando que A está se ajustando a B, a C e a D. A se ajusta a B, e também a um B influenciado por C, e a um B influenciado por D, e a um B influenciado pelo próprio A. Novamente, ele se ajusta a C, e também a um C influenciado por B, e a um C influenciado por D, e a um C influenciado pelo próprio A – e assim sucessivamente. Seria possível definir isso matematicamente. Esse tipo de relacionar-se recíproco, essa interpenetração de cada parte por todas as outras partes e, novamente, por essas partes permeadas pelas demais, deve ser o objetivo de todas as tentativas de coordenação, um objetivo, é claro, que nunca é completamente alcançado.* (Follett, 2013h, p. 78-79)

Aqui vemos que o integrar de indivíduos dentro do grupo é simplesmente a integração que forma o indivíduo verdadeiro por resposta circular. O indivíduo verdadeiro e o grupo estão sempre cocriando um ao outro.

Para Follett, então, o integrar do *self*-grupo reflete o integrar da multiplicidade dentro de cada indivíduo demonstrado pela psicanálise e pela Gestalt: "Sabemos que cada indivíduo vive uma guerra de tendências dentro de si. Sabemos que a eficácia de um indivíduo, seu sucesso na vida, depende largamente dessas muitas tendências, impulsos, desejos, ajustar-se um ao outro, ser transformado em um todo harmonioso. Mas ninguém pode decretar que eu me ajuste, só eu mesma posso me incentivar a me ajustar. O mesmo ocorre com um grupo [...] Aqui também o processo é de autoajuste" (Follett, 2013h, p. 82). Esse processo contínuo de integração resulta em outro todo dentro da situação total: o grupo em formação.

A integração que forma o grupo em formação deriva do primeiro princípio da organização de Follett: "a coordenação como o relacionar recíproco de todos os fatores em uma situação [...] a natureza da unidade" (Follett, 2013h, p. 78). Grupos são cocriados em uma relação recíproca com os indivíduos verdadeiros. Um não existe sem o outro e, juntos, eles estão sempre em um processo de unificar. "É a unidade, não a uniformidade, que deve ser nosso objetivo. Alcançamos a unidade apenas pela variedade. As diferenças devem ser integradas, não aniquiladas, nem absorvidas" (Follett, 1998, p. 39)[28].

Para enfatizar esse ponto, sendo a diferença problemática na multidão, no grupo ela é essencial porque "a essência da sociedade é a diferença, a diferença em relação" (Follett, 1998, p. 33); "a variação individual é o coeficiente da vida social" (Follett, 2013c, p. 128). Assim, "a individualidade é a diferença que emerge em uma relação com outras diferenças" (Follett, 1998, p. 63). Ademais, "as diferenças se desenvolvem dentro do processo social e são unidas pelo processo social" (p. 63): o processo de integração. Portanto, diferenças individuais não são nem sacrificadas nem homogeneizadas no grupo: "Nunca devemos usar a palavra *sacrifício*, mas sempre *contribuição*. Queremos toda e qualquer contribuição possível para o todo" (Follett, 2013h, p. 82). Talvez mais importante, "toda diferença que é somada a uma concepção maior alimenta e enriquece a sociedade; toda diferença ignorada SE alimenta DA sociedade e eventualmente a corrompe" (Follett, 1998, p. 40). Assim, é essencial que cada indivíduo contribua ativamente com o todo através da integração da diferença.

O requisito para que o indivíduo participe conscientemente da integração recebe um novo significado à luz da formação do grupo. "Nenhum membro de um grupo que pretende criar pode permanecer passivo. Todos devem ser ativos, e ativos construtivamente" (Follett, 1998, p. 28). É somente mediante a participação significativa que a consciência de unidade, ou o que Follett chama de "espírito-grupo" (Follett, 1998, p. 43), pode ser gerada. Esse espírito-grupo não se desenvolve por meio de contrato (particularismo), imitação (coletivismo), agitação (emoção) ou agregação (pluralismo), mas por meio de um lento e gradual criar da unidade" (p. 85).

Essa perspectiva ontológica é o combustível para catalisar a síntese. A unidade estática coletivista que "é o resultado do acordo com base na simultaneidade de emoções em vez de pensamentos" (Follett, 1998, p. 85) e a unidade particularista ao redor de "uma simultaneidade produzida por tornar-se consciente das semelhanças" (p. 85) são sintetizadas em um UNIFICAR. A vontade coletiva, tanto homogênea quanto agregada, é transformada em uma atividade formadora de vontade. Além do mais, a qualidade relacional da ontologia de Follett mantém-se durante todo o processo de determinar e executar a vontade: "vontade coletiva produz atividade coletiva" (Follett, 2013c, p. 206). Mas isso é a "atividade contínua; a todo momento, a função que essa atividade representa da situação é a vontade coletiva. Assim, sua natureza é completamente dinâmica. Não devemos mais pensar em termos de instituições sociais, mas de atividades sociais" (p. 207).

Follett acredita que esse tipo de vínculo social dinâmico é mais produtivo tanto para o indivíduo quanto para a sociedade e que "a criação consciente do grupo deverá ser a força social e política do futuro. Nosso objetivo deve ser viver conscientemente em mais e mais relações grupais e tornar cada grupo um meio de criação" (Follett, 1998, p. 101). A autora é otimista no que diz respeito ao nosso potencial de avançar nessa direção: "Estamos emergindo de nossa condição gregária e estamos prontos para entrar no modo de vida racional analisando nossas relações uns com os outros, em vez de cruamente senti-las e, ao ajustá-las dessa maneira, asseguramos nosso progresso desimpedido nesse plano mais elevado" (p. 91).

Em suma, o grupo é formado através do processo ativo e intencional de integrar a diferença entre indivíduos verdadeiros relacionando-se com a situação total. Assim, a sociedade é o unificar, o entrelaçar-se de grupos interpenetrados que é o todo em formação. Esse processo tem o efeito de gerar um senso de identidade grupal e de espírito-grupo que fomenta uma consciência de unidade derivada da experiência direta, e não de imposições de fontes externas. Conforme esses grupos se "interpermeiam" em configurações dinâmicas, a sociedade como um todo é cocriada. É a combinação do indivíduo verdadeiro em grupos de fato que estabelece a base para todos os outros aspectos das teorias aplicadas de Follett.

Resumo da análise

O primeiro fio que Follett tece sobre a trama de sua ontologia do processo relacional é seu entendimento do ser HUMANO em particular, abordando o que ela alega serem equívocos fundamentais sobre o indivíduo e o grupo. Recorrendo às teorias da psicanálise e da Gestalt, Follett defende que indivíduos verdadeiros estão conectados em um nível ontológico através de resposta circular; contudo, a integração consciente e ativa é necessária para fomentar um vínculo social. As versões dinâmicas que Follett desenvolve da psicanálise e da Gestalt estão por trás de indivíduos verdadeiros que são o resultado integrativo de forças tanto internas quanto externas. Indivíduos verdadeiros são tanto autodeterminantes quanto responsivos de seu ambiente: "o ser humano é, ao mesmo tempo, um fator social e um produto social" (Follett, 1998, p. 60). Indivíduos verdadeiros e grupos estão se relacionando uns com os outros e com suas partes dentro da situação total. Portanto, os indivíduos em si, bem como grupos de todos os tamanhos e tipos, estão todos em formação, engajados em resposta circular como parte da situação em formação. Follett defende que "Essa verdade repleta de significado [...] é a verdade fundamental para todas as ciências sociais" (Follett, 2013c, p. 63).

Notas de fim de capítulo

1. Shapiro (2003) descreve a perspectiva de Follett como "onicêntrica" (p. 589). Dessa forma, o entendimento de Follett do indivíduo em resposta circular com a sociedade oferece um precedente para a ideia de autopoiese aprofundada por Maturana e Varela (1992).
2. Child (2013) refere-se ao "aspecto dinâmico das relações", comparando Follett a Giddens em sua teoria da estruturação.
3. A empatia refere-se ao entendimento e ao compartilhamento de uma determinada experiência emocional com outra pessoa. A simpatia, por outro lado, não exige o compartilhamento da mesma experiência emocional. Em vez disso, a simpatia é uma preocupação pelo bem-estar de outra pessoa (Lishner; Batson; Huss, 2011).
4. Tonn (2003) observa que Follett recorre ao sociólogo francês Gabriel Tarde (1843-1904) para a teoria da imitação e ao sociólogo da Universidade de Columbia Franklin Giddings (1855-1931) para a similaridade de tipo.
5. Tonn (2003) observa que *psicologia da multidão* é um termo cunhado pelo teórico social francês Gustave Le Bon (1841-1931) como uma crítica à democracia.
6. Essa diferenciação reflete a diferenciação de tipos de sociedades de Whitehead (1979). Nesse contexto, ver também o entendimento de Whitehead sobre valores (1967).
7. A multidão é como uma sociedade caótica ou não social whiteheadiana chamada de *nexo*. O grupo é como um nexo social whiteheadiano chamado de *sociedade estruturada* (Mesle, 2008).

8. Esse argumento seria corroborado por Arendt (1998), a qual sugere que a histeria em massa pode levar à proliferação de perspectivas singulares em que "a mesma experiência é multiplicada inúmeras vezes" (p. 58).
9. Tonn (2003) observa que a disciplina da psicologia na época estava dividida entre o behaviorismo encabeçado por John B. Watson (1878-1958) e o estruturalismo promovido por Edward B. Titchener (1867-1927). A teoria da Gestalt de Max Wetheimer (1880-1943) e a psicanálise de Sigmund Freud (1856-1939) estavam apenas começando a entrar em cena.
10. Isso está de acordo com o que hoje se entende da imanência radical: "Você é, em partes, uma composição de todos os papéis que já representou, mesmo que você vá além dessa composição" (Connolly, 2013, p. 182).
11. Tonn (2003) organiza os princípios psicológicos de Follett em três: resposta circular, comportamento integrativo e a situação total. Aqui, a situação total presume-se a partir da resposta circular e do comportamento integrativo.
12. Tonn (2003) observa que Follett deseja substituir a definição de *comportamento* como "'desejos confrontados pela resistência do ambiente'", do psicanalista Edward J. Kempf, por "'confrontar a atividade do ambiente'" (p. 373).
13. Aqui, Follett oferece uma definição do que hoje entendemos como *sinergia* (Fuller, 1975).
14. A situação total assim definida prevê o conceito de *horizontes* descrito por Gadamer: "Definimos o conceito de 'situação' dizendo que ela representa um ponto de vista que limita a possibilidade de visão. Assim, essencial ao conceito de situação é o conceito de 'horizonte'. O horizonte é o campo de visão que inclui tudo o que pode ser visto a partir de determinada posição" (Gadamer, 1997, p. 302).

15. Fox (1968) observa que Follett usa os termos *relação funcional* e *atividade-entre* como sinônimos de *resposta circular*.
16. Aqui, como observa Child (1995), Follett antecipa a teoria da estruturação de Giddens (1984).
17. Weinberg (1996) sugere que as teorias psicossociais de Follett são precursoras da teoria dos sistemas familiares de Bowen e seu entendimento de como as dinâmicas interpessoais alimentam o comportamento.
18. Aqui, o pensamento de Follett reflete a noção whiteheadiana de identidade como fluxo de experiência que continuamente surge de uma combinação de continuidade e novidade no processo de concrescência e suas várias compreensões (Mesle, 2008). Essa combinação pode ser explicada pelo exemplo de um elétron: "A individualização da carga surge pela conjunção de dois personagens: em primeiro lugar, pela identidade continuada de seu modo de funcionamento como chave para a determinação de uma difusão do padrão; e, em segundo lugar, pela unidade e continuidade de sua história de vida" (Whitehead, 1948, p. 155).
19. Tonn (2003) observa que, além de Holt, Follett faz referência ao fisiologista de Oxford Charles S. Sherrington com relação ao arco reflexo.
20. A crítica de Follett do arco reflexo é semelhante ao entendimento de John Dewey (1896) em *The Reflex Arc Concept in Psychology*.
21. Isso se assemelha à noção whiteheadiana de que "a novidade é a raiz da vida" (Mesle, 2008, p. 48), em oposição à noção de uma identidade estática e duradoura. Ver também a aplicação de Cobb (1975) desse princípio à responsabilidade do ser humano na cocriação da história por meio da multiplicação ativa de uma experiência individual.
22. Aqui também vemos que Follett "antecipa o conceito da estruturação de Gidden" (Child, 1995, p. 91).

23. Morton e Lindquist (1997) alinham o entendimento de Follett do indivíduo como dinâmico e relacional, tanto autônomo quanto formado por meio de relações recíprocas com outros indivíduos únicos, com um entendimento feminista contemporâneo do indivíduo.
24. Tonn (2003) observa que outros na mesma época teciam objeções aos dualismos *self* e outro, indivíduo e sociedade, incluindo Charles Horton Cooley, George Herbert Mead e John Dewey. Talvez por esse motivo Boje e Rosile (2001) e O'Connor (2000) tenham interpretado mal a obra de Follett ao afirmar que esta tem Dewey como referência. Mas, em termos de datas de publicação, isso não procede e, de acordo com a própria Follett, "'Em primeiro lugar, ele não é original (nunca tirei uma única ideia de Dewey)'" (citada por Tonn, 2003, p. 377).
25. Esse entendimento de formação de identidade é um prenúncio do conceito de montagens (Deleuze; Guattari, 1987).
26. Novamente, essa diferenciação assemelha-se à diferenciação de Whitehead dos tipos de sociedades (Mesle, 2008).
27. Fox (1968) observa que grandes trechos de *The New State* dedicam-se a explicar o processo de grupo saudável como integração, o que é então esclarecido em *Creative Experience*.
28. Como interpretado por Mattson, "a unidade alcançada pela interpenetração provém de, e não descarta, pluralismo e diferença" (1998, p. xliii).

Capítulo 4
Os conceitos epistemológicos de Follett

A EPISTEMOLOGIA descreve a forma como conhecemos o mundo, em termos de como o conhecimento é estruturado e as verdades são justificadas. O FUNDACIONALISMO pressupõe que existe um conjunto de verdades estáticas que sustenta a construção de todo o conhecimento: podemos conhecer a verdade pela lógica formal (racionalismo), que se justifica internamente, ou pela observação sistemática (empirismo), que se justifica externamente. Como alternativa, um entendimento da existência como um estado dinâmico nega a possibilidade de verdades fundacionais e, em vez disso, busca a COERÊNCIA entre conjuntos de crenças. Isso leva ao pressuposto de que podemos saber somente ou através da crença (justificativa interna) ou através de imagens temporárias que são fixadas artificialmente (justificativa externa). Para Follett, o conhecimento é produzido através de um processo cocriativo que evolui em meio a todos os constituintes da situação[1].

Grande parte da explicação epistemológica de Follett está na obra *Creative Experience*[2]. Para Follett, o conhecimento é relacional e desdobra-se continuamente em resposta à situação dinâmica. Embora reconheça o valor da *expertise*, a autora critica a dependência total nos especialistas para a obtenção do conhecimento, preferindo chamar todos nós a "basear nossa vida na experiência, a minha própria mais a dos outros" (Follett, 2013c, p. 29). Ao fazermos isso, empregamos o que a autora chama de "atitude mental científica" (p. 29)[3]. Também nos abrimos para a possibilidade de integrar perspectivas múltiplas, criando conhecimento por meio da "observação de atividades mutantes em suas relações com outras atividades mutantes" (p. 68) dentro da situação total[4].

A epistemologia de Follett, portanto, reflete sua ontologia do processo relacional e seu entendimento da condição psicossocial. Como tal, o conhecimento está constantemente sendo criado e recriado através da integração e da experimentação ativas. Essa abordagem contrasta muito com a acumulação de conhecimento baseada em verdades objetivas e estáticas verificadas por especialistas pelo método científico. Assim, Follett começa sua apresentação com uma crítica ao método científico, com o objetivo de diferenciar claramente a forma como aborda a produção de conhecimento.

4.1 Uma crítica às epistemologias convencionais

Ao construir um argumento a favor de sua abordagem epistemológica e de seu método das ciências sociais, Follett critica o racionalismo, o idealismo, o empirismo e até mesmo alguns aspectos do pragmatismo[5,6]. Em específico, a autora preocupa-se com o estado dos fatos objetivos e estáticos como base para o conhecimento, o método científico de validação e verificação e o papel dos especialistas como guardiões do conhecimento aceito. Discutiremos cada componente desse argumento na sequência.

4.1.1 Fatos objetivos e estáticos

A primeira preocupação de Follett é o que ela nomeia de "adoração-aos-fatos": a crença de que existe "uma natureza inerente em um 'fato', a ser revelada ao adorador" (Follett, 2013c, p. 153) por meio da investigação científica. Ela defende que a busca dos adeptos do empirismo por objetividade e fatos neutros é mal orientada, alertando que "o tipo de objetividade que alguns adoradores-de-fatos incessantemente buscam lhes será incessantemente ocultada" (p. 11).

A natureza ilusória da objetividade está no pressuposto de que existe um conjunto estático de fatos que podem ser observados de forma neutra. A autora explica que esse equívoco é "um erro que cometemos com frequência" porque pensamos "que o mundo fica parado [...] E ele não fica" (Follett, 2013h, p. 85)[7]. Isso significa que não podemos simplesmente reunir fatos como dados imparciais: "Um fato não é algo preexistente ao qual uma concepção deve se adequar, mas algo eventual" (Follett, 2013c, p. 139). Portanto, fatos são influenciados por nossas concepções como parte do próprio processo de observação. "Fatos se tornam fatos para nós quando damos atenção a eles. Nossa atenção a eles está vinculada à situação" (p. 11). Em específico, na "percepção dos fatos, nossa 'atenção' é determinada por nossas necessidades ou desejos" (p. 10). Como nossa escolha do que considerar é guiada por ideias preconcebidas, "o reunir é por si só um interpretar. Interpretar é parte da visão, e não algo feito com a visão" (p. 27)[8].

Assim como fatos não podem ser objetivamente reunidos, uma vez em mãos, eles não podem mais ser analisados de maneira neutra: "a análise dos fatos é, até certo ponto, uma interpretação dos fatos" (Follett, 2013c, p. 27). Follett explica que, em virtude da resposta circular no processo de observação e análise, "Meu comportamento nessa experiência é parte de minha interpretação tanto quanto de minha posterior reflexão sobre ela; minha interpretação reflexiva, *post-facto*, intelectual é só uma parte da história"

(Follett, 2013c, p. 140). Assim, tal como a coleta dos fatos, "a interpretação dos fatos depende das necessidades" (p. 10). Infelizmente, "defensores da coleta de fatos não perceberam o significado do 'desejo' freudiano em relação à interpretação dos fatos" (p. 11).

Com isso, no entanto, Follett não pretende dizer que a interpretação é meramente questão de projeção psicológica individual. "O valor de cada fato depende de sua posição no processo-mundial total, está vinculado às suas relações multitudinárias" (Follett, 2013c, p. 12). Ao considerarmos uma situação, devemos considerar "não todos os fatores um por um, mas também suas relações uns com os outros. Isso significa, entre outras coisas, que, quando um fator é somado ou subtraído de uma situação, o resultado não é a situação menos ou mais o fator, pois todo o resto estará mudado" (Follett, 2003m, p. 192). Uma vez que a observação e a interpretação de fatos são subjetivas, o observador é parte da situação e está incluso no relacionar-se. Em suma, fatos são definidos por suas relações dinâmicas uns com os outros e com o observador dentro da situação total. Assim, "fatos devem ser entendidos como a situação total, com quaisquer sentimentos, crenças e ideais que a adentrem" (Follett, 2013c, p. 13).

Embora sua crítica à objetividade seja dura, Follett insiste que esta não deve ser interpretada como "ceticismo com relação ao valor dos fatos" (Follett, 2013c, p. 24). A autora entende que os esforços para descobrir fatos são passos produtivos em direção à "informação precisa" (p. 25), mas ela repensa a natureza ontológica dos fatos e o papel destes na produção do conhecimento. Para Follett, fatos socialmente situados tornam-se os "andaimes de uma situação" em vez de sua construção em si (p. 13). Ela também critica a forma como os dados são reunidos, quem são as pessoas envolvidas e como estão envolvidas: "especialistas interpretam fatos e relacionam fatos. [...] Ainda que a informação chegue até o especialista como um fato, ela geralmente parte dele como uma opinião" (Follett, 1926, p. 255). Tendo em vista esse fenômeno, Follett provoca: "Onde podemos realmente procurar a separação entre fato e opinião?" (Follett, 2013c, p. 27). Assim, recorremos à sua crítica ao método científico e à *expertise* técnica.

4.1.2 O método científico

Follett entende que o método científico é considerado o mais alto padrão da produção e verificação do conhecimento, mesmo dentro das ciências sociais: "Cada período tem sua palavra mágica por excelência. Alguns anos atrás, quando *ciência* era a palavra da vez, a ideia de verificar era atraente para nós, porque dizíamos que era 'científico'" (Follett, 2013c, p. 139). Follett alega que as ciências sociais seguem essa tendência, em parte porque "nem sempre entendemos a relação entre análise quantitativa e qualitativa" (p. xvii). Nem percebemos que a segunda não é um método apropriado para criar conhecimento sobre o mundo social. Assim, "as ciências sociais devem desenvolver seu próprio método enquanto aprendem tudo o que for possível das ciências físicas" (p. 139).

As primeiras objeções de Follett ao método científico refletem os problemas encontrados ao se considerarem fatos: a objetividade do observador e a ontologia estática. Novamente, a autora vê a objetividade como algo impossível. Estando vinculados ao processo contínuo de resposta circular, seres humanos estão sempre entrelaçados de forma complexa na situação total da qual fazem parte. Da mesma forma, todos os fenômenos que desejamos observar também estão entrelaçados. Assim, mesmo que pudéssemos sair da situação para observá-la, estaríamos "assistindo a reações extraordinariamente complexas a um ambiente complexo" (Follett, 2013c, p. 121). Mas, uma vez que também somos parte da situação, não é possível sair dela e observar. "A vida não é um filme para nós, não se pode assistir à vida porque sempre se está DENTRO da vida" (p. 134). Assim, a observação objetiva exigida pelo método científico é impossível.

Da mesma forma, os fatos que desejamos testar com o método científico não impõem nosso desejo de fazê-lo. "Fatos mudam, precisamos acompanhar os fatos; acompanhar os fatos muda os fatos" (Follett, 2013h, p. 85). A natureza escorregadia dos fatos e a impossibilidade de observação objetiva significam que "testar em um sentido exato é uma impossibilidade; podemos viver e progredir e criar, e devemos usar todas as concepções possíveis para nos ajudar, mas a vida nunca para por tempo suficiente para podermos 'testar', ou melhor, nunca podemos sair da vida para vê-la de fora" (Follett, 2013c, p. 135). Assim, "a relação da observação com classificações preexistentes deve ser compreendida em linhas diferentes da que estamos galgando no momento. Testar e descartar, testar e verificar? A vida não é tão simples assim, nem tão 'científica'. A vida é uma arte" (p. 141)[9].

Esses pressupostos errôneos sobre objetividade e estase são refletidos na própria estrutura do método científico. Follett avalia que o método científico depende de equilibrar idealismo e empirismo: usar conceitos para desenvolver hipóteses que são, então, testadas pela percepção[10]. Isso exige depender de relações causais que podem ser conceptualizadas e então percebidas e verificadas. Mas "causa e efeito são maneiras de descrever certos momentos na situação quando olhamos para esses momentos como separados do processo total" (Follett, 2013c, p. 61) e "nunca veremos o estímulo estimulando ou a resposta respondendo" (p. 60). Portanto, "jamais poderemos entender a situação total sem levar em conta a situação em evolução" (p. 69) e suas relações mutuamente causais, dinâmicas e complexas.

Sem relações causais claras, verificar com o método científico torna-se impossível. Isso traz Follett à problemática relação entre concepção (hipótese) e percepção (teste) dentro do método científico – duas atividades que não podem ser separadas, mas estão sempre engajadas em resposta circular. Entender a resposta circular, então, "corrige as duas falácias da noção de *verificar* tão amplamente aceita: uma tendência de divorciar por um momento o pensar do fazer (se separarmos pensamento e atividade, poderemos testar usando os critérios fornecidos pela mente); e um ignorar da natureza autoevolutiva da relação de resposta específica. Não é que pensamos, depois fazemos, depois pensamos de novo; é que o pensar está incluso no fazer" (Follett, 2013c, p. 137). Portanto, o muro que o método científico ergue entre idealismo e empirismo desaba.

Embora acredite que o pragmatismo tem o potencial de ir além dos problemas inerentes ao método científico, Follett também enxerga vestígios das falhas do idealismo e do empirismo em suas premissas[11]. A autora teme que a ênfase de alguns teóricos possa tornar o pragmatismo vulnerável aos mesmos erros do idealismo. Por exemplo, a autora se queixa de que o pragmatismo "ainda tem um pouco de intelectualismo colado em si" (Follett, 2013c, p. xi) porque mantém muito o foco no conceitual, dando pouca atenção à percepção ou ao experiencial[12]. Ela alerta que "a descrição conceitual apresenta igual perigo para o assistente social, o psiquiatra ou o cientista político, para cada um de nós" (p. 154-155).

Por outro lado, Follett teme que alguns pragmáticos – incluindo James – vão longe demais ao descartar o conceito. Ela observa que "racionalistas 'verificam' dentro do domínio da razão. Pragmáticos 'testam' no mundo concreto" (Follett, 1919, p. 584). De fato, "a essência do pragmatismo, como é comumente entendido, é testar" (p. 584). Porém, quando o pragmatismo rejeita o conceptualizar em favor do perceber, recai no problema do antigo modelo empírico, porque "sempre que 'testa' você presume uma ideia estática" (p. 584) que pode ser percebida e verificada.

Enfatizar demasiadamente tanto o conceito quanto a percepção é problemático porque ambos são "parte da mesma atividade" (Follett, 2013c, p. 145)[13]. "Concepções não permanecem concepções. Elas penetram o sangue e o esqueleto de nossas atividades, e dessas atividades novas concepções surgem" (p. 145). Assim, Follett vê uma resposta simples para a discussão contínua sobre "a prioridade do pensamento ou da ação na vida social. Não existe ordem. A união entre pensamento e vontade e atividade pela qual a vontade mais clara é gerada, o processo social, é uma unidade perfeita" (Follett, 1998, p. 50). Portanto, Follett alega que o pragmatismo deve integrar conceito e percepção em uma metodologia experiencial e relacional de teste e validação, almejando uma SÍNTESE dos dois por meio da experimentação contínua realizada por todos na situação[14]. Foi assim, de fato, que a própria Follett desenvolveu, testou e validou suas próprias teorias em contextos comunitários e industriais[15].

4.1.3 *Expertise* técnica

Tendo em vista suas críticas a fatos objetivos e ao método científico, não surpreende que Follett também tema o papel do especialista como renomado descobridor de fatos[16]. Ela afirma que "O que realmente queremos é um déspota 'beneficente', mas temos vergonha de chamá-lo disso, então dizemos investigador científico, engenheiro social etc." (Follett, 2013c, p. 29-30). Portanto, "a presente apoteose do especialista, a ardente defesa dos 'fatos', precisa ser analisada" (p. 3). Essa desconfiança reflete a preocupação recorrente de que, quando um ponto de vista, função ou todo dentro da situação tem prioridade, abrimos a porta para a hierarquia. Da forma como são atualmente concebidos, os especialistas são os guardiões do conhecimento oficial dentro de áreas estritamente definidas, o que dá a eles poder sobre os outros, criando uma falsa dicotomia entre ESPECIALISTA e LEIGO.

Dada a extrema complexidade do mundo social, é natural que queiramos recorrer a especialistas para nos ajudar a entender e ordenar esse mundo. Porém, essa complexidade muitas vezes resulta em "especialização demasiada" (Follett, 2013c, p. 104) da *expertise*, criando silos de conhecimento e mais "especialistas em mais perguntas" (Follett, 1926, p. 253) cujo conhecimento se limita às suas próprias subespecializações. Isso é problemático porque, em suas tentativas de dominar as minúcias de uma dada área do conhecimento, especialistas muitas vezes perdem de vista o mundo fora daquela área de especialização e a forma como ele se relaciona na situação total. Follett ilustra esse problema com uma anedota em que perguntam a um especialista que está pesquisando uma doença do aipo em uma fazenda se a doença pode ser impactada pela rotação de culturas. "O especialista respondeu que não sabia, que ele não sabia nada sobre cultivo, era um especialista em doenças!" (Follett, 2013c, p. 104). Essa anedota deixa claro que "uma das dificuldades de usar especialistas é muitas vezes a falta de técnica para unir o conhecimento de diferentes especialistas" (p. 104).

Pior do que isso, a especialização cria uma atmosfera em que os especialistas têm controle acirrado da produção de conhecimento em certas esferas. Assim, a *expertise* e a interpretação dos "fatos estão intimamente conectadas com toda a questão do poder" (Follett, 2013c, p. 14) e como o poder é exercido. Controle restritivo sobre a seleção e a interpretação dos fatos leva a poder-sobre os outros na situação[17,18]. Follett demonstra essa forma de poder-sobre muitas vezes ignorada tal como existe dentro da organização, com cada especialista exercendo seu poder no processo de tomada de decisão. Em razão da natureza social dos fatos e da impossibilidade da objetividade, "a separação entre aconselhamento e decisão não pode ser rígida" e "a informação pura raramente é dada pelo especialista ao executivo" (Follett, 1926, p. 255). "Os vários especialistas também, os gerentes, o departamento de planejamento: todos eles dão mais do que meros fatos [...] Até isso tudo ter sido passado ao chefe, essa decisão já foi em grande parte predeterminada" (Follett, 2013a, p. 41). Essencialmente, na seleção e na análise dos fatos, "conclusões e julgamentos já são, até certo ponto, tecidos na trama, e de tal forma que seria impossível removê-los" (Follett, 2013g, p. 6). Assim, "a informação do especialista não apenas forma uma grande parte da decisão do executivo – torna-se uma parte integral do maquinário de tomada de decisão" (Follett, 1926, p. 253).

Esse controle sobre os outros não está apenas no modo como os fatos observados são interpretados e apresentados, mas também no que é revelado pelo especialista. O senso comum nos diz que "a retenção de fatos é muitas vezes usada como forma de ganhar poder-sobre" (Follett, 2003j, p. 106). Contudo, assim como o controle sobre o interpretar e o reter fatos leva ao controle sobre os outros, o interpretar e o compartilhar colaborativos dos fatos geram poder-com, uma vez que a "consideração dos fatos reduz o poder-sobre" (p. 106). Follett afirma, então, que "o integrar de fatos e poder é possível, mas significaria um código diferente daquele segundo o qual estamos vivendo hoje" (Follett, 2013c, p. 15).

Essa necessidade de integrar fatos e poder coloca a pergunta sobre de quem é o conhecimento que deve ser integrado, ou, alfinetando, quem tem permissão para participar da criação do conhecimento. Sob a *expertise* técnica, uma divisão acentuada se desenvolve entre o especialista e o leigo, levando a uma dicotomia rígida entre "a regra daquele déspota beneficente moderno, o especialista, e uma 'plebe' confusa e ignorante" (Follett, 2013c, p. 3). Mas Follett insiste que esse contraste entre especialista e leigo é uma dicotomia falsa, que serve meramente para reforçar o poder-sobre e nos força a consentir com o fato de sermos governados pelos especialistas.

Em contraste com essa gritante divisão, Follett argumenta que o especialista e o leigo estão ambos vivenciando e afetando a situação por resposta circular. Assim, devemos supor que o conhecimento mais importante "já está na situação que o especialista investiga; que a investigação do especialista muitas vezes muda a situação [...] e que as pessoas ajudam a criar e desenvolver, com sua resposta, a situação à qual estão respondendo" (Follett, 2013c, p. 28). Isso significa que, na produção do conhecimento, "deve haver um lugar para especialistas E administradores E pessoas" (p. 27). A insistência de Follett em um lugar para todos dentro do processo não é essencial apenas para a criação do conhecimento, mas tem profundas implicações para os elementos restantes de seu pensamento, em particular suas teorias políticas e administrativas[19].

4.1.4 A crítica em suma

Em sua crítica do método científico, Follett desafia as ciências sociais a desenvolver uma abordagem alternativa da epistemologia: "Nosso problema é encontrar um método pelo qual a opinião do especialista não coage e ainda assim adentra a situação integralmente. Nosso problema é encontrar uma maneira pela qual o tipo de conhecimento do especialista e o tipo de conhecimento do executivo possam ser combinados. E esse método deve, penso, ser um método que eu já defendi, o da integração" (Follett, 2013b, p. 70). Portanto, referimo-nos à abordagem de Follett como *epistemologia relacional dinâmica*, aplicando sua ontologia do processo relacional à produção do conhecimento.

4.2 A epistemologia relacional dinâmica

Para refletir o processo relacional, a epistemologia de Follett requer o desenvolvimento de uma metodologia alternativa que considere a situação total sem analisá-la a partir de uma perspectiva racionalista ou empírica nem avaliá-la a partir de uma perspectiva idealista. Em vez disso, devemos sintetizar esses métodos. De fato, ela insiste que "o respeito atual pelos fatos, pelos métodos científicos, é o primeiro passo nesse método de buscar a lei da situação" (Follett, 2003j, p. 104). Assim, Follett não elimina a necessidade de fatos ou da *expertise*, mas os reinterpreta dentro da situação total. O conhecimento especializado e a experiência do especialista tornam-se integrados com o conhecimento experiencial de todos os envolvidos na situação. Em outras palavras, "o problema que temos diante de nós é descobrir uma técnica para unificar" (Follett, 2013c, p. 104).

Esse método deve: (1) considerar fatos como artefatos sociais dinâmicos produzidos através do processo de integração dentro da situação total; (2) sintetizar os aspectos mais úteis do idealismo, do racionalismo e do empirismo; e (3) fazer isso de maneira a não privilegiar rotineiramente nenhuma perspectiva específica dentro da situação. Baseando-se em suas críticas dos fatos objetivos, do método científico e da *expertise* técnica, Follett reafirma uma epistemologia dinâmica. A autora repensa a criação de conhecimento dentro da situação total: fatos sociais são criados dentro de um método pragmático para formular o conhecimento colaborativo. Examinaremos cada um desses aspectos da epistemologia relacional dinâmica de Follett na sequência.

4.2.1 Fatos sociais dinâmicos

Follett responde às suas próprias críticas do método científico primeiramente substituindo os alicerces deste. Em vez de fatos estáticos objetivos, Follett entende que os fatos são criados pelo processo social dinâmico. No nível individual da análise, ideais e crenças moldam o que consideramos importante observar e como interpretamos o que observamos. "A incessante busca pela objetividade, tarefa primária dos adoradores de fatos, não pode ser toda a tarefa da vida, pois a objetividade por si só não é a realidade. [...] Visto que os idealistas subjetivos enfatizaram demasiadamente o sujeito, e os realistas, o objeto" (Follett, 2013c, p. 54). Contudo, ela argumenta que, quando o "balanço do pêndulo entre 'subjetividade' e 'objetividade'" (p. 54) é congelado pela síntese, a busca problemática por objetividade é resolvida e "a 'situação objetiva' não pode ser demasiadamente enfatizada se a entendemos como parte de um processo total" (p. 153). De fato, Follett foi citada por Mattson (1998, p. xliii)[20] ao dizer: "Começo a ver a síntese entre idealismo e realismo muito claramente".

Relembrando sua ontologia e sua teoria psicossocial, a situação total está engajada no processo de resposta circular. Assim, experiências subjetivas são, na verdade, de natureza intersubjetiva, ou relacional. Como tal, "a experiência não relacionada nos é de pouca utilidade; nunca podemos tomar decisões sábias a partir de partes isoladas, somente quando vemos as partes em relação umas com as outras" (Follett, 2013h, p. 86). É pelo engajamento "na situação em evolução, nas 'integrações progressistas', no entrelaçamento incessante de novas respostas específicas" que encontramos "todo o avanço da existência" (Follett, 2013c, p. 134).

Assim, fatos são processos sociais emergindo da situação, e nosso primeiro passo para entender a situação é "chegar aos fatos" (Follett, 2003a, p. 74). Mas a natureza social desses fatos significa que a coleta e a interpretação de dados mudam de objetivas e neutras para uma atividade colaborativa de intersubjetividade. Follett afirma que, "tornando a investigação um negócio conjunto" (Follett, 2013c, p. 17), "a averiguação de fatos pode ser uma atividade conjunta" (Follett, 2013c, p. 16), e a integração começa imediatamente na definição de quais fenômenos são considerados importantes. Isso não significa que diferenças de percepção e opinião serão superadas. "A interpretação dos fatos, a relação dos fatos, ainda deixa espaço para a discordância legítima" (Follett, 2003k, p. 240). A autora reconhece que "mesmo que pudéssemos reunir fatos cooperativamente, ainda deveríamos interpretá-los de forma diferente, mas a dificuldade inicial seria evitada: para todos os efeitos, estaríamos olhando para os mesmos fatos" (Follett, 2013c, p. 16) e isso é muitas vezes "um grande passo em direção à concordância final" (Follett, 2003a, p. 75). Assim, a "participação conjunta nas primeiras fases [da investigação] deve começar mesmo com a averiguação de fatos preliminar" (Follett, 2003l, p. 224). Com efeito, "está chegando a hora, acredito, em que a vantagem da investigação de fatos em conjunto como base para as políticas públicas se tornará tão clara que o público insistirá nisso" (p. 225)[21]. Follett leva essa ideia adiante em sua reformulação do método científico e da *expertise*.

Para Follett, a "melhor preparação para a integração" (Follett, 2003c, p. 61) ou para "o processo de interpenetração" (Follett, 1998, p. 94) é o entendimento do processo através do qual múltiplas perspectivas formam um novo entendimento comum[22]. "Quando olhamos para a situação real, temos mais chance de seguir o processo necessário para a integração, a quebra de uma situação inteira em suas partes constituintes e a consideração dessas partes separadamente. Minha própria experiência é a de que nada acaba com partidos tão rapidamente quanto esse processo" (Follett, 2003a, p. 75). Assim, "o objetivo [...] não é encontrar o melhor pensamento individual, mas o pensamento coletivo" (Follett, 1998, p. 30). Ao criarmos fatos sociais em conjunto, "não vamos ao nosso próprio grupo [...] para sermos passivos e aprendermos e não vamos para insistir na aprovação de algo que já decidimos que queremos. Cada um deve descobrir e contribuir [...] com aquilo que o distingue dos outros, sua diferença" (p. 29).

Follett nos lembra que, com um pouco de reflexão, reconhecemos esse processo nascente de integração intersubjetiva na associação cotidiana. Quando "alguém se apresenta com uma ideia [...], nenhum de nós acredita que aquela ideia surgiu espontaneamente na mente da pessoa, independentemente de qualquer associação anterior [...] ela é o resultado do processo de interpenetração" (Follett, 1998, p. 94). Em outras palavras, podemos entender melhor os fatos como artefatos sociais formados por meio da experiência coletiva: "um pensamento coletivo evolui por um processo coletivo" (p. 34). É mediante esse processo que a verdade é COCRIADA. Assim, Follett assume um posicionamento construtivista, argumentando que fatos recebem significado não como dados objetivos, mas como parte da situação total em formação[23]. A autora explica que "qualquer fato ganha significado através de sua relação com todos os outros fatos relativos à situação" (Follett, 2013h, p. 79). "O valor de cada fato depende de sua posição em todo o processo-mundo, está vinculado em suas relações multitudinárias [...] um fato fora de relação não é um fato" (Follett, 2013c, p. 12). Em outras palavras, como artefatos sociais de formação de ideias coletiva, fatos não têm significado se não são entendidos dentro da situação dinâmica e relacional. "No nível social, *self* e circunstância, pensamento e experiência concreta, estão sempre se entrelaçando; isso, e não o comparar, é o processo-vida" (p. 135). Portanto, em nosso criar do conhecimento, precisamos focar a atenção "na atividade-entre" (p. 135).

Follett insiste que entender fatos subjetivos/objetivos como se estivessem emergindo do processo da situação total alinha sua epistemologia com ideias bem estabelecidas dentro da física. Afinal, "não foi há muitos séculos que os cientistas começaram a olhar para objetos como processos?" (Follett, 2013c, p. 153). Quando fatos se tornam dinâmicos, o conhecimento se torna "uma ideia viva" a partir da qual "a verdade pode ser criada" (Follett, 1919, p. 584). Mas as ideias vivas e as verdades que elas criam têm data de expiração. "Não é possível engarrafar a sabedoria – ela não fica no lugar –, mas, por meio de nossa vida em associação, ela pode ser refabricada a todo instante" (Follett, 1998, p. 130). Assim, "devemos estar constantemente reentendendo" (p. 226).

Entretanto, a natureza dinâmica do conhecimento não significa que o conhecimento é constantemente criado e descartado em rápida sucessão. "A criação de conceitos é um processo longo e demorado. É a vida trabalhando incessantemente em si mesma, construindo a si mesma" (Follett, 2013c, p. 144). Na epistemologia relacional dinâmica de Follett, "um conceito não é descartado e outro adotado; a integração é a lei em todos os planos, e é o integrar de percepções e conceitos que devemos estudar se desejamos entender a história do pensamento" (p. 145). A criação do conhecimento, então, é reformulada como parte de um processo contínuo de SABER que acontece através da integração.

Follett chama esse processo integrativo de "experiência criativa" (Follett, 2013c), "o lugar onde o conceitual e o perceptual se encontram" (p. 144). Pela experiência criativa integrativa, "aprendemos a conectar os planos conceitual e perceptual, a deixar cada fato contribuir para os princípios que, pelo uso novamente no mundo factual, tornam-se novamente transformados, e assim o ser humano cresce – sempre através de sua atividade" (p. 141). Nesse sentido, a experiência criativa é uma "experiência progressista" que "depende do relacionar-se" (p. 54). Mediante essa experiência criativa, Follett apela para que "busquemos os mais valentes da experiência" (p. x) em que ganhamos mais com as inter-relações do que com a simples agregação. O método que a autora parece considerar mais útil para esse trabalho de integrar é o método pragmático, o qual abordaremos agora.

4.2.2 O método pragmático

Em sua descrição dos fatos sociais dinâmicos cocriados pela experiência, Follett é decididamente pragmática[24]. Suas inclinações pragmáticas são vistas novamente em sua tendência a demonstrar a teoria por meio de exemplos práticos da experiência vivida. Mas mais impressionante do que isso, seu pragmatismo transparece em seu método de utilizar a experiência como meio de sintetizar conceitos e percepções – assim oferecendo uma alternativa ao método científico[25]. Para promover a síntese, Follett faz um apelo aos pesquisadores modernos para que "abandonem o campo da especulação abstrata e estudem o comportamento do ser humano" (Follett, 2013c, p. ix) e defende que as ciências sociais devem produzir "métodos para observar atividades mutantes em suas relações com outras atividades mutantes" (p. 68).

Tal revisão dinâmica de metodologia acompanha a redefinição do conhecimento como processo social CRIATIVO. "O processo social não é primeiro investigação social, depois algum método para persuadir as pessoas a abandonar sua própria experiência e pensamento e, por último, um aclamar do povo. O processo social é um processo de experiência cooperativa" (Follett, 2013c, p. 30). O propósito epistemológico é criar conhecimento através da integração da experiência, e não gerar hipóteses estáticas a serem verificadas ou descartadas. O processo não é formular hipóteses, testá-las e então verificá-las ou rejeitá-las. "O processo é análise, discriminação e integração" (p. 187).

Criar conhecimento, então, exige que entendamos "quando e por que e como obtemos a integração genuína" (Follett, 2013c, p. 178), o que, por sua vez, exige desenvolver "estudos cuidadosos do método de integração" (p. 178). Visto que a integração é um processo relacional, o método deve combinar aspectos de observação participante e fenomenologia para integrar elementos conceituais e experienciais na produção do conhecimento. É esse processo que "deve ser o estudo do aluno de ciências sociais" (p. 68-69). Mas, antes que Follett possa explicar completamente o processo de integração neste método revisado, a autora deve primeiro revisar as noções de análise e discriminação.

Tendo em vista sua minuciosa denúncia do método científico e da objetividade empírica, à primeira vista pode parecer contraintuitivo que Follett comece sua explicação do método proclamando que "chegou a hora de estudos empíricos das relações humanas e das situações sociais" (Follett, 2013c, p. xi). Contudo, uma vez que Follett torce por um "unir do idealismo e do empirismo" (p. 286), uma síntese de conceito e percepção, a autora não rejeita nenhum dos dois em si; apenas a priorização de um ou do outro. Essa síntese pode ser mais bem alcançada por meio do saber ativo que ocorre em uma abordagem pragmática da experimentação. Para demonstrar como a síntese é alcançada, é interessante revisitar o método científico: "Você notará que quebrar um problema em suas diversas partes envolve a VERIFICAÇÃO DE SÍMBOLOS, ou seja, envolve um exame minucioso da linguagem usada para ver o que ela realmente significa" (Follett, 2003b, p. 41).

O método científico tem suas raízes no balanço do pêndulo entre conceito (hipótese), percepção (experimentação e observação) e de volta para o conceito (aceitação ou rejeição). Mas, para Follett, esse pêndulo quebra o processo do saber artificialmente em partes distintas que são elementos de uma atividade adequadamente integrada. Assim, embora clame por "observação e experimentação" (Follett, 2013c, p. xii), Follett também insiste que nossas ideias devem evoluir com nossas experiências "da maneira que bacteriologistas usam a classificação, atualizando-a prontamente a cada nova descoberta" (p. 141). Isso exige uma abordagem diferente da experimentação, que Follett descreve como uma "atitude experimental quanto à experiência" (Follett, 2003c, p. 50-51).

Um método pragmático de experimentação começa com a coleta de dados. Porém, uma vez que os fatos são criados coletivamente, a consideração dos fatos dentro da situação total não pode significar "meramente que devemos nos certificar de incluir todos os fatores no nosso problema" (Follett, 2013h, p. 79; 2003m, p. 191). Reunir informações é importante, "mas de forma alguma é o máximo que podemos fazer; precisamos ver esses fatores como cada um afetando cada um dos outros" (Follett, 2013h, p. 79). Os fatores envolvidos na situação incluem não somente os fatos relacionando-se uns com os outros, mas também com aqueles indivíduos que os vivenciam.

Visto que os fatos são dinâmicos e socialmente entendidos, a coleta de dados deve ser reformulada como um processo interpretativo e colaborativo em que cada pessoa que VIVENCIA a situação também é um participante que INTERPRETA aquela situação. Assim, "devemos reconhecer que, se a pesquisa social pretende ter algum valor, raramente é possível 'observar' uma situação social da forma como se observa um experimento químico; a presença do observador geralmente muda a situação. Precisamos, então, de pessoas que sejam assumidamente observadores participantes" (Follett, 2013c, p. xi). A observação dos dados torna-se vinculada à criação dos dados, e a experimentação é uma atividade experiencial contínua, não um passo intermediário entre a coleta de dados e a verificação de uma ideia.

Isso significa que o pensamento (hipótese e análise) e a ação (observação) não podem ser separados – ao contrário, são continuamente entrelaçados em um processo contínuo de produção do conhecimento.

Follett explica que essa integração de conceito e percepção também causa impactos na atividade de análise de dados, em que o conhecimento tradicionalmente surge. Novamente, uma separação não é possível: "A atividade do saber inclui o sabedor e o sabido" (Follett, 2013c, p. 88) e eles não podem ser entendidos isoladamente. Assim, essa perspectiva descarta totalmente o conhecimento estático "em prol do saber, de uma atividade, de um processo que envolve o sabedor e o sabido, mas que nunca assume o ponto de vista de nenhum deles. O sabedor sabe (verbo ativo) o sabido; a realidade está no saber" (p. 88). Uma vez que sabedor e sabido são sempre interpenetrantes, então "conceitos por si sós jamais podem ser meramente apresentados a mim, eles devem ser tecidos na estrutura do meu ser, e isso só pode ser feito pela minha própria atividade" (Follett, 2013c, p. 151).

Quando a experimentação é entendida como método fundamental para integrar conceito e percepção e fazer evoluir relações dentro da situação, em vez de um método de verificação, as hipóteses são simplesmente parte do processo contínuo de experimentação e são tão dinâmicas e sociais quanto nossos fatos. "Devemos testar experimentos e observar se eles triunfam ou fracassam e, o mais importante de tudo, por que eles triunfam ou fracassam. Isso é tomar uma atitude experimental em direção à experiência" (Follett, 2003c, p. 50-51). No método pragmático, então, a hipótese evolui dentro do universo de ideias vivas, elementos dentro do "entrelaçamento que está mudando ambos os fatores e constantemente criando novas situações" (p. 68). Follett brinca: "Não conheço nenhum depósito aonde eu possa ir para olhar as hipóteses descartadas" (p. 139). Por outro lado, enquanto "racionalistas 'verificam' dentro do domínio da razão, pragmáticos 'testam' no mundo concreto" (Follett, 1919, p. 584). Onde os empíricos se concentram na observação objetiva, "muito mais do que observação, precisamos de experimentos" (Follett, 2013c, p. 178).

"O passo além é aprender a CRIAR dentro de ambos" (Follett, 1919, p. 584) o raciocínio e a observação. Isso é feito por meio da experiência criativa da integração.

Portanto, "agora podemos pensar na experiência mais como um processo de criar do que de verificar. A experiência é a usina onde motivação e vontade, pensamento e ideais, são gerados" (Follett, 2013c, p. 133)[26]. Refutando as críticas a essa visão, Follett explica que "Um realista nos diz que, de acordo com o pragmatismo, a verdade é 'uma harmonia entre pensamento e coisas'. Não seria mais 'realista' dizer que pensamento e coisas se interpenetram e que essa é a atividade de criar?" (Follett, 1919, p. 584). Tal como fatos se tornam fatos quando damos atenção a eles, esse método de experimentação CRIA verdades entrelaçando essas ideias, conceitos e fatos que se encaixam dentro do contexto social, ao mesmo tempo que ajusta ou descarta os que não são mais úteis. Dessa forma, hipóteses não são descartadas ou verificadas; ideias são testadas e moldadas pela experiência para criar uma massa coerente mas eternamente mutável de conhecimento colaborativo.

Em suma, dentro do método pragmático de Follett, testar hipóteses científicas por meio da coleta e análise de dados transforma-se em uma experiência criativa de reflexão consciente e participatória sobre a situação total; a vida como experimentação contínua dentro da experiência progressista. Follett descreve essa abordagem pragmática da criação de conhecimento como tendo "três etapas: (1) uma atitude consciente – perceber os princípios que podem ser empregados nessa questão; (2) uma atitude responsável – decidir qual deles empregaremos; e (3) uma atitude experimental – testar experimentos e observar os resultados. Podemos incluir uma quarta etapa: selecionar nossos resultados" (Follett, 2003c, p. 50-51). Seu adendo de uma quarta etapa claramente aponta para um tipo diferente de verificação, que reflete a ênfase de Follett em criar por meio do pensamento a integração dos fatos sociais dinâmicos. "Existe um teste que sempre podemos fazer, uma pergunta legítima: Essa atividade se encaixa? Esse é o significado aprofundado de todo o nosso desejo de 'verificar' [...] Verificamos através do processo de criar: sem dualismos, sem *ding-an-sich*, sem momento estático" (Follett, 2013c, p. 143).

Portanto, Follett pede a todos para se engajarem em "experimentos para tornar as inter-relações humanas produtivas" (Follett, 2013c, p. xi). Ela explica que "queremos observadores-participantes que testarão experimento atrás de experimento e nos dirão quais triunfam e quais fracassam. Pois integrar é o processo fundamental da vida, tanto entre organismo e ambiente quanto entre ser humano e ser humano" (p. 178). Esse método altera fundamentalmente o papel previamente concebido da *expertise* técnica na produção de conhecimento.

4.2.3 Conhecimento colaborativo

Uma vez que o conhecimento é criado através da integração de inter-relações mutantes dentro do processo social, o conhecimento não é objetivo e estático, mas intersubjetivo e dinâmico. Refletindo o princípio da cocriação em sua ontologia do processo relacional, Follett explica que o conhecimento "virá não pela aceitação da sabedoria de um homem, o juiz, ou da ordem legal, mas pelo entrelaçar de muitos desejos e atitudes, emoções e ideais, mediante muita tentativa e erro" (Follett, 2013c, p. 41). Assim, a epistemologia relacional dinâmica de Follett revê os papéis de cientista e especialista técnico, tendo em vista um novo modo de associação participativo no qual o conhecimento é criado colaborativamente.

Embora rejeite a priorização hierárquica da *expertise* científica ou técnica, que permite o poder-sobre, Follett não é contra *especialistas*. A autora também não aceita alegações de que a única alternativa é a falta de *expertise*: "não precisamos escolher entre nos tornarmos, nós mesmos, especialistas em todos os assuntos e engolir inteiros os relatórios dos especialistas" (Follett, 2013c, p. 29). Em vez disso, tal como com as observações empíricas e o raciocínio idealista, a *expertise* deve ser repensada dentro do processo colaborativo: "o especialista deve encontrar seu lugar dentro do processo social; ele nunca deve ser um substituto deste" (p. 29).

Assim, devemos mudar a forma como especialistas e não especialistas trabalham juntos.

Ainda que não seja necessário transformar leigos em especialistas para mudar essa relação, essa mudança exige educação. "O cidadão deve ser treinado tanto para formar opiniões sobre testemunhos de especialistas quanto para observar sua própria experiência e dela tirar conclusões" (Follett, 2013c, p. 29). Follett explica que "isso não fará de nós profissionais especialistas; isso nos permitirá trabalhar com profissionais especialistas e encontrar nosso lugar em uma sociedade que precisa da experiência de todos" (p. 30). Assim, "nosso objetivo central [...] é treinar, aprender a usar o trabalho de especialistas para encontrar nossa vontade, educar nossa vontade, integrar nossas vontades" (p. 5).

Integrar o conhecimento de especialistas e leigos, no entanto, destaca as diferenças qualitativas entre eles: "Eles têm tipos diferentes de conhecimento e experiência" (Follett, 1926, p. 256). "O especialista tem um tipo de conhecimento", enquanto outros têm outros tipos de conhecimento, e nós devemos "esperar ser capazes de uni-los" (Follett, 2013b, p. 71). Quando focamos somente a *expertise* técnica ou científica, ignoramos o conhecimento experiencial do senso comum. Como nos lembra Follett, "se eu dou instruções para alguém que sabe menos sobre um tema do que eu, ele provavelmente sabe mais do que eu sobre algum outro tema" (Follett, 2013a, p. 37). Para termos uma experiência progressista, não podemos permitir que esse conhecimento se perca.

Follett explica que esse unir não requer que cada indivíduo participe de cada deliberação. Dando um exemplo da aplicação da criação do conhecimento colaborativo no local de trabalho, a autora explica: "Nosso objetivo na chamada organização democrática da indústria não deve ser dar ao trabalhador a oportunidade de votar sobre coisas que ele não conhece, mas organizar a fábrica de maneira que a experiência do trabalhador possa ser somada à do especialista; devemos ver exatamente onde a experiência dele será um diferencial" (Follett, 2013c, p. 20)[27]. Assim, não somos chamados a buscar a experiência prática onde ela não existe ou a forçar a participação onde ela não é necessária, mas "devemos planejar para que o trabalhador aprenda mais e mais da indústria como um todo" (Follett, 2013c, p. 20), de modo que ele possa aplicar sua experiência em um número cada vez maior de situações. Combinando o que sabemos e tomando atitudes para aumentar a aplicabilidade da experiência, avançamos em direção à criação do conhecimento colaborativo.

Nesse sentido, a preocupação de Follett não é a *expertise* em si, mas o modo de associação que está guiando a produção de conhecimento. "Não devemos permitir que a opinião ou informação do especialista torne-se automaticamente uma decisão. Por outro lado, o papel do especialista na tomada de decisão precisa ser reconhecido" (Follett, 1926, p. 256). Follett acredita que "precisamos de especialistas, precisamos de informações precisas, mas o objetivo não é nos livrarmos da DIFERENÇA, e sim da CONFUSÃO [...] para dar um lugar legítimo à diferença" (Follett, 2013c, p. 6). Essas diferenças são a multiplicidade de interpretações sobre uma dada situação por parte de todos os envolvidos. Assim, embora "uma decisão sábia dependa de tanta informação científica quanto pudermos obter", Follett aconselha que "depois de termos obtido a maior quantidade possível, ainda haverá diferença, e lidar com a diferença é a parte mais importante do processo social" (p. 7). Para que a cocriação aconteça, todos na situação devem trazer suas próprias experiências e perspectivas para as decisões.

É importante, contudo, lembrar que integrar múltiplas interpretações tem um significado diferente da mera agregação de perspectivas. "Se cada um de nós fosse além de sua responsabilidade e trouxesse seu próprio pedacinho de vidro colorido, o resultado seria um mero caleidoscópio de uma comunidade" (Follett, 1919, p. 580). "Gotinhas de água, grãozinhos de areia – essa é uma filosofia que já superamos. Conte todos os grãos, conte todas as gotas, conte todas as pessoas e suas atividades, e o resultado dessa soma não será a vida" (Follett, 2003f, p. 309). O objetivo não é acumular verdades individuais, mas cocriar o conhecimento colaborativo por meio de "um processo de experiência cooperativa" (Follett,

1998, p. 30). De fato, "a maior contribuição que um cidadão pode fazer ao Estado", de acordo com Follett, "é aprender o pensar criativo, isto é, aprender a unir seu pensamento ao dos outros de modo que a questão seja produtiva" (Follett, 1919, p. 580).

Isso significa que "a experiência técnica deve ser transformada em uma parte de toda a experiência disponível. Quando vemos o especialista e o administrador, o legislador e o juiz, E as pessoas, todos partes integrantes do processo social, todos aprendendo a formar fatos, a ver fatos, a desenvolver critérios pelos quais julgar fatos, só aí temos uma visão da democracia genuína" (Follett, 2013c, p. 29). Isso é verdadeiramente democrático porque nenhum grupo privilegiado ou "casta especial" (Follett, 2013c, p. 29) recebe carta branca para produzir conhecimento. Em vez disso, "todos podemos estar acima e abaixo ao mesmo tempo" (Follett, 2013a, p. 37). Follett dá um exemplo desse processo colaborativo a partir de suas observações de executivos discutindo centralização e descentralização: "A conversa não era acadêmica [...] Cada um tinha algo a acrescentar de sua própria experiência sobre a relação entre as filiais e a sede da empresa e sobre os outros problemas inclusos nessa questão. Ali vi que há esperança para o futuro. Ali as pessoas não estavam teorizando nem dogmatizando, estavam pensando no que realmente já fizeram e estavam dispostas a tentar coisas novas logo no dia seguinte" (Follett, 2013f, p. 32).

Tais discussões demonstram as integrações progressistas que são geradas por meio da aprendizagem colaborativa ativa e motivada. O integrar de múltiplas perspectivas "envolve a invenção" (Follett, 2003b, p. 33), em que estamos abertos às ideias dos outros e ativamente participamos na criação de novas maneiras de pensar. "A coisa mais inteligente é reconhecer isso e não deixar seu pensamento ficar dentro dos limites de duas alternativas mutuamente exclusivas" (p. 32). Em outras palavras, nunca nos deixamos intimidar por uma situação mutuamente exclusiva. Com frequência, existe a possibilidade de algo melhor do que uma ou outra entre duas alternativas" (p. 49). Portanto, estar ativamente engajado e ter a mente aberta, pronta para ver as coisas sob uma nova luz, é essencial para a produção do conhecimento. As pessoas devem "adquirir a atitude de aprender para ver que a educação é para a vida toda" (Follett, 1998, p. 370). Por esse motivo, Follett insiste que "cada um de nós deve primeiro adquirir a atitude mental científica" (Follett, 2013c, p. 30).

Embora Follett enfatize que o conhecimento vem da integração de todas as experiências relevantes, e embora a autora discorde de seus críticos que insistem que a integração é "um método utópico demais para valer a tentativa" (Follett, 1926, p. 256), ela também não finge que é um processo simples. Ela afirma que "Buscamos a realidade na experiência [...] A experiência pode ser difícil, mas cantamos suas vantagens porque elas são reais e válidas, mesmo que precisemos dar nosso sangue e nosso suor" (Follett, 2013c, p. 302). Ainda assim, a autora não nos deixa desiludidos em face da dificuldade dessa tarefa. De fato, ela celebra "as possibilidades do esforço humano, do esforço disciplinado, da verdade no significado anglo-saxão (*tryw*) original da palavra: fidelidade" (p. 303). Podemos ser fiéis ao construir e reconstruir contínuo do conhecimento comunitário e colaborativo através do processo de integração. De fato, a autora afirma que muitas vezes já estamos engajados "nesse método sem perceber" (Follett, 1926, p. 256).

Resumo da análise

Grande parte da explicação epistemológica de Follett pode ser encontrada em *Creative Experience* e reflete sua ontologia do processo relacional e a condição e identidade psicossociais que dela resultam. Como tal, o conhecimento está constantemente sendo cocriado e recriado através da experimentação participativa e da integração. A epistemologia pragmática de Follett rejeita as abordagens fundacionais do empirismo, do racionalismo e do idealismo, junto com qualquer forma de verdade estática que eles possam produzir. Em vez disso, ela permite uma síntese das fontes internas e externas de validação, juntamente com o uso de evidências, interpretação individual e percepção na análise. Para Follett, a verdade não é algo que "está lá fora" para ser descoberto ou verificado, mas algo que é cocriado através do processo social, envolvendo a experiência de todos. Ela chama a todos nós para "basear nossa vida na experiência, a minha própria mais a dos outros" (Follett, 2013c, p. 29). Ao fazermos isso, empregamos o que a autora chama de "atitude mental científica" (p. 29). Também nos abrimos para o integrar de múltiplas perspectivas, criando conhecimento pela "observação de atividades mutantes em suas relações com outras atividades mutantes" (p. 68) dentro da situação total.

Portanto, a metodologia de Follett para a produção do conhecimento se aplica a qualquer processo através do qual a integração é possível. Sua abordagem da epistemologia do processo relacional acomoda a afirmação de que "o único teste de verdade é o que funciona melhor para nos guiar, o que se encaixa melhor em cada parte da vida e combina com a coletividade de demandas da experiência, sem omitir nada" (James, 1955, p. 61). Contudo, isso exige uma disposição para o engajamento na construção social intencional da verdade. Se trabalharmos conscientemente ou tacitamente a partir de uma epistemologia realista ou idealista, a integração não será bem-sucedida. Para superar essa barreira, uma mudança de atitude pode ser necessária, como discutiremos no Capítulo 6.

Notas de fim de capítulo

1. Com isso, o entendimento de Follett da epistemologia está alinhado com a fenomenologia (ver, por exemplo, Husserl, 1982).
2. Tonn (2003) observa que *Creative Experience* (1924) foi o ápice da colaboração instável com o sociólogo Eduard Lindeman, que produziu simultaneamente *Social Discovery* (1924), embora a intenção original fosse produzir um manifesto conjunto sobre o fenômeno e o estudo do conflito social.
3. Dessa forma, a autora reflete o pragmatismo americano (ver, por exemplo, Dewey, 1920; James, 1907; Pierce, 1877).

4. Sobre experimentação e observação com a mente aberta, Tonn (2003) sugere que Follett lembra os pensadores progressistas examinados na história intelectual comparativa de James T. Kloppenberg, *Uncertain Victory: Social Democracy and Progressivism in European and American Thought, 1870-1920* (1988).
5. Mattson (1998) argumenta que isso vem das próprias experiências práticas da autora: "Para Follett, os processos democráticos em centros sociais mostraram aos filósofos como eles podem evitar o interminável debate entre idealismo e realismo sintetizando o melhor das duas abordagens" (p. xliv).
6. Follett parece seguir o argumento posto por Bergson (2007) em seu livro *The Creative Mind: An Introduction to Metaphysics*.
7. Aqui, Follett descreve o que Whitehead (1997) chama de "falácia da concretude descabida" (p. 51).
8. Aqui, Follett parece entender a alegação de Bergson (2010) de que a intuição é o conhecimento holístico e não dualista que produz o conhecimento mais preciso. O autor acredita que imagens são um ponto intermediário entre idealismo e realismo, que elas eram mais do que representações, mas menos do que a matéria em si. Tal percepção purista não pode produzir o conhecimento completo porque a imagem perde alguma coisa no processo.
9. Tonn (2003) sugere que Follett discorda do entendimento pragmático da verificação apresentado por James e Dewey. Nesse contexto, Cobb (2004) frisa que um ser humano, junto com a cultura que ele ou ela cria, não está nem separado da natureza nem acima dela como representante de Deus que domina a Terra. Em vez disso, ele ou ela está colocado(a) na natureza e conectado(a) com ela; a natureza e a cultura estão unificadas. Por causa disso, o sentido e a realização da vida humana não são resultado exclusivo das análises da mente (alma) ou das experiências do corpo físico como esferas experienciais que operam independentemente, mas vêm da criação dialógica de

novas possibilidades que, na teologia do processo, se comparam à dança da vida; a significância da realidade consiste nos atos criativos de seus participantes.

10. A discussão da autora parece reunir as abordagens idealista e realista da formação de conceitos sob os rótulos justapostos de *idealismo* e *empirismo*.

11. É interessante notar que Stever (1986) descreve a filosofia de Follett como um híbrido de idealismo e pragmatismo porque, embora ela trate da importância da ação coletiva, rejeita normas transcendentais predeterminadas que restringiriam tal colaboração.

12. Maddock e Mcalpine (2006) observam que Follett criticava a tendência do pragmatismo de separar o pensar do fazer.

13. Isso se assemelha à alegação de Whitehead de que a percepção do sentido baseia-se na percepção da EFICÁCIA CAUSAL: nosso profundo senso de inter-relação, causação mútua e cocriação.

14. "Follett acreditava que a experimentação e o entendimento teórico deveriam servir ao propósito de auxiliar o progresso moral e social da comunidade humana" (Mendenhall; Macomber; Cutright, 2000, p. 203).

15. McLarney e Rhyno (1999) sugerem que Follett "pode ter sido uma das primeiras pesquisadoras da ação" (p. 302).

16. Tonn (2003) observa que Follett discordava parcialmente de seus colegas em seu trato do especialista, uma vez que Walter Lippmann, Herbert Croly, John Dewey e outros clamavam por mais *expertise* no processo social. Por exemplo, a autora rejeita o elitismo democrático expresso na obra de Walter Lippmann *Public Opinion* (1922) e recusa-se a aceitar o juiz como único guardião da verdade.

17. Embora tenham sido mencionados na discussão sobre "A linguagem e os pressupostos ontológicos de Follett", os conceitos de *poder-sobre* e *poder-com* são explicados a fundo no Capítulo 7.

18. Morton e Lindquist (1997) relacionam a análise que Follett faz do poder de quem controla o conhecimento e as análises feministas de "alegações de conhecimento conectadas à hierarquia e ao poder" (p. 361).
19. Dessa forma, Follett profetiza a crítica feminista pós-moderna do conhecimento como poder (ver, por exemplo, Sandoval, 2000).
20. Tal síntese é descrita no pensamento whiteheadiano como "pan-experiencialismo" (Mesle, 2008, p. 94).
21. Aqui, Follett prevê o movimento contemporâneo em direção a análises de políticas participativas e planejamento público.
22. Aqui, Follett concorda com Hegel (1977) em seu entendimento acerca da intersubjetividade. Mattson (1998), da mesma forma, defende que o pensamento de Follett era parte da revolução intelectual que enfatizava a noção de intersubjetividade.
23. Essa linguagem pragmática clássica de "verdade" e "fatos" não deve ser confundida com realismo, posto que os significados do processo relacional pragmático desses termos não são os mesmos que os significados estáticos e atomísticos positivistas que tendem a dominar o discurso científico.
24. Tonn (2003) sugere que o fato de Follett recusar-se a priorizar princípios absolutos em vez de uma abordagem hesitante da investigação está de acordo com o pensamento pragmático de T. H. Green, Henry Sidgwick e William James.
25. De fato, a abordagem de Follett oferece o que Ansell (2011) descreve como a abordagem "mais importante" do pragmatismo sobre os dualismos, uma insistência em "uma associação rígida entre significado e ação" (p. 10) em que o conceitual e o empírico estão alinhados de forma que "o significado é descoberto pela ação" (p. 11).

26. Morton e Lindquist (1997) comparam esse foco na experiência à epistemologia feminista, afirmando que os conceitos epistemológicos de Follett são precursores da teoria feminista contemporânea.
27. Essa mesma afirmação foi mais tarde feita por Schmidt (1993).

Capítulo 5
As crenças de Follett

§

O termo CRENÇA refere-se às tradições da fé e às crenças científicas sobre a ontologia e a condição psicossocial. Assim, sistemas de crenças reúnem conjuntos de pressupostos que moldam uma dada posição ou perspectiva. Em tais sistemas, encontramos descrições da existência como ou ESTÁTICA ou de ESTADO DINÂMICO, com as FONTES DE EXISTÊNCIA sendo de caráter metafísico (TRANSCENDENTE) ou natural (IMANENTE). Essa é a base da dicotomia entre o divino e o terreno, o metafísico e o físico, o sublime e o mundano.

Uma vez que Follett não se aprofunda nas questões de crença, nossa discussão sobre o tema deve ser concisa. Contudo, é importante entender a forma como Follett integra para si ciência e fé como alicerce de suas teorias aplicadas na ética, na política, na economia e na administração. Follett nunca declara um sistema de crenças, mas muitas vezes se refere ao metafísico, ao espiritual ou mesmo a Deus. Para Follett, um universo participativo está colaborando para cocriar tudo o que existe: "Deus é a força motora do mundo, o criar eternamente contínuo em que os seres humanos são cocriadores" (Follett, 1998, p. 103). Esse pressuposto provavelmente veio de sua criação *quaker*, na qual a relação de alguém com Deus é muito direta e pessoal. Ademais, tendo em vista seu estudo da filosofia, ela afirma que "Devemos saber que somos cocriadores de cada processo de criação, que nossa função é tão importante quanto o poder que mantém as estrelas em suas órbitas" (p. 100).

Esses tipos de afirmações sugerem um poder transcendente – o processo de criação – guiando a humanidade ou trabalhando com ela, o que pode ser interpretado ou como monismo ou como panteísmo. Assim, essas afirmações poderiam ter motivações um tanto diversas de sua formulação ontológica de o-um-tornando-se-através-do-múltiplo. Entretanto, conforme explica a autora, em um todo em formação, "o organismo e o ambiente não 'expressam', mas formam todos" (Follett, 2013c, p. 125); "sujeito e objeto também não são 'produtos' de uma força vital" (p. 55). Como tal, somos partes múltiplas do todo ou do um. "O que o todo está fazendo? Não é um ser beneficente silencioso bondosamente tomando conta de seus atarefados filhos. Ele não vive indiretamente EM suas 'partes', da mesma forma que não vive indiretamente PARA suas 'partes'. As partes não são seus progenitores nem seus descendentes" (p. 101). Só existe "o todo em formação; isso envolve um estudo do todo e das partes em sua relação ativa e CONTÍNUA umas com as outras" (p. 102)[1].

Essas explicações esclarecem suas referências ocasionais ao que parece ser uma fonte transcendente de ser que ultrapassa o ser existente (Deus) e que ordena o todo. Em vez disso, os próprios seres "montam" o todo em configurações dinâmicas através da integração e do impulso em direção ao unificar dos todos cada vez maiores[2]. A autora observa que essa visão alternativa da espiritualidade é uma proposta exigente:

> Esse tipo de religião que consiste na contemplação do sobrenatural é o caminho mais fácil, e é o que fazemos quando não temos vitalidade suficiente para deliberadamente dirigir nossa vida e construir nosso mundo. É necessário mais energia espiritual para expressar o espírito-grupo do que o espírito particularista. Essa é sua glória e também sua dificuldade. Precisamos ser seres mais elevados para alcançá-la – ao alcançá-la, tornamo-nos seres mais elevados. E assim o progresso segue adiante eternamente: significa vida sempre em formação, e a responsabilidade criativa de cada ser humano. (Follett, 1998, p. 103)

Isso é explicado em mais detalhes em *Creative Experience*: "A doutrina da resposta circular envolvida na teoria da integração nos dá a experiência criativa" (Follett, 2013c, p. 116).

> Mas a teoria das experiências criativas que nos foi dada pela mais profunda filosofia ao longo das eras, e agora é tão felizmente fortalecida por pesquisas recentes em diversas áreas, mostra que o indivíduo pode criar sem "transcender". Ele expressa, faz manifestar, poderes que são os poderes do Universo e, portanto, as forças que ele mesmo está ajudando a criar, as que existem nele e por ele e por meio dele, estão cada vez mais prontas para responder, e assim a Vida se expande e se aprofunda, preenche e ao mesmo tempo permite um maior preenchimento. (Follett, 2013c, p. 116)

Dessa forma, a autora relaciona o crescimento espiritual com o pensamento progressista no sentido do desenvolvimento: "Muitas vezes podemos medir nosso progresso observando a natureza dos nossos conflitos. O progresso social é, nesse sentido, como o progresso individual: tornamo-nos mais e mais espiritualmente desenvolvidos conforme nossos conflitos atingem patamares mais elevados" (Follett, 2003b, p. 35)[3]. Follett iguala esse processo a uma redenção de Deus reinterpretada: "O unificar de diferenças é o eterno processo da vida – a síntese criativa, o mais elevado ato de criação, a redenção" (Follett, 2003b, p. 40). Mas é o ser humano que ela considera o maior responsável: "Nossa tarefa é alinhar os caminhos para a vinda do Senhor: o Indivíduo verdadeiro" (p. 291).

Aqui, o pensamento de Follett vai em direção a um humanismo que considera a humanidade como cocriadora do poder espiritual, criado a partir da tomada de consciência da comunidade entre nós: "a criação mais elevada que nós [...] formamos quando nos reunimos. Somente dessa forma o poder espiritual será gerado" (Follett, 1998, p. 79). Ela descreve a energia criativa liberada desse lugar entre nós como "a força cósmica no ventre da humanidade" (p. 342). Ela afirma que "Certamente hoje vemos no vínculo social e na Vontade Criativa um poder motivador, uma profundidade, uma força, tão grande quanto a de qualquer religião que já conhecemos. Estamos prontos para uma nova revelação de Deus. Ela não virá por meio de uma única pessoa, mas por meio das pessoas que estão se unindo com um propósito, em servidão consagrada, para uma grande realização" (p. 359-360). Essas são as afirmações que mais completamente descrevem uma forma de panenteísmo – ao menos em termos de humanidade; todos os seres estão cocriando um todo sagrado.

Mas nesse ponto as ideias ontológicas de Follett sugerem a inclusão do mundo não humano no processo de cocriação. Ao considerarmos o todo como um processo social MAIS o ambiente em um estado recíproco semelhante ao todo em formação, temos "a situação total – também em formação" (Follett, 2013c, p. 102). Isso abre o caminho para um sistema de crenças panenteísta – o um é cocriado pelo múltiplo, tanto humano quanto não humano[4].

Entretanto, Follett não se demora nesse ponto. Em vez disso, de maneira semelhante à Dewey (1934), ela mira em uma fé pública ou um tipo específico de humanismo que respeita como sagrados os aspectos espirituais do *self* socialmente enraizado: "Acreditamos no sagrado de toda a nossa vida; acreditamos que a Divindade está eternamente encarnando na humanidade e, assim, acreditamos na Humanidade na vida diária comum de todos os seres humanos" (Follett, 1998, p. 244).

"A democracia é a fé na humanidade [...] uma grande unidade espiritual que tem como base a mais vital tendência do pensamento filosófico e os mais recentes biólogos e psicólogos sociais" (p. 156). Assim, "o mal é a não relação" (p. 62) e "a não relação é a morte" (p. 63).

No sentido incorporado do panenteísmo, Follett (2013) insiste que "o divórcio entre nossa chamada vida espiritual e nossas atividades cotidianas é um dualismo fatal" (p. 87). Em vez disso, "precisamos de uma nova fé na humanidade, não uma fé sentimental, ou um princípio teológico, ou uma concepção filosófica, mas uma fé ativa nesse poder criativo do ser humano que moldará o governo e a indústria, que dará forma tanto à nossa vida cotidiana com nosso vizinho quanto a uma união mundial" (Follett, 1998, p. 360). Portanto, "cada indivíduo que compartilha do processo criativo é democracia; essa é nossa política e nossa religião" (p. 103). Como tal, a democracia é "uma grande força espiritual que evolui do ser humano, utilizando-se de cada um, completando sua incompletude pelo entrelaçamento de todos na vida comunitária de múltiplos membros, que é a verdadeira Teofania" (p. 161)[5].

Aqui Follett refere-se a *theophaneia*, a noção grega clássica de revelação divina. Assim, o processo de interpenetração democrática, para a autora, é espiritual. "Queremos hoje fazer espiritualmente, dirigir as correntes espirituais em seu fluxo e interfluxo para termos não só a interpenetração externa – escolher representantes etc. – mas a interpenetração mais profunda que mostra as mentes e necessidades e vontades de todos os seres humanos. Podemos satisfazer nossas vontades apenas pela genuína união e comunhão de todos, apenas na doação amistosa de coração para coração" (Follett, 1998, p. 257).

Essas revisões de divindade, santidade e espiritualidade permitem a Follett, ao mesmo tempo, defender ferozmente a ciência e as ciências sociais, embora não o tipo promovido pelos "adoradores de fatos" (Follett, 2013c, p. 54). A autora insiste que o processo da democracia verdadeira não é metafísico nem religioso no sentido amplamente aceito, mas uma questão de psicologia social que emerge da experiência de fato.

> *Agora vemos que o problema do compor consciências, do um e do múltiplo, não precisa ser deixado para uma metafísica intelectualista ou intuitiva. Deve ser resolvido por meio de um estudo laboratorial de psicologia grupal. Quando tivermos isso, não precisaremos mais discutir sobre o um e o múltiplo: veremos de fato o um e o múltiplo emergindo ao mesmo tempo, então poderemos definir as leis de relação do um (o Estado) com o múltiplo (o indivíduo), não como questão metafísica mas cientificamente. [...] Não existe nada de "metafísico" ou "religioso" nisso.* (Follett, 1998, p. 272-273)

Assim, a autora pensa ser possível usar esses princípios espirituais emergentes, advindos da experiência, em atividades públicas como a jurisprudência, insistindo que os críticos que defendem que a metafísica leva à rejeição da ciência estão enganados: "Essa não é uma consequência necessária do reconhecimento de princípios metafísicos. Não queremos abrir mão de princípios exceto enquanto eles estiverem divorciados da experiência; o caminho empírico leva sempre aos princípios, e esses são princípios em que podemos depositar nossa fé" (Follett, 2013c, p. 276).

O humanismo metafísico de Follett, juntamente com a democracia e a ética pública desta, permite à autora reinterpretar a noção do Estado como cálice espiritual em vez de como prisão[6]. Ela alega que "o lar da minha alma" (Follett, 1998, p. 312) está no estado de unificar, porque ele oferece o método pelo qual a completude é buscada – o processo integrativo. Como explica Cabot (1934), "Como todas as outras formas de associação humana, o Estado é para Follett parte da ginástica da alma. O autodesenvolvimento por meio do autogoverno é a fórmula para cada indivíduo e para cada grupo nacional" (p. 81). O Estado não deve ser temido se for meramente um processo através do qual as diferenças são harmonizadas e o poder espiritual é gerado. Ela chama esse poder de "soberania cooperativa" (Follett, 1998, p. 316).

Resumo da análise

Follett não se aprofunda em questões de crença, e seus comentários tendem a ser bastante inconsistentes, referindo-se ora a conceitos teístas, ora a conceitos humanistas, ora a conceitos mais aproximados de espiritualidades alternativas. Como um todo, pode-se pressupor que, no fim, a fonte do ser de Follett não é nem completamente transcendente nem imanente; é sagrada, multidimensional e inclusiva para seres humanos e não humanos de uma forma que excede os limites do humanismo. Tal como Dewey (1934), Follett busca uma fé pública ou um tipo específico de humanismo que respeita como sagrados os aspectos espirituais do *self* socialmente enraizado e cocriador: "Acreditamos no sagrado de toda a nossa vida; acreditamos que a Divindade está eternamente encarnando na humanidade e, assim, acreditamos na Humanidade na vida diária comum de todos os seres humanos" (Follett, 1998, p. 244). "A democracia é a fé na humanidade [...] uma grande unidade espiritual que tem como base a mais vital tendência do pensamento filosófico e os mais recentes biólogos e psicólogos sociais" (p. 156).

Notas de fim de capítulo

1. Johnson (2007) vê o mesmo padrão e sugere que, tomadas como um todo, as definições de Follett de religião e de Deus "estão mais próximas do conceito de espiritualidade do que das doutrinas religiosas das igrejas" (p. 432).
2. "Também fica claro que Follett viu o relacionar-se como o meio para alcançar a espiritualidade nos indivíduos, no local de trabalho e em outros domínios da sociedade, tais como a legislação, a política, a psicologia e a sociologia, culminando na democracia ou no novo Estado" (Johnson, 2007, p. 436).

3. Isso se assemelha à noção whiteheadiana de que, com uma maior complexidade da experiência, a capacidade de afetar e ser afetado aumenta: "Em suma, quanto mais nos aproximamos de organismos mais complexos, mais o poder de ser AFETADO emerge" (Mesle, 2008, p. 72). Conforme afirma Cobb (1982), "uma vez que tudo o que eu sou e faço é tomado na vida divina juntamente com todas as consequências de meus atos na vida dos outros, não posso escapar da seriedade, da importância, do modo como uso minha liberdade. Vejo a verdade na ideia de que tudo o que faço ao meu vizinho, faço também a Deus" (p. 79).
4. Dessa forma, Follett parece mais próxima do novo materialismo e pós-humanismo do que do humanismo (ver, por exemplo, Braidotti, 2013; Coole; Frost, 2010a).
5. A espiritualidade é, portanto, definida como "um meio de dar significado à vida de alguém, de fomentar crescimento e desenvolvimento e de estabelecer conectividade e comunidade, assim ajudando indivíduos a entender que fazem parte de algo maior que si mesmos" (Johnson, 2007, p. 427). Isso ecoa o holismo e a multidimensionalidade do ser humano e da vida espiritual integrada de Follett, bem como sua ética pública e seu entendimento de progresso.
6. Johnson (2007) estenderia isso também ao local de trabalho como cálice para expressão e crescimento espirituais.

Capítulo 6
A concepção de ética de Follett

A ÉTICA é um sistema de valores que guia a ação. Ela pode se basear em FONTES INTERNAS, que são descritas como *motivações*, ou FONTES EXTERNAS, que são descritas como *critérios*. De acordo com essa definição, a ética enfatiza ou o CERTO como ação adequada, ou o BOM como valor final (Kagan, 1998). Embora Follett use o termo *certo*, seu significado deve ser codeterminado por todos dentro da situação. Pode ser algo que o grupo aceite como adequado ou um valor final considerado bom – o foco está no PROCESSO através do qual essas decisões são tomadas.

Levando adiante seu entendimento do indivíduo relacional e dinâmico, Follett afirma que "a essência dessa psicologia [...] é tão importante para a ética quanto para a fisiologia ou a psicologia; para a sociologia, seu valor é inestimável" (Follett, 2013c, p. 88)[1]. Em sua discussão sobre a ética, Follett recorre a seu amigo e professor de ética de Harvard, Richard Cabot, como referência e apoiador influente dessa visão. Ela também recorre muitas vezes a Roscoe Pound, reitor da Harvard Law School, e sua teoria do direito moderno como prática relacional em evolução[2].

Para Follett, a "unidade ética" é o grupo, não o indivíduo (Follett, 2013c, p. 112). Ademais, o processo integrativo é a fonte da ética, em oposição a uma fonte externa de qualquer tipo. Assim, não é a SUBSTÂNCIA da vontade coletiva, mas o PROCESSO DE CRIAR que é a "incubadora" da ética (Follett, 1998, p. 49)[3]. De acordo com a abordagem filosófica da autora, o processo de gerar uma ética é integrativo e relacional em vez de procedural e formal, embora ela muitas vezes apresente sua explicação no contexto do direito e da jurisprudência, uma vez que estes são a aplicação da ética. Isso provavelmente se deve à percepção de Follett de que a teoria moderna do direito "mostra com força e persuasão o caminho para uma Nova Sociedade com base na evolução, e não no princípio estático da vida" (Follett, 1998, p. 130). A autora alega que "Estamos agora desenvolvendo um sistema de ética que tem três concepções com relação a certo, consciência e dever" (p. 52). Assim, sua explicação está estruturada em torno dos conceitos éticos de *certo, propósito, lealdade* e *obediência*. Cada um desses componentes será abordado na sequência.

6.1 O certo

O CERTO é uma característica atribuída a ações que uma dada sociedade ou grupo acredita serem corretas, adequadas e justas. O certo é muitas vezes expresso por meio de princípios, valores e outros critérios para julgar decisões ou comportamentos. Porém, ele também é muitas vezes formulado como interesse – seja individual, seja coletivo. O entendimento do certo de Follett é composto de duas características entrelaçadas – ele só pode ser legitimamente determinado através de um processo que é relacional. Discutiremos a seguir cada um desses aspectos.

6.1.1 O certo através do processo

Follett reconhece que, em considerações e conflitos éticos, as pessoas muitas vezes esperam "algum pronunciamento quanto ao que é 'certo' e o que é 'errado'" (Follett, 2003k, p. 239). Contudo, ela explica que "não seguimos o que é certo, criamos o que é certo" (Follett, 1998, p. 52). "Nossos ideais estão envolvidos em nossas atividades [...] Não adaptamos nossas atividades a [...] princípios ocultos" (Follett, 2013c, p. 86)[4]. Assim, princípios predeterminados não podem mais representar a única base para a ética. Ela explica: "Não 'descobrimos' princípios legais. [...] Nossas leis, portanto, não podem ser baseadas em princípios 'fixos': nossas leis devem ser intrínsecas ao processo social" (Follett, 1998, p. 131). Desse modo, "enquanto obedecermos a padrões antigos sem interpenetrá-los com o mundo de fato, estaremos abdicando de nosso poder criativo" (p. 53). Em vez disso, "nossos ideais devem evoluir dia após dia, e é sobre eles que poderemos destemidamente abraçar a doutrina de 'vir a ser' que a vida do futuro espera" (p. 99). Portanto, "a ordem legal de hoje nos diz que os precedentes devem ser interpretados à luz dos eventos em constante mutação" (Follett, 2013c, p. 31).

6.1.2 O certo através da relação

Follett observa que, com a aceitação do processo integrativo como fonte de um entendimento do certo sempre em evolução, "parte da nossa ciência política e legal precisará ser reescrita" (Follett, 2013c, p. 83). Mais especificamente, Follett argumenta que "o direito moderno considera indivíduos não como seres isolados, mas em sua relação com a vida de toda a comunidade" (Follett, 1998, p. 128). Ao formular seu argumento, ela recorre ao texto de Roscoe Pound sobre a relação: "Tudo o que ele diz sobre a relação implica que devemos buscar e utilizar esses modos de associação que revelam interesse conjunto: entre empregador e empregado, proprietário e inquilino, senhor e servo. O direito, ele nos diz, deve encontrar a natureza essencial da relação" (Follett, 2013c, p. 47).

Follett também recorre ao pesquisador francês de direito administrativo Léon Duguit, embora observe que o pragmatismo desse autor "ainda não se livrou de padrões absolutos" (Follett, 1998, p. 276): "O *droit* [direito] desenvolvido por um grupo é o *droit* desse grupo [...] *le droit* vem da relação e está sempre em relação" (p. 278). Seu pensamento parece fundamentar a noção de Follett de princípios éticos em constante evolução e contextualizados em uma situação: "Queremos encontrar o direito DA situação NA situação e ainda ser guiados pelo direito e não por caprichos pessoais ou nacionais ou por interesses próprios limitados" (Follett, 2013c, p. 152). Nessa afirmação, Follett revela sua síntese do que é certo e bom, bem como de critérios externos com motivação interna[5].

Como explica ainda a autora, "Não precisamos escolher entre um atomismo moral e leis éticas gerais; princípios são imensamente valiosos – do outro lado da equação, como parte do que forma a situação, como parte da trama de nossa vida concreta" (Follett, 2013c, p. 142). Mas princípios "devem ser incluídos na situação de modo que desse misturar-se um novo pensamento surja" (p. 142). Ademais, ela observa que isso não significa descartar o pensamento racional: "Eu disse que a ética não pode ser divorciada da inteligência, as duas são uma só" (p. 172). Entretanto, quanto ao fato de o direito ser objetivo ou subjetivo, ela está convicta: "não é nenhum e é ambos, olhamos para essa questão de maneira bastante diferente" (Follett, 1998, p. 278).

Follett aplica o mesmo tipo de análise à noção do certo como interesse. O certo como interesse PRÓPRIO não considera os outros, enquanto o certo como interesse SOCIAL coloca o indivíduo contra o coletivo em uma escolha conflitante de soma zero. Existem dois problemas com essas conceptualizações. Em primeiro lugar, "as expressões *social* e *mentalidade social*, que deveriam referir-se a uma consciência do todo, são muitas vezes confundidas com altruísmo [...] isso está relacionado ao velho individualismo" (Follett, 1998, p. 80). Tais expressões são "valores sociais, certamente, no sentido do termo usado pelos juristas – valores individuais generalizados –, mas não no sentido em que o termo é usado por reformistas ou arquitetos sociais ou legisladores que apoiam uma medida para falar com os eleitores. Esses oradores usaram o termo com seu apelo emocional, seu apelo moralista de 'sacrificar' seus interesses individuais para o 'bem de todos'" (Follett, 2013c, p. 37). Usando o exemplo de interesses conflitantes entre empresas e mão de obra, Follett reitera sua crença de que "qualquer fala sobre o sacrifício dos interesses do empregador em virtude de sentimentos altruístas é puro sentimentalismo; não queremos que nenhum dos lados sacrifique seus interesses porque não queremos que nada seja perdido, querermos unir todos os interesses" (p. 170-171). Assim, é "um entendimento de [...] unidade integrativa que [...] nos afastará não apenas de um falso individualismo, mas também de um falso altruísmo" (Follett, 2003a, p. 82).

Em segundo lugar, enquadrar o que é certo como interesse social gera "a tentação de chamar o que NÓS achamos que é bom de 'social'" (Follett, 2013c, p. 46). Isso é simplesmente mascarar o interesse próprio como interesse social por parte daqueles que têm autoridade ou poder para fazê-lo. "Reformistas, propagandistas, muitos dos nossos 'melhores' estão dispostos a coagir outros para alcançar um fim que ELES julgam ser bom" (Follett, 2003j, p. 102). "Todos nós queremos tudo do nosso jeito, do jeito que parece o certo para nós" (Follett, 2003l, p. 214). Entretanto, para ser legítimo, o interesse social precisa ser "entendido como um unificar de interesses que beneficia e desenvolve indivíduos, beneficia e desenvolve a sociedade" (Follett, 2013c, p. 48). Isso significa que o interesse social é expansivo e inclui a todos nessa sociedade: "Interesses sociais são os interesses das pessoas em suas RELAÇÕES multitudinárias e eternamente mutantes" (p. 47). Portanto, o processo pelo qual o interesse social é determinado deve mudar. Como alternativa, Follett recorre a avanços recentes na psicologia, na fisiologia e na física, apelando às ciências sociais e à jurisprudência para que acompanhem tais avanços. "No avanço recente do pensamento, parece haver motivo para substituir a ideia de interesses integrados – o integrar de interesses individuais – pela ideia de interesses sociais" (p. 42).

Follett segue adiante citando Roscoe Pound: "'O interesse social no indivíduo, o interesse individual no social' devem se tornar expressões coordenadas" (Follett, 2013c, p. 47). Com isso, a autora entende uma formulação do certo como interesse compartilhado no qual desejos individuais são entrelaçados sem serem suprimidos ao determinar o que é bom, adequado e justo: "Nossos interesses estão indissociavelmente entrelaçados. A questão não é o que é melhor para você ou para mim, mas para todos nós" (Follett, 1998, p. 81). Quando desenvolvido através desse processo relacional, o certo torna-se democraticamente legítimo porque "nenhum mandado de fora tem poder sobre nós" (p. 53)[7]. Essa forma de subordinação não é os outros SOBRE o indivíduo: "significa a subordinação do indivíduo ao todo do qual ele mesmo é parte. Tal subordinação é um ato de afirmação; está carregada de poder ativo e força; afirma e realiza" (Follett, 1998, p. 82). Como elemento da autogovernança, "moralidade não é abster-se de fazer certas coisas – é uma força construtiva" (p. 53). "Quando o dever não é um mandado de fora, não é mais uma proibição, mas uma autoexpressão" (p. 53).

No entanto, nessa coprodução ativa, o certo também traz responsabilidades: "Eu gostaria de enfatizar a nossa responsabilidade pela integração" (Follett, 2003b, p. 48). Isso significa que a questão de quem estará envolvido na determinação do certo ainda é um tanto problemática. Devemos ser participantes ativos na cocriação do certo para passar nesse teste de legitimidade. Ainda assim, no processo de integração, as capacidades de qualquer participante não podem ser excedidas. Follett dá um exemplo em sua discussão sobre a capacidade moral e espiritual: "Se uma pessoa lhe dissesse que seu maior conflito interno todos os dias é 'Roubar ou não roubar?', você saberia o que pensar do estágio de desenvolvimento da pessoa" (p. 35).

6.2 Propósito

Follett continua construindo seu novo sistema de ética afirmando que, assim como princípios, também fins ou valores predeterminados não podem ser a única base da ética, como muitas vezes é o caso: "Uma psicologia teleológica vê um propósito antecipatório [...] uma sociologia teleológica é fundada em motivações participativas; uma jurisprudência teleológica concebe a função do direito como comparação da atividade presente com uma motivação preconcebida" (Follett, 2013c, p. 33). Mas Follett argumenta: "Nenhuma concepção tão fatalmente desastrosa nos dominou tanto quanto a concepção de fins estáticos" (Follett, 1919, p. 578). Portanto, a autora espera que os juristas "não tardem a nos mostrar explicitamente alguns dos erros envolvidos em uma jurisprudência teleológica" (p. 584).

Alternativamente, Follett afirma que a MOTIVAÇÃO deve ser formada mediante um processo relacional que permita que a diferença resulte em conflitos construtivos que contribuem para um processo criativo de integração. O resultado final desse processo é a VONTADE COLETIVA: "um desejo de integrar que se entrelaça continuamente com os desejos separados" de cada membro do grupo (Follett, 2013c, p. 112).

6.2.1 Propósito através do processo

Seguindo seu entendimento do certo como determinado através do processo relacional, Follett insiste que o PROPÓSITO também deve ser determinado através do processo relacional: "O que eu desejo enfatizar é a necessidade de criar a vontade coletiva" (Follett, 1998, p. 48). Não pode haver objetivo teleológico firme porque toda a vida está em processo[8]. "Fins sociais não são coisas preexistentes, mas coisas eventuais" (Follett, 2013c, p. 42). Ela segue explicando que "o propósito nunca está diante de nós, mas aparece a cada momento com o aparecimento da vontade" (Follett, 1998, p. 277). "Nosso ideais estão envolvidos em nossas atividades. [...]

Não adaptamos primeiro nossas atividades aos fins" (Follett, 2013c, p. 86). Assim, "toda a filosofia de causa e efeito deve ser reescrita" (Follett, 1998, p. 57). "Toda visão teleológica será abandonada quando virmos que o propósito não é 'preexistente', mas está envolvido no ato de unificar que é o processo da vida. É responsabilidade do ser humano criar propósito e concretizá-lo" (p. 58).

Por meio de sua síntese de idealismo e realismo, Follett explica que "fins e meios verdadeira e literalmente formam uns aos outros. Um sistema construído em torno de uma motivação estará morto antes mesmo de nascer" (Follett, 1919, p. 579). Em vez disso, "o propósito é sempre o aparecer do poder de unificar, a gama de multiplicidade no que é tanto meio quanto fim" (Follett, 2013c, p. 82). Follett insiste: "Para onde quer que você olhe, verá exemplos do propósito em evolução [...] em vez de um propósito preconcebido" (p. 32). Novamente, a autora enfatiza que esse processo é relacional: "No processo social, o propósito é parte da atividade de integrar; não é algo de fora, um objeto prefigurado de contemplação em direção ao qual estamos indo" (Follett, 1919, p. 578). Em vez de princípios externamente impostos, "a relação humana deve servir a um propósito antecipatório. Toda relação deve ser uma relação libertadora com o 'propósito' em evolução" (Follett, 2013c, p. 83). Portanto, em vez de depender de fins predeterminados, "agora parece claro que devemos buscar propósito dentro do próprio processo. Vemos a experiência como uma inter-relação de forças, como a atividade do relacionar-se por meio de novas relações em direção a uma nova atividade, e não do propósito ao ato e do ato ao propósito com um abismo fatal entre os dois" (p. 81). De fato, é a comunidade que "cria propósito, cria propósito continuamente" (Follett, 1919, p. 578).

Contudo, encerrar aí a discussão não é suficiente. Follett pergunta: "Mas, se aceitamos a noção de um propósito em evolução, a próxima pergunta refere-se aos valores: quem pode decidir entre os valores de diferentes propósitos?" (Follett, 2013c, p. 33). Para responder, Follett divide o processo em um conjunto de atividades integrativas. No nível ontológico e em grande parte no nível psicossocial da análise, a integração é entendida como o processo de resposta circular – algo que simplesmente acontece. Na atividade de formar um grupo e formular sua ética e guiar sua ação ética, a integração se torna um processo intencional usado para cocriar não apenas o grupo, mas também o que o grupo considera certo, bem como um propósito comum e uma vontade coletiva. De fato, "a base de toda atividade cooperativa é a diversidade integrada" (Follett, 2013c, p. 174). "Temos progresso quando encontramos uma maneira de incluir as ideias de ambas ou de várias partes nessa controvérsia. Mas isso exige ponderação, criatividade, engenhosidade. Nunca devemos pensar na integração como uma conclusão renunciada; ela é uma realização" (Follett, 2003j, p. 213).

Para nos tornarmos mais hábeis no processo de integrar, Follett recomenda desenvolver e aprender o MÉTODO DA INTEGRAÇÃO: "Os que aceitam a integração em vez de compromisso ou dominação como a lei das relações sociais buscarão o método" (Follett, 2013c, p. 165). Assim, o método começa com uma mudança de atitude sobre diferença e conflito como oportunidade para a resolução criativa. Follett diz: "Parece-me que a expressão *integrar interesses individuais*, em referência tanto ao resultado possível do conflito quanto à antecipação do conflito [...], é uma expressão mais produtiva e legítima do que *interesses sociais*, e ela é apoiada tanto pelo pensamento legal e psicológico recente quanto pela nossa filosofia mais profunda" (p. 49-50). Assim, o método inclui duas fases ou componentes: (1) a antecipação do conflito construtivo e (2) a integração criativa de diferenças. Cada uma será explicada na sequência.

6.2.2 Conflito construtivo

Follett reconhece que "lidar com as diferenças é a parte principal do processo social" (Follett, 2013c, p. 7). A autora nos pede para abandonar temporariamente ideias preconcebidas sobre o conflito para considerá-lo a partir de uma perspectiva pragmática: "Primeiramente, convido você a permitir-se por um momento pensar no conflito como nem bom nem ruim;

considerá-lo sem prejulgamento ético; pensar nele não como uma batalha, mas como o aparecimento da diferença, diferença de opiniões, de interesses. Pois é isso que o conflito significa: diferença" (Follett, 2003b, p. 30). A resposta pragmática é buscar as possibilidades criativas desse conflito – o que Follett chama de "conflito construtivo" (Follett, 2003b)[9]. Ela segue explicando que "quando interesses diferentes se encontram, eles não precisam opor-se, mas apenas confrontar um ao outro. O confronto de interesses pode resultar em qualquer uma destas quatro coisas: (1) submissão voluntária de um dos lados; (2) luta e vitória de um lado sobre o outro; (3) conciliação; ou (4) integração" (Follett, 2013c, p. 156). Mais tarde, ela apresenta rótulos categóricos mais acessíveis: "Existem três maneiras principais de lidar com o conflito: dominação, conciliação, e integração" (Follett, 2003b, p. 31).

A submissão voluntária e a submissão coagida são as duas principais formas de dominação. Ao descrever as diferenças entre debate e reflexão, ela observa que, no primeiro, "os diferentes grupos se uniriam para tentar prevalecer [...] Quando o desejo de prevalecer está intensamente sobre nós, nosso comportamento é muito diferente de quando nosso objetivo é buscar a verdade" (Follett, 1998, p. 308). Ela observa: "Muito se falou sobre a dominação obtida tanto pela demonstração de poder quanto pelo uso do poder" (Follett, 2013c, p. 156). Essa opção é claramente problemática: "Impor a vontade de um sobre os outros soa tão grosseiro que poucas pessoas confessariam desejar isso. Mas suponha que eu esteja disposta a dominar e a reconhecer isso. Mesmo assim, seria esse o processo com maiores chances de sucesso no longo prazo? Penso que não pois meu colega sobre o qual eu imponho minha vontade, da próxima vez, tentará impor a vontade dele sobre mim" (Follett, 2003l, p. 214-215). Uma vez que a coerção é inaceitável em um contexto democrático, "precisamos resolver o problema de unir as pessoas sem destruí-las" (Follett, 2013c, p. 165). Entretanto, a opressão não é o único problema da dominação. A partir de uma perspectiva pragmática, mesmo a submissão voluntária confisca o valor sinergético da cocriação. Como foi discutido em sua crítica à multidão, a autora repreende tal comportamento: "A imitação é para os covardes, a semelhança de ideias é para quem gosta de conforto, o unificar é para os criadores" (Follett, 1998, p. 38).

Uma vez que a dominação não é nem democrática nem produtiva, "apregoamos que chegar a uma 'conciliação' é o ápice da vida ética, louvamos o 'equilíbrio de poder' como nossa fé política e internacional" (Follett, 2013c, p. ix). Porém, Follett não concorda que a conciliação é a melhor resposta para a dominação porque "a conciliação sacrifica a integridade do indivíduo. [...] Uma vida mais justa para o ser humano jamais será fruto de tal doutrina" (p. x). Follett está convicta: "A conciliação é o mal da nossa constituição atual de sociedade, politicamente, industrialmente e internacionalmente" (p. 164). De fato, o sacrifício exigido para a conciliação não é mais louvável para Follett do que a dominação explícita: "Eu coloco dominação e sacrifício juntos como baseados no mesmo erro. Se eu domino você, obtenho o que quero. Se eu me sacrifico por você, você obtém o que quer. Não vejo por que uma opção seria melhor do que a outra. O único ganho seria se ambos pudéssemos ter o que ambos queremos" (Follett, 2003l, p. 215).

Ademais, do ponto de vista pragmático, "a conciliação é demasiadamente temporária e fútil. Ela geralmente significa meramente uma postergação do problema" e é, portanto, "uma reconciliação de fachada" (Follett, 2013c, p. 156). Sua natureza temporária deve-se em partes à nossa ontologia e identidade dinâmicas: "Se o *self* com seu propósito e sua vontade é, mesmo que por um momento, um produto finalizado, então é claro que a única maneira de chegar a uma vontade comum é por meio da conciliação. Mas a verdade é que o *self* está sempre em mutação, tecendo a si mesmo repetidamente" (Follett, 2013c, p. 164). Mas mais concretamente, "quando chegamos a uma conciliação, algo sempre se perde" (Follett, 2003l, p. 214), enquanto o desejo original se mantém. "Agora vemos a falsa psicologia por trás da conciliação e da concessão. Sua futilidade prática há muito é evidente: sempre que alguma diferença é 'resolvida' pela concessão, essa diferença reaparece em alguma outra forma" (Follett, 1998, p. 114). Mais especificamente, "A psicologia freudiana nos mostra que a conciliação é uma forma de repressão. E, como os freudianos nos mostram que um impulso 'reprimido' será nossa ruína no futuro, vemos novamente que o que foi 'reprimido' nas conciliações políticas ou de processos trabalhistas surge renovado trazendo resultados desastrosos" (Follett, 1919, p. 577). Portanto, "nada jamais resolverá verdadeiramente diferenças, exceto a síntese" (Follett, 1998, p. 114).

Assim, Follett recorre à integração como método adequado para responder a conflitos e diferenças. É através da integração que alcançamos o ganho com a sintetização de interesses, em vez da perda com o sacrifíício deles. "Integração significa três coisas: você e eu conseguimos o que ambos queremos, a situação total avança, e o processo tem valor para a comunidade" (Follett, 2003l, p. 215). Portanto, "a ordem legal agora está começando a ver que juízes razoáveis, inventivos e astutos podem encontrar maneiras de resolver litígios que dão a ambos os lados o que eles realmente querem" (Follett, 2013c, p. 44). Por meio do que hoje chamaríamos de *mediação* ou *resolução alternativa de conflitos*, Follett observa que "interesses opostos não são necessariamente interesses incompatíveis" (p. 43). "Nossos 'oponentes' são nossos cocriadores, pois têm algo a dar que nós não temos" (p. 174). A chave para esse entendimento é abraçar completamente o significado de *resposta circular*: "Se eu nunca brigo com você, mas sempre com você mais eu, ou seja, o 'todo' que o entrelaçamento entre mim e você criou e está criando, temos uma ideia muito diferente da forma de lidar com conflitos" (p. 129), na qual a transformação do conflito não requer um método "de autossacrifício, mas de autocontribuição" (Follett, 2003l, p. 215).

Considerando cada um desses aspectos do conflito, "vemos que, embora o conflito como diferença não integrada contínua seja patológico, a diferença em si não é patológica" (Follett, 2003b, p. 35). Mediante essa reconceptualização, não precisamos temer nem evitar o conflito. "Mas sempre haverá o conflito no sentido de confronto, de encarar, seguido de um integrar" (Follett, 2013c, p. 173). Sempre com um olhar para o prático, Follett admite: "Não podemos sempre chegar a tais conclusões felizes [...] mas penso que teremos sucesso com muito mais frequência do que hoje pensamos ser possível" (p. 43).

6.2.3 Ética integrativa

Uma vez que alcancemos uma mudança de atitude que inclua o desejo de buscar interesses comuns em vez de interesses opostos individuais ou sociais e abracemos a noção de conflito como diferença, então poderemos começar uma conversa séria com abertura para a mudança. Follett observa que a discussão deliberativa, em oposição ao debate, é "o único processo democrático genuíno: o de tentar integrar ideias e interesses" (Follett, 1998, p. 308)[10]. Nessas interações dialógicas, podem ser apresentadas ideias criativas, por meio das quais os envolvidos na situação podem chegar a um consenso[11]. Follett explica esse processo de integração intencional em detalhes[12].

O método de integração começa com sinceridade e honestidade na comunicação: "A primeira regra, então, para alcançar a integração é colocar as cartas na mesa, encarar o problema, expor o conflito, trazer tudo às claras" (Follett, 2003b, p. 38). Esse é o começo de uma "discussão genuína", que Follett acredita que "sempre trará e sempre deverá trazer à tona a diferença, mas que, ao mesmo tempo, nos ensina o que fazer com a diferença. O processo formativo que acontece na discussão é o ajuste recíproco incessante que revela a verdade e lhe dá forma" (Follett, 1998, p. 212).

Uma técnica para superar dificuldades é a tomada de decisão progressiva, ou o que hoje chamaríamos de *construção de consenso*. Follett explica: "Uma forma de separar os todos em conferência é dividir a questão o mais especificamente possível e fazer a votação aos poucos" (Follett, 2013c, p. 166). O objetivo desse exercício é chegar aos desejos genuínos por baixo das opiniões – é aqui que podemos progredir para encontrar pontos em comum. Identificando-se desejos em comum, as opiniões são libertadas e reformuladas em conjunto de forma que são tomadas decisões "que unem os desejos de ambos os lados" (p. 161). A autora explica que "quando dois desejos são INTEGRADOS, significa que foi encontrada uma solução em que ambos os desejos foram levados em conta, em que nenhum lado precisou sacrificar nada" (Follett, 2003b, p. 32). Esse ponto é importante, voltando à crítica de Follett à dominação e à conciliação: "Isso não foi uma conciliação porque nenhum dos lados abdicou de nada" (Follett, 2013c, p. 162). Em vez disso, "foi encontrada uma maneira em que nenhuma parte é absorvida, mas ambas contribuem para a solução" (p. 162).

O processo de diálogo e deliberação recíprocos também inclui o que Follett chama de "reavaliação de interesses", que é "parte fundamental de qualquer processo de unificar" (Follett, 2013c, p. 171). Ela explica que "A reavaliação é a flor da comparação. Essa concepção da reavaliação do desejo precisa estar em nosso pensamento consciente ao lidarmos com um conflito, pois nenhum lado realmente 'cede', é inútil esperar isso, mas muitas vezes chega um momento em que há uma reavaliação mútua de interesses de ambos os lados, e a unidade se forma" (Follett, 2003b, p. 38). A unidade se forma mediante uma mudança orgânica de opinião que vem pelo diálogo: "Através de um interpenetrar do entendimento, a qualidade do pensamento próprio de uma pessoa é mudada" (Follett, 2013c, p. 163). "O plano de ação que é decidido é o que todos queremos juntos, e eu vejo que isso é melhor do que o que eu queria sozinha. É o que EU quero agora" (Follett, 1998, p. 25). Contudo, esse não é um processo puramente intelectual. Conforme observado em sua discussão sobre o certo através do processo, Follett emprega a epistemologia pragmática para sintetizar fato e valor[13]: "Um dos resultados mais importantes da análise e da discriminação como primeiro passo na resolução de um conflito é que descobrimos que nossas decisões devem ser baseadas na inteligência, bem como na moral" (Follett, 2013c, p. 170).

Follett explica esse processo transformacional em mais detalhes. "Considere o que influencia uma mudança de opinião [...] (1) mudanças na situação que me fazem ver meus interesses de maneira diferente, (2) mudanças em mim mesma causadas pela situação, (3) outras coisas que podem me trazer um entendimento mais profundo dessa situação, (4) valores que, juntos, parecem diferentes dos mesmos valores considerados separadamente, porque no ato de comparar existe uma visão simultânea de todos os valores em campo que se contabilizam às suas respectivas alegações, adquirem perspectiva. Valores dependem amplamente da relação" (Follett, 2013c, p. 171-172).

Muitas vezes ocorre que a reavaliação e a opinião em evolução revelam uma perspectiva não antes considerada. Follett observa: "a melhor maneira de resolver é sempre quando alguém inventa algo novo" (Follett, 2013c, p. 157). De fato, ela observa que a integração pode ser usada "como maneira de resolver o dilema" (p. 162). "Este é o caminho do processo" (p. 160). "Queremos os valores positivos do conflito" (p. xiv). Esse valor agregado vem da cocriatividade inerente à integração. Assim como na ontologia de Follett, a situação total, incluindo potencialidade e experiências passadas, é incluída. Portanto, "não devemos cometer o erro de pensar que nossa busca pelo novo significa abandonar o velho [...] a atividade criativa não ignora o passado [...] Gosto mais do termo *integração progressiva*" (p. 160).

Novamente, Follett observa que essa não é uma proposta fácil: "Nem todas as diferenças, contudo, podem ser integradas. Precisamos encarar esse fato, mas é certo que existem menos atividades irreconciliáveis do que pensamos atualmente, embora muitas vezes seja necessário engenhosidade, uma 'inteligência criativa', para encontrar a integração" (Follett, 2013c, p. 163). Ademais, ela observa que não devemos ignorar a probabilidade de desintegração e ruptura dentro do processo criativo de integração: "Esse ponto deve ser desenvolvido muito mais detalhadamente, pois ele evitaria que tivéssemos um otimismo demasiado superficial [...] ainda assim, a ruptura é apenas uma parte desse processo total da vida que, em seu aspecto mais abrangente, chamamos de *integração*" (p. 178).

Em suma, Follett descreve o processo de desenvolver um propósito em comum por meio do conflito construtivo e da integração juntamente com seu valor progressivo: "O confrontar de desejos diferentes, o consequente revelar de 'valores', a consequente reavaliação de valores, um unir de desejos que recebemos de boa vontade acima de tudo porque significa que a próxima diversidade surgirá em um nível social mais elevado – isso é o progresso" (Follett, 2013c, p. xiii). Novamente, no espírito pragmático, a autora observa: "Algumas pessoas me dizem que gostam do que eu escrevi sobre integração, mas dizem que eu não falo do que deve ser em vez do que é. Mas não falo mesmo, não falo nem do que é, em maior grau, nem do que meramente deve ser, mas do que talvez possa ser. Isso só podemos descobrir por experiência" (Follett, 2003b, p. 34).

6.3 A lealdade reinterpretada

Uma vez que entendamos o certo e o propósito como partindo de um processo relacional de integração, "a nova ética não pregará sentimentos alternados, mas sentimentos completos" (Follett, 1998, p. 47). Ainda assim, a lealdade é essencial[14]. "Não EXISTE grupo, não existe congregação genuína, a menos que haja lealdade; ela está inclusa no significado mais profundo de todas as relações humanas" (Follett, 2013c, p. 239). Mas devemos sempre ter lealdade pelo *nós* no sentido mais amplo da palavra. "A simpatia é um sentimento completo; é um reconhecimento da unidade [...] ela não pode ser concretizada enquanto não pensarmos e agirmos juntos" (Follett, 1998, p. 47)[15]. Portanto, não haverá mais pressupostos sujeito-objeto para *nós* e *eles*. Follett afirma que a LEALDADE deriva organicamente de nossas experiências em um processo relacional ativo. "A única unidade ou comunidade é a que criamos nós mesmos, de nós mesmos, para nós mesmos" (p. 59). A experiência da unidade leva a um senso de lealdade e amor pelo todo. "Pertencemos à nossa comunidade até onde ajudamos a formar essa comunidade, depois vem a lealdade, depois o amor" (p. 59). "O amor de nossos irmãos, para ser eficaz, deve ser o amor evoluído de alguma relação grupal concreta" (p. 193).

No entanto, ela observa que "a criação de associação é a coisa mais demorada do mundo" (Follett, 1998, p. 193). Ela é construída gradualmente por meio de entrelaçamentos de redes de associação[16]. Uma vez que as relações são complexas e muito próximas em nossos variados papéis sociais, Follett observa que não faz sentido falar em ser desleal a um grupo quando se é leal a outro, porque "você pertence a AMBOS os grupos" (Follett, 2013c, p. 238). "Vemos esse erro de hierarquia na ética, assim como na filosofia política. Também se fala muito de lealdades conflitantes e, embora o pluralista se contente em deixá-las brigar ou se equilibrar, outros nos dizem, e certamente esta é uma ideia tão repugnante quanto, que devemos abandonar a lealdade mais curta em prol da lealdade mais abrangente, que devemos sacrificar o dever menor pelo dever maior" (Follett, 1919, p. 581). De fato, "não existe nada de necessariamente condenável no fato de um político 'ficar do lado' de seus amigos. A única questão ética diz respeito ao peso desse motivo com relação aos demais. O antiético seria convencer a si mesmo de que não há diferenciação nos pesos" (Follett, 2003b, p. 39). Em vez disso, devemos aceitar que a lealdade é um sentimento natural que deriva do relacionar-se e busca ampliar nossa consciência de nossas relações para incluir toda a humanidade: "Minha individualidade é onde meu centro de consciência está. A partir desse centro de consciência, onde quer que ele esteja, nosso julgamento sempre será lançado, mas, quanto mais abrangente sua circunferência, mais verdadeiro será nosso julgamento" (Follett, 1919, p. 580).

6.4 A obediência reinterpretada

O último princípio incluso quando Follett trata da ética é o da OBEDIÊNCIA. A obediência pode ser guiada por leis formais e normas sociais, ambas baseadas em valores culturais. Follett observa que "a teoria do direito do século XIX (direitos individuais, contrato, 'o indivíduo pode fazer o que quiser com aquilo que é seu' etc.) baseou-se na concepção do indivíduo separado" (Follett, 1998, p. 61). Follett teme que essa perspectiva não considere o papel criativo que o indivíduo representa no Estado. Segundo a autora, "devemos ter uma atitude com relação ao conceito de 'obediência' diferente da que adotam os pluralistas, que repudiam a obediência como uma perda de individualidade, um abandono da integridade moral. Eles se esquecem da natureza dinâmica desse 'indivíduo moral'. Nosso principal dever com o Estado não é a contribuição do *self* estático, mas de um *self* em desenvolvimento. Daí o novo significado de *obediência*" (Follett, 2013c, p. 221).

Para Follett, a única defesa legítima da obediência deve ser gerada a partir da situação total – a partir da combinação de pessoas e ambiente impactados pelas decisões e atos que estão ocorrendo. De acordo com Follett, "não existe consciência privada" (Follett, 1998, p. 52) porque somos sempre parte do todo. O indivíduo não pode decidir o que é certo ou errado – isso vem do processo social. É "uma consciência relacionada, uma consciência que está intimamente relacionada às consciências de outras pessoas e a todo o ambiente espiritual de nosso tempo" (p. 56). Portanto, "a pessoa que não participa do dar-e-receber da vida é intelectualmente ou moralmente defeituosa" (Follett, 2003e, p. 133). Sem tal participação ativa, não podemos ser obedientes à fonte legítima do que é bom, correto e justo. "Nosso dever não é nunca para com os 'outros', mas para com o todo" (Follett, 1998, p. 52). "Meu dever como cidadão não se limita ao que eu ofereço ao Estado, meu teste como cidadão é o quão completamente o todo pode se expressar em mim ou por meio de mim" (p. 179).

Esses sentimentos são provavelmente o motivo pelo qual alguns pesquisadores associam Follett com o comunitarismo. De fato, ela chega a sugerir que o Estado é responsável pela moralidade: "Sua função suprema é o ordenamento moral" (Follett, 1998, p. 333). Porém, ela não aceita o compromisso usual do comunitarismo à moral estática e hierárquica. Follett usa um exemplo da administração para ilustrar: "Embora eu discorde da ideia de que um trabalhador, individualmente, tenha necessariamente um código moral mais elevado do que um executivo, de fato penso que os trabalhadores como um grupo estão adiantados com relação aos executivos, pelo fato de que seus códigos são códigos grupais. Os erros da equação pessoal, portanto, são muitas vezes corrigidos" (Follett, 2003e, p. 135)[17].

A partir dessa perspectiva holística e relacional, Follett redefine a moralidade: "O que é a moralidade? É a realização da relação de pessoa para pessoa [...] esse ordenamento de relações é a moralidade em sua essência e completude" (Follett, 1998, p. 333). Portanto, "a democracia deve ser concebida como um processo, não uma meta. Não queremos instituições rígidas, por melhor que sejam. Não precisamos de conjuntos de verdades de nenhum tipo, mas a vontade de desejar, o que significa o poder de fazer nosso próprio governo, nossas próprias instituições, nossa própria verdade em expansão" (p. 99).

Follett reitera frequentemente a necessidade da criação direta do Estado por todos os cidadãos como fonte de autoridade moral, o que será discutido mais a fundo em sua teoria política: "Como o Estado pretende ganhar autoridade moral e espiritual? Somente por meio de seus cidadãos em seu entendimento cada vez maior da cada vez mais abrangente promessa da relação" (Follett, 1998, p. 333). "O Estado acumula poder moral somente por meio da atividade espiritual de seus cidadãos. Não existe Estado exceto por meio de mim" (p. 334). Ela compara isso à epistemologia pragmática e à noção cristã de que Deus aparece somente através de nossas ações. Assim, "existe um princípio ativo na obediência. A obediência não é algo passivo, pois é um momento no processo. Existe, por via de regra, um processo muito elaborado e complexo acontecendo. Em algum momento nesse processo, acontece algo que chamamos de obediência" (Follett, 2003n, p. 275).

Essa obediência é a "lei da situação" (Follett, 2003c, p. 58) – no sentido do certo e do propósito formado pelo grupo através da integração. Follett sugere que esse entendimento está de acordo com o direito moderno, como explicado por Roscoe Pound: "(1) que a lei é o resultado de nossa vida comunitária, (2) que ela deve servir não a indivíduos, mas à comunidade" (Follett, 1998, p. 122). "Cada decisão do futuro deverá ser baseada não nas minhas necessidades ou nas suas, nem em uma conciliação entre elas ou em uma soma de ambas, mas no reconhecimento da comunidade entre nós" (p. 79). Portanto, assim como o interesse próprio e o interesse coletivo são sintetizados por meio do interesse comum, a responsabilidade é mútua: "Não podemos nos livrar de nossa obrigação conjunta encontrando a fração de nosso próprio pertencimento, porque nossa parte não é uma fração do todo, ela é, num certo sentido, o todo. Onde quer que haja uma responsabilidade conjunta, ela só pode ser resolvida em conjunto" (Follett, 2013b, p. 74). Assim como o certo e o propósito, "a responsabilidade coletiva não é uma questão de somar, mas de entrelaçar, uma questão da modificação recíproca causada pelo entrelaçamento. Não é uma questão de agregação, mas de integração" (p. 75).

6.5 Uma nova ética pública

Esse senso de responsabilidade baseado nesses entendimentos revisados acerca de lealdade e obediência gera uma ética pública que pode hoje ser enquadrada como um *florescer sustentável*: "Nosso novo lema deve ser: 'Viva de forma que a completude da vida alcance a todos'" (Follett, 1998, p. 353)[18]. Mediante tal ética pública, "(1) eu não sou dominada pelo todo porque eu SOU o todo; (2) eu não sou dominada pelos 'outros' porque temos o processo social genuíno somente quando eu não controlo os outros ou eles a mim, mas quando todos nos misturamos para produzir o pensamento coletivo e a vontade coletiva" (p. 70).

Na ética de Follett, o certo e o propósito devem surgir apenas do processo relacional, e não de nenhuma fonte externa, dominação ou conciliação competitiva. Para determinar o certo e formar a vontade coletiva, devemos empregar o método grupal da integração. Esse processo integrativo em si gerará lealdade a esse propósito e ao grupo e a obediência a suas responsabilidades compartilhadas. Tudo isso combinado, a ética se torna uma proposta inerentemente relacional – uma ética PÚBLICA. Assim, "a 'justiça' é substituída pelo entendimento" (Follett, 1998, p. 81)[19]. Esse entendimento fortalecerá de maneira contínua o que Follett chama de "incubadora" da verdadeira democracia: "A VONTADE DE DESEJAR A VONTADE COMUM" (Follett, 1998, p. 49). Dessa forma, a ética estabelece o alicerce da teoria política de Follett, como a própria autora observa: "Isso significará mudanças no pensamento tanto legal quanto político" (Follett, 2013c, p. 129).

Quando passarmos do indivíduo ao grupo como unidade ética, devemos lembrar o entendimento de Follett acerca do grupo: "No campo da ética, estamos começando a ver a unidade ética, ou desejo determinante, como um todo verdadeiro, ou seja, ele não é a soma aritmética de desejos, nem um desejo que tenha varrido do mapa desejos 'menores', mas um desejo integrador que está continuamente se entrelaçando com cada desejo separado" (p. 112). A autora observa que essa não é uma proposta simples ou fácil, mas que, no espírito pragmático, devemos avançar nessa empreitada. "Isso é tudo o que peço, que experimentemos métodos de resolver diferenças" (Follett, 2003b, p. 34). Follett nos pede para "adentrar agora modelos de viver correspondentes com esse pensamento" (Follett, 1998, p. 8). Podemos começar imediatamente "praticando com a primeira pessoa que encontrarmos; abordando cada nova pessoa com a consciência da complexidade de suas necessidades, da vastidão de seus poderes" (p. 160).

Resumo da análise

Follett traz seu entendimento do indivíduo dinâmico e relacional para sua ética, afirmando que "a essência dessa psicologia [...] é tão importante para a ética quanto para a fisiologia ou a psicologia" (Follett, 2013c, p. 88). Para Follett, porém, a unidade ética é o grupo, e não o indivíduo (p. 112), e é o processo social que é a fonte da ética, em vez de uma fonte externa de qualquer tipo. Assim, a ética não é a SUBSTÂNCIA da vontade coletiva, mas tem sua "incubadora" (Follett, 1998, p. 49) no processo do criar.

De acordo com sua abordagem filosófica, o processo de gerar ética é integrativo e relacional em vez de procedural e formal, e a autora afirma: "Estamos agora desenvolvendo um sistema de ética que tem três concepções com relação a certo, consciência e dever" (Follett, 1998, p. 52). Assim, sua explicação estrutura-se em torno dos conceitos éticos de *certo*, *propósito*, *lealdade* e *obediência*, todos reinterpretados a partir de sua perspectiva do processo relacional. Em suma, nenhum desses conceitos pode ser legitimamente determinado fora dos processos inclusivos grupais do diálogo e da integração. Através da integração, uma ética pública mutualista é gerada, na qual todos compartilham das responsabilidades de exigir obediência e obedecer através de um senso de lealdade que é experiencialmente fundado. Esse alicerce nas relações sujeito-sujeito produz um senso de associação que transforma a justiça de uma estrutura hierárquica de simpatia em uma base igualitária para o entendimento empático.

Notas de fim de capítulo

1. Melé (2007) observa que, embora Follett não tenha escrito sobre a ética no gerenciamento ou nos negócios, seus princípios éticos podem ser aplicados com sucesso nesse contexto.
2. Tonn (2003) observa que Follett recorre ao trabalho dos filósofos de Harvard Josiah Royce, William James e Edwin B. Holt em seus esforços comuns para criar uma ética integrativa.
3. Tonn (2003) afirma que a retórica fervorosa de Follett em proclamar as virtudes de criar a vontade coletiva foi provavelmente o que a tornou alvo de ataques por ser entendida como simpatizante do comunismo. Aparentemente, sua ênfase no processo através do qual tal vontade coletiva é criada foi perdida.
4. Tonn (2003) observa que o argumento de Follett sobre o certo como um bem social e seus direitos associados compara-se ao do filósofo inglês Thomas Hill Green, com a exceção da adição de Follett do processo grupal como sua fonte.
5. A explicação de Follett da lei da situação precede a explicação de Bohm (2004) da NECESSIDADE como determinante decisivo para os resultados do diálogo – o que não pode ser posto de lado deve guiar a resolução da diferença no diálogo.

6. Aqui, Follett acompanha Hegel (1977) em seu entendimento acerca da intersubjetividade e precede Habermas em sua chamada à ação comunicativa em *Reason and the Rationalization of Society* (1984) e à ética comunicativa em *Between Facts and Norms* (1998).
7. Isso se assemelha à noção whiteheadiana de que "o verdadeiro bem emerge de relações profundamente mútuas" (Loomer, 1976, p. 21). O mesmo entendimento é salientado por Wieman (1946).
8. Essa é uma diferença importante no entendimento de Whitehead de *meta inicial* (ao contrário de *meta subjetiva*) como tendo suas origens em Deus: "A meta inicial é a força causal do passado, combinada com a apresentação feita por Deus das possibilidades relevantes E uma 'isca' para algumas em detrimento de outras" (Mesle, 2008, p. 102). Dar essa capacidade "extra" a Deus como uma entidade de fato é problemático na sociedade secularista – o que ou quem representa Deus?
9. Drucker afirma: "Se Mary Parker Follett é conhecida hoje, é graças ao seu *Constructive Conflict*" (1995, p. 4). De fato, o conceito de conflito construtivo é comumente encontrado em literaturas sobre negociação e mediação (ver, por exemplo, Gehani; Gehani, 2007; Kolb, 1996) e às vezes é chamado de "conflito produtivo" (Ansel, 2011). Jones-Patulli (2011) aplica a integração ao contexto de barganha coletiva, gerando "barganha integrativa". Para um resumo dessa literatura contemporânea, ver Capítulo 12.
10. Aqui, Follett indica as importantes diferenças entre *debate*, *deliberação* e *diálogo* tão amplamente discutidas hoje na democracia deliberativa, na prática participativa e na resolução de conflitos (ver, por exemplo, Escobar, 2011).
11. Morton e Lindquist (1997) afirmam que essa abordagem dialógica se assemelha a "abordagens feministas da resolução ética de conflitos, que enfatiza a comunicação dialética entre participantes para alcançar uma solução integrativa que satisfaz

às necessidades de todos" (p. 363), novamente demonstrando como as ideias de Follett são precursoras da teoria feminista contemporânea.

12. Tonn (2003) sugere que os dois elementos-chave do método da integração são: (1) dissecar o todo para análise e (2) reavaliar interesses.

13. Nessa descrição do processo de integração, Follett novamente precede Habermas em sua chamada à ação comunicativa em *Reason and the Rationalization of Society* (1984) e à ética comunicativa em *Between Facts and Norms* (1998).

14. Tonn (2003) observa que Follett se diferencia tanto de Josiah Royce em *The Philosophy of Loyalty* (1908) quanto de Herbert Croly em *The Promise of American Life* (1909) em sua nova conceptualização de *lealdade*.

15. Na definição de Follett, ela descreve melhor o termo *empatia*, cunhado em 1909 por E. B. Titchener no alemão *Einfühlungs-vermögen*, ou "sentir para dentro", mais tarde revisado como *Empathie* (Stueber, 2008). Mas, na época da autora, este entendimento de simpatia era comum: "o elemento primitivo é SIMPATIA, ou seja, sentir o sentimento EM outro e sentir de acordo COM o outro" (Whitehead, 1979, p. 162). Tonn (2003) traz o mesmo argumento em sua análise.

16. Donati (2014) elabora esse mesmo argumento sobre a morfogênese social em sua teoria da sociologia relacional.

17. Vale notar aqui que o teólogo do processo John Cobb (1994) apresenta uma ideia de comunitarismo cristão no qual saúde, trabalho, educação, segurança e outras necessidades básicas são partes integrantes do projeto de salvação praticado pelas religiões. À luz disso, as religiões deveriam ser A VANGUARDA DA NOVA ERA, mas a regulação de relações sociais deve se basear na solidariedade fraternal cujo modelo pode ser encontrado na comunidade de Israel segundo o Velho Testamento.

18. Dessa forma, Follett explica mais cuidadosamente e antecede o entendimento de Connolly (2001, 2013) de uma ética de cultivo fundamentada no cuidado pelo mundo. O autor argumenta que a responsabilidade segue uma "RESPONSIVIDADE PRESUMIDA a situações emergentes" (Connolly, 2013, p. 135), observando que isso exige uma fundamentação nem relativista nem absolutista da sabedoria prática. Pelo contrário, isso contribui para um "*ethos* positivo do engajamento pluralista" (Connolly, 2013, p. 139).
19. Barclay (2005) observa que Follett substitui o entendimento aceito da justiça como conceito estático/universal por um que é dinâmico e contextual e no qual a justiça tem aspectos da experiência procedural, de resultado e interpessoal.

Capítulo 7
A teoria política de Follett

A TEORIA POLÍTICA descreve a forma como estruturamos as instituições sociais. Os pontos de vista tendem a divergir com base no uso ou não de hierarquia e competição pelas instituições para ESTABELECER AUTORIDADE e quanto à FORÇA RELATIVA dessa estruturação. Follett não considera adequadas nem as soluções estatais nem as pluralistas. Em vez disso, a autora recomenda o processo grupal de integração como a maneira pela qual a autoridade governante se estabelece em redes federativas profundamente aninhadas e amplamente inclusivas.

Como teórica política, Follett "era tanto uma ativista quanto uma intelectual e pesquisadora" (Mattson, 1998, p. xli), seguindo os passos da intelectual pública e ativista do movimento dos centros comunitários Jane Addams. Como pesquisadora acadêmica, seguiu personalidades como James e Hegel. Como cientista política, "Mary Parker Follett se mantém uma pensadora inovadora" (p. lix). Sua teoria política se desenvolveu no final da chamada *Progressive Era*, período de intensas reformas políticas nos Estados Unidos entre as décadas de 1890 e 1920. Durante sua carreira como assistente social, Follett "tornou-se interessada nas justificativas intelectuais para o movimento dos centros comunitários" (p. xxxviii). Suas experiências na área "deram a Follett a certeza de que a democracia pode ser mais do que um ideal abstrato. Ela deve, conforme insistia a autora, tornar-se uma realidade vivida, uma prática diária vigorosa" (p. liv). Em suma, "ela agora havia vivido a democracia em primeira mão" (p. xxxix) e "acreditava que sua experiência nos centros comunitários tinha algo a ensinar aos filósofos sociais" (p. xli). Com isso, Follett foi bem-sucedida em "unir sua teoria e sua prática" (p. liv).

Tal trajetória culminou no livro *The New State: Group Organization the Solution of Popular Government* (1918): a Parte I apresenta os princípios fundamentais da autora, a Parte II explora até onde eles são expressos nas formas políticas atuais, e a Parte III considera como eles podem ser expressos em um novo federalismo, do bairro ao mundo. O livro foi descrito como "uma ode extraordinária a uma forma mais forte e mais participativa de democracia americana" (Barber, 1998, p. xv). Porém, essas ideias foram reiteradas em obras posteriores e, portanto, todos os comentários da autora sobre política são reunidos neste capítulo. Em suma, ele serve para "dar novas maneiras de pensar a cidadania, a participação e a democracia àqueles que acreditam que as instituições representativas estão chegando a um ponto de exaustão" (p. xvi).

Follett é descrita por Kevin Mattson (1998) como uma das primeiras comunitaristas americanas a criticar o liberalismo, mas não necessariamente porque se solidarizava com os mesmos valores, visto que a autora também criticava o socialismo de Estado como meramente outra forma de coerção hierárquica. Talvez seja melhor evitar rótulos contemporâneos, tendo em vista que sua perspectiva sobre a forma e o processo políticos era única. A principal preocupação de Follett são os MODOS DE ASSOCIAÇÃO em grupos humanos, preferindo a participação direta a formas representativas de governança de grupo em qualquer escala e em qualquer setor da sociedade. Ela também promove um federalismo profundamente aninhado, interligado e amplamente inclusivo, que brota a partir de associações no nível do bairro, mantendo a autonomia local, ao mesmo tempo que unifica seus grupos, cada vez mais inclusivos, até um alcance global. Tal prática de autogovernança é a única forma de legitimidade democrática verdadeira, na visão da autora. Claramente, essa formulação da democracia não está completamente alinhada com nenhuma das teorias políticas comumente aceitas.

Para explicar sua teoria política, Follett começa com uma crítica ao chamado *governo democrático* e então oferece uma visão do que ela acredita ser a "democracia verdadeira" (Follett, 1998, p. 156) em termos tanto do processo quanto da forma. Cada componente de seu argumento será discutido na sequência.

7.1 Crítica à representação

Embora reconheça que a democracia representativa pode ser um "primeiro passo" para países "em desenvolvimento" onde não existe atualmente nenhuma forma de consentimento (Follett, 2003l, p. 211), Follett observa que "também estamos reconhecendo hoje que ela é apenas um primeiro passo; que não é o consentimento, mas a participação que é a base certa para todas as relações sociais" (p. 211). Infelizmente, ela também observa que, apesar de "muitas pessoas estarem indo além do estágio do consentimento dos governados em seu pensamento [...] existem cientistas políticos que ainda o defendem" (p. 211). Portanto, a autora deve esclarecer sua crítica para poder contextualizar a alternativa que propõe.

O teórico político Benjamin Barber (1998) observa, no prefácio à reedição de *The New State*, que Follett oferece novas maneiras de pensar a cidadania, a participação e a democracia "àqueles que acreditam que as instituições representativas estão chegando a um ponto de exaustão" (p. xvi). Follett começa o desenvolvimento de sua teoria com uma crítica à representação, afirmando que "ainda não tentamos a democracia" (Follett, 1998, p. 3). Ela insiste que "O mundo há muito tenta entender a democracia, mas ainda não conseguiu ter noção de sua ideia básica e essencial" (Follett, 2003a, p. 94). Em vez de processos de autogovernança e consenso de fato, a governança representativa oferece procedimentos de dominação e conciliação por meio do voto nas urnas[1]. Portanto, ela alega corajosamente que "o 'governo representativo', a organização de partidos, a maioria absoluta, com todas as suas protuberâncias, são pesos mortos" (Follett, 1998, p. 4). De acordo com Follett, essas ramificações negativas incluem noções de elitismo, contrato, pluralismo e soberania externa e o individualismo atomístico que suporta todos esses conceitos representacionais. Cada uma de suas críticas entrelaçadas será analisada na sequência.

7.1.1 Contrato individualista

Follett frequentemente fala da teoria política no contexto do direito porque sociedades democráticas são construídas perante a lei. Contudo, tais leis são baseadas em pressupostos filosóficos vinculados a teorias políticas subjacentes. A autora observa que "os princípios de direitos individuais e contrato que há muito dominam nossos tribunais" (Follett, 1998, p. 126) são um produto do individualismo "particularista" (p. 125). Entretanto, para ser adequada para a democracia, a lei precisa ser pensada para servir à comunidade como um todo. Follett sugere que formas emergentes de lei democrática podem ser encontradas nas limitações impostas sobre o uso de propriedade, liberdade de contrato, acordos, entre outros. Portanto, a autora acredita que a lei avança em direção à consideração de indivíduos em relação com a comunidade, em vez de seres isolados em alguma forma de contrato social: "É a teoria legal da associação, com base em nosso crescente entendimento da psicologia grupal, que finalmente banirá a ideia de contrato" (p. 125). Ela observa que decisões jurídicas "estão dando espaço a doutrinas mais sólidas. [...] A lei do futuro não servirá a classes nem a indivíduos, mas à comunidade" (p. 126).

Follett explica que "o paradoxo do contrato é que, embora ele pareça baseado na relação, está na verdade baseado no indivíduo. O contrato é uma concepção particularista" (Follett, 1998, p. 125). Esse paradoxo gera disfunções porque "você pode ter uma relação contratual entre duas vontades ou pode unir essas duas vontades para formar uma. O contrato nunca cria uma única vontade" (Follett, 1998, p. 124). Em outras palavras, a menos que um processo de unificação ocorra entre as partes, os desejos conflitantes originais permanecerão, mesmo que as partes tenham chegado a um acordo de agir de outra forma. Tais acordos são de natureza temporária e baseiam-se em uma única transação, em vez de se basearem em uma relação generalizada ou em um senso generalizado de comunidade.

Infelizmente, o sistema político existente não engendra a unificação, mas, em vez disso, estabelece o contrato social por meio de dois métodos principais: elitismo representativo e pluralismo popular ou de interesse grupal. Follett critica a ambos em virtude da dependência que eles têm, respectivamente, da dominação e da conciliação para forjar um acordo, em vez de unificar de fato vontades por meio de um processo democrático.

7.1.2 Elitismo representativo

Follett afirma que os fundadores dos Estados Unidos eram, essencialmente, elitistas, uma vez que sua forma de individualismo garantiu apenas a liberdade negativa na forma de direitos assegurados pelo Estado, em vez da liberdade de participar da autogovernança. "Os redatores de nossa Constituição eram individualistas e deram ao nosso governo uma guinada individualista. [...] E, ainda assim, tudo isso foi negativo. O indivíduo não recebeu nenhuma função positiva significativa. O indivíduo era temido e suspeitado" criando "uma tendência à aristocracia e uma falta de individualismo verdadeiro por todos os lados" (Follett, 1998, p. 164). Assim, o primeiro objetivo das instituições representativas era limitar a participação ativa de cidadãos e reter a autoridade da tomada de decisões aos líderes da elite. Follett defende que esse alicerce constitucional e sua repetição pela lei produziu e perpetuou a subordinação de certas classes:

"É a lei estática e nossa reverência por abstrações legais que produziram o 'privilégio'" (p. 132).

A autora explica esse padrão recorrendo à subjacente ontologia da representação. Supostamente, "nossas legislações deveriam promulgar a vontade do povo, nossos tribunais deveriam declarar a vontade do povo, nosso executivo deveria dar voz à vontade do povo" (Follett, 1998, p. 218-219). Mas ela afirma que o sistema representativo não é de fato pensado para alcançar a vontade do povo, porque esta não é uma coisa estática e preexistente que "paira sobre as pessoas como uma nuvem desde seu nascimento em diante. [...] não existe a vontade do povo" (p. 218-219). De fato, Follett alega que, nas urnas, "é o desejo das classes dominantes que, pelo feitiço do consentimento, é transformado na 'vontade do povo'" (Follett, 2013c, p. 209).

Follett observa que tentativas anteriores de reformar o sistema representativo foram baseadas em consertar ou os representantes ou as pessoas que os elegem: "O passo seguinte foi a onda de reformas que varreu o país. O motivo foi excelente; o método, fraco" (Follett, 1998, p. 167). "Seus métodos eram principalmente três: mudar as formas de governo (cartas constitucionais etc.), nomear 'bons' candidatos e induzir 'o povo' a elegê-los" (p. 168). Mas a autora insiste que tais reformas não resolverão os problemas da representação: "Essa crença extraordinária nos políticos, essa fé na milagrosa troca de personagens, precisa acabar" (p. 168). Mesmo assim, Follett não pede a destituição dos representantes da elite em si: "A democracia, como eu disse, não é a antítese da aristocracia, mas inclui a aristocracia" (p. 175). Em vez disso, as elites devem se tornar parte de um novo processo de democracia em que são nem mais nem menos do que qualquer outro participante da autogovernança.

7.1.3 Pluralismo

Follett argumenta que, embora os fundadores aristocratas dos Estados Unidos temessem a tirania das massas, eles também temiam o Poder Executivo e o Poder Legislativo. Em suma, "não confiavam em nenhuma instituição" (Follett, 1998, p. 165). "O medo e não a fé, a suspeita e não a confiança, foram as bases do início de nosso governo" (p. 165). Portanto, surgiu a noção de separar o poder para equilibrar o poder, levando não apenas a divisões ramificadas do governo, mas ao eventual nascimento do partidarismo e outras formas de pluralismo e de competição de grupos de interesses[2].

Portanto, Follett segue com uma crítica às medidas pluralistas inclusas no sistema representativo[3]. Embora o elitismo representativo tenha uma tendência a abordagens hierárquicas da tomada de decisão, o pluralismo usa procedimentos competitivos para estabelecer a vontade pública. Follett acredita que essas formulações comuns do pluralismo são ambas falhas: organização de partidos e votos individuais diretos em uma maioria ou pluralidade simples. Essencialmente, cada um desses mecanismos pluralistas serve para dividir o poder e buscar o equilíbrio por meio da competição e de procedimentos eleitorais de maioria absoluta – seja para representantes e partidos, seja para decisões políticas. Follett observa que abordagens pluralistas são, portanto, desenhadas "se não para ganhar poder, ao menos para produzir um equilíbrio" (Follett, 2013c, p. 182). Ao final, o melhor que esses procedimentos podem produzir é uma conciliação na qual todas as partes perdem alguma coisa. "O resultado do particularismo grupal é a teoria do equilíbrio de poder, talvez a parte mais perniciosa da doutrina pluralista" (Follett, 1998, p. 306). Follett explica que "Alguns cientistas políticos cometem o erro de considerar *coordenação* e *equilíbrio* como sinônimos. A maioria dos pluralistas políticos faz isso. Os socialistas corporativistas nos dizem que seu congresso coordenado é um árbitro, ou tribunal de apelação, para manter o equilíbrio entre autonomias coordenadas. De acordo com a doutrina de que estou tratando, o termo 'autonomias coordenadas' é paradoxal. Não se pode ter autonomias coordenadas porque a coordenação é a construção de um total funcional" (Follett, 2003m, p. 189).

A competição pluralista é de natureza particularista porque se baseia na noção de *interesse individual*. Follett observa que, embora "a palavra *interesse* seja empregada hoje por juristas no sentido psicológico, até recentemente ela vinha sendo usada pelo ordenamento legal e também por economistas não em seu sentido psicológico, mas conotando vantagem econômica" (Follett, 2013c, p. 35). Em outras palavras, o interesse individual é tipicamente monetizado de alguma maneira para igualar desejos a algum tipo de vantagem material. Essa interpretação permite que a noção de recursos materiais limitados entre na equação, imaginando-se agora uma oferta estática de recursos disponível para satisfazer interesses individuais concorrentes em um jogo de soma zero: o que uma parte ganha, a outra perde. Follett defende que nenhum recurso relacionado com o efeito dos seres humanos ou sujeito a este é de fato limitado, pois desejos, poder espiritual e criatividade são todos orgânicos e, portanto, de valor progressista no nível tanto individual quanto coletivo. Esse princípio pragmático não é aceito pelos pressupostos estáticos, limitados e distributivos do pluralismo: "alguns pluralistas supostamente baseiam seus livros na filosofia pragmática e, ainda assim, em sua incapacidade de reconciliar o distributivo e o coletivo, eles não aceitam os mais recentes ensinamentos do pragmatismo, pois o pragmatismo não termina com um pluralismo distributivo" (Follett, 1998, p. 263).

Essa noção de *recursos estáticos* também cria estase nos interesses. Os pluralistas "tendem a fazer com que o propósito do Estado seja estático. E, no momento em que fazem com que o propósito do Estado seja estático, retornam ao universo em blocos que antes repudiaram" (Follett, 2013c, p. 221). Propósitos são estáticos em dois níveis de análise. Primeiro, interesses são estáticos em indivíduos em competição e podem, portanto, ser representados tanto por representantes eleitos quanto por grupos de interesses. Segundo, uma vez que a competição resulta em uma maioria absoluta, a vontade da maioria se torna a vontade pública que permanece estática até que seja desafiada ou aberta à reconsideração. Esse procedimento resulta na dominação de todas as minorias, o que o pluralismo supostamente abomina. Assim que o "equilíbrio" é alcançado, ele é perdido, ou porque os interesses mudam, ou porque o desejo original ressurge, uma vez que não foi satisfeito pela dominação ou pela conciliação.

Follett também mostra que, quando a dominação ou a conciliação são os métodos de tomada de decisão coletiva, a criatividade é esmagada: "Um problema da teoria do equilíbrio de poder é que com ele não há progresso" (Follett, 2013c, p. 182). Mas o que é mais prejudicial à democracia é que, uma vez que alguns estão sendo dominados no processo de tomada de decisão, a suposta vontade coletiva não produz a atividade coletiva. "Sempre que você tiver equilíbrio em sua premissa, terá anarquia em sua conclusão" (Follett, 1998, p. 307). Assim, o pluralismo é "uma de nossas mais nocivas falácias políticas" (Follett, 2013c, p. 206) porque "o caos, a desordem, a destruição, todos vêm de uma recusa das sínteses da vida" (Follett, 1998, p. 93).

Follett acredita que o pluralismo é nocivo por diversos outros motivos. Em primeiro lugar, pluralistas entendem mal as dinâmicas grupais e o processo grupal como fonte de soberania: "seu pensamento não se baseia em um estudo científico do grupo, o que enfraquece a força de suas teorias de soberania e direitos 'objetivos'" (Follett, 1998, p. 264). "Os pluralistas veem o grupo como apoteose, mas não o estudam. Falam de soberania sem buscar a fonte da soberania" (p. 269).

Em segundo lugar, "muitos pluralistas são seguidores declarados de doutrinas medievais" (Follett, 1998, p. 264). As teorias de contrato e de direitos surgiram de interpretações iluministas do individualismo. Por causa do individualismo particularista, a autora insiste que tanto Kant quanto Hegel veem o Estado como "a realização do indivíduo" (p. 163), mas a filosofia de nenhum desses autores produz a democracia VERDADEIRA. "De acordo com muitos pluralistas, existe um indivíduo que fica de fora e olha para os grupos, e existe algo de peculiarmente sagrado nesse indivíduo. Esse indivíduo é um mito. A falácia do pluralismo não é o seu pluralismo, mas o fato de que é baseado em um indivíduo inexistente" (Follett, 1919, p. 579). Em sua nota de rodapé quanto a isso, Follett compara esse indivíduo mítico ao "Deus externo do Velho Testamento" (p. 579).

Em terceiro lugar, o movimento pluralista é "em partes uma reação a um hegelianismo mal-entendido" (Follett, 1998, p. 263-264). Por temerem um todo absorvente, pluralistas atomizam o indivíduo e então o forçam a entrar em grupos em competição. Ainda assim, por causa do medo de que o interesse próprio controle a concorrência, mecanismos de Estado são colocados em ação para controlar tanto indivíduos quanto grupos de interesse especial. Assim, "o individualismo e a autoridade concentrada têm lutado pela supremacia sobre nós desde o início de nosso governo. Desde o início de nosso governo temos procurado a síntese dos dois. [...] Insisto que o equilíbrio nunca pode ser o objetivo do método político sólido" (p. 322).

Em suma, tal qual uma profecia autorrealizável, os medos e a desconfiança embutidos em nossa Constituição e leis fundadoras criaram o mesmo interesse próprio que pretendiam controlar. Isso não pode ser reformado por meio de medidas superficiais: "É o sistema que deve ser mudado" (Follett, 1998, p. 167). Isso inclui os pressupostos fundacionais que derivam de todos os elementos conceituais anteriores no modelo aqui apresentado – ontologia, teoria psicossocial, epistemologia, crenças e ética.

7.1.4 Democracia direta (ou participativa)

Os grupos pluralistas mais comuns durante a *Progressive Era* eram os partidos políticos. Follett enfatiza muito os partidos e sua corrupção: "Teoricamente, o povo tem o poder, mas na prática o governo são as eleições primárias, as convenções partidárias, os *caucuses*. Os representantes são influenciados pelo partido" (Follett, 1998, p. 167). A autora afirma que "O lamaçal da política partidária está cheio de ambição pessoal, de desejo por um ganho pessoal" (p. 216). Portanto, Follett tem esperanças com relação à segunda onda de reformas governamentais que ocorria na época: "Agora, porém, no início do século XX, vemos [...] o início do período construtivo de reformas" (p. 169). Ela se refere em parte às convenções constitucionais do Estado que se preocupavam em adicionar mecanismos de democracia direta e novas formas de governo local apartidário que aproximaram a autoridade política das pessoas. Contudo, é um otimismo cauteloso: "Meramente dar mais poder ao povo não reduz automaticamente a influência dos partidos; algumas medidas positivas devem ser tomadas se esperamos que o governo direto não falhe exatamente como o governo representativo falhou" (p. 178), o que significa a captura de líderes eleitos e partidários por empresas e outros interesses especiais.

Follett teme que pressupostos e procedimentos fundamentais não estejam mudando, mas meramente passando dos grupos de elite para as massas. "A democracia jamais pode significar a dominação da multidão. Os esforços desordenados de inúmeros átomos sociais nunca poderá nos dar um mundo justo e ordenado" (Follett, 1998, p. 154). "Democracia significa a vontade do todo" (p. 142), mas a autora duvida de que procedimentos eleitorais possam de fato gerar a vontade pública. Sugerir essa possibilidade é "nossa Grande Ilusão" (p. 220). Ela pergunta: "Quem é o povo? Todos os indivíduos? A maioria? Uma média teórica? Um grupo de conciliação?" (p. 220). Ela insiste que "a vontade do todo não é necessariamente representada pela maioria absoluta, nem por uma maioria de dois terços ou três quartos, nem mesmo por uma maioria unânime" (p. 142). Isso é verdade porque "a democracia não é uma soma em uma adição. A democracia não é uma conta bruta" (p. 5). Portanto, não diferente de James Madison, Follett questiona as reformas da democracia direta e seus potenciais resultados: "Devemos dar a iniciativa e o referendo a uma multidão?" (p. 181). "Qual é o remédio para uma 'maioria implacável'? Qual é o remédio para uma 'minoria arrogante'?" (p. 209).

Ademais, a autora argumenta que tais procedimentos de votação não geram poder autêntico porque as opções ainda são apresentadas pela elite: "Devemos considerar primeiro a doutrina do consentimento dos governados. Não acredito que ela toleraria nossos testes atuais. O mero consentimento, por si só, nos dá apenas o benefício das ideias daqueles que apresentam as proposições para consentimento; ele não nos dá a possível contribuição de outros" (Follett, 2003l, p. 210). Assim, "alguns de nós, de fato, pensam que o consentimento é uma questão completamente supervalorizada [...] mesmo que os representantes dos empregados votassem para decidir tudo, 'consentissem' tudo, isso não os tornaria livres. O voto é enganoso no geral. Frequentemente vemos uma criança na carruagem com seu pai, feliz por ter a permissão de segurar as rédeas. O voto deixa muitas pessoas felizes dessa mesma forma: elas pensam que estão guiando, quando na verdade não estão" (Follett, 2003g, p. 171).

Portanto, Follett, DIFERENTEMENTE de Madison, sugere que a solução é a discussão genuína. Entretanto, a autora rapidamente aponta que, mesmo que esses novos processos pluralistas permitam tempo para deliberação, ela não está convencida de que esse tipo de discussão leva à concordância de fato. Em vez disso, ela insiste que essa discussão leva à dominação ou à conciliação: "Temos discussões em sociedades de debates? Nunca. Sua influência é perniciosa e elas devem ser abolidas em faculdades, escolas, centros comunitários, grupos de jovens, ou onde mais possam ser encontradas" (Follett, 1998, p. 209). "Ao debater, você está sempre tentando encontrar as ideias e fatos que embasarão seu lado; você não olha imparcialmente para todas as ideias e todos os fatos para tentar identificar onde está a verdade. Você não tenta ver quais ideias de seu oponente podem enriquecer seu ponto de vista" (p. 210). "Quando a atenção de cada lado foca exclusivamente seus fatos, não há solução possível para a discussão" (Follett, 2013c, p. 17).

Assim, Follett não está convencida de que a definição de políticas por meio de eleições diretas, mesmo com oportunidades para o debate, seja a solução para os problemas de elitismo e de pluralismo do interesse grupal ou partidário (a multidão). "O mero voto é mais um gesto de concordância do que a concordância real. Podemos obter o consentimento genuíno por meio de uma eleição tanto quanto podemos 'declarar' a paz" (Follett, 2003l, p. 211). Desse modo, a autora se aprofunda na pesquisa das reformas progressistas, especificamente da reforma administrativa e da tendência à legislação social.

7.1.5 Reforma administrativa

Em sua análise da reforma administrativa, Follett faz referência aos departamentos municipais de pesquisa dos Estados Unidos e suas tentativas de melhorar o governo local por meio da responsabilidade administrativa. A autora espera que tais conceitos trabalhem em sintonia com as reformas pela democracia direta: "Atualmente estamos tentando assegurar (1) um governo mais eficiente e (2) um controle real e não nominal do governo pelas pessoas" (Follett, 1998, p. 174)[4]. Em resumo, Follett sentia que a eficiência administrativa seria melhor do que o controle dos partidos políticos e ofereceria um ponto de partida para o que ela chamava de "nossa nova democracia" (p. 175), na qual a escolha do que fazer continua sob o controle popular, mas a capacidade de fazer as coisas emprega algum grau de *expertise* administrativa empoderada. Ademais, ela acredita que a legislação social criada pelo povo será melhor do que os extremos do *laissez-faire* e da regulamentação autoritária produzidos pelas elites políticas.

Fiel à sua valorização pragmática do conhecimento e da perspectiva científica da investigação, Follett vê a *expertise* como a nova formulação da aristocracia e, assim como sugere que os aristocratas deveriam ser integrados em uma democracia genuína, a *expertise* também deveria: "A responsabilidade administrativa e o serviço especializado são partes tão necessárias da democracia genuína quanto o controle popular é um acompanhamento necessário da responsabilidade administrativa" (Follett, 1998, p. 175). Porém, a autora não aceita que administradores detenham o poder sobre os outros mais do que representantes da elite ou líderes de partidos. Isso leva ao último elemento de sua crítica à representação: a externalização da soberania.

7.1.6 Soberania externa

Qualquer que seja o meio de legitimação – lei, representação eleitoral, especialidade ou maioria absoluta –, Follett defende que qualquer forma de soberania que não envolva diretamente as partes afetadas por uma dada decisão ou ação não é democraticamente legítima. Ela insiste que a soberania emerge de um processo participativo e inclusivo: "Cada processo vivo está sujeito à sua própria autoridade, ou seja, a autoridade desenvolvida por, ou envolvida no, processo em si" (Follett, 2013c, p. 206). A autora considera que qualquer outra formulação de soberania, na melhor das hipóteses, está baseada na noção de "consentimento dos governados [...] talvez a concepção mais importante das ciências políticas" (p. 197).

Follett argumenta que as abordagens do consentimento colocam o povo em uma posição de anuência em vez de colocá-lo em uma posição de participação ativa. "Não basta eleger representantes e depois ouvir suas políticas e consentir. [...] Não existe democracia sem contribuição" (Follett, 2013c, p. 215). A autora nega que a soberania possa ser transferida para o Estado por meio de leis aprovadas por representantes eleitos ou votações majoritárias com base no consentimento dos governados. Esses esforços "pouco se distinguem da coerção" (p. 200). "Não existe vontade do povo exceto por meio da atividade do povo. Vontade e atividade não habitam esferas separadas. O consentimento não é uma técnica democrática" (p. 205).

A soberania também não pode ser traduzida de maneira mais profunda em autoridade política delegada a especialistas administrativos. "Queremos informações dos especialistas ou dos representantes, não para nos transformarmos em carimbos, mas como alicerce do processo social. O 'consentimento dos governados' é uma doutrina intelectualista; a vontade do povo não será encontrada nesse plano, mas nas atividades concretas da vida cotidiana" (Follett, 2013c, p. 205-206). Todos devemos estar engajados no fazer – especialistas, representantes e cidadãos – porque "não podemos cumprir a vontade de outro, pois podemos causar apenas nossos próprios padrões de comportamento. Se consentimos com a vontade do especialista ou do representante, ela ainda é a vontade do especialista ou do representante; a vontade do povo só pode ser encontrada em seus mecanismos motores ou sistemas de hábitos" (p. 198-199).

"Isso significa que, entre o especialista e o povo, existe um fosso que as ideias não conseguem atravessar. Significa também que não existe uma magia pela qual o consentimento pode ser transformado em vontade: se é a vontade do especialista ou do representante, será para sempre a vontade do especialista ou do representante" (p. 205).

Follett encerra dizendo: "Em resumo, meu argumento contra a anuência como papel do povo no processo político depende, primeiramente, do fato, na minha opinião básico e muito importante, de que diferentes tipos de informações precisas são exigidos, o do especialista e o do povo; em segundo lugar, da natureza mutável da situação-fato; em terceiro, das atividades do povo como integrantes da situação em constante mutação" (Follett, 2013c, p. 28). Nessa afirmação, a autora discorda de tais externalizações da soberania por motivos pragmáticos: se os governados são removidos das decisões ou das ações, não podem contribuir com sua experiência criativa para o processo de nenhuma delas. Assim, para Follett, não é suficiente considerar o consentimento como participação. Em vez disso, "a participação deve ocorrer muito antes, na atividade a partir da qual as políticas surgem" (p. 198).

Nesse esforço, Follett vê a governança em um caminho desenvolvimental:

> *Tivemos, primeiro, o governo pela lei, segundo, o governo por partidos e grandes empresas, e o tempo todo um tipo de ficção de "consentimento dos governos" que dissemos que significava democracia. Mas nunca tivemos um governo pelo povo. O terceiro passo será o desenvolvimento de um maquinário pelo qual as ideias fundamentais do povo podem ser alcançadas e incorporadas; e, ainda, pelo qual podemos cultivar ideias fundamentais; e, ainda mais, pelo qual podemos preparar o solo no qual as ideias fundamentais podem crescer. O governo direto levará, esperamos, a esse passo, mas ele não é capaz de fazer isso por si só.* (Follett, 1998, p. 174)

"Se desejamos que nosso atual governo mecânico se transforme em vida viva, respirante e pulsante, ele deve ser composto de toda uma cidadania educada e responsável" (Follett, 1998, p. 168).

Follett enfatiza que, nessa proposta, ela "não está glorificando 'o povo'. Não declaramos mais uma fé mística em uma retidão natural da opinião pública; não queremos nada do povo a não ser sua experiência, mas queremos isso enfaticamente. Razão, sabedoria emergem de nossas atividades diárias. Não é a VONTADE do povo que nos interessa, mas a VIDA do povo. A opinião pública deve ser construída a partir da existência concreta, a partir do nível perceptual" (Follett, 2013c, p. 216).

7.1.7 O Estado soberano

O corolário à crítica de Follett à soberania externa é uma recusa do que ela chama de *Estado soberano*. Follett caracteriza o Estado pluralista como um Estado do *laissez-faire*, no qual o governo minimiza o controle centralizado, deixando as decisões e as ações para a concorrência pluralista o máximo possível. A autora argumenta contra um entendimento de indivíduo e Estado que jogue um conta o outro, pessoa-contra-Estado. Follett defende que a ideia de uma vontade individual contra a vontade do Estado é "um mito dos pluralistas" (Follett, 2013c, p. 220). Essa relação opositora é impossível porque não existe Estado separado das pessoas que o compõem. "Filósofos políticos falam de Estado, mas não existe Estado enquanto não o fizermos. É pura teoria" (Follett, 1998, p. 265). Em vez disso, "o Estado está sendo formado a cada dia e a cada hora pelas atividades de seus cidadãos; e, como a atividade dos cidadãos muda o Estado, o Estado exerce um estímulo diferente sobre os cidadãos, de modo que sua atividade é diferente" (Follett, 2013c, p. 219).

Em virtude da corrupção corporativa e política desenfreada da época, a autora afirma:

> Todos sabem que nosso período de laissez-faire *acabou, mas os socialistas desejam colocar em seu lugar o controle do Estado, o que quer dizer coerção do Estado: encontramos sempre em seus*

panfletos as palavras forçar, incitar [...] *O período de laissez-faire de fato acabou, mas penso que não queremos colocar em seu lugar uma sociedade controlada à força, seja pelo Estado dos socialistas, seja pelos especialistas de um conselho de planejamento. O objetivo e o processo da organização do governo, da indústria, das relações internacionais devem ser, penso, não um controle imposto externo ao funcionamento normal da sociedade, mas um que coordene todas essas funções, ou seja, um autocontrole coletivo.*
(Follett, 2013h, p. 89)

Assim, passamos aos processos e formas que a autora propõe para criar essa nova democracia.

7.2 O processo da democracia verdadeira

Tendo em vista essas críticas à representação, ao pluralismo, às eleições diretas e às formas administrativas de democracia, todos servindo para externalizar a soberania, Follett questiona: "Qual deve ser o verdadeiro e perfeito vínculo de união entre os múltiplos grupos de nossa vida moderna?" (Follett, 1998, p. 258)[5]. Follett é firmemente contra a dominação da elite, mas também não quer uma maioria absoluta formada pela multidão – os dois polos de autoridade concentrada e individualismo que vêm competindo entre si desde a fundação dos Estados Unidos. Com líderes da elite, as massas agem como ovelhas. Sendo uma multidão, tornam-se uma maioria desinformada, como Madison temia. Em resumo, "não queremos uma maioria em nenhum dos casos, seja ela uma tirana, seja uma massa inerte" (p. 145).

Contudo, Follett não apoia nem o socialismo de Estado, nem o sindicalismo que revoga o Estado e o substitui por organizações trabalhistas, tampouco o socialismo corporativista, no qual o Estado detém os meios de produção enquanto os sindicatos trabalhistas controlam as operações. "A questão-chave para o cientista social torna-se então [...] descobrir se existe qualquer processo pelo qual desejos podem se entrelaçar"

(Follett, 2013c, p. xiii). É esse processo que ela chama de "democracia verdadeira" (Follett, 1998, p. 156). A autora explica que "muitas pessoas pensam que democracia significa a participação de todos. Se significa apenas isso, não acredito na democracia. Ela é o relacionar produtivo, o interagir de partes, o cofuncionar que desejamos" (Follett, 2003m, p. 190). Sua explicação sobre essa abordagem alternativa da democracia é composta de diversos elementos conceituais fundamentalmente redefinidos: (1) a política como processo criativo de integração; (2) valores democráticos de liberdade e igualdade como poder-com relacional; (3) o povo como um todo dinâmico e relacional; e (4) o Estado como facilitador da integração[6]. Cada um desses elementos conceituais será discutido na sequência.

7.2.1 A política como integração

Follett recorre ao velho ditado sobre reforma democrática, mas observa: "quando as pessoas dizem que a cura para os males da democracia é mais democracia, geralmente querem dizer que, enquanto tivermos somente algumas instituições 'populares', não teremos o suficiente" (Follett, 1998, p. 159). A autora contesta totalmente essa noção: "Só existe uma forma de obter o controle democrático: as pessoas aprenderem a desenvolver ideias coletivas. A essência da democracia não está nas instituições, nem mesmo na 'irmandade'; está no organizar de pessoas que garante a mais segura, a mais perfeita realização da ideia comum" (p. 159). A única maneira de obter cooperação verdadeira e duradoura é por meio da participação genuína: "Hoje em dia, todos falam em cooperação, mas não existe maneira de transformar consentimento em cooperação" (Follett, 2003g, p. 171).

Follett questiona os processos políticos existentes que diferenciam entre interações políticas informais e interações formais relacionadas à governança. "Acredito que o processo político consiste em conectar a vontade das pessoas que estão em uma situação com a vontade das pessoas que deliberam sobre uma situação. Como fazer isso é a grande questão da democracia" (Follett, 2013c, p. 202). Em outras palavras, não pode haver uma vontade informal do povo E uma vontade formal do povo por meio dos representantes. Deve haver simplesmente uma vontade gerada entre todos na situação. "Quando tivermos uma democracia genuína, não teremos o maquinário político defeituoso do presente, mas algum método pelo qual as pessoas serão capazes não de aceitar nem de rejeitar, mas de criar ideias no grupo ou no todo, de produzir uma vontade coletiva genuína" (Follett, 1998, p. 152). "É isso que significa democracia, que a experiência de todos é necessária. [...] Democracia não é 'idealismo', mas puro e simples senso comum" (Follett, 2013c, p. 19).

Portanto, Follett clama por um novo método de governança PELO povo que vai além das práticas representativas ou participativas. Primeiro, para que todas as ideias sejam incluídas, todos devem participar: "Democracia é todas as pessoas compartilhando do processo criativo; essa é nossa política e nossa religião" (Follett, 1998, p. 103). Segundo, "a escolha não é abdicada, e sim colocada mais atrás no processo" (Follett, 2013c, p. 84). Dessa forma, diferencia-se a escolha participativa do consentimento direto: "Uma das diferenças fundamentais entre consentimento e participação é que o consentimento não é parte do processo; ele vem no final ou depois do processo. A participação não é apenas parte do processo; ela deve começar com o começo do processo" (Follett, 2003l, p. 223). Por fim, a qualidade da participação deve ir além do debate ou voto pluralista: "Se formos além do mero consentimento, também iremos além da mera participação" (Follett, 2003l, p. 229).

Assim, para Follett, política ainda significa um processo social que determina como a sociedade será governada. Porém, ela não é mais conduzida apenas nas instituições formais do governo representativo e não carrega mais o significado pluralista de competir pelo poder sobre decisões de "quem consegue o que, quando, como" (Lasswell, 1950). De fato, "a competição individual deve, é claro, desaparecer" (Follett, 1998, p. 364). Em vez de competir sobre diferenças de interesses e valores, esses desejos devem ser reunidos através de um processo dinâmico que "age no princípio de participação e por um método de resolver diferenças, ou um método de lidar com as diversas contribuições de pessoas muito diferentes em temperamento, formação e talentos" (Follett, 2003l, p. 213).

Então, o projeto de Follett é "buscar uma maneira pela qual desejos possam se entrelaçar" (Follett, 2013c, p. xiv). Esse método começa com a visão da política como um projeto relacional, em vez de competitivo: "Vamos olhar para algumas coisas que a participação não é. Quero dizer a participação como a estamos definindo agora, não um mero fazer parte, mas um relacionar-se funcional. Não é lutar" (Follett, 2003l, p. 225). Em vez disso, "temos participação quando temos um pensar relacionado, não um mero votar, que apenas registra opiniões já formadas" (p. 212). Assim, "a principal preocupação da política são os MODOS DE ASSOCIAÇÃO. Não queremos a regra dos muitos ou dos poucos; precisamos encontrar o método de procedimento político pelo qual as ideias da maioria e da minoria estejam tão proximamente entrelaçadas que somos verdadeiramente governados pela vontade do todo" (Follett, 1998, p. 147).

Esse modo de associação não pode ser a participação como os pluralistas a concebem. "Se, contudo, dissermos que acreditamos não no consentimento, mas na participação, então precisamos definir a participação. A mera participação não é suficiente [...] a participação deve envolver a interpenetração das ideias das partes envolvidas" (Follett, 2003l, p. 212). "Nossa contribuição não tem valor a menos que esteja efetivamente relacionada às contribuições de todos os outros envolvidos" (p. 229). Assim, o papel do cidadão deve deixar de ser o de um participante passivo que depende de representantes da elite e seus especialistas ou de líderes de grupos de interesses para fazer o trabalho de cidadania em seu lugar. "Precisamos hoje de: (1) uma cidadania ativa, (2) uma cidadania responsável, (3) uma cidadania criativa – uma cidadania construindo seu próprio mundo, criando sua própria estrutura política e social, construindo sua própria vida para sempre. Nossa fé na democracia reside principalmente na crença de que as pessoas têm esse poder criativo" (Follett, 1998, p. 222). Essa mudança de atitude é necessária para que as mudanças no "maquinário" sejam eficazes.

Essa nova tecnologia é a da participação ativa no que agora chamaríamos de um *processo de construção de consenso*: "Em muitos comitês, conselhos e comissões, vemos agora uma relutância em agir a menos que todos concordem; existe um sentimento de que, de alguma forma, se insistirmos por tempo suficiente, poderemos unificar nossas ideias e vontades, e também há um sentimento de que tal unificação de vontades tem valor" (Follett, 1998, p. 143). Essa abordagem é necessária porque "a maioria absoluta é democrática quando aborda não uma vontade unânime, mas uma vontade integrada" (p. 142). Mesmo uma votação unânime não é necessariamente a vontade do todo, porque ela provavelmente esconde alguma forma de dominação, mesmo que apenas por meio de passividade e imitação. De fato, esse é o problema fundamental de processos eleitorais de sim ou não. "Se participação significa fazer sua parte em uma unidade integrativa, se desejamos obter o que cada um tem a acrescentar, quais são algumas das regras que devemos estabelecer para nos orientar? Primeiro, devo dizer, nunca, se possível, permita que se estabeleça uma situação mutuamente exclusiva [...] apresentando duas alternativas, você não esgota de forma alguma todas as possibilidades de uma situação; significa um pensamento muito empobrecido, uma diminuição de seus recursos mentais; muitas vezes isso paralisa ou canaliza o pensamento" (Follett, 2003l, p. 219). "Em resumo, não obtemos a participação total a menos que evitemos situações mutuamente exclusivas" (p. 221). Em vez disso, devemos galgar uma integração de vontades. Integração ocorre por meio não da deliberação padrão que tende para o debate, mas de "discussões em grupo [...] 'interpermeação'" (Follett, 1998, p. 209), que inclui "um reunir cooperativo de fatos" (Follett, 2013c, p. 17), e "discussão genuína", que "busca a verdade" (Follett, 1998, p. 210).

Follett explica que a psicologia nos dá o modelo desse novo processo político: "O termo que temos agora, integração" (Follett, 2013c, p. xiv). Assim como a integração mostrou impulsionar o progresso do indivíduo e da sociedade no nível psicossocial, assim como é o processo para criar a ética, Follett acredita que a integração melhorará tanto a política quanto as leis que esta produz. Primeiro, seu efeito sinergético produz mais políticas criativas e eficazes porque nada é perdido. "A doutrina de integrar interesses dá fim à doutrina do equilíbrio de interesses" (p. 45). "No momento em que você tenta integrar a perda, você reduz a perda; assim como, no momento em que tenta integrar o ganho, você aumenta o ganho. Essa é a grande vantagem da integração sobre a dominação e a conciliação, as três formas de lidar com o conflito. Em qualquer uma das duas últimas você reorganiza material existente, faz ajustes quantitativos e não qualitativos, ajusta mas não cria. [...] Integrando esses interesses, você obtém a vantagem do unificar" (Follett, 2013c, p. 45-46).

Ademais, a implementação é muito mais eficaz em razão de um comprometimento muito mais forte com as políticas produzidas: "O mesmo processo que desenvolve o Estado desenvolve a lei. A lei flui de nossa vida, portanto não pode estar acima dela. A fonte do poder vinculativo da lei não está no consentimento da comunidade, mas no fato de que a lei foi produzida pela comunidade" (Follett, 1998, p. 130).

7.2.2 Os valores democráticos redefinidos

Para alcançar o modo de associação participativo necessário para a integração como método de política e legislação, os significados dos valores democráticos subjacentes também devem ser transformados. Follett redefine esses conceitos com base em seu entendimento da ontologia do processo relacional. Mais especificamente, cada um dos valores democráticos de liberdade, igualdade e união está embrulhado em concepções específicas de soberania e poder que devem ser mais desenvolvidas. Ademais, tais definições devem ser esclarecidas para que essas concepções sejam transformadas: "*Autoridade, poder, controle* e *soberania* são todas palavras de peso, e muito tem sido escrito sobre elas por pessoas cultas em linguagem culta" (Follett, 2003g, p. 174).

Tradicionalmente no liberalismo, a liberdade é entendida em sua formulação negativa: liberdade da coerção do Estado e capacidade de agir e pensar como se queira desde que não se infrinja a liberdade dos outros.

A igualdade é entendida como todos os indivíduos sendo iguais perante a lei e com voz política em procedimentos de governança já estabelecidos. Embora as pessoas possam ser retoricamente identificadas como a fonte de sabedoria definitiva, a autoridade governante é dada às instituições representativas e pluralistas da governança, as quais exercem poder sobre as mesmas pessoas. É assim que alcançamos a unidade: por meio de uma aceitação voluntária de algum nível de coerção em troca dos benefícios de participar da sociedade.

Follett observa que esses significados derivam de um entendimento antiquado do indivíduo: "Para muitos, democracia significava direitos 'naturais', 'liberdade' e 'igualdade' [...] a velha ideia de direitos naturais postulou o indivíduo particularista; e hoje sabemos que essa pessoa não existe" (Follett, 1998, p. 137). Ademais, filósofos individualistas afirmam: "A vontade de poder do ser humano é sua característica mais marcante" (Follett, 2013c, p. 179-180). Como resultado, "esse medo de perder uma liberdade puramente mítica é comprovadamente infundado na realidade" (Follett, 2003f, p. 306). Com base em tais pressupostos individualistas, Follett vê como preocupante a ênfase colocada sobre a liberdade como "palavra de ordem" (Follett, 2013c, p. 286) no século XIX porque ela é "muitas vezes expressa em termos de uma restrição da liberdade. Devemos, porém, ver a lei não como restritiva ou regulatória da liberdade, mas como algo que aumenta nossa liberdade tornando cada vez mais ampla a área em que essa liberdade pode operar. Tenho uma liberdade teórica na floresta; tenho liberdade de fato somente com a liberdade de fazer, fazer e fazer, em relações mais amplas, em relações mais significativas, estendendo cada vez mais a possibilidade de resposta produtiva. As pessoas não perdem sua liberdade em relação, mas em relação a ganham" (p. 288-289). De fato, Follett insiste: "Só posso libertar você e você a mim. Essa é a essência, o sentido, de toda relação. [...] Essa libertação recíproca, esse chamar do um pelo outro, essa evocação constante é o [...] processo-vida" (p. 130)[7].

Em sua formulação positiva, a liberdade "não é medida pelo número de restrições que não temos, mas pelo número de atividades espontâneas que de fato temos" (Follett, 1998, p. 138)[8]. Portanto, um Estado altamente organizado não implica restrição do indivíduo, mas sua maior liberdade. [...] Um maior grau de organização social significa uma vida mais complexa, rica, ampla, significa mais oportunidades para o esforço individual e a escolha individual e a iniciativa individual" (p. 139). Quando se tem a autoridade de se expressar em contextos mais sociais, a liberdade é expandida porque "expressar a personalidade que eu estou criando, viver a autoridade que eu estou criando, é ser livre" (Follett, 2013c, p. 193). "Nenhum poder externo pode de fato nos libertar" porque "a liberdade não é uma condição estática" (Follett, 1998, p. 71). "Sou livre quando estou criando" (p. 70).

Assim, Follett reinterpreta o termo *liberdade* para incluir seu aspecto positivo sem perder a liberdade da coerção, porque "integrar desejos sintetiza as concepções de liberdade e não liberdade" (Follett, 2013c, p. 289). Mediante a síntese, "liberdade e restrição não são opostos, pois idealmente a expressão da vontade social em restrição é nossa liberdade" (Follett, 1998, p. 141). Restrição não é dominação quando é autenticamente autogerada e autoimposta como membro ativo do todo. "Penso que devemos nos perguntar a que devemos obediência. Certamente apenas a uma unidade funcional da qual fazemos parte, para a qual estamos contribuindo" (Follett, 2003c, p. 64). Follett explica: "Uma pessoa idealmente é livre até onde é 'interpermeada' por todos os outros seres humanos; ela ganha sua liberdade por meio de uma relação completa e perfeita, porque por meio dela alcança sua natureza total. Assim, livre-arbítrio não é um capricho ou um desejo momentâneo. Pelo contrário, liberdade significa exatamente a liberação da tirania de tais impulsos particularistas. [...] A essência da liberdade não é a espontaneidade irrelevante, mas a completude da relação" (Follett, 1998, p. 69). Portanto, Follett (2003f) defende: "Agora, um maquinário contínuo para trabalhar os princípios de relação, seja dentro da própria fábrica, seja nacionalmente, seja internacionalmente, faz parte da própria essência da liberdade. [...] Descobrir e seguir certos princípios da ação COLETIVAMENTE forma a liberdade INDIVIDUAL.

Um maquinário contínuo para esse propósito é um fator essencial no único tipo de controle que podemos contemplar" (p. 304).

Essa reinterpretação da liberdade exige uma transformação semelhante do entendimento de PODER político. Como observa Follett (2013c), "Qual é o problema central das relações sociais? É a questão do poder" (p. xiii)[9]. "Se existe ou não uma necessidade 'instintiva' pelo poder ou apenas uma necessidade pelas formas de satisfazer o desejo, a tentativa de ganhar poder é a característica predominante de nossa vida" (p. 179-180). Mas o poder tem inúmeras expressões na teoria política. "Esses cientistas políticos que usam as palavras *poder*, *controle* e *autoridade* como sinônimos estão confundindo nosso pensamento" (Follett, 2003j, p. 111). Para esclarecer, Follett (2013c) pergunta: "Seria o poder força, influência, liderança, manipulação, gerenciamento, seria autocontrole, autodisciplina, seria capacidade, seria autoexpressão?" (p. 180).

Igualarmos poder com autoridade pode não ser particularmente problemático. Porém, se igualarmos poder ou autoridade com controle, então é provável que pensemos no tipo errado de poder. No cenário da liberdade negativa, o tipo de poder e autoridade em jogo é de natureza coercitiva, ou o que Follett chama de *poder-sobre*, como citado no Capítulo 6. Nesse sentido, poder é força, influência, liderança, manipulação e gerenciamento. Follett (2013c) acredita que tal "poder coercitivo é a maldição do universo" (p. xiii). Seu remédio é o processo integrativo. "A psicologia da integração nos dá dicas de uma nova concepção de poder" (p. 179). Ela explica: "o integrar de vontades impede a necessidade de ganhar poder para satisfazer o desejo" (p. 184). Em outras palavras, quando a integração é alcançada, não há mais necessidade de controle coercitivo sobre os outros. Tudo o que é necessário é autogovernança para participar do alcance do desejo comum.

Nesse cenário da liberdade positiva, o tipo de poder e autoridade em jogo é sobre o próprio *self* e sobre situações das quais se é parte integrante: autocontrole, autodisciplina, capacidade e autoexpressão. Nesse sentido, "*poder* pode ser definido simplesmente como a capacidade de fazer as coisas acontecerem, ser um agente causal, iniciar a mudança. Talvez a 'necessidade de poder' seja meramente a satisfação de estar vivo" (Follett, 2003j, p. 99)[10]. Mais importante, "esse controle autogerado não é coercitivo" (Follett, 2013h, p. 88) porque "quanto mais poder eu tenho sobre mim mesma, maior minha capacidade de participar produtivamente com você e com você desenvolvendo poder na nova unidade então formada: nossos dois *selves*" (Follett, 2013c, p. 189-190). "Se ambos os lados obedecem à lei da situação, nenhuma PESSOA tem poder sobre outra" (Follett, 2003j, p. 105). Nesse sentido, "todo controle significa um senso de poder" porque "toda atividade traz um senso de poder" (Follett, 2013c, p. 180). Mas esse é um controle compartilhado. Follett explica: "O poder genuíno é o poder-com, o pseudopoder é o poder-sobre" (p. 189)[11,12]. "O poder genuíno só pode ser cultivado [...] pois o poder genuíno não é controle coercitivo" (p. xiii)[13]. Follett acredita que tal "poder coativo" é "o enriquecimento e o avanço de toda alma humana" (p. xiii)[14]. Conforme são aplicadas ao Estado, "relações jurídicas então implicam sempre direitos-com, não direitos-sobre" (p. 189).

Em suma, Follett acredita que "é possível desenvolver a concepção de *poder-com*, um poder desenvolvido conjuntamente, um poder coativo e não coercitivo" (Follett, 2003j, p. 101)[15]. Esse novo entendimento de poder fundamentalmente muda os pressupostos representativos sobre o consentimento dos governados como alicerce da SOBERANIA do Estado democrático. "O que a nova psicologia nos ensina sobre 'consentimento'? O poder é gerado dentro do grupo verdadeiro não mediante um ou muitos assumindo a autoridade e os outros 'consentindo', mas apenas pelo processo de misturar-se" (Follett, 1998, p. 303). Em outras palavras, consentimento significa engajamento ativo e apoio aos resultados, não anuência ou seleção entre escolhas determinadas por outra pessoa. O único motivo pelo qual o pseudopoder entrou em jogo é o tempo e a logística envolvidos na integração: "Recorre-se ao poder-sobre incontáveis vezes porque as pessoas não querem esperar pelo processo mais lento da educação" (Follett, 2013c, p. 190).

Para que o poder político seja democrático, também é comumente afirmado que o poder deve ser distribuído a partir de sua fonte soberana. Follett (2013j) concorda: "O poder deve ser distribuído da fonte? Muito bem, mas qual é a fonte?" (p. 108). Para Follett, o poder deriva ontologicamente, de forma direta, de cada pessoa, ao invés de derivar, de forma indireta, de direitos concedidos pelo Estado e suas instituições, que foram originalmente constituídos por pessoas com direitos naturais. A autora insiste: "O poder tem muitas formas de se desenvolver naturalmente se não houver obstáculos" (p. 109). Follett (1998) explica que "um entendimento do processo grupal nos ensina a verdadeira natureza da soberania. [...] A ideia atomística de soberania está morta, concordamos, mas podemos aprender a definir a soberania de forma diferente" (p. 283). Em suma, o poder político ou soberania é gerado através do processo criativo ou da integração bem-sucedida. Não existe uma oferta finita que deve ser racionada por representantes autorizados. "O poder produzido pela relação é algo qualitativo, não quantitativo. Se seguirmos à risca nossa regra de traduzir tudo em atividade, se olharmos para o poder como o poder de FAZER algo, entenderemos isso" (Follett, 2013c, p. 191). Essa é uma "soberania cooperativa" (Follett, 1998, p. 316), um termo que a autora atribui ao marxista britânico Harold Laski.

Nesse entendimento de soberania e poder, existe uma oferta potencialmente infinita que só pode existir pelo processo relacional dinâmico da integração. "Aqui deve estar a origem do poder [...] como ele pode ser produzido [...] Sempre que falarmos de poder de fato, estaremos falando de algo gerado por resposta circular, ou melhor, algo que está sendo gerado por resposta circular" (Follett, 2013c, p. 185). Uma vez que esse poder inerente de criar reside somente dentro de cada pessoa, a soberania não pode ser externalizada ou delegada a representantes ou instituições e ainda permanecer legítima. "Nunca podemos 'dar' poder, devemos reconhecer todo o poder que brota espontaneamente dentro do Estado e meramente buscar os métodos pelos quais esse poder autogerado deve tender a imediatamente se tornar parte da força do Estado" (Follett, 1998,

p. 323). Também não podemos dar poder a abstrações como o INTERESSE PÚBLICO: "Falamos sobre o público sem pensar que éramos o público" (p. 336). Em vez disso, Follett postula: "Sejamos NÓS o Estado, sejamos nós soberanos – sobre nós mesmos. Assim como o problema na vida de cada um é encontrar a maneira de unificar os elementos conflitantes dentro de nós (visto que só assim ganhamos soberania sobre nós mesmos), também para o Estado é esse o problema" (p. 281).

Como sempre, recorrendo à psicologia, Follett vê esse processo começando com o integrar individual dos vários elementos de sua própria natureza para alcançar soberania distribuída (individual), avançando externamente em associações cada vez mais abrangentes dentro dos grupos para alcançar a soberania coletiva no todo genuíno. "Um Estado é soberano somente até onde tem o poder de criar um Estado em que todos o são. A soberania é o poder gerado por uma interdependência completa e pela consciência de tal interdependência. [...] Pelo sutil processo de interpenetração, uma soberania coletiva evolui de uma soberania distribuída" (Follett, 1998, p. 271). Quando a soberania coletiva é colocada em "um grupo interpenetrante" (p. 181), a "experiência entrelaçada produz fins sociais E poder [...] A experiência entrelaçada cria o poder legítimo" (Follett, 2013c, p. 192).

Essa reformulação do poder e da soberania também é a fonte da reinterpretação de Follett sobre a IGUALDADE. Essencialmente, a igualdade está centrada na questão de "Quem deve decidir quais são os fins da sociedade?" (Follett, 2013c, p. 192). A resposta democrática tem sido, tradicionalmente, oferecer oportunidades iguais de ser a pessoa que toma essa decisão. Contudo, a ontologia do processo relacional exige uma solução diferente. Como explica Follett, "O processo grupal nos mostra que somos iguais de dois pontos de vista: primeiro, sou igual a todos como um dos membros necessários do grupo; segundo, cada uma dessas partes essenciais é uma torneira de uma fonte inesgotável – em cada ser humano vive uma possibilidade infinita" (Follett, 1998, p. 139). Portanto, a participação ativa de TODOS é necessária no processo político, e essa participação é de igual valor porque todos têm potencialidade criativa. Em resumo, a oportunidade deve ser substituída pela realidade para alcançarmos a igualdade.

Assim, a reformulação de poder e soberania também redefine a UNIDADE como integração dentro de grupos conectados de pessoas que englobam um todo no qual todos participam ativamente. Follett sugere que a filosofia individualista alterou fundamentalmente esse antigo entendimento das coletividades. "Desde a Idade Média, a apreciação pelo indivíduo tem crescido regularmente. A Reforma Protestante no século XVI foi um movimento individualista. A apoteose do indivíduo, no entanto, logo nos desencaminhou, envolvendo uma noção inteiramente equivocada da relação do indivíduo com a sociedade, e nos deu a falsa filosofia política dos séculos XVII e XVIII. As pessoas pensavam em indivíduos como separados e então tiveram de inventar ficções para uni-los, daí a ficção do contrato social" (Follett, 1998, p. 162). Esses pressupostos, entretanto, levaram ao caminho perigoso do contrato forçado: o dos regimes autocráticos vistos no sul da Europa. Follett (2003m) argumenta: "Acredito que a causa disso está no fato de que essas nações pensam ser necessária a unidade, mas ainda não encontraram uma maneira melhor de alcançá-la, ou de chegar mais perto de uma unidade genuína" (p. 189).

Portanto, como era entendido no século XIX, "muitos pluralistas políticos acreditam que não podemos ter unidade sem absorção. Naturalmente avessos à absorção, eles consequentemente abandonam a ideia de unidade e encontram a conciliação e o equilíbrio como a lei da associação. Mas quem pensa em conciliação e equilíbrio como o segredo da cooperação peca, até aqui, em não entender o processo social, assim como peca em não reunir os frutos de pesquisas recentes em psicologia" (Follett, 1919, p. 576). Como discutido com relação ao conflito construtivo na concepção de ética de Follett, "Agora vemos a falsa psicologia por trás da conciliação e da concessão. Sua futilidade prática há muito é evidente: sempre que alguma diferença é 'resolvida' pela concessão, essa diferença reaparece em alguma outra forma. Nada jamais resolverá verdadeiramente diferenças, exceto a síntese" (Follett, 1998, p. 114).

Contudo, o pluralismo não é a única formulação problemática da unidade. Follett observa que esse entendimento do indivíduo também levou a um todo absorvente propagado pelo idealista T. H. Green, bem como por Kant e Hegel antes dele. "O Estado agora não deveria ser subordinado ao indivíduo; deveria ser a realização do indivíduo" (Follett, 1998, p. 163). Em outras palavras, somente através de sua relação com o Estado o indivíduo poderia encontrar identidade e autoexpressão. Como explicado no Capítulo 3, nem o individualismo nem o coletivismo produzem o indivíduo verdadeiro dentro de um todo em formação.

Em todo caso, o Estado ou a sociedade têm algum grau de dominação sobre o indivíduo, o que é antitético ao entendimento da unidade como um processo inclusivo, igualitário e dinâmico do UNIFICAR: "estamos falando de uma unidade que não é resultado de um entrelaçamento, mas é o entrelaçamento. A unidade é sempre um processo, nunca um produto" (Follett, 2003m, p. 195). Ademais, "o Estado unificado ideal não é todo-absorvente, ele é todo-inclusivo: uma questão muito diferente [...] que eu chamo de *Estado unificador*" (Follett, 1998, p. 311). Follett acredita que o Estado unificador gera um interesse autenticamente comum: "quando abandonarmos nossa sociedade-poder, talvez possamos usar a expressão *interesse social* sem ambiguidade; ela pode então significar o interesse envolvido em relação e desenvolvido pela relação" (Follett, 2013c, p. 49). Quando a unidade é entendida como processo em evolução de unificar através da integração, o indivíduo autêntico não fica perdido no processo relacional: "A cada momento devo reencontrar minha liberdade formando um todo cujos ditames, por serem integrações com as quais estou contribuindo, representam minha individualidade naquele momento" (Follett, 1919, p. 578).

Novamente, através da integração, um todo genuíno não exerce poder-sobre, mas poder-com. "Todo controle da maioria é poder SOBRE. O controle genuíno é a atividade entre, não a influência sobre" (Follett,

2013c, p. 186). O próximo passo é "descobrir o que é poder e criá-lo conscientemente [...] o único poder genuíno é sobre o *self*, qualquer que seja esse *self* [...] juntos temos poder sobre nós mesmos" (p. 186). "O espírito-grupo [...] é o espírito da democracia. [...] Nunca podemos dominar uns aos outros ou ser dominados por outro; o espírito-grupo é sempre nosso mestre" (Follett, 1998, p. 43). Mas claramente, nesse todo de integrar e de unificar, também somos todos sempre nossos próprios mestres.

7.2.3 O povo em formação

Com os valores democráticos de liberdade, igualdade e unidade redefinidos, juntamente com as novas concepções de poder e soberania, uma formulação alternativa de *povo* pode ser criada. Follett observa: "Tivemos em nossa memória três ideias da relação do indivíduo com a sociedade: o indivíduo como merecedor de 'direitos' A PARTIR DA sociedade, depois com um dever PARA COM a sociedade e agora a ideia do indivíduo como atividade DA sociedade. [...] A cidadania não é um direito, nem um privilégio, nem um dever, mas uma atividade a ser exercida a todo momento" (Follett, 1998, p. 335). Follett está descrevendo um caminho evolutivo: (1) indivíduo recebendo direitos a partir da sociedade, (2) indivíduo devendo um dever à sociedade, (3) indivíduos criando juntos a sociedade. Na primeira iteração, o povo é criado pelo Estado. Na segunda, é criado pelo contrato social. Na terceira, o povo está sendo continuamente formado e reformado através de uma atividade contínua.

Na visão de Follett, somente a última iteração é democrática. "Democracia é a regra de um todo que interage, que 'interpermeia'. [...] Democracia é cada um construindo uma única vida, não a minha vida e a dos outros, não o indivíduo e o Estado, mas a minha vida vinculada à dos outros, o indivíduo que é o Estado, o Estado que é o indivíduo" (Follett, 1998, p. 156). Em resumo, "não existe 'povo'. Precisamos criar um povo" (p. 220). Mas isso é feito pelos indivíduos unidos, não por uma fonte externa: "O individualismo verdadeiro" inclui "o valor individual como base da democracia, a afirmação individual como seu processo e a responsabilidade individual como força motora" (p. 74). Portanto, uma comunidade democrática – um povo democrático – "não é nem a anarquia do particularismo nem a rigidez da máquina alemã" (p. 65)[16]. "Uma comunidade democrática é uma em que a vontade comum está sendo gradualmente criada pela atividade cívica de seus cidadãos" (p. 51). É por isso que Follett acredita que "a essência da democracia é criar" (p. 7). Se não estamos engajados no processo criativo de unificar, não somos de fato parte do povo.

Essa reconfiguração fundamentalmente altera as noções tradicionais de lealdade ao povo, tipicamente entendidas como patriotismo. Follett insiste que a lealdade a qualquer grupo, incluindo o Estado, vem do fato de que uma pessoa "fez o Estado" e portanto "deve reconhecer a autoridade do Estado" (Follett, 2013c, p. 220). A lealdade "está vinculada à relação entrelaçada entre nós e o Estado. Esse entrelaçamento é o dínamo que produz poder e lealdade" (p. 221).

7.2.4 O Estado servil

A partir desse novo entendimento do povo como composição dinâmica e relacional, deve surgir uma redefinição semelhante do ESTADO como função social: o que Follett chama de "o Estado servil" (Follett, 1998, p. 294). Hoje, talvez seja melhor usar o termo contemporâneo *governança* para entender o que Follett quer dizer com a função do Estado, pois a autora acredita que os mesmos princípios e métodos – ou *modo*, na terminologia dela – devem ser aplicados a todas as formas de associação humana, incluindo bairros, grupos ocupacionais e até mesmo famílias.

Sugerindo que as atuais configurações do Estado revelam que o rei está nu, Follett insiste: "Vimos agora que a questão essencial não são os modos de representação, como os remendeiros alegremente esperam, nem mesmo a divisão de poder, como muitos dos pluralistas tendem a pensar, mas OS MODOS DE ASSOCIAÇÃO" (Follett, 1919, p. 582). A autora proclama: "Muitos de nós [...] acreditam na possibilidade de nós mesmos tecermos, de nossa própria experiência diária, as vestes de um Estado genuíno"

(p. 585). Isso significa "associar-se sob a lei da interpenetração, em vez de sob a lei da multidão" (Follett, 1998, p. 23): uma habilidade e uma tarefa que não podem ser concedidas por fontes externas. "Ninguém pode nos dar a democracia, precisamos aprender a democracia [...] isso é aprender a viver com outras pessoas" (Follett, 1998, p. 22). Somente através do processo de integração "o Estado verdadeiro pode ser cultivado" (p. 303).

Assim, Follett (1998) afirma: "Devemos ver se é necessário abolir o Estado para obter a vantagem do grupo" (p. 9). Em resposta, ela defende um novo papel do Estado, sugerindo que "o oposto do *laissez-faire* é a coordenação" (Follett, 2013h, p. 89). Porém, considerando-se seus escritos como um todo, pode-se dizer que esse argumento provavelmente seria mais eficaz com a afirmação de que, se o oposto do *laissez-faire* é o controle, a síntese dos dois é a coordenação: e síntese é a posição que Follett continuamente busca.

Independentemente de como Follett organiza seu argumento, a COOR-DENAÇÃO é o papel do "novo" estado que ela imagina. A responsabilidade do Estado é criar as condições dentro das quais os processos integrativos podem operar. "Dissemos: 'O povo deve governar.' Agora perguntamos: 'Como ele deve governar?' Essa é a técnica de democracia que estamos buscando" (Follett, 1998, p. 155). Embora muito de sua pesquisa enfoque o problema da forma, que será revisto na próxima seção, grande parte dirige-se à função do Estado, que é discutida no Capítulo 9.

É suficiente dizer aqui que as reconfigurações do Estado segundo Follett focam a função dinâmica em vez do poder estático, levando a uma nova alcunha: "A melhor parte do funcionalismo é que ele nos apresenta o Estado servil no lugar do Estado soberano. Isso significa duas coisas: (1) que o Estado é criado pelo serviço de fato de cada pessoa [...] (2) que o Estado em si é testado pelos serviços que presta, tanto para seus membros quanto para a comunidade-mundo" (Follett, 1998, p. 294). A autora insiste: "Não precisamos temer o Estado se o entendermos como o poder unificador: tem-se o princípio-Estado quando dois ou três se reúnem, quando qualquer diferença é harmonizada" (p. 314). O "Novo

Estado" não precisa ser temido porque "O controle, o poder, a autoridade genuínos estão sempre em crescimento. O autogoverno é um processo psicológico [...] Liberar o caminho para esse processo é a tarefa da política prática [...] Nenhum Estado pode perdurar a menos que o elo político seja eternamente reforjado [...] A organização de seres humanos em pequenos grupos locais dá a oportunidade para essa atividade política contínua que cria o Estado incessantemente" (p. 11). Assim, passamos a esse padrão específico de organização.

7.3 A estrutura da democracia verdadeira: o federalismo

Follett argumenta que a forma de organização adequada para o novo Estado é o federalismo. Contudo, a autora alerta que não está falando da "interpretação equivocada do federalismo defendida por alguns dos pluralistas: uma concepção que inclui as falsas doutrinas de divisão de poder, a ideia de que o grupo, e não o indivíduo, deve ser a unidade do Estado, a velha teoria do consentimento dos governados, um particularismo quase descartado (direitos grupais) e a desgastada teoria do equilíbrio" (Follett, 1998, p. 297). O federalismo não tem nada a ver com poderes divididos ou distribuídos, grupos de interesse, teoria dos contratos e o individualismo particularista. Ontologicamente, não pode haver uma concessão de poder, então não pode haver uma divisão de poder dentro do Estado.

Pelo contrário, trata-se de unificar para gerar poder: "A soberania, vimos, é o poder gerado dentro do grupo, dependente do princípio de interpenetração [...] O ser humano participa de muitos grupos, e isso com o intuito de expressar sua natureza múltipla. Esses dois princípios nos dão o federalismo" (Follett, 1998, p. 296). O federalismo verdadeiro é alcançado por meio da soberania gerada pela interpenetração e pela participação de cada ser humano em muitos grupos, todos eles permeáveis e conectados. Portanto, "o 'federalista' verdadeiro está sempre buscando a relação desses poderes com os do governo central. Não existem divisões absolutas em uma unidade verdadeiramente federalista" (p. 298).

"Os Estados Unidos não devem nem ignorar os estados, transcender os estados, nem equilibrar os estados, eles devem SER os estados em sua capacidade unida" (p. 299). Entretanto, o unificar não pode parar por aí. "Os Estados Unidos não devem ser apenas os ESTADOS em sua capacidade unida, mas todos os homens e mulheres dos Estados Unidos na capacidade unida DELES [...] o indivíduo, e não o grupo, é a unidade [...] O federalismo deve viver através: (1) da realidade do grupo, (2) do grupo em expansão, (3) do grupo em ascensão, ou processo unificador" (Follett, 1998, p. 301).

Follett sugere que devemos ter uma mudança filosófica de fundamentos para que o Estado soberano se torne um Estado unificador de pessoas que gera soberania através da integração: "o Estado deve ser a integração verdadeira dos grupos vivos e locais" (Follett, 1998, p. 245). Portanto, "a tarefa diante de nós agora é pensar de que forma o método grupal pode ser parte regular de nosso sistema político: sua relação com o indivíduo, por um lado, e com o Estado, por outro" (p. 294). A fim de contribuir para esse projeto, Follett apresenta uma nova formulação do federalismo, que é: (1) filosoficamente alinhada com o processo grupal; (2) profundamente aninhada e interligada em todos os níveis da sociedade; (3) amplamente inclusiva de todos os grupos; e (4) dinâmica em sua abordagem da representação.

7.3.1 O Estado como o-um-tornando-se-através--do-múltiplo

Follett observa que "a relação do todo com as partes é o cerne de qualquer um dos nossos problemas políticos atuais" (Follett, 2013c, p. 111). Porém, a autora acredita que, para estarem filosoficamente alinhados com o processo grupal, o indivíduo e a sociedade só podem relacionar-se de maneira federalista. O Estado como todo não pode ser o um absorvente nem o múltiplo dominador ou conciliador[17]. Em vez disso, devemos "agora ver que o indivíduo e a sociedade são aspectos diferentes do mesmo processo, para vermos que o cidadão e o Estado são um [...] que estão absolutamente atrelados" (Follett, 1998, p. 140). Isso é descrito neste livro como a ontologia do processo relacional de o-um-tornando-se-através-do-múltiplo.

Essa base filosófica é necessária porque "o federalismo jamais pode ser completamente entendido a menos que vejamos que ele não é uma forma de governo em si, mas o mais fundamental princípio da vida [...] o federalismo é a incorporação da teoria da resposta circular e da doutrina da *Gestalt*" (Follett, 2013c, p. 111). Em outras palavras, o federalismo é uma teoria do todo que deve ser baseada em uma ontologia do processo relacional ao invés de em uma ontologia estática atomística. "A própria essência de qualquer teoria legítima dos todos é uma relação do um e do múltiplo que torna impossível dar ao múltiplo o mero papel do consentimento" (p. 111). Em vez disso, "o pensamento democrático, para ser verdadeira a vontade do povo, deve ter o caráter de integrar a completude" (p. 112).

Em sua explicação do federalismo, Follett aprofunda-se em sua discussão filosófica da unidade:

> Eu disse que os pluralistas políticos estão lutando contra um hegelianismo mal-entendido. Eles adotam a concepção cruamente popular do Estado hegeliano como algo 'acima e além' das pessoas, como uma entidade virtualmente independente delas? Tal concepção está fundamentalmente equivocada e vai totalmente contra o estilo de Hegel. Assim como James descobriu que a experiência coletiva não independe da experiência distributiva e reconciliou as duas por meio da "consciência composta", as partes relacionadas de Hegel também receberam seu significado somente na concepção da relatividade total. A alma do hegelianismo é a relatividade total, mas essa é a essência do composto da consciência. Da mesma forma que para James, as partes relacionadas e suas relações aparecem simultaneamente e com igual realidade também para a relatividade total de Hegel. (Follett, 1998, p. 266)

Talvez de forma um tanto arrogante, Follett (1998) afirma: "Mas existe o Hegel real e o Hegel que aplicou sua própria doutrina equivocadamente, que pregou o absolutismo de um Estado prussiano" (p. 267). Nessa conceptualização, "a nacionalização é a reconciliação hegeliana" (p. 300).

Follett oferece uma interpretação alternativa: "Green e Bosanquet, de maneira mais ou menos completa, ensinaram a verdadeira doutrina hegeliana [...] o hegelianismo verdadeiro encontra sua forma atualizada no federalismo" (Follett, 1998, p. 267). Para Follett, o "federalismo verdadeiro é a integração da psicologia atual. Isso significa uma integração genuína dos interesses de todas as partes" (p. 300). Essa integração deve ocorrer em todos os níveis da análise dentro do todo: o indivíduo, um dado grupo, todos os grupos. "Visto que o progresso individual depende da interpenetração de um grupo e outro grupo" (p. 249). Assim, em sua reinterpretação de Hegel, Follett diferencia entre o Estado unificado como um OBJETO e o Estado unificador como um PROCESSO. "O Estado unificado segue do um para o múltiplo. [...] Isso não procede para o Estado unificador que estou tentando demonstrar. A autoridade deve seguir do múltiplo para o um, do menor grupo comunitário para a cidade, o estado, a nação. Este é o processo da vida, sempre unificando através da interpenetração do múltiplo-unidade como objetivo infinito" (p. 284). Em outras palavras, o federalismo unificado emprega uma autoridade estática de cima para baixo para exigir um todo, enquanto o federalismo unificador perpetuamente gera um todo de baixo para cima através da autogovernança. O federalismo é um estilo de organização em vez de uma organização em si: uma prática institucional em vez de uma instituição.

7.3.2 Grupos profundamente aninhados e interligados

Follett observa a importância de conectar grupos desde o menor até o maior escopo social, no que pode ser descrito como *federalismo profundamente aninhado e interligado*, que começa no nível mais local[18]. "A comunidade deve ser o alicerce do Novo Estado" (Follett, 1998, p. 359). Por meio desse grupo imediato de participação direta, "representantes de grupos comunitários se encontram para discutir e então correlacionar as necessidades de todas as partes da cidade, de todas as partes do estado"

(p. 245). Follett insiste que a abrangência do escopo não precisa parar com o estado ou a nação. Embora observe que "ainda não tivemos uma boa noção de uma comunidade de nações" (p. 354), Follett não vê problema em estender o princípio do federalismo verdadeiro para o mundo como um todo e vê associações como a Liga das Nações como oportunidades para construir uma comunidade de nações amplamente inclusiva. "Deve haver um ideal-mundial, uma civilização-todo, no qual os ideais e a civilização de cada nação encontraram um lugar para si" (p. 346).

Contudo, para ser fiel ao princípio do grupo, isso só pode ser alcançado mediante um entendimento, uma aceitação e uma disposição para a integração interdependente. "Uma comunidade de nações precisa de uma constituição, não de um tratado. Tratados são da mesma natureza de contratos" (Follett, 1998, p. 355). Pode ser que essa afirmação específica tenha feito com que o pensamento político de Follett fosse ignorado por tantas décadas.

7.3.3 Grupos amplamente inclusivos

Follett argumenta que "a democracia apoia-se no pressuposto bem fundamentado de que a sociedade não é nem uma coleção de unidades nem um organismo, mas uma rede de relações humanas" (Follett, 1998, p. 7). Ademais, "a sociedade perfeita é o inter-relacionar-se completo de um número infinito de *selves* conhecendo a si mesmos como um só *self*. Vemos que somos dependentes do todo, enquanto vemos que somos um com o todo, criando o todo" (p. 84). Isso significa que, por meio de pelo menos um ponto de conexão, cada indivíduo está ativamente engajado em formar o todo e ser formado pelo todo. Portanto, "o indivíduo, e não o grupo, deve ser a fundação da organização" (p. 180). A autora enfatiza esse argumento quando defende que "a essência do movimento feminista não é que as mulheres, como mulheres, devem ter direito ao voto, mas que as mulheres, como indivíduos, devem ter direto ao voto. Aqui existe uma diferença fundamental" (p. 171). Mas ela destaca que "o indivíduo é criado por muitos grupos" (p. 180). De fato, para Follett, o indivíduo não pode ser desagregado de grupos sociais: em composição, um é o reflexo perfeito do outro.

Portanto, o federalismo deve ser amplamente inclusivo, incluindo grupos das atividades cívicas, políticas e econômicas da vida: "Outros grupos além de grupos comunitários devem ser representados no Estado" (Follett, 1998, p. 245). A autora descreve essas inúmeras e complexas conexões como "um número infinito de filamentos" que "cruzam e recruzam e conectam todas as minhas diversas lealdades" (p. 312). Uma vez que o espírito do indivíduo não pode ser exaurido nem dividido, damos nosso todo a cada um desses papéis e relações. "Se você me deixa com meus *selves* plurais, eu fico desolada, minha alma clamando por seu sentido, seu lar" (p. 312). Portanto, ninguém pode ser excluído do processo de governança: "O lar de minha alma está no Estado" (p. 312). Mas "a dificuldade é que ainda não encontramos uma maneira de vitalizar a unidade local, de torná-la a maneira pela qual todas as pessoas devem agir, devem participar" (Follett, 2013c, p. 226).

Para permitir o processo grupal, esses muitos grupos conectados devem ser de tamanho relativamente pequeno: com intimidade suficiente pra acomodar a integração eficaz. "No grupo pequeno, então, é onde vamos encontrar o significado interior da democracia, sua verdadeira alma e cerne" (Follett, 2013c, p. 226). Portanto, "a organização de pessoas em grupos pequenos e locais deve ser a próxima forma que a democracia assumirá" (Follett, 1998, p. 142). Essa exigência requer uma forma de representação, mas uma que se encaixe dentro dos princípios de Follett.

7.3.4 Representação dinâmica

Follett concorda que a representação é necessária para a simples viabilidade em larga escala, bem como para evitar que surja uma mentalidade de multidão: "Deve haver representantes desde as menores unidades até as maiores, até o Estado federal" (Follett, 1998, p. 251). Entretanto, a autora identifica quatro requisitos para a representação VERDADEIRAMENTE DEMOCRÁTICA: (1) os representantes devem manter a meta de chegar a um acordo com base no entendimento maior, e não buscar vencer uma briga; (2) os representantes devem "manter uma relação de integração com o grupo representativo conforme a situação muda" (Follett, 2013c, p. 253); (3) os representantes devem engajar os constituintes na atividade, não apenas intelectualmente; e (4) os representantes devem "estudar as coisas conforme elas variam em relação às variações de outras coisas" (p. 254). Essa capacidade de entender a situação total é, na visão de Follett (2013h), um melhor "requisito para estadistas" (p. 80). "O estadista organiza fatos sociais em legislação e administração. Quanto melhor o estadista, maior poder ele mostra somente nessa capacidade" (Follett, 2003e, p. 144).

No entanto, quando consideradas à luz dos outros aspectos da teoria política de Follett, fica claro que as necessidades e a capacidade situacionais devem guiar a escolha de representantes pelos participantes do grupo. Isso garantirá o progresso "do contrato à comunidade" (Follett, 1998, p. 122) de maneira dinâmica e relacional.

Resumo da análise

Durante sua carreira como assistente social, Follett "interessou-se pelas justificativas intelectuais para o movimento dos centros comunitários" (Mattson, 1998, p. xxxviii). Suas experiências em campo "deram a Follett a certeza de que a democracia pode ser mais do que um ideal abstrato. Ela deve, conforme insistia a autora, tornar-se uma realidade vivida, uma prática diária vigorosa" (p. liv). Assim, a principal preocupação de Follett são os MODOS DE ASSOCIAÇÃO nos grupos humanos, preferindo a participação direta às formas representativas de governança grupal em qualquer escala e em qualquer setor da sociedade. A autora também acredita em um federalismo profundamente aninhado e amplamente inclusivo que brota das associações no nível da comunidade para manter a autonomia local, ao mesmo tempo que unifica grupos cada vez mais inclusivos até alcançar um escopo global. Follett (2013h) insiste que "O objetivo e o processo da organização do governo, da indústria, das relações internacionais devem ser, penso, não um controle imposto externo ao funcionamento normal da sociedade, mas um que coordene todas essas funções, ou seja, um autocontrole coletivo" (p. 89). Em sua visão, tal autogovernança é a única fonte da legitimidade democrática verdadeira.

A teoria política de Follett é única porque se baseia firmemente em um alicerce de cocriação, recusando a noção de representação fora de uma abordagem completamente comunicativa e responsiva que também é dinâmica e mutante de acordo com a situação total. Seu entendimento de um povo relacional que só pode ser criado através da participação ativa encaixa-se na teoria política do anarquismo social, enquanto seu entendimento de liderança como emergente da situação incorpora a interação social igualitária. Assim, no que ela chama de "democracia verdadeira" (Follett, 1998, p. 156), diversos elementos conceituais familiares são fundamentalmente redefinidos: (1) a política é um processo criativo de integração convencionado e facilitado pelo Estado; (2) os valores democráticos de liberdade e igualdade são o poder-com relacional; (3) o povo é um todo dinâmico e relacional composto por meio de um federalismo profundamente aninhado e interligado e amplamente inclusivo; e (4) a representação é dinâmica e determinada pela lei da situação.

Notas de fim de capítulo

1. Aqui, Follett é precursora da crítica de Marcuse (1972) ao que ele chama de "DEMOCRACIA DE FACHADA" (p. 54).
2. Pratt (2011) argumenta que Follett é uma das poucas pragmatistas americanas a abordar a questão do poder. O autor sugere que a resposta de Follett ao pluralismo representa uma crítica à opressão sistemática de maneira semelhante à de Foucault, porém de fato mais útil do que a de Foucault no contexto americano caracterizado pelo pluralismo.
3. Tonn (2003) sugere que a crítica de Follett ao pluralismo é direcionada aos pensadores pluralistas ingleses, incluindo Frederic

Maitland, John Neville Figgis, A. R. Orage, Ernest Barker, Harold J. Laski e G. D. H. Cole. Grady (2002) observa que houve uma aversão progressista à política de facções, em particular à do pluralismo inglês. Follett acatou mas retificou o pluralismo inglês; ainda assim, não impressionou os cientistas políticos da época. *The New State* foi rechaçado nos periódicos *American Political Science Review* e *Political Science Quarterly*.

4. Tonn (2003) defende que, enquanto Herbert Croly e Walter Lippmann promoviam a noção de consentimento do povo e seus representantes em relação a questões apresentadas por ESPECIALISTAS, John Dewey buscava empoderar o cidadão comum. Talvez seja essa semelhança com Follett que muitas vezes a relaciona com Dewey na literatura: ambos querem temperar a *expertise* com a participação.

5. Ryan e Rutherford (2000) exploram a questão de Follett ser individualista ou coletivista, argumentando que, no sentido hegeliano da dialética, ela é ambos e não é nenhum dos dois, em sua própria síntese única.

6. Para liberar a evolução criativa da democracia para esse fim, Shapiro (2003) defende que nossos pressupostos sobre a natureza humana como sendo atomística e autointeressada devem mudar. As ideias de Follett de experiência criativa, conflito construtivo, integração e confiança igualitária, junto com sua prática participativa, prometem muito nesse sentido.

7. Essa ligação entre o vir a ser cocriativo de entidades e liberdade de fato é observada no pensamento whiteheadiano (Mesle, 2008).

8. Tonn (2003) sugere que o entendimento de Follett acerca da liberdade era influenciado pelas experiências de sua criação em um contexto restritivo na Nova Inglaterra. Ademais, Follett foi grandemente influenciada pelo entendimento de T. H. Green acerca da liberdade positiva e sua diferenciação do conceito hegeliano do Estado.

9. Aqui, Follett é precursora do argumento de Foucault (1978) de que o poder está constantemente sendo produzido por meio do processo de relação social.
10. Essa reinterpretação de Nietzsche (1968) é comumente encontrada na filosofia e na teoria política contemporâneas (ver, por exemplo, Braidotti, 2013; Connolly, 2011; Deleuze, 2001).
11. Pratt (2011) observa que o entendimento de Follett do poder é construído usando-se a ideia de Freud de desejo, a concepção de James de consciência e o entendimento de Royce de atos da vontade. Boje e Rosile (2001) argumentam que o entendimento de Follett evita a armadilha dualística de entendimentos "tudo-ou-nada" do poder. O entendimento da autora do poder-com foi convincentemente ligado à teoria e ao ativismo feministas (Banerjee, 2008).
12. Kaag (2008) defende que, em sua descrição e afirmação do poder-com, Follett "antecipa os escritos de Simone de Beauvoir, Hannah Arendt e Gloria Anzeldua ao sugerir que a violência é antitética ao poder na medida em que a violência busca destruir relações" (p. 150).
13. Isso se assemelha ao entendimento whiteheadiano de que o poder relacional tem um potencial ilimitado para a expansão (Mesle, 2008).
14. Isso se assemelha à diferenciação whiteheadiana de poder unilateral *versus* relacional (Loomer, 1976).
15. Eylon (1998) explica que o paradoxo do "empoderamento" como tipicamente entendido é que ele implica que o poder é uma *commodity* limitada controlada por um subconjunto de pessoas dentro do grupo. Em outras palavras, é um conceito de poder-sobre, e não de poder-com.
16. Grady (2002) observa que houve uma aversão progressista às abordagens estatistas e juristas de inspiração alemã.

17. É aqui que o pensamento de Follett se mostra precursor da interpretação radicalizada de Deleuze das montagens que se auto-organizam (Deleuze; Guattari, 1987) em vez de serem guiadas por Deus, como descrito por Whitehead (1978). É especificamente por isso que a linguagem usada para descrever sociedades microcósmicas é tão crítica quando aplicada ao nível macrocósmico da sociedade humana.

18. Nessa reconfiguração do federalismo, Follett é precursora da teoria de Donati (2014) da sociologia relacional, segundo a qual a cidadania relacional "entrelaça a cidadania em um Estado [...] e na cidadania social. [...] O Estado relacional é descentralizado e articulado de maneira associacional (ou federativa), seja para cima (por exemplo, a União Europeia), seja para baixo (comunidades locais e organizações da sociedade civil)" (p. 112).

Capítulo 8
A teoria econômica de Follett

A TEORIA ECONÔMICA descreve como estruturamos o uso, a troca e a distribuição de recursos. Semelhante à teoria política, a teoria econômica descreve o tipo de REGULAÇÃO econômica (externa ou interna) e a INTENSIDADE dessa regulação (fraca ou forte). A regulação externa refere-se à intervenção do governo em atividades econômicas, enquanto a regulação interna refere-se a uma economia livre de intervenção governamental. Para Follett, a economia deve ser autorregulada da mesma forma que o governo: pelos envolvidos na situação e suas redes coordenadas.

Follett passou a última parte de sua vida investigando de que forma seus princípios ontológicos e psicossociais do ser humano e da associação podem ser aplicados à indústria. Porém, como indica a brevidade desta discussão, a autora não escreveu extensivamente sobre economia em si, mas usava situações industriais para ilustrar suas ideias. Como observado em uma palestra, Follett acredita que "Aqui o ideal e o prático deram as mãos" (Follett, 1926, p. 75) e, assim, as empresas são o cenário perfeito para ilustrar sua filosofia pragmática. "Para Follett, uma empresa não era meramente uma unidade econômica, mas uma agência social que era uma parte significativa da sociedade" (Graham, 1995a, p. 19). Para a autora, "empresas e sociedade não são campos distintos da atividade humana – elas estão tão intimamente entrelaçadas que são conceitualmente e analiticamente inseparáveis. Empresa e sociedade são infinitamente interpenetrantes, e uma não pode ser produtivamente compreendida sem a outra" (Parker, 1995, p. 283).

Follett (2013c) enxerga "o problema central das relações sociais" (p. xiii) como sendo a questão do poder, incluindo o poder econômico entre competidores, bem como entre consumidor e produtor, capital e trabalho e indústria e sociedade. A autora não fala muito sobre classes econômicas diretamente, mas observa diferenças importantes: "Muito do que foi escrito sobre o 'consumidor' é impreciso porque 'consumidor' é usado como uma palavra completa, sendo que é bastante óbvio que o consumidor detentor de grandes riquezas tem desejos e motivações diferentes do consumidor de menor renda" (Follett, 2003b, p. 42). Ao confrontar disparidades e desafios econômicos tão profundos, Follett responde: "Digo apenas que não teremos uma boa noção de nossas questões econômicas enquanto não adquirirmos uma maior capacidade do que parecemos ter atualmente para o entendimento de como os fatores econômicos afetam um ao outro a todo momento" (Follett, 2013h, p. 81). Ela observa que "quando um ajuste financeiro é feito, isso significa apenas que temos um problema financeiro novo nas mãos, o ajuste formou uma nova situação, o que significa um novo problema. Passamos de situação para situação. É uma falácia pensar que podemos resolver problemas de qualquer forma definitiva. A crença de que podemos é um grande atraso para o nosso pensamento. O que precisamos é de algum processo para resolver problemas" (p. 86). Assim, Follett mantém sua crítica às práticas existentes e sua afirmação de um modo de associação participativo alternativo em funções de mercado que se adéque ao das funções políticas reformadas.

8.1 Crítica ao capitalismo de mercado

Paralelamente à sua crítica ao governo representativo, Follett defende que "nossas constituições e leis possibilitaram o desenvolvimento de grandes empresas; nossos tribunais não foram 'comprados' pelas grandes empresas, mas práticas de negócios e decisões jurídicas foram formadas pela mesma herança e tradição" (Follett, 1998, p. 167). Especificamente, ambas se baseiam nos pressupostos do individualismo particularista. "Todo o nosso desenvolvimento material foi dominado por uma filosofia econômica falsa que viu o bem maior de todos ser obtido com cada um almejando seu próprio bem à sua própria maneira. Isso não significou o desenvolvimento dos indivíduos, mas a destruição dos indivíduos: praticamente todos. [...] O resultado de nosso falso individualismo foi a não conservação de nossos recursos nacionais, a exploração do trabalho e a corrupção política. Vemos o resultado direto em nossas favelas, nossas indústrias não reguladas, nossas greves etc." (p. 170-171). Assim, a crítica da autora considera problemas dentro da indústria, bem como entre a indústria e a sociedade.

Dentro da indústria, Follett observa que ideias particularistas levam à bifurcação da produção em capital e trabalho. A autora usa um exemplo de mineradores e proprietários de minas de carvão para ilustrar: "Seus interesses não são os mesmos, mas estão indissoluvelmente unidos. É uma situação, e não duas. Somente quando ela for tratada como uma situação é que a autoridade de tal situação vai aparecer" (Follett, 2013c, p. 187). Ela adverte: "Se não queremos ser dominados pelos interesses especiais do poder-capital, é igualmente evidente que não queremos ser dominados pelos interesses especiais do poder-trabalho. Os interesses do capital e do trabalho devem se unir" (Follett, 1998, p. 114)[1]. Isso exige a aplicação dos princípios do processo grupal à produção, bem como às relações de trabalho. "Mas muito da linguagem que expressa a relação entre o capital e o trabalho é de luta: 'inimigos tradicionais', a 'arma do sindicalismo' etc." (Follett, 2003b, p. 47). Em suma, ela acredita que "egoísmo, materialismo e anarquia não são o individualismo verdadeiro" (Follett, 1998, p. 171).

Entre indústria e sociedade, Follett observa que o *laissez-faire* tem seu lugar de destaque somente quando há grandes números de consumidores/ produtores individuais em relações de troca, em vez da economia de larga escala que temos hoje. Na economia moderna, o governo precisa assumir uma função reguladora à medida que a escala da produção e da troca se expande. Mas "o erro por trás da ideia de 'regulação' do governo é que as pessoas podem ter a permissão de fazerem o que quiserem (*laissez-faire*) até criarem regras e privilégios especiais para si, e só então serão 'reguladas'" (Follett, 1998, p. 182). Essa oscilação entre o *laissez-faire* e a regulação resulta nos problemas de pobreza e de degradação urbana mencionados antes. Follett atribui isso à ganância: "Embora nem todos os capitães da indústria hasteassem a bandeira negra, ainda no século XIX a brutalidade e o sucesso muitas vezes andavam juntos" (Follett, 2003e, p. 143)[2].

Infelizmente, a teoria e a filosofia econômicas não acompanharam as mudanças na economia: "A teoria da regulação era baseada na mesma falácia que a teoria do *laissez-faire* – especificamente, de que o governo é algo externo à vida estrutural do povo" (Follett, 1998, p. 183). Mas, como observa Follett (2013c), "Não encontro essa distinção entre individual e social em lugar nenhum na vida real" (p. 40). "Em lugar nenhum na prática de fato encontro as categorias de interesse individual e interesse social" (p. 40). Portanto, conclui a autora, "O governo não pode nos deixar em paz, ele não pode nos regular, ele só pode nos expressar. O escopo da política deve ser toda a nossa vida social" (Follett, 1998, p. 183).

Como sempre, Follett (1998) busca a síntese: "estamos abdicando de nossas políticas do *laissez-faire* e da regulação em prol da política construtiva" (p. 182) na forma de políticas sociais proativas. Contudo, a autora não quer dizer algum tipo de redistribuição autoritária beneficente, porque "o *noblesse oblige* é muito egocêntrico" (p. 83). Em vez disso, "o sucesso agora é visto como dependente de algo que não é a dominação" (Follett, 2003e, p. 143). Ademais, Follett observa que "é significativo que duas ideias que existiram juntas por tanto tempo estejam desaparecendo juntas: o negócio como comércio e o gerenciamento como manipulação" (Follett, 2003e, p. 144). Em outras palavras, uma nova economia baseada no pressuposto de um todo relacional resolveria ambos os aspectos da crítica da autora: dentro da indústria, entre o capital e o trabalho, bem como externamente, entre a indústria e a sociedade. Essa nova economia teria um propósito de criar por meio da autogovernança cooperativa. Cada elemento desse novo sistema econômico será discutido na sequência.

8.2 O criar como desejo fundamental

De acordo com a teoria psicanalítica, Follett acredita que, com relação ao problema da atividade econômica, devemos chegar aonde REALMENTE queremos: "O que a demanda simboliza?" (Follett, 2013c, p. 169). A autora pressupõe que o que de fato desejamos tem pouco a ver com o autointeresse material além das necessidades básicas. "O que nos interessa é a vida produtiva […] o sustento do indivíduo […] produtivamente unido" (p. xiii). Ela insiste que criar é o que desejamos: "A diversão como ócio inútil não nos dá alegria. O trabalho como martírio não nos dá alegria. Somente o criar nos dá alegria" (Follett, 1998, p. 101). Na visão de Follett, bifurcar a atividade em trabalho e lazer ou atividade pessoal *versus* comunitária é simplesmente criar dicotomias falsas: "Antigamente, havia uma noção de que o ser humano ganhava dinheiro para si, uma ocupação puramente egoísta, durante o dia, e prestava seu serviço à comunidade sentado no conselho escolar ou em algum comitê cívico à noite" (Follett, 2003d, p. 133).

Em vez disso, Follett (2003d) acredita que "nosso trabalho em si deve ser nosso maior serviço à comunidade" (p. 133). A autora explica que "Quando falam em substituir a motivação do serviço pela motivação do lucro, sempre tenho vontade de perguntar: por que esse desejo de simplificar a motivação, quando não existe nada de mais complexo? [...] Trabalhamos por lucro, pelo serviço, pelo nosso próprio desenvolvimento, pelo amor de criar algo. Em qualquer dado momento, de fato, a maioria de nós não trabalha diretamente ou imediatamente por nenhum desses motivos, mas para concretizar da melhor maneira possível o trabalho em questão, o que pode ser pensado, talvez, como 'a motivação do engenheiro'" (p. 145).

Se pensarmos sobre trabalho e serviço e diversão como atos criativos, os significados de carreira e de vocação são fundamentalmente alterados. Então, o verdadeiro propósito das empresas (bem como de qualquer outra instituição social) é fornecer veículos e locais através dos quais os indivíduos podem cocriar. "Devo ainda moldar o que me parece a função principal, o verdadeiro serviço, das empresas: dar uma oportunidade para o desenvolvimento individual por meio da melhor organização das relações humanas. Ultimamente, tenho visto muito a definição de empresa como produção, a produção de artigos de utilidade. Mas toda atividade do ser humano deve somar aos valores intangíveis da vida, bem como aos tangíveis, deve mirar em outros produtos além daqueles que meramente possam ser" (Follett, 2003d, p. 141). Portanto, "um empresário deve pensar em seu trabalho como uma das funções necessárias da sociedade, ciente de que outras pessoas também estão desempenhando funções necessárias e de que juntas elas formam uma comunidade estável, saudável, útil. 'Função' é a melhor palavra porque ela implica não apenas que você é responsável por servir à sua comunidade, mas que você é responsável em partes pela existência de uma comunidade para servir" (p. 134). Assim, o propósito da economia é reconcebido, passando da mera produção de materiais para a produção de oportunidades para a expressão criativa.

8.3 A cooperação como o caminho para o criar

Ao tratar de conflito e cooperação, Follett (2013c) repetidamente usa exemplos de disputas trabalhistas para ilustrar a divisão artificial dos todos. "Novamente, o trabalho e o capital jamais podem ser reconciliados enquanto o trabalho insistir que há um ponto de vista capitalista e o capital insistir que há um ponto de vista trabalhista. Não há. Estes são todos imaginários que devem ser quebrados para que o capital e o trabalho possam cooperar" (p. 167-168). "*Partes, aspectos, fatores, elementos*: todas essas palavras são estáticas demais; devemos transformá-las em ATIVIDADES" (p. 168). Entretanto, essas atividades devem assumir novas dimensões.

De acordo com Follett (1998), na economia, como na política, "a competição individual deve, é claro, desaparecer" (p. 364). Ela deve ser substituída por várias formas de mutualismo, porque o individualismo verdadeiro é relacional, e não particularista. "Essa é uma troca, ou intercâmbio, de serviços. Quando dizemos 'serviço recíproco', parece que estamos mais próximos dos fatos e também que estamos expressando o dar-e-receber da vida, que é seu aspecto mais nobre e mais profundo" (Follett, 2003d, p. 133). Ela afirma com esperança: "A competição acirrada está começando a cair de moda. O que o mundo precisa hoje é de uma mente cooperativa [...] 'competição cooperativa'" (Follett, 1998, p. 113). Portanto, a autora clama por um sistema econômico alternativo baseado na cooperação. Isso não elimina completamente a competição, mas a leva para um sistema holístico no qual indivíduos podem obter mais sucesso apoiando-se mutuamente do que trabalhando sozinhos pela dominação do mercado. Ela descreve o que mais tarde seria chamado de "coopetição" (Hunt, 1937)[3].

> *Se eu tenho uma loja em um vilarejo e passo a vida na ilusão de que o proprietário da loja do outro lado da rua é meu inimigo e de que eu prosperarei à medida que ele fracassar, é possível que nem eu nem meu vilarejo prosperemos. Mas posso ver que, ao unirmos*

forças em diferentes pontos (supondo que há mercado suficiente para duas lojas), podemos tornar nosso capital conjunto mais produtivo. Eu faria essa descoberta dividindo o método ideal de "manter a loja" em suas atividades separadas e, então, descobrindo que posso fazer melhor alguma dessas atividades se eu me unir ao meu inimigo do que se eu o enfrentar. (Follett, 2013c, p. 167)

A autora dá outros exemplos dessa abordagem emergente nas empresas, nas relações de capital e trabalho, na democracia industrial, no gerenciamento, na educação, na imigração, na justiça, no planejamento urbano e em programas sociais. Dentro da indústria, ela se refere a isso como "cogerenciamento" (Follett, 1998, p. 118), observando "a grande vantagem de empresários e trabalhadores agirem juntos em conselhos ou comitês [...] empregadores e empregados podem então aprender a desempenhar juntos e preparar o caminho para o controle conjunto. [...] A democracia industrial é um processo, um crescimento" (p. 119). Entre a indústria e a sociedade, ela explica: "Quando se encontrou dificuldade em implementar a Lei Antipoluição dos Rios em algumas cidades da Inglaterra, os proprietários de moinhos, que eram os maiores infratores, finalmente cederam, não porque foi exigido que eles sacrificassem seu interesse individual pelo interesse social, mas porque foi mostrado que o interesse deles no longo prazo seria que os rios não estivessem poluídos" (Follett, 2013c, p. 38).

Embora Follett não se demore em questões de sustentabilidade para além de sua crítica aos fracos resultados sociais e ambientais associados com o sistema econômico atual, a autora observa que a abordagem cooperativa pensa a longo prazo: "Um mercado ordenado significa um financiamento ordenado e evita picos e quedas na situação de crédito [...] A diferença entre a competição e o esforço conjunto é a diferença entre uma visão de curto e de longo prazo" (Follett, 2013c, p. 39). Ela também observa que, com a autogovernança, teremos mais chances de considerar o interesse social do qual somos parte, sugerindo que "no futuro, o interesse social pode ser meramente um sinônimo para os indivíduos ainda não nascidos" (p. 41). Por esse motivo, ela pensa que é melhor "substituir a ideia de interesses individual e social pela ideia de curto e longo prazos" (p. 37).

8.4 A autogovernança da cooperação econômica

Follett sugere que, desde a fundação dos Estados Unidos, o individualismo competiu com a autoridade concentrada, e temos buscado uma síntese dos dois desde então. A autora insiste que isso não pode ser uma questão de equilíbrio. A síntese de fato deve ser alcançada pelo método da democracia verdadeira que ela descreve. Esse método deve ser aplicado a todas as formas de associação humana, incluindo econômicas[4]. Para a visão de Follett da harmonia setorial, a produção, a troca e a distribuição devem ser partes de um todo emergente que não é nem dirigido nem regulado por entidades externas[5]. Mas "a socialização da propriedade não deve preceder a socialização da vontade [...] a socialização da vontade é o socialismo verdadeiro" (Follett, 1998, p. 74). Follett acreditava que o próximo passo lógico no desenvolvimento industrial seria o Estado deter os meios de produção enquanto os produtores controlam as condições de produção. Isso é uma forma de sindicalismo. Mas "queremos um Estado que inclua a indústria sem, por um lado, abdicar da indústria nem, por outro, controlar a indústria burocraticamente" (p. 330). Nem o *laissez-faire* nem o controle estatal servem.

Contudo, alguma forma de coordenação é necessária. "Todas as nossas funções devem ser expressas, mas de algum lugar deve vir a coordenação que dará a elas sua verdadeira efetividade" (Follett, 1998, p. 321). Portanto, a indústria, no sentido de trabalho e capital como um todo, deve ser incluída no processo do Estado unificador. "Deixe que eles se integrem abertamente com o Estado no lado de seu serviço público, em vez de permitir uma conexão obscura no lado de seus 'interesses'. E deixe que eles se integrem de tal maneira que o trabalho em si seja finalmente incluído em nossa organização política" (p. 322).

Assim como a política, o mercado deve ser autogovernante para permitir os mais altos níveis de autoexpressão criativa e a produção mais rentável e sustentável: "(1) o gerenciamento eficiente deve tomar o lugar da exploração de nossos recursos naturais, exploração esta cujos dias estão contados; (2) competição mais intensa; (3) escassez de trabalho; (4) uma concepção mais ampla da ética das relações humanas; (5) a crescente ideia das empresas como serviço público que leva consigo um senso de responsabilidade por sua conduta eficiente" (Follett, 2003e, p. 122). Follett acredita que essa mescla de propriedade e produção criará um tipo de felicidade pública, em oposição à felicidade privada: "A satisfação egoísta de doar coisas será substituída pela alegria de possuir coisas juntos" (Follett, 1998, p. 81). Somente assim os indivíduos e a sociedade podem progredir juntos.

Resumo da análise

Follett enxerga "o problema central das relações sociais" (Follett, 2013c, p. xiii) como sendo a questão do poder, incluindo o poder econômico entre competidores, bem como entre consumidor e produtor, capital e trabalho e indústria e sociedade. Aplicando seus conceitos do processo relacional à economia, Follett imagina uma mudança a caminho: "é significativo que duas ideias que existiram juntas por tanto tempo estejam desaparecendo juntas: o negócio como troca e o gerenciamento como manipulação" (Follett, 2003e, p. 144). Ela imagina um novo sistema econômico que teria um propósito de produção criativa por meio da competição cooperativa e da autogovernança emergente. Embora os mercados continuassem a existir, eles se transformariam em uma unidade funcional com os mesmos princípios operacionais democráticos que o governo segue.

Notas de fim de capítulo

1. Aqui Follett lembra muito o intelectual público Henry George (1929).
2. Melé (2007) toma o cuidado de observar que, embora Follett usasse o termo "responsabilidade corporativa", ela limitou esse termo às interações DENTRO de uma organização. Contudo, o autor observa que a perspectiva geral de Follett sobre a indústria pode ser usada para salientar os entendimentos contemporâneos acerca da responsabilidade social corporativa.
3. A competição é um conceito que ressurgiu no desenvolvimento econômico em décadas recentes (Henton; Melville; Walesh, 1997).
4. Parker (1995) observa que "o desempenho fenomenal do Japão pós-guerra é um lembrete de que a base da prosperidade em qualquer sociedade industrial é a harmonia de propósitos em sua vida econômica e social" (p. 285).
5. Tonn (2003) observa que, embora Follett fosse bastante fascinada pelo trabalho do socialista Graham Wallas do London Common Council, ela não compartilhava de sua fé nessa forma de coletivismo.

Capítulo 9
A teoria administrativa de Follett

A TEORIA ADMINISTRATIVA descreve como administramos e gerenciamos organizações e sistemas sociais. De fato, os últimos três elementos desta tipologia são geralmente integrados em uma dada cultura, daí a noção de ECONOMIA POLÍTICA. A teoria administrativa abrange alguns conceitos genéricos, incluindo: autoridade e escopo da ação administrativa; critérios para um comportamento administrativo adequado; abordagens para a tomada de decisão administrativa; e estilos de organização (Stout, 2013b). Juntos, esses conceitos moldam recomendações para o papel administrativo nas organizações (e na sociedade, no caso das agências públicas), bem como para as ações dos administradores.

A carreira de Follett como cientista e teórica política começou com a publicação de sua obra *The Speaker of the House of Representatives* (Follett, 1896) e seu tratado *The New State* (Follett, 1918). Nesses primeiros trabalhos, Follett dá maior enfoque à autoridade administrativa e à tomada de decisão em organizações comunitárias e públicas. Assim, em virtude de sua perspectiva holística sobre a governança, uma boa parte do que é tratado no capítulo sobre teoria política é pertinente à sua teoria administrativa, em especial sua explicação sobre o processo de democracia verdadeira em todas as organizações e o papel da administração no Estado servil.

Conforme desenvolvia suas ideias acerca do processo integrativo em *Community is a Process* (Follett, 1919) e *Creative Experience* (Follett, 1924), a autora começou a aplicá-lo ao gerenciamento organizacional, no qual viu "uma demonstração do potencial da criatividade coletiva" (Follett, 2003a, p. 93-94). Porém, sua principal elucidação do pensamento administrativo deu-se através de uma série de 20 palestras apresentadas na Taylor Society em 1926, no Departamento de Recursos Humanos dos Estados Unidos em 1926 e 1927 e na London School of Economics em 1933, além de em várias outras conferências desde 1925 até 1933. Muitos desses artigos foram publicados postumamente em volumes editados chamados *Dynamic Administration* (Metcalf; Urwick, 1942) e *Freedom & Co-ordination* (Urwick, 1949). Juntos, esses ensaios capturam "a ampla visão do gerenciamento de negócios como uma função integrativa total" (Graham, 1995b, p. 12), abrangendo temas como: conflito construtivo, dar ordens, unidade integrativa, poder, gerenciamento como profissão, responsabilidade, representação de empregados, controle, consentimento e participação, conciliação e arbitragem, *expertise*, liderança, planejamento, autoridade e coordenação[1]. Ao longo desses ensaios, Follett enfatiza a aplicação do processo integrativo.

Contudo, deve-se notar que, mesmo nesses artigos sobre gerenciamento, a autora imagina seus conceitos sendo aplicados a organizações públicas e privadas. Portanto, ao tratar da administração, embora Follett frequentemente use os negócios e a indústria em seus exemplos e em sua terminologia, o teórico do gerenciamento Peter Drucker (1995) argumenta que Follett foi a primeira a afirmar que a função de gerenciamento "não é exclusiva dos negócios, mas serve também à função genérica de todas as organizações, inclusive agências governamentais" (p. 6). Nas palavras de Follett, ela espera "mostrar que a base para entender os problemas da ciência política é a mesma que para entender a administração de negócios: entender a natureza das unidades integrativas" (Follett, 2003m, p. 190).

A mudança do foco de Follett das instituições políticas para o gerenciamento de negócios faz sentido para ela como "acadêmica e profissional" (Morse, 2006)[2]. Follett vê todas as organizações complexas como os laboratórios ideais para a *praxis*: "Acadêmicos podem desejar que aquilo que ensinam seja seguido por seus alunos, mas os próprios executivos podem pôr em prática certos princípios fundamentais" (Follett, 2003h, p. 269)[3]. Assim, a autora diz que "tem uma coisa que penso que todos os executivos devem se lembrar a cada momento de cada dia. [...] O modo como você dá cada ordem, o modo como você toma cada decisão, o modo como você se reúne com cada comitê, em quase cada ato que realiza durante o dia, você pode estar contribuindo para a ciência do gerenciamento" (Follett, 2003d, p. 139).

Em suma, o desenvolvimento de Follett de uma teoria administrativa bem fundamentada é a culminação de sua obra, em que suas teorias tanto filosóficas (pressupostos ontológicos, teoria psicossocial, conceitos epistemológicos e crenças) quanto orientadas para a prática (ética, teoria política e teoria econômica) entram em ação como um todo integrado. Esses outros elementos conceituais devem ser mantidos em mente ao se examinar sua teoria administrativa. De fato, tirar sua teoria administrativa de contexto pode levar a uma má interpretação significativa, conforme será explicado no Capítulo 11.

9.1 Do gerenciamento científico à administração colaborativa

Fazendo valer o processo integrativo no problema da organização complexa, Follett começa com uma crítica e uma revisão das principais teorias de sua época. Por um lado, a burocracia era a abordagem mais aceita para coordenar atividades organizacionais. Conforme conceptualizado pelo sociólogo alemão Max Weber em *Economy and Society*, a burocracia é caracterizada pela autoridade e pela *accountability* hierárquicas, uma divisão funcional do trabalho em que a contratação é baseada no mérito e se especificam regras e procedimentos com base na racionalidade formal que reduz a parcialidade e a distinção (Weber, 1946). Como muitos outros durante a *Progressive Era* que buscaram maior efetividade dentro desse modelo, o pensamento de Follett foi influenciado pela teoria do engenheiro mecânico Frederick Taylor (1911) do gerenciamento científico, e ela era uma leitora ávida do periódico *Bulletin of the Taylor Society* (Tonn, 2003, p. 397). Enquanto o taylorismo é comumente entendido como uma técnica para se alcançar maior controle e eficiência hierárquicos, Follett se fortaleceu com os prospectos dessa ciência do gerenciamento em evolução, em especial as possibilidades de integração interdisciplinar de descobertas científicas. Ela estava "interessada, mais do que tudo, nessas correspondências entre os pensamentos de cientistas, filósofos e administradores de negócios, porque tais correspondências me parecem uma indicação bastante forte de que estamos no caminho certo" (Follett, 2003m, p. 199).

Retomando Taylor, Follett defendia que "a ideia mais fundamental nos negócios hoje, que permeia todo o nosso pensamento sobre organização de negócios, é a da função. Cada ser humano desempenha uma função ou parte de uma função. Pesquisas e estudos científicos determinam a função em empresas gerenciadas cientificamente" (Follett, 2013g, p. 1). Entretanto, a autora pedia por uma extensão "do padrão científico", o qual ela insistia que "deve ser aplicado ao gerenciamento de negócios como um todo" (Follett, 2003d, p. 122). Com base em comentários desse tipo, fica claro que a teoria administrativa de Follett poderia ser potencialmente mal interpretada como uma típica abordagem FUNCIONALISTA.

Talvez a lista mais reconhecível dessas funções do gerenciamento seja a sigla em inglês POSDCORB: Planejamento, Organização, Pessoal,

Direção, Coordenação, Relatórios e Orçamento. Baseada principalmente na obra do industrialista francês Henri Fayol, a sigla apareceu pela primeira vez em um artigo de Luther Gulick e Lyndall Urwick escrito para o Brownlow Committee (1937). Embora Follett não tenha respondido diretamente a essa sigla, seu conhecimento de Fayol, sua relação com Urwick e seu engajamento com o Brownlow Committee certamente trouxeram a ideia para sua esfera de consideração. Porém, fiel à sua abordagem típica, Follett usou sua própria terminologia para avaliar a maneira como a maioria dessas atividades de gestão podem ser guiadas pelos princípios integrativos da administração.

Para começar, Follett (2003d) acredita que é problemático quando funções organizacionais são isoladas e mecanizadas[4]. Ela argumenta que, muitas vezes, estudos científicos são "aplicados a uma única parte" (p. 122) da função organizacional: à "parte técnica, como é normalmente chamada" (p. 123). Eles não tratam da "parte do pessoal, um conhecimento de como negociar de forma justa e produtiva com seus colegas. [...] Ou seja, uma parte do gerenciamento de empresas estava alicerçada na ciência; a outra parte, pensava-se, nunca poderia sê-lo" (p. 123). Follett (2003c) defende que "Divorciar pessoas de situações causa um grande dano" (p. 60)[5]. Na visão da autora, enquanto "o gerenciamento científico [de Taylor] despersonaliza, a filosofia mais profunda do gerenciamento científico nos mostra relações pessoais dentro de todo o conjunto da coisa da qual fazem parte" (p. 60). Para Follett (2003h), então, "relacionamento" é a "palavra-chave da organização" (p. 258). Portanto, a coordenação tanto de pessoas quanto de funções deve ser incluída na ciência do gerenciamento.

Para tratar de ambas as partes do todo, Follett apresenta suas ideias sobre a autoridade sendo ditada pela situação e o poder sendo gerado pelo grupo e rejeita o uso da hierarquia burocrática para garantir a ordem. Ela também reinterpreta a unidade funcional estática de Taylor como o processo da integração grupal no contexto da organização complexa. Isso leva a autora a afirmar o "unificar" como "um processo, não um produto. Precisamos tomar consciência do processo" (Follett, 2003m, p. 195).

Essa abordagem do gerenciamento pelo processo relacional leva Follett a desenvolver dois princípios-chave da teoria administrativa: (1) a AUTORIDADE como processo grupal em que todos seguem "o que a situação exige" (Follett, 2013b, p. 22) e (2) o UNIFICAR FUNCIONAL, no qual as partes inter-relacionadas são mutuamente e dinamicamente influentes. Em sua essência, essas duas características mudam fundamentalmente o PAPEL do gestor na busca por uma nova META do gerenciamento: COORDENAR O PROCESSO INTEGRATIVO DE UNIFICAR FUNÇÕES. Essas mudanças se cruzam em suas implicações para cada aspecto da prática administrativa.

Um processo coerente e autocriador do relacionar-se funcional exige um conjunto específico de práticas para exercer a autoridade, garantindo comportamentos produtivos, determinando o que precisa ser feito e como fazê-lo e mantendo as ações subsequentes organizadas. Se a autoridade for reconceptualizada como poder-com situacional e as funções forem entendidas como relacionais e dinâmicas, noções tais como a de posições permanentes de autoridade e divisão de trabalho perdem o sentido. De fato, uma vez que Follett reinterpreta a autoridade e o funcionalismo usando o processo integrativo, as outras práticas da burocracia e do gerenciamento científico também devem ser ajustadas: a unidade de comando e o controle gerencial são redefinidos como autoridade e responsabilidade responsivas, que são determinadas pela situação; o estilo de organização hierárquico passa a ser o federalismo e a coordenação não hierárquica; a divisão de trabalho funcional torna-se um processo contínuo de coordenar atividades integrativas; e o planejamento e a tomada de decisão são guiados pela colaboração participativa em vez de o serem pela direção gerencial.

Embora o processo integrativo faça com que desfazer os nós desses conceitos seja um desafio, as próximas seções resumem as maneiras pelas quais o pensamento de Follett transforma tanto a hierarquia burocrática de Weber quanto a unidade funcional de Taylor. O comando e o controle da hierarquia são substituídos pela lei da situação, que altera a estrutura organizacional, o dar ordens e a responsividade. Seguindo essa nova abordagem da criação e do exercício da autoridade, a meta de manter uma unidade funcional é substituída pelo processo do unificar funcional, que transforma o modo como as pessoas e as funções interagem, bem como o modo como as funções são conduzidas, coordenadas e lideradas. Vamos considerar cada um desses aspectos da prática administrativa colaborativa, tratando primeiro das questões de autoridade, depois das questões de função.

9.2 Do comando e controle à autoridade emergente

Follett critica a autoridade como *expertise* administrativa superior às outras formas de conhecimento, bem como o poder-sobre. Esses são os pressupostos do comando e controle hierárquicos. Em vez disso, a autora defende que, em todos os contextos organizacionais, a autoridade emerge da participação ativa em um processo grupal guiado pelas necessidades da situação, pelas funções que ela pede e pelas habilidades dos envolvidos: "A autoridade genuína surge espontaneamente dentro do processo de construir uma unidade integrativa" (Follett, 2003m, p. 205). Mas, por ser "um momento em uma experiência entrelaçada" (Follett, 2003i, p. 151), a autoridade não é algo que pode ser criado e então estocado. Ela deve ser continuamente recriada de acordo com a situação em evolução: "Ninguém tem autoridade como mero resquício. Não se pode tomar a autoridade que se recebeu ontem e aplicá-la hoje. [...] Na organização ideal, a autoridade é sempre nova, está sempre sendo recriada (Follett, 2003i, p. 151).

No entanto, Follett não é contra o exercício da autoridade *per se*. "É claro que devemos exercitar a autoridade" (Follett, 2013f, p. 24). De fato, a autora observa que "existe outra dificuldade no extremo oposto desta, que é quando nenhuma ordem é dada. [...] Em vez de uma autoridade dominadora, encontramos um *laissez-faire* perigoso que vem de um medo de exercer a autoridade" (p. 24). Por fim, embora "a autoridade não esteja sempre no topo" (Follett, 2003m, p. 205), ela também não é uniformemente distribuída por toda uma organização. Distribuir cegamente a autoridade em partes iguais não é melhor do que a autoridade hierárquica concentrada, pois "conferir autoridade onde não foi desenvolvida uma capacidade é fatal para o governo e para as empresas" (Follett, 2003j, p. 111). Portanto, a autora pede uma autoridade baseada não "na igualdade nem em uma autoridade arbitrária, mas em uma unidade funcional" (Follett, 2003h, p. 249). É por isso que Follett (2003g) argumenta que "qualquer gerente que tenha visão de futuro para o progresso de sua empresa não quer necessariamente localizar a autoridade, mas aumentar a capacidade" (p. 181-182), portanto permitindo o compartilhamento eficaz da autoridade. Assim, Follett argumenta (2003j) que "os gerentes [...] devem dar aos trabalhadores a chance de cultivar a capacidade ou o poder por si próprios" (p. 109)[6].

Dessa forma, a autora acredita no uso da autoridade, "o tipo certo de autoridade" (Follett, 2003c, p. 69). Para Follett, essa é "sempre a autoridade da situação" (p. 69) cocriada por todos os envolvidos. Essa mudança da autoridade hierárquica predeterminada para a autoridade não hierárquica da situação reflete a ideia de Follett do poder-com em vez do poder-sobre[7]. De fato, ela afirma que "criamos, na realidade, mais poder independente através do poder conjunto" (Follett, 2003a, p. 79), porque o poder "são as capacidades combinadas de um grupo. Obtemos poder através de relações eficazes" (Follett, 2003h, p. 247)[8]. Ela argumenta que o poder gerado por todos que desempenham a função para a qual são mais indicados e a qual é necessária para a situação produzirá uma autoridade organizacional adequada porque "a autoridade legítima é o entrelaçar de toda a experiência em questão" (Follett, 2003m, p. 204)[9].

Assim, Follett (1998) defende: "Podemos ter função e liberdade e autoridade: autoridade do todo pela liberdade de todos através da função de cada um. Os três estão inevitavelmente unidos. [...] E, com essa unidade, surgirá uma soberania espontaneamente e alegremente reconhecida" (p. 310). Podemos abandonar "a velha teoria da autoridade" e "a ilusão da autoridade final", que "não é realista porque tende a ignorar o processo pelo qual a autoridade é gerada" (Follett, 2013a, p. 41). Para esclarecer seu argumento de que a autoridade não é simplesmente "um processo" (p. 41), mas mais especificamente "um processo autogerador" (p. 46), Follett sugere que "devemos nos perguntar de onde realmente vem uma decisão" (p. 41)[10]. A autora responde insistindo que "autoridade, autoridade genuína, é o resultado de nossa vida comum. [...] Ela vem do misturar de tudo, de o meu trabalho se encaixar com o seu e o seu com o meu e, a partir desse misturar de forças, cria-se um poder que controlará tais forças" (p. 46). Follett continua esse argumento: "Então, se você aceitar minha definição de controle como processo autogerador, como experiência entrelaçada de todos que desempenham uma parte funcional da atividade em questão, isso não constitui um imperativo? [...] Estou certa de que devemos aprender e praticar os métodos de controle coletivo" (Follett, 2013h, p. 89).

Em suma, o que Follett (2013a) quer "esclarecer é que a autoridade não é algo que vem do alto e é filtrado para quem está embaixo" (p. 43), algo que meramente "coordena as experiências dos indivíduos" (Follett, 2003i, p. 150). "Então, em vez do controle supremo, da autoridade definitiva, talvez possamos pensar em controle cumulativo, autoridade cumulativa" (Follett, 2013g, p. 7). Contudo, *cumulativo* não quer dizer agregação estática, e sim integração dinâmica e geradora: "O que buscamos na organização de negócios é o método de obter uma autoridade cumulativa como a experiência entrelaçada de todos os que desempenham alguma parte funcional da atividade em questão" (Follett, 2003m, p. 205). Como tal, "a autoridade anda lado a lado com a função" (p. 205)[11].

Tendo redefinido a autoridade, Follett (2013g) insiste que "devemos nos livrar da ideia amplamente aceita de que o presidente 'DELEGA' a autoridade" (p. 3). Em vez disso, argumenta a autora, "Se aceitarmos a afirmação de que a autoridade é um processo, descobriremos que a expressão *delegar autoridade* é um pouco enganosa [...] A forma de organização decide que autoridade deve ter o gerente geral. Portanto, não falamos de delegar autoridade, porque isso implicaria que alguém tem o direito sobre toda a autoridade e por motivos de conveniência delegou parte dela" (Follett, 2013a, p. 44). Essa reconceptualização da autoridade exige uma nova maneira de exercitá-la, e comandos hierárquicos tornam-se ordens situacionais.

9.2.1 Ordens situacionais

Com a nova concepção da autoridade, o princípio gerencial do comando e a prática do dirigir devem vir na sequência. Follett cuidadosamente explica como o dar ordens se transforma depois de ser libertado do comando hierárquico e colocado dentro da lei da situação: "as ordens vêm do trabalho, o trabalho não vem das ordens" (Follett, 2013f, p. 31). Portanto, "Nosso trabalho não é fazer com que as pessoas obedeçam às ordens, mas conceber métodos para DESCOBRIR da melhor forma possível a ordem que integra uma situação específica" (Follett, 2003c, p. 59). Assim como a autoridade não pode ser permanentemente delegada, mas emerge da função dentro da situação, "uma PESSOA não deve dar ordens a outra PESSOA, mas ambas devem concordar em aceitar ordens da situação. Se as ordens são simplesmente parte da situação, a questão de alguém dar e alguém receber não aparece. Ambos aceitam a ordem dada pela situação" (p. 59). Portanto, Follett sugere que o gerenciamento científico "é realmente uma questão de REPERSONALIZAR" (p. 60), uma clara inversão da despersonalização burocrática[12].

Paradoxalmente, Follett observa que, na verdade, isso é tanto uma *des*personalização da autoridade posicional quanto uma *re*personalização do exercício da autoridade. "Como podemos evitar uma arrogância demasiada no dar ordens e o inevitável ressentimento que resultará disso? Penso que a solução é exatamente a mesma para a ordem especial e para a ordem geral: despersonalizar a questão, unir os envolvidos em um estudo da situação, ver o que a situação exige, descobrir a lei da situação e obedecer a ela" (Follett, 2013f, p. 22). A autora segue esclarecendo o que isso significa: "Penso que é na verdade uma questão de repersonalizar [...] uma filosofia mais profunda nos mostra relações dentro de todo o conjunto dessa coisa da qual elas fazem parte. Dentro desse conjunto encontramos a chamada ordem" (p. 25). Assim, embora ela recomende despersonalizar ordens para seguir a autoridade da situação, devemos continuamente tratar das relações das pessoas dentro da situação para fomentar a integração.

Uma vez que "a autoridade pertence ao trabalho e fica no trabalho" (Follett, 2003i, p. 149) e o trabalho é continuamente definido pela situação em evolução em vez de pelo organograma, nenhum membro da organização deveria "ter mais autoridade do que sua função exige" (Follett, 2013g, p. 4): "Um indivíduo deve ter exatamente o nível de autoridade exigido pela sua função ou tarefa, nem mais nem menos. Fala-se muito do limite da autoridade, quando seria melhor falar da definição de tarefa" (p. 1). Portanto, cada pessoa dentro da organização tem a capacidade de dar ordens, conforme exigido pela sua função.

Essa "difusão da autoridade" (Follett, 2013g, p. 7) é mais eficaz. Follett (2013i) observa que "em fábricas cientificamente gerenciadas, isso é cada vez mais reconhecido" (p. 147); assim, "nas fábricas mais bem gerenciadas hoje existe uma tendência de que cada indivíduo tenha a autoridade exigida pelo seu trabalho específico, em vez de herdar uma posição específica em uma hierarquia" (Follett, 2013a, p. 34). Como resultado, em vez de a autoridade ser igualada com a posição hierárquica, "encontramos a autoridade com o chefe de um departamento, com um especialista, com o motorista de um caminhão quando ele decide a ordem das entregas. O entregador tem mais autoridade sobre as entregas do que o presidente" (Follett, 2013g, p. 2). Em resumo, "a autoridade deve vir com conhecimento e experiência; é aí que se deve obediência, não importa se acima ou abaixo no organograma" (Follett, 2003i, p. 148).

Ordens situacionais sintetizam, com sucesso, as necessidades objetivas da situação e os desejos subjetivos de todos os indivíduos dentro da situação através do princípio de resposta circular. "Se você aceitar minhas três afirmações fundamentais sobre esse assunto – (1) que a ordem deve ser a lei da situação; (2) que a situação está sempre em evolução; (3) que as ordens devem envolver um comportamento circular e não linear –, então veremos que nossa antiga concepção de ordens mudou de alguma forma e que mudanças definitivas devem se seguir nas práticas das empresas" (Follett, 2003c, p. 66). Além disso, a autora entende o senso comum em possibilitar esse *feedback* dinâmico: "Todos sabemos que recebemos resposta todos os dias de nossa vida, e certamente devemos permitir essa resposta, ou o que é mais elegantemente chamado de comportamento circular, no dar ordens" (p. 54).

Para determinar quais ordens a situação exige, Follett reflete sobre o taylorismo: "Você pode contratar um especialista para fazer isso, ou, como já foi feito em alguns lugares, pedir que cada indivíduo faça uma análise de seu próprio trabalho. A partir dessa análise, regras para o trabalho, ou ordens, são formuladas. Ordens são o resultado de atividades diárias" (Follett, 2003n, p. 273). Para se manter consistente com sua filosofia, Follett insiste que "a participação de empregados no planejamento das ordens deve ocorrer antes que a ordem seja dada, não depois" (Follett, 2003c, p. 69). Uma forma de julgar se isso está acontecendo ou não é identificar quem estava envolvido no processo e em que ponto. "Eu disse que era vantagem obter concordância com as instruções; ainda assim, é uma falácia pensar que uma ordem obtém sua validade pelo consentimento. Ela obtém validade muito antes disso, de todo o processo para o qual tanto o ordenante quanto o ordenado contribuíram" (Follett, 2013f, p. 26).

9.2.2 Organização não hierárquica

Para permitir a identificação de ordens situacionais, "você deve ter uma organização que permita o entrelaçar ao longo de toda a linha" (Follett, 2013g, p. 10). A estrutura organizacional deve equilibrar centralização e descentralização: "A forma da organização deve permitir ou induzir a coordenação contínua das experiências dos indivíduos" (Follett, 2003i, p. 150). Portanto, Follett (2003l) defende que "a principal tarefa da organização é pensar como relacionar as partes para que se tenha uma unidade que funcione; só então você terá a participação eficaz" (p. 212).

Agências burocráticas organizam-se e coordenam partes através de uma corrente hierárquica de comando unitário. "Ouço falar mais de coordenação do que de qualquer outra coisa. Então por que não entendemos? Um motivo é que o sistema de organização em uma fábrica muitas vezes é tão hierárquico, tão ascendente ou descendente, que é quase impossível contemplar relações cruzadas. A noção de autoridade horizontal ainda não tomou o lugar da autoridade vertical. Não podemos, contudo, ter sucesso nos negócios de hoje se estamos sempre subindo e descendo a escada da autoridade" (Follett, 2013g, p. 10). Alternativamente, Follett repensa todas as organizações como comunidades: "O estudo da comunidade como processo elimina a hierarquia, pois nos faz viver no qualitativo em vez de no quantitativo" (Follett, 1919, p. 580). A hierarquia em si é um conceito quantitativo que distribui quantidades determinadas de autoridade e escopo funcional.

Uma perspectiva qualitativa leva Follett a buscar formas federadas de não hierarquia como mecanismo para organizar e coordenar a ação. Ela defende que, se o organizar se torna um processo em vez de um produto, a estrutura dinâmica resultante é mais eficaz: "Cada fio deve se entrelaçar a outro, e então evitaremos a tarefa desajeitada de tentar remendar tramas finalizadas" (Follett, 2013g, p. 10). Em outras palavras, entrelaçar funções permite o relacionar-se continuamente mutável entre as partes e o todo. Tais interconexões dinâmicas apoiam tanto a centralização quanto a descentralização, tanto a autoridade vertical quanto a horizontal, dependendo da lei da situação[13,14].

Voltando à explicação de Follett acerca do federalismo com base em pequenos grupos entrelaçados, podemos supor que todas as organizações se pareceriam com redes dinâmicas interconectadas de equipes multifuncionais compostas de especialistas e outros afetados pelo problema em questão. Follett defende que isso é factível porque o desejo de escapar da estrutura hierárquica é comum. Como brinca a autora, "Conheço um presidente de empresa que diz que não sabe se está no alto ou embaixo e que gostaria que houvesse alguma maneira de montar um organograma que não colocasse o presidente no topo" (Follett, 2013g, p. 2). De fato, em federações não hierárquicas, função e autoridade dentro de cada equipe seriam emergentes com base nas necessidades da situação, e todos os participantes tomariam parte nas atividades da equipe, desde o planejamento, a decisão, a ação até a avaliação.

9.2.3 Responsividade mútua

Continuando com as bases estabelecidas pela autoridade emergente, a maneira como os membros do grupo são avaliados e *answerable* uns pelos outros também deve mudar; o princípio administrativo do controle e a prática gerencial de fazer relatórios se transformam. Follett explica que essas práticas devem ser substituídas por uma forma de responsividade mútua: "A responsabilidade coletiva deve começar com a responsabilidade grupal" (Follett, 2003a, p. 81).

Ordens situacionais não se emprestam aos critérios típicos usados para avaliar o desempenho administrativo: *accountability* e reponsabilidade. A *accountability* pressupõe hierarquia, e a responsabilidade pressupõe autonomia. Follett (2003c) destaca o problema com essas suposições fazendo a pergunta: "Como você espera que as pessoas simplesmente obedeçam ordens e ao mesmo tempo assumam o nível de responsabilidade que devem assumir?" (p. 63). De fato, usando os termos *liberdade* e *lei* como sinônimos, respectivamente, de *responsabilidade* e *accountability*, ela argumenta: "Quando vemos a comunidade como processo, nesse momento reconhecemos que liberdade e lei devem aparecer juntas" (Follett, 1919, p. 578). Portanto, agência e responsabilidade devem ambas estar presentes; o comportamento deve ser julgado de acordo com seu nível de RESPONSIVIDADE MÚTUA.

Follett tem o cuidado de apontar que responsabilidade compartilhada não significa simplesmente delegar responsabilidades. De fato, a autora insiste que, assim como com a autoridade, a responsabilidade não é algo que pode ser delegado por gerentes: "Empregados às vezes falam em DIVIDIR a responsabilidade quando estão meramente ESQUIVANDO-SE da responsabilidade. Muitas pessoas evitam tomar uma decisão para não serem responsabilizadas pelas consequências. [...] Quando a responsabilidade é diluída, ela pode salvar seu pescoço, mas isso não corrige o erro" (Follett, 2003a, p. 79). Em vez disso, a responsividade mútua acomoda tanto ordens situacionais quanto organização não hierárquica, pois, quando "a autoridade e a responsabilidade derivam da função, elas têm pouco a ver com a hierarquia da posição" (Follett, 2003i, p. 147). A responsabilidade não é mais PARA COM o gerente. Em vez disso, cada trabalhador é responsável POR qualquer que seja sua função. A autora usa um exemplo para ilustrar: "Todos pareciam pensar menos em termos de para com quem ele era responsável e mais em pelo que ele era responsável, o que é uma atitude mental muito mais saudável" (Follett, 2013a, p. 40). Mas essa responsabilidade não é isolada, ela deve incluir a responsabilidade DENTRO do todo coordenador. Follett (2003a) insiste nesse esclarecimento, argumentando que existe "uma diferença muito marcante entre ser responsável por um todo funcional, que estamos considerando aqui, e ser responsável pela nossa função no todo, que recebeu muito mais consideração no passado" (p. 80).

Em um contexto de responsabilidade compartilhada, "não basta fazer bem a minha parte e tomar a questão por resolvida. Minha obrigação está longe de terminar aí. Devo estudar como a minha parte se encaixa em todas as outras partes e mudar o meu trabalho se necessário, de modo que todas as partes trabalhem juntas harmoniosamente e eficazmente" (Follett, 2013b, p. 76). Em outras palavras, não devemos "esquecer que nossa responsabilidade não termina ao fazermos bem e com consciência nossa parte do todo; devemos lembrar que também somos responsáveis pelo todo" (Follet, 2003a, p. 80). De fato, a autora sugere que "o primeiro teste de qualquer parte da organização e administração de negócios deve ser, penso eu: o quanto isso colabora com a unidade integrativa?" (p. 84). Em outras palavras, deve-se considerar sempre "se você tem uma empresa cujas partes estão todas coordenadas" (p. 71).

Remetendo à autoridade emergente, Follett vê essa responsabilidade mútua como outra oportunidade para aumentar o poder-com. A autora aconselha aos administradores: "Se a sua empresa é tão organizada que você consegue influenciar outro gerente enquanto ele influencia você, tão organizada que um trabalhador tem tanta oportunidade de influenciar você quanto você de influenciar a ele, se existe uma influência interativa acontecendo a todo momento entre vocês, o poder-com pode ser construído" (Follett, 2003j, p. 105). Esse poder-com traduz-se em RESPONSABILIDADE-COM, que unifica os trabalhadores em seus esforços. Follett (2003a) observa, a partir de suas observações de organizações, que "quando existe em uma fábrica algum sentimento, mais ou menos desenvolvido, de que a empresa é uma unidade em funcionamento, vemos que o trabalhador tem mais cuidado com o material, evita perder tempo com ações inúteis, dialoga sobre os problemas que encontra, ajuda os novatos explicando coisas, ajuda seus colegas chamando a atenção para o final de uma bobina na máquina etc." (p. 82).

O volume e o tipo de responsabilidade para cada indivíduo variam porque "Um indivíduo deve ter exatamente o nível de autoridade exigido pela sua função ou tarefa, nem mais nem menos. Função, responsabilidade e autoridade devem ser as três forças inseparáveis na administração de negócios" (Follett, 2003i, p. 147). Follett sugere que esse equilíbrio pode ser alcançado mediante a responsabilização mútua pelas próprias ações, bem como pelos resultados do todo[15]. Ela vê isso como fazer "a reconciliação entre receber ordens e assumir a responsabilidade. [...] através de nossa concepção da lei da situação" (Follett, 2003c, p. 64).

Essa abordagem relacional da responsabilidade exige um novo entendimento de como o trabalho é feito. Aqui, Follett passa sua atenção da forma e autoridade burocráticas para algumas funções organizacionais típicas e a maneira como são conduzidas levando-se em consideração o processo integrativo.

9.3 Da unidade funcional ao unificar funcional

A maneira como a autoridade é conceptualizada e exercida leva Follett a um entendimento da divisão burocrática do trabalho e dos recursos humanos que difere qualitativamente do de seus contemporâneos. Talvez o único ponto com o qual a autora concordaria seria o da contratação por mérito, uma vez que ela claramente acredita que "Onde há conhecimento e experiência [...] aí está a pessoa certa para a situação" (Follett, 2003i,

p. 148). De fato, é importante notar que a rejeição de Follett a uma unidade funcional estática e mecânica não significa que funções não devam ser especificadas: "Todos devemos concordar em um ponto: não deve haver confusão com relação às funções dos empregados em uma capacidade gerencial; os limites de tais funções devem ser francamente e claramente definidos. [...] Honestidade e precisão na delimitação de funções são, penso, essenciais para o sucesso da redistribuição de funções" (Follett, 2003a, p. 88-89). Entretanto, Follett vê problemas no foco excessivo do gerenciamento científico em dividir o todo em funções atomísticas. Ela defende que a unidade funcional emerge como entrelaçamento de indivíduos e funções dentro da organização. "Não é um processo culminante" (Follett, 2013g, p. 10)[16].

Portanto, uma visão estática e atomística prejudica a coordenação e a integração essenciais ao UNIFICAR FUNCIONAL. Como tal, Follett esclarece que não está falando de alguma forma de relação binária entre a parte e o todo: "Pode-se pensar que isso é uma afirmação de que o todo determina as partes, bem como as partes determinam o todo, mas isso não seria exatamente preciso. A mesma atividade determina tanto as partes como o todo [...] a atividade recíproca das partes muda as partes enquanto cria a unidade" (Follett, 2003m, p. 194). Ela insiste que as partes devem ser reconceptualizadas como FUNÇÕES INTER-RELACIONANDO-SE DENTRO DO TODO, "com tanto movimentar-se em suas atividades intimamente amarradas e continuamente ajustadas, tanto vincular, tanto interligar, tanto inter-relacionar-se, que formam uma unidade que funciona, ou seja, não uma coleção de peças separadas, mas o que eu chamo de *todo funcional* ou *unidade integrativa*" (Follett, 2003a, p. 71).

Assim, para Follett, uma tarefa não realizada pelo gerenciamento científico é a de tratar do RELACIONAR-SE FUNCIONAL, em vez de contratar pessoal através de uma divisão de trabalho estática. Devemos considerar a relação em múltiplos níveis da análise ao estudar a função dentro do todo: "Assim como a RELAÇÃO de trabalhos é uma parte da análise do trabalho, assim como a RELAÇÃO de departamentos é uma parte do gerenciamento científico, um estudo de todas essas relações deve fazer parte do estudo da administração de negócios" (Follett, 2003a, p. 93). Sem essa mudança de perspectiva do particular para o relacional, o unificar funcional não pode ocorrer. Portanto, "é impossível [...] trabalhar mais efetivamente na coordenação enquanto você não se decidir sobre sua posição filosófica quanto à relação das partes com o todo [...] não um todo estacionário, mas um todo em formação" (p. 91).

Para não perder de vista esses alicerces do processo relacional, Follett repete inúmeras vezes que não está simplesmente agregando funções independentes em um todo estático: "Nunca 'unimos partes', nem quando pensamos que unimos. Assistimos ao comportamento das partes juntas, e a forma como se comportam juntas é o todo. Eu digo 'partes', e as pessoas muitas vezes falam de 'fatores' ou 'elementos' em um total, mas, quando usamos qualquer uma dessas palavras, devemos nos lembrar de que estamos falando de atividades" (Follett, 2003m, p. 196). De fato "O RELACIONAR-SE FUNCIONAL É O PROCESSO CONTÍNUO DA COERÊNCIA AUTOCRIADORA. Grande parte da minha filosofia está contida nessa frase. [...] Se você tem o tipo certo de relacionar-se funcional, terá um processo que criará uma unidade que levará a mais unidades: uma progressão autocriadora" (p. 200-201). Tais resultados integrativos às vezes são "chamados de 'acumulação interativa'" (p. 199), em oposição ao processo culminante dirigido por um executivo.

De fato, o unificar funcional é um processo "nem de subordinação, nem de dominação, mas de cada indivíduo aprendendo a encaixar seu trabalho no trabalho de todos os outros" (Follett, 2013b, p. 76). O processo relacional do unificar funcional exige que cada parte esteja ciente simultaneamente de sua própria função e da função do todo. Funções isoladas, assim como fatos isolados, perdem significado sem contexto, sem atenção à inter-relação dentro do todo. Para se alcançar a participação ativa dentro desse processo integrativo, Follett (2003l) explica: "Estamos tentando desenvolver um sistema de descentralização combinado com um sistema satisfatório de funções cruzadas para que a participação de que falo possa ser um processo contínuo" (p. 224). A autora afirma que esse sistema deve abordar três questões principais: "como educar e treinar os membros de uma organização para que cada um possa dar o melhor de si; em segundo lugar, como dar a cada um a maior oportunidade possível para contribuir; em terceiro, como unificar as várias contribuições, ou seja, o problema da coordenação" (Follett, 2003l, p. 228). Enquanto o problema da coordenação é tratado como uma função única do exercício da autoridade, o unificar funcional requer que cada membro do grupo seja eficaz não só em sua própria função, mas em sua capacidade de participar cooperativamente no processo integrativo.

Para se desenvolver a capacidade no coordenar e no cooperar, Follett sugere que o desenvolvimento é fundamental. "As partes das empresas modernas são tão intimamente entrelaçadas que o trabalhador, para ter uma opinião inteligente com relação até mesmo aos seus próprios problemas, precisa não apenas saber algo sobre processos, sobre equipamentos, precisa não apenas considerar o efeito da introdução de novos maquinários e o treinamento necessário para usá-los; ele também deve entender a conexão entre o lado da produção e o lado do comercial, deve conhecer alguma coisa da eficácia da organização de vendas" (Follett, 2003a, p. 89). Em outras palavras, todas as partes devem ter um entendimento do todo para o qual contribuem.

Os ensaios de Follett descrevem o caminho para esse entendimento com uma variedade de termos. Todos devem compartilhar uma capacidade de cooperar, e a liderança e a coordenação devem ter um papel importante em todo o processo integrativo. Funções são unificadas por meio da participação direta no planejamento, na tomada de decisão e na ação, tudo em um processo contínuo, interativo e integrativo.

9.3.1 Coordenação auto-organizadora

Follett reconhece que, com a autoridade derivando da situação, as ordens vindo das funções e a hierarquia removida, o papel de controle do gerente é substituído por uma função de organizar o processo do unificar funcional, o que a autora chama de *coordenação*. Portanto, tal como as ordens situacionais, "a autoridade legítima flui da coordenação, e não o contrário" (Follett, 2003i, p. 150). Uma vez que a coordenação é o método pelo qual o unificar funcional ocorre, Follett (2003m) defende que "o que chamamos de *coordenação* é certamente o cerne de quase todos os problemas que o engenheiro organizacional ou o gerente da empresa deve resolver" (p. 92). De fato, Follett (2003l) considera a coordenação "o cerne da organização de empresas" (p. 228) com base em suas discussões com líderes de organizações tanto na Inglaterra quanto nos Estados Unidos[17]. Portanto, o estudo do processo da integração em organizações – a coordenação – é crucial. "Quando entendermos isso mais completamente, será um grande passo adiante para a organização de negócios" (Follett, 2003m, p. 196).

Embora os gerentes descrevam a coordenação como o problema mais difícil que precisam enfrentar, Follett sugere que o motivo não é sua dificuldade inerente, mas um equívoco na compreensão de seu significado e de seu método: "O principal motivo, portanto, para não termos mais sucesso com esse problema é que ainda não entendemos completamente, penso, a natureza essencial da coordenação" (Follett, 2013g, p. 11). Ela explica que, quando tentamos coordenar a função por meio do controle autoritário, falhamos em alcançar a meta porque "não encontramos o que eu chamo de campo de controle" (p. 11)[18]. Follett defende que não podemos pegar partes distintas estáticas e coordená-las, porque a coordenação deve fazer parte do processo de relacionar-se através do qual essas próprias partes estão sendo criadas. Em termos organizacionais, os departamentos não podem operar independentemente um do outro e de fazedores de políticas e depois ter suas atividades agregadas como o todo da organização. "As diversas políticas departamentais estão sendo influenciadas pela política geral ENQUANTO estão formando a política geral. Isso parece um paradoxo, mas é a maior verdade que conheço. O unificar de empresas deve ser entendido como um processo, não como um produto" (Follett, 2003m, p. 195).

Se, em vez disso, coordenarmos por meio da "autoridade integrada [facilitada], como controles entrelaçados" (Follett, 2013g, p. 12), então teremos sucesso. Em outras palavras, "não é a agregação, mas a integração dessas partes que constitui o campo de controle" (p. 13). Portanto, Follett enfatiza: "De tudo que digo ou escrevo sobre gerenciamento de negócios, sempre existe a ideia de controle como o poder autodirigente de uma unidade. Uma coordenação ou integração genuínas lhe dá o controle" (p. 14). Assim, a coordenação é o tipo de controle participativo alcançado através do processo integrativo, que inclui: (1) contato direto das pessoas responsáveis envolvidas; (2) engajamento no início do processo; e (3) um relacionar-se recíproco de todos os fatores em uma situação (Follett, 2003f, p. 297).

Isso distingue ainda mais o controle coordenado de Follett através da facilitação em relação a uma abordagem hierárquica. Autoridade emergente significa que "o interagir É o controle, ele não ESTABELECE um controle, como se referem alguns ao escreverem sobre o governo e sobre a administração de negócios" (Follett, 2003m, p. 202-203). Isso quer dizer que, "se o controle surge dentro do processo do unificar, então quanto mais integrada for a unidade, mais autodireção ela terá" (p. 205). Assim, a autora nos pede para abandonar a noção de poder-sobre ou controle-sobre hierárquicos, insistindo que "uma parte nunca pode obter nenhum poder duradouro sobre outra, mas é possível obter autodireção pela formação de unidades integrativas" (p. 204).

Ainda assim, Follett também acomoda a necessidade de coordenar a coordenação, por assim dizer, através de um processo centralizado, sustentando que "é responsabilidade do presidente garantir que todas as contribuições possíveis sejam utilizadas e transformadas em um todo organizado e significativo subordinado a um propósito comum" (Follett, 2003n, p. 283). Desse modo, a coordenação segue sendo uma função executiva, mas que reflete o entendimento de Follett da federação. Dentro desse tipo de estrutura não hierárquica, o trabalho é coordenado através de um processo participativo. Follett (2003a) sugere que "uma forma de organização departamental que inclui os trabalhadores é o método mais efetivo de unificar um negócio" (p. 81). Recorrendo tanto à sua prática comunitária como empresarial, Follett apresenta a ideia de "reunião de experiência" (Follett, 2013c, p. 212), que começa focando de que forma o problema em questão é pertinente para a experiência de vida dos participantes, pedindo-se a eles para conversar entre si. Isso estabelece o contexto para o método da integração: a abordagem específica de Follett do diálogo e da deliberação.

Follett tem a intenção de fazer com que as partes adequadas, juntas, envolvam-se nesse processo: "Com isso, não quero dizer que penso que os trabalhadores devam ser consultados sobre todas as questões, apenas sobre aquelas a respeito das quais eles têm competência para formular uma opinião" (Follett, 2013h, p. 83). Tais reuniões têm o objetivo de fornecer informações de especialistas ao mesmo tempo que pedem informações de leigos para determinar como a informação especializada se alinha com a experiência (Follett, 2013c, p. 213). Usando esses tipos de práticas, "a prática administrativa está muito à frente da teoria administrativa, e muito à frente da linguagem administrativa" (Follett, 2013a, p. 34).

9.3.2 Cooperação

No contexto de coordenação auto-organizadora e responsabilidade mútua, o unificar funcional também deve ser em grande parte autopoiético. Porém, isso não deve ser interpretado como autonomia. De fato, Follett (2003g) argumenta que "o processo de cooperar é, estritamente falando, muito diferente do processo de barganhar" (p. 168). A cooperação requer a mente aberta da epistemologia dinâmica relacional: "Com isso, quero dizer que a cooperação não é, e eu insisto, meramente questão de boas intenções, de bons sentimentos" (Follett, 2003d, p. 123). Citando entrevistas em indústrias: "Uma das moças disse: 'Na primeira vez em que fui a um comitê da empresa, pensei que estava indo lá para levar minhas críticas à gerência, mas passei a entender que cooperação também significa aceitar críticas da gerência, e agora estou mais aberta a recebê-las.' Um homem disse: 'Em um comitê sinto que sou um agente duplo'" (Follett, 2003a, p. 76). Ainda assim, embora a autora concorde que a cooperação é uma atitude, "um espírito de cooperação" (Follett, 2013b, p. 76), "você não pode ter cooperação bem-sucedida até ter trabalhado os métodos da cooperação" (Follett, 2003d, p. 123). No processo do unificar funcional, devemos formular "um entendimento dos métodos de cooperação" (Follett, 2013b, p. 76).

Rebatendo um ensaio no periódico *Bulletin of the Taylor Society* que defendia que uma ciência da cooperação era impossível, Follett (2003d) responde: "O motivo pelo qual estamos aqui estudando as relações humanas na indústria é que acreditamos que pode haver uma ciência da cooperação" desenvolvida através de "experiência atrás de experiência, por uma comparação de experiências, ou por um *pool* de resultados" (p. 123). Para sua própria contribuição a essa empreitada, Follett toma características do método de integração no processo grupal para descrever como ele se desenrola como cooperação nas relações industriais e de negócios.

A cooperação é uma mentalidade essencial para alcançar um controle coordenado através da coordenação facilitada, em oposição à direção gerencial. De fato, é o processo participativo da integração em si que garante o controle: "Queremos incitar não atitudes de obediência, mas atitudes de cooperação, e não podemos fazer isso de forma eficaz a menos que estejamos trabalhando para um propósito comum entendido e definido como tal" (Follett, 2003h, p. 262). Como reconhece a autora, "para controlar uma certa situação, é preciso ter a cooperação dos executivos que também estão interessados nessa situação" (p. 262). Isso significa que "o grau de controle dependerá em partes de até onde é possível unir com sucesso as ideias dessas pessoas e as suas próprias" (Follett, 2003m, p. 202). Assim, o controle coordenado é uma forma de controle grupal alcançada através da cooperação, e "o maquinário conjunto da cooperação começa de baixo" (Follett, 2003l, p. 223).

Como qualquer processo grupal, a coordenação organizacional deve ser uma atividade grupal propositada, da qual todos participam cooperativamente. "Não se tem uma coordenação com dois corpos existindo harmoniosamente lado a lado [...] esses dois corpos precisam formar uma unidade antes que possa haver uma coordenação" (Follett, 2003m, p. 192). Para Follett (2003h), a coordenação é um processo relacional cooperativo através do qual as funções são entrelaçadas na cocriação recíproca de "um propósito comum, nascido dos desejos e atividades do grupo" (p. 262).

Ao reconhecer os desafios de se alcançar a cooperação, Follett oferece dois requisitos-chave para fomentar o processo de coordenação. Primeiro, "para a coordenação, precisamos de entendimento e, para o entendimento, precisamos de abertura e clareza" (Follett, 2003l, p. 221). Para isso, "precisamos descobrir o que realmente queremos, nós e os outros, e muitas vezes é possível identificar isso pelas frases que as pessoas geralmente usam" (p. 222). Segundo, a coordenação integrativa exige a participação ativa de todos na organização e "deve começar de baixo, não de cima" (Follett, 2003l, p. 222). A coordenação não é algo que possa ser orquestrado por gerentes no topo da organização delegando tarefas a indivíduos ou departamentos dentro do todo, mas é algo a ser encorajado através da facilitação cuidadosa e da cooperação universal. Por esse motivo, Follett aconselha: "O que queremos, então, é a coordenação, de baixo até em cima, passando por toda a linha. Essa é a engenharia organizacional bem-sucedida" (p. 223).

9.3.3 Liderança emergente

Apesar de prever a cooperação e a coordenação auto-organizada, Follett insiste firmemente que há lugar para a liderança na prática administrativa. Isso se dá porque a lei da situação requer a liderança da *expertise* e do conhecimento e porque a coordenação é a uma função organizacional necessária que pode ser interpretada como liderança emergente. Contudo, Follett (2003h) observa que "um tipo diferente de líder está surgindo" (p. 259) e "já passou o tempo em que precisamos nos perguntar se acreditamos em liderança 'autocrática' ou 'democrática', pois estamos desenvolvendo algo que não é nenhuma das duas, algo que é melhor do que ambas. [...] É um sistema que não se baseia nem na igualdade nem na autoridade arbitrária, mas na unidade funcional" (p. 249). Isso exige um tipo específico de liderança, o que podemos chamar hoje de *liderança facilitadora servil*, ou *compartilhada*.

A abordagem de Follett da autoridade emergente requer um repensar da função da liderança organizacional, e a autora vê progresso na questão de se reconhecerem as relações recíprocas entre líderes e seguidores: "É significativo que o fato de o mestre ter uma relação com o servo, bem como o servo com o mestre, é agora um fato geralmente reconhecido" (Follett, 1919, p. 583). Mas a autora quer que esse entendimento recíproco se mantenha em todas as formas de relação hierárquica: "O fluxo segue em ambas as direções. Eles [os trabalhadores] contribuem para as políticas gerais e, então, devem seguir as políticas gerais. Eles seguem o que ajudaram a construir. Mas esta última parte é o que esquecemos quando dizemos que as políticas gerais ditam as políticas departamentais. Esquecemos que as políticas gerais não são uma planta aérea, mas têm raízes em tudo o que acontece na empresa" (Follett, 2013a, p. 43).

Follett (2003g) observa que uma liderança tão difusa reflete uma "mudança de pensamento" substancial, na qual existe "o reconhecimento total de que o trabalho pode fazer contribuições construtivas ao gerenciamento" (p. 181). Ela argumenta que "quase todos têm alguma capacidade de gerenciamento, mesmo que muito pequena, e a cada indivíduo deve ser dada a oportunidade de exercer essa capacidade em seu trabalho. Se todos na força gerencial têm iniciativa, imaginação criativa, organização e capacidade executiva, também entre os trabalhadores existem muitos que não são totalmente desprovidos dessas qualidades. Queremos usar o que eles têm" (Follett, 2003a, p. 86)[19]. Portanto, todos os envolvidos, executivos e trabalhadores, devem "ser convidados a cooperar na formação das regras para o trabalho. Tudo isso enfraquece a autoridade arbitrária" (Follett, 2013a, p. 40).

Dada a importância dessa mudança, Follett (2003n) observa: "Às vezes me perguntei se seria melhor abandonar a palavra 'líder', já que, para tantos, ela sugere meramente a relação líder-seguidor. Mas é uma palavra boa demais para se abandonar e, além disso, o líder de alguma forma lidera e deveria liderar exatamente nesse sentido" (p. 291). Assim, em vez de abandonar o termo, Follett expande a noção de liderança para incluir vários tipos: "uma liderança de função, bem como a liderança de personalidade e a liderança de posição" (p. 277), observando que "a liderança de função tende a se tornar mais importante do que a liderança de personalidade" (p. 278).

Na época, a psicologia aplicada relacionava liderança com traços de personalidade, como agressividade, combatividade e coragem, que estão encapsulados "naquela concepção que enfatiza o homem dominador, autoritário" (Follett, 2003h, p. 269), "a visão autocrática da liderança" (p. 248). Embora Follett (2003n) não descarte a importância da personalidade, ela defende que os traços devem permitir uma "relação entre líderes e liderados que dará a cada um a oportunidade de fazer contribuições criativas para a situação" (p. 290). Nesse tipo de relação, líderes "lideram pela força do exemplo" (p. 291).

Esse entendimento de liderança, junto com a noção do unificar funcional, leva a qualidades específicas do mérito: "Nas complicações das empresas modernas, tudo tende a priorizar a capacidade de organizar, em vez de traços de dominação" (Follett, 2003n, p. 284). Para Follett (2003h), isso significa capacidade nos "princípios fundamentais da organização": "evocar, interagir, integrar e emergir" (p. 267). Retomando a coordenação auto-organizada, a autora defende: "Evocar, liberar é a base da coordenação" (Follett, 2003m, p. 197-198). Líderes "extraem de cada um seu maior potencial" (Follett, 2003h, p. 267). Os melhores líderes "podem estimular meus potenciais latentes, podem revelar novos poderes em mim, podem agilizar e direcionar alguma força dentro de mim. Existe energia, paixão, vida desacordada em nós. Aqueles que chamam isso à superfície são nossos líderes" (Follett, 2003n, p. 293).

Follett explica que o INTERAGIR e o INTEGRAR estão relacionados no processo do unificar funcional. A autora defende que "o líder é mais responsável do que qualquer outra pessoa por essa unidade integrativa que é o objetivo da organização" (Follett, 2003h, p. 267). Portanto, "o grande líder é aquele capaz de integrar a experiência de todos e usá-la para um propósito comum" (p. 268). Follett (2003n) acredita que essa capacidade facilitadora e coordenadora "é proeminentemente a qualidade da liderança: a capacidade de organizar todas as forças que existem em uma empresa. Pessoas com essa capacidade criam um poder grupal em vez de expressar um poder pessoal" (p. 283). Assim, "o melhor líder sabe fazer seus seguidores sentirem que eles próprios têm poder e que não devem meramente reconhecer o poder do líder" (p. 290)[20]. De fato, o líder desenvolve entre os membros do grupo a capacidade de interagir e integrar: "o teste de um líder agora não é o quanto ele é bom em mandar, mas o quanto ele não precisa mandar porque treinou bem seus subordinados e a organização do trabalho deles" (p. 274).

EMERGIR é a meta lógica da liderança "porque essa é a expressão usada hoje em dia para denotar o envolver, o criar novos valores, o avançar" (Follett, 2003h, p. 268). Follett afirma que é o líder "quem entende o momento criativo no progresso do negócio, quem vê uma situação se misturar com outra e aprendeu a ter domínio sobre aquele momento" (p. 268) e que esse "tipo de *insight*, que também é intuição, é essencial para a liderança" (Follett, 2003n, p. 280)[21]. Dessa forma, líderes "têm uma visão do futuro" (Follett, 2003h, p. 264).

Contudo, a liderança, para Follett, não é posicional, ela emerge em resposta à autoridade situacional e às capacidades funcionais dos envolvidos[22]. Nessa visão, "cada pessoa é responsável por um dado conjunto de deveres e, onde a tendência for dar a alguém a liderança de acordo com sua capacidade para tal, existirá cada vez menos autoridade hierárquica, acima e abaixo. Um indivíduo está acima do outro em algumas coisas e abaixo dele em outras" (Follett, 2003n, p. 286). Quando as capacidades são desenvolvidas em toda a organização, encontramos liderança em muitos lugares além desses mais óbvios, e isso porque as pessoas estão aprendendo técnicas especiais e, portanto, lideram naturalmente nessas situações" (Follett, 2013d, p. 50).

Embora aceite a importância do conhecimento especializado, seguindo sua crítica à *expertise*, Follett (2003n) defende que "não é possível ter seguidores produtivos a menos que você os convença, e você os convence de uma única forma: permitindo que eles compartilhem de sua experiência" (p. 284). Assim, "a tendência não é fiscalizar a liderança, mas encorajar uma liderança múltipla" (Follett, 2003h, p. 251). Esse tipo de liderança compartilhada beneficia toda a organização: "Essa visão de liderança não diminui o poder do líder, mas o aumenta" (Follett, 2003h, p. 259) na forma de PODER-COM em vez de PODER-SOBRE. "Uma vez que o poder agora começa a ser pensado por muitos não como inerente a uma pessoa, mas como as capacidades combinadas de um grupo, estamos começando a pensar no líder não como a pessoa que é capaz de afirmar sua vontade individual e fazer com que os outros o sigam, mas como aquele que sabe como relacionar as diferentes vontades em um grupo para que eles tenham uma força propulsora" (Follett, 2003n, p. 282). Assim, insiste Follett (2003h), o líder "deve saber como criar um poder grupal em vez de expressar um poder pessoal. Ele deve fazer a equipe" (p. 247).

Nessa liderança emergente, Follett (2013b) também redefine a ideia de *followership*, dando aos liderados "um papel muito ativo" (p. 54) dentro "do sistema intrincado de relações humanas em que as empresas se tornaram" (Follett, 2003h, p. 269). Follett (2003n) explica que, no unificar funcional, "os liderados não têm meramente um papel passivo, não precisam meramente seguir e obedecer, precisam ajudar a manter o líder no controle da situação. Não vamos pensar que ou somos líderes, ou não temos importância. Como um dos liderados, temos parte na liderança" (p. 289). Portanto, "agora precisamos dar um pouco menos de destaque a essa questão do líder influenciando o grupo, porque agora pensamos no líder como também sendo influenciado por seu grupo" (Follett, 2003h, p. 247). "isto é, devemos pensar não apenas no que o líder faz com o grupo, mas também no que o grupo faz com o líder" (p. 248).

9.3.4 Planejamento e tomada de decisão participativos

O método fundamental para "formar a equipe" no unificar funcional é por meio da participação direta e do desenvolvimento de habilidades que ele exige: "Porque aqui fica ainda mais óbvio que a cooperação deve ser buscada no estudo preliminar das situações, os motivos das políticas devem ser discutidos, os propósitos da empresa devem ser explicados, as reações devem ser antecipadas e treinamentos devem ser oferecidos" (Follett, 2013f, p. 31). De fato, Follett antecipa que, em algum nível, todos na organização estarão envolvidos em definir metas e criar políticas. A autora refere-se tipicamente a esses processos como *planejamento*, mas suas características espelham a concepção dela de como os elementos da ética são colaborativamente gerados.

Voltando à sigla POSDCORB, o planejamento, o orçamento e a tomada de decisão são práticas relacionadas e quase onipresentes por meio das quais as funções são determinadas[23]. O planejamento é um processo pelo qual o propósito e as estratégias são definidos, enquanto a tomada de decisão é o processo pelo qual propósitos e estratégias são escolhidos, muitas vezes considerando-se as implicações financeiras. Assim, os três andam de mãos dadas. Embora Follett não trate diretamente do orçamento, ele é o aspecto financeiro do planejamento e pode ser subentendido dentro desse termo. Follett (2003h) observa que o unificar funcional não pode ser alcançado sem essas atividades, porque "não é possível integrar as partes de seu negócio com sucesso a menos que seu propósito esteja claramente definido. O presidente deve ser capaz de definir o propósito da fábrica a qualquer momento, ou melhor, o todo de propósitos. Ele deve ser a relação do propósito imediato com o propósito mais amplo. Ele deve ver a relação de toda sugestão, de todo plano separado, para o propósito geral da empresa" (p. 261).

No entanto, o planejamento não pode ser limitado à função executiva, deixando todos os outros para simplesmente agirem de acordo com as regras e procedimentos formais impostos de cima. A situação total só pode ser entendida através do entrelaçar de entendimentos de todas as situações em toda a organização. Assim, Follett (2003m) afirma que o planejamento apresenta "dois problemas fundamentais para o gerenciamento de empresas: primeiro, definir a natureza essencial da situação total; segundo, como passar de uma situação total para outra" (p. 209). A autora lembra seu público de que, ao definir a situação total de forma "satisfatória", o unificar funcional "não é apenas inclusão, mas também relacionamento, um relacionar-se funcional" (p. 209). Assim, ao avaliarem os objetivos organizacionais para propósitos de planejamento, os administradores sempre devem estar cientes do relacionamento essencial das funções. Contudo, voltando à coordenação auto-organizadora, isso significa que todos na organização devem contribuir para formar o propósito comum da situação total da organização.

Usando o exemplo do planejamento nacional, Follett (2003f) garante que organizações individuais "não receberiam pedidos para abdicar de seus próprios pontos de vista em prol de um 'todo' imaginário, de uma vista área, uma vista sem raízes; seria esperado que elas aprendessem a entrelaçar seus pontos de vista, suas várias políticas" (p. 301). De maneira semelhante, dentro das organizações "nunca poderemos reconciliar planejamento e individualismo enquanto não entendermos o individualismo não como separado do todo, mas como contribuição para o todo" (p. 301).

Essa reconciliação exige o outro aspecto do planejamento: entender como as partes organizacionais – outras situações – podem ser integradas com os propósitos gerais. Mudar de uma situação total para outra pode exigir mudanças apenas no RELACIONAR de funções dentro do todo; não necessariamente a adição ou a subtração de funções, embora tais mudanças possam ocorrer. Novamente usando um exemplo, a autora explica que, quando uma consultora é contratada por uma empresa, pode determinar que o melhor plano de ação é "não mudar nada nesse departamento" e, em vez disso, fazer "algumas mudanças na relação entre os fatores ou seções que compõem o departamento" (Follett, 2003m, p. 193). Em outros casos, as próprias funções podem mudar. Follett ilustra isso com um exemplo dado pelo gerente de uma grande empresa:

"Se meus chefes de departamento me dizem que o Departamento D e o Departamento E foram coordenados e depois eu descubro que o Departamento D e o Departamento E são exatamente os mesmos de antes, eu saberei que o que me disseram não é verdade, eles não foram coordenados. Se tivessem sido coordenados, então as partes teriam sido mudadas, isto é, a prática do Departamento D iria diferir em alguns aspectos daquilo que era antes da coordenação" (p. 193).

Entretanto, Follett (2003m) reconhece que "ainda não transpusemos" (p. 209) os desafios envolvidos em uma abordagem do planejamento que englobe uma visão da situação total[24]. Conforme mais partes vão sendo envolvidas, o relacionar-se recíproco do todo se torna mais difícil de ver: "Quando as coisas são colocadas em termos de você e o colega da sala ao lado, parece fácil entender [...] Porém [...] não é nem um pouco fácil de entender quando a relação se torna mais complexa" (p. 196). Mas a autora insiste que "o mero fato de apresentar um problema já é meio caminho andado em direção à sua solução, e muitos de nós estamos tentando mostrar o problema do controle" (p. 209) no planejamento de como as situações se inter-relacionam no unificar funcional.

À medida que o planejamento avança para a tomada de decisão, Follett (2003i) enfatiza que, em vez de um momento culminante, "uma decisão executiva é um momento no [nesse] processo" (p. 146). A autora explica que "a produção de uma decisão, a acumulação de responsabilidades, e não o passo final, é o que mais precisamos estudar" (p. 146). Portanto, as decisões tomadas devem ir só até onde se alcança um consenso: "Enquanto nosso controle e nossa integração corresponderem, teremos uma situação legítima, um processo válido" (Follett, 2013c, p. 185). A tomada de decisão compartilhada requer que administradores usem ferramentas alternativas tais como "o método da conferência, que exige dos gerentes a capacidade de fazer das diferenças um fator unificador, e não prejudicial, fazer delas construtivas em vez de destrutivas, unir todos os diferentes pontos de vista, não só para ter uma equipe mais contida, mas para incorporar a serviço da empresa tudo aquilo com que todos têm a contribuir" (Follett,

2003g, p. 175). A integração de todos os pontos de vista impactados por uma decisão é essencial porque "é raro um lado estar absolutamente certo" (Follett, 2003h, p. 251). Ademais, Follett insiste que "quando as diferenças são integradas em vez de cada lado defender sua posição em uma disputa, é aí que temos o controle da situação" e esse desafio "ilustra uma das minhas principais teses com relação ao gerenciamento de empresas" (p. 250).

Follett dá um exemplo prático no qual um comprador de uma fábrica deseja comprar um material mais barato, mas o chefe de produção diz que o material mais barato não produz resultados satisfatórios. A autora insiste que essa não é uma situação em que a decisão final deve ser um ultimato no qual o gerente decide o resultado. Em vez disso, juntos, os envolvidos podem buscar um material menos caro que mantenha a qualidade do produto, assim permitindo que o processo integrativo guie a decisão. Follett (2003m) explica que "aqui devemos ter os três resultados que muitas vezes se seguem a uma integração: ambas as partes estão satisfeitas; a situação melhora [...]; e com o tempo pode surgir um valor ainda mais amplo, comunitário [...] para o consumidor eventualmente afetado" (p. 199).

Esse exemplo salienta a noção de que os administradores têm um papel FACILITADOR em vez de CONTROLADOR no processo de tomada de decisão: "Se o comprador e o chefe de produção trazem ao gerente diferentes conclusões, a tarefa dele não é DECIDIR entre elas, mas tentar unir os três diferentes tipos de experiência envolvidos: a do comprador, a do chefe de produção e A SUA PRÓPRIA" (Follett, 2003h, p. 261). Para garantir resultados integrativos, deve haver "uma relutância em agir a menos que todos concordem; existe um sentimento de que, de alguma forma, se insistirmos por tempo suficiente, poderemos unificar nossas ideias e vontades, e também há um sentimento de que tal unificação de vontades tem valor e que nosso trabalho será muito mais eficaz em consequência disso" (Follett, 1998, p. 143). Mas, mesmo que o desacordo permaneça porque a integração não foi completa, Follett observa que "uma vantagem de não exigir uma obediência cega, de discutir suas instruções com seus subordinados, é que, se houver qualquer ressentimento, qualquer represália, a questão estará exposta e, quando ela está exposta, você pode resolvê-la" (Follett, 2013f, p. 26).

Ademais, o caráter desse processo colaborativo de tomada de decisão deve ser considerado: "Um dos testes de conferências ou comitês deve ser: estamos desenvolvendo poder genuíno ou alguém está tentando influenciar os outros indevidamente?" (Follett, 2003j, p. 109). Assim, "podemos sempre testar a validade do poder perguntando se ele é integrante do processo ou externo ao processo" (Follett, 2013c, p. 193). Aqui, Follett reafirma que não pede a inclusão universal nem que todos os trabalhadores tenham peso igual em todas as decisões. "Nosso objetivo na chamada organização democrática da indústria não deve ser não dar aos trabalhadores o direito de opinar sobre coisas que desconhecem completamente, mas organizar a fábrica de modo que a experiência dos trabalhadores possa ser somada à do especialista" (Follett, 2013c, p. 20). A autora busca exemplos recentes nos movimentos sociais: "Os movimentos dos centros comunitários, o movimento da educação para os trabalhadores, o movimento das cooperativas, para mencionar apenas alguns [...] O objetivo central deles, dos movimentos mais democráticos que temos, é treinar a nós mesmos, aprender a usar o trabalho dos especialistas, encontrar nossa vontade, educar nossa vontade, integrar nossas vontades" (p. 5).

Refletindo sua crítica à *expertise*, essa abordagem de buscar um consenso para a tomada de decisão pode se tornar mais difícil com a inclusão de especialistas. Pode haver uma tendência de voltar às abordagens *top-down*, nas quais os administradores consultam os especialistas e permitem que as opiniões deles tenham maior peso sobre todas as outras. Follett (2003h) alerta que os gerentes devem resistir à necessidade de recorrer a especialistas para impor autoridade hierárquica: "o executivo deve dar todo valor possível à informação do especialista", mas ao mesmo tempo alerta: "NENHUM EXECUTIVO DEVE ABDICAR DE SUA REFLEXÃO SOBRE QUALQUER ASSUNTO POR CAUSA DO ESPECIALISTA. Não devemos permitir que a opinião ou a informação do especialista torne-se automaticamente uma decisão" (p. 256).

Assim, "Nosso problema é encontrar um método pelo qual a opinião do especialista não seja coercitiva e ainda assim adentre a situação integralmente. Nosso problema é encontrar uma maneira pela qual o tipo de conhecimento do especialista e o tipo de conhecimento do executivo possam ser combinados. E esse método deve, penso, ser um método que eu já defendi, o da integração" (Follett, 2013b, p. 70). Através dessa abordagem, Follett (2013c) insiste que "o integrar de fatos e poder é possível" (p. 15), mas aconselha que fazer isso com sucesso "significaria um código diferente daquele segundo o qual estamos vivendo hoje" (p. 15). É somente por meio do planejamento e da tomada de decisão participativos no unificar funcional que "a autoridade real e a autoridade oficial [...] coincidirão" (Follett, 2013a, p. 46).

9.4 O Estado servil

Embora insistisse que sua teoria administrativa e suas recomendações práticas serviam para todos os tipos de organizações em todos os setores da sociedade, Follett enfatizou a importância delas para o governo. Sua explicação do que ela chama de *Estado servil* delineia uma imagem bem diferente do que então estava surgindo como o campo da administração pública. Na governança, o papel administrativo tem implicações democráticas além das da organização privada que não podem ser ignoradas sem que se arrisque a legitimidade do governo como um todo.

Follett deixa claro que suas reservas têm relação com a MANEIRA como a *expertise* administrativa recebe autoridade e distinção em organizações públicas. Além de suas preocupações sobre o impacto da *expertise* administrativa na criação de políticas (como observado no Capítulo 7), Follett teme que ela também separe o governo dos governados: "Dividir a sociedade em, de um lado, o especialista e os governantes que baseiam seu governo nos relatórios desse especialista e, do outro, as pessoas que consentem é, creio eu, uma receita para o desastre" (Follett, 2013c, p. 5). Essa configuração resulta em um "Estado soberano" autoritário (Follett, 1998, p. 294) ao invés de em um Estado servil funcional do qual todos os cidadãos participam, seja como representante eleito, seja como especialista, seja como leigo.

Assim, sendo uma extensão da abordagem colaborativa de Follett da administração, o Estado servil redefine a autoridade POLÍTICA como um processo grupal entre os governantes e os governados, todos sujeitos à lei da situação em vez de a um Estado soberano. Ele também expande o escopo da administração para incluir todas as funções da governança e, na realidade, todas as funções da vida social. Assim, no Estado servil, "o único chefe legítimo, a soberania, é, creio eu, a experiência entrelaçada de todos os que desempenham alguma parte funcional da atividade em questão" (Follett, 2003j, p. 109).

9.4.1 O papel da administração pública

O papel da administração no Estado servil reflete o papel dos líderes na coordenação não hierárquica. Administradores públicos são encarregados de facilitar as condições dentro das quais o planejamento e a tomada de decisão participativos e a ação integrativa podem ocorrer. A esfera pública deve engajar os cidadãos como participantes ativos das funções do Estado. "Dizer 'Somos pessoas boas, somos representantes honestos, estamos empregando especialistas [...] Você precisa confiar em nós' não basta; deve-se pensar em uma maneira de conectar os especialistas e as pessoas [...] depois em alguma forma de levar as pessoas aos conselhos da administração municipal" (Follett, 1998, p. 234). Em resumo, Follett gostaria que o governo funcionasse como uma comunidade: "Neste artigo, clamo por uma associação grupal verdadeira: a PRÁTICA da comunidade" (Follett, 1919, p. 584).

Em comunidade, afirma Follett (1998), "precisamos de líderes, não de mestres ou dirigentes" (p. 229). Administradores públicos não devem receber autoridade posicional pela qual possam emitir ordens ao público.

Porém, o oposto também não é ideal: "Por baixo de todos os usos atuais da palavra 'serviço' existe a ideia de serviço como expressão do altruísmo do ser humano, o trabalho realizado para o outro, fazer o bem para o outro. Penso que o serviço tem um significado mais profundo do que esse" (Follett, 2003e, p. 132). Follett (1998) enfatiza que "não queremos 'serviçais', assim como não queremos chefes. Queremos líderes genuínos" (p. 227). Assim, o administrador público deve almejar aumentar as capacidades da comunidade de permitir o compartilhamento de funções administrativas, levando a um "aumento no senso de responsabilidade coletiva" (Follett, 2013b, p. 71)[25].

Isso exige o engajamento genuíno dos cidadãos no Estado servil; oportunidades de liderar devem estar disponíveis a todos e surgir de acordo com as necessidades da situação. Follett (1998) vê isso como "o tipo de liderança que servirá a uma democracia verdadeira, que será a expressão de uma democracia verdadeira e a guiará a fins democráticos por meios democráticos" (p. 228).

Contudo, deve-se observar que Follett apoia fervorosamente o aumento da autoridade administrativa e a expansão do escopo da ação. A autora acredita que as tendências da *Progressive Era* ao governo direto e a mais programas sociais estão "vinculadas ao [...] aumento da responsabilidade administrativa" (Follett, 1998, p. 172). Entretanto, essa responsabilidade deve focar "a descoberta e formulação de modos de unificar" (Follett, 1919, p. 584). Assim como nas aplicações organizacionais da liderança, o administrador público deve ter a capacidade de reconhecer, encorajar e coordenar as capacidades dos cidadãos em governança colaborativa. Assim, embora o administrador público do Estado servil abdique da autoridade posicional como representante de um Estado autoritário, seu escopo é expandido para liderar o processo integrativo.

Para manter a capacidade de resposta à situação em questão, Follett clama por um "Estado plástico" em que "comandos [cooperativamente determinados] podem mudar amanhã com nossas necessidades e ideais mutantes, e mudarão pela NOSSA iniciativa" (Follett, 1998, p. 314).

Para esse fim, a administradora pública deve facilitar um processo contínuo de planejamento, tomada de decisão e ação integrativa no qual o único requisito é que todos aceitem ser orientados "pelo que a situação exige" (Follett, 2013f, p. 22). Ademais, ela deve estar consciente da situação em desdobramento de hoje e das potencialidades ainda por ocorrer. "Nos negócios, geralmente chamamos este *insight* para o futuro de *antecipação*. Mas *antecipação* significa mais do que prever. Significa muito mais do que entender a próxima situação, significa formar a próxima situação" (Follett, 2013b, p. 53).

Resumo da análise

Fazendo valer o processo integrativo no problema da organização complexa, Follett começa com uma crítica e uma revisão das principais teorias de sua época: a burocracia e o gerenciamento científico. Oferecendo uma alternativa, a autora reafirma uma abordagem única da administração colaborativa que transforma a maneira como a autoridade é entendida e executada, juntamente com a maneira como a organização de funções é abordada. Ambos os elementos da teoria administrativa são fundamentalmente transformados através da lente do processo integrativo de Follett. Essencialmente, o processo relacional fundamentalmente muda o PAPEL do gerente na busca por uma nova META do gerenciamento científico: COORDENAR O PROCESSO INTEGRATIVO DE UNIFICAR FUNÇÕES.

Esses dois conceitos se cruzam em suas implicações para cada aspecto da prática administrativa: comando unitário e direção gerencial são redefinidos como autoridade emergente e ordens situacionais; a hierarquia burocrática é substituída por redes federadas; *accountability* e responsabilidade são sintetizadas como responsividade mútua; a divisão funcional do trabalho se torna um processo contínuo de integrar atividades; o controle gerencial é suplantado pela coordenação auto-organizadora; e o planejamento executivo e a tomada de decisão são transformados em práticas participativas. Todos os membros das organizações devem desenvolver capacidades de cooperar e coordenar para permitir que a liderança emerja em resposta à situação.

Independentemente de sua aplicação a organizações privadas ou públicas, os princípios e práticas organizacionais de Follett incorporam a diferença entre GERENCIAMENTO e ADMINISTRAÇÃO. Por definição, o gerenciamento controla os meios para um fim e determina esses fins, enquanto a administração é o processo de facilitar a definição dos fins e exercitar os meios para alcançá-los. A teoria administrativa de Follett foca os processos pelos quais a democracia verdadeira pode ser facilitada por líderes administrativos que engajam e empoderam especialistas junto com todos os outros membros do grupo afetados – sejam eles empregados, sejam cidadãos. Assim, tanto na esfera pública quanto na industrial, qualquer um pode ser um líder e um especialista – e, nesse sentido, todos são administradores.

Em sua busca por tal transformação organizacional, Follett está ciente dos desafios que encaram os administradores que trabalham para facilitar uma abordagem de COMUNIDADE ou DEMOCRACIA VERDADEIRA para a governança colaborativa tanto na esfera pública quanto na privada: "Espero que não pensem que eu tenho uma visão romantizada dos negócios. Não tenho. Estou perfeitamente ciente de que na maioria das fábricas a atitude é 'Eu sou o chefe e você faz o que eu mandar'" (Follett, 2003h, p. 269). De maneira semelhante, "Isso pode soar absurdamente diferente da constituição normal do mundo. É assim que diplomatas se reúnem? É assim que interesses industriais concorrentes ajustam suas diferenças? Ainda não, mas deveria ser" (Follett, 1998, p. 144). Porém, as observações da autora sobre as mudanças que estão ocorrendo na prática administrativa lhe dão motivos para ser otimista: "ao mesmo tempo, vejo sinais de algo mais, e é sobre esses sinais que deposito minhas esperanças" (Follett, 2003h, p. 269).

Notas de fim de capítulo

1. Boje e Rosile (2001) referem-se a "aspectos follettianos" semelhantes da teoria organizacional (p. 113). Gehani e Gehani (2007) classificam as ideias administrativas de Follett em seis categorias: conflito construtivo, conhecimento experiencial tácito, comunicação e participação face a face, poder e controle compartilhados, organizações dinâmicas em evolução e liderança contextual estratégica.

2. Tonn (2003) sugere que Follett voltou seu foco para os negócios com base não apenas nos pedidos de tutoria por líderes dessas áreas, mas porque, na época, esse estava se tornando um dos mais importantes palcos de atividades sociais e, portanto, era decisivo que o controle democrático fosse levado ao local de trabalho. A autora acreditava que seus princípios podiam ser imediatamente aplicados à prática.

3. Morton e Lindquist (1997) observam que Follett estava "fascinada pela natureza prática e experimental do aprendizado nas empresas; na opinião da autora, isso era essencial e voltado para a ação" (p. 352).

4. Phillips (2010) concorda, afirmando que, embora Follett estivesse "comprometida com as ABORDAGENS científicas do gerenciamento" (p. 57), ela não aderiu ao gerenciamento científico de Taylor.

5. Aqui, a crítica de Follett ao gerenciamento científico é precursora de críticas semelhantes ao racionalismo, tais como as de Carol Gilligan (1982).

6. Eylon (1998) usa as ideias de Follett para transformar nosso entendimento do empoderamento no local de trabalho como delegação ou compartilhamento de poder para permitir que cada pessoa exerça sua função de acordo com a lei da situação.

7. Como já foi observado, isso se assemelha à diferenciação whiteheadiana entre poder unilateral e relacional (Loomer, 1976).
8. Com base nesses sentimentos, os conceitos de Follett alimentam a democracia no local de trabalho. De fato, Eylon (1998) aplica o pensamento de Follett à prática do empoderamento no local de trabalho.
9. Aqui, Follett oferece uma explicação de processos de ordenação que é mais coerente com a ontologia do processo relacional do que a explicação de Whitehead em suas "características dominantes" (Mesle, 2008, p. 49). Porém, em outras ocorrências, o autor claramente reconhece os problemas com a linguagem hierárquica: "Embora haja gradações de importância e diversidades de função, ainda assim todos estão no mesmo nível nos princípios exemplificados atualmente" (Whitehead, 1978, p. 18).
10. Boje e Rosile (2001) observam que Follett aborda "as qualidades dinâmica e relacional do empoderamento dentro do contexto das teorias complexas do poder organizacional" (p. 113).
11. Parker (1984) defende que a ideia de Follett sobre controle e autoridade é visionária, uma vez que "é anterior em muitas décadas às abordagens comportamentais e sistemáticas do controle na literatura do gerenciamento" (p. 736).
12. Essa ideia é precursora do então em formação Tavistock Institute e do trabalho de Trist e Bamforth (1951).
13. Tonn (2003) sugere que Herbert Croly apoia o pedido de Follett tanto por descentralização quanto por centralização quando argumenta, em *The Promise of American Life* (1909), que grandes corporações e um forte governo federal são essenciais para os objetivos e ideais da democracia.
14. Child (2013) defende que a lei da situação de Follett é anterior à teoria da contingência que surgiria muitas décadas depois.

15. Dessa forma, Follett abre o caminho para a gestão da qualidade total (Deming, 2000) e seu entendimento sistemático das organizações.
16. Eylon (1998) observa que, embora Follett foque os PROCESSOS dinâmicos das organizações, os mais populares Fayol e Taylor focavam os aspectos ESTRUTURAIS estáticos das organizações.
17. Fox (1968) defende que *coordenação* e *cooperação* são os termos usados para indicar o princípio da integração aplicado ao contexto organizacional.
18. Parker (1984) observa que as ideias de Follett sobre coordenação são anteriores à teoria dos sistemas abertos, e Schilling (2000), similarmente, observa que sua tese "pode ser vista como um subconjunto da teoria de sistemas interpenetrantes" (p. 229). Dessa forma, o trabalho de Follett pode ser visto como anterior em várias décadas à teoria de sistemas geral de Bertalanffy (1975), à teoria da ação social de Parson (1968), aos sistemas sociais de Luhmann (1995) e à teoria dos sistemas abertos de Pfeffer (1997).
19. McLarney e Rhyno (1999) relacionam a visão de Follett de líderes e liderança com a de Henry Mintzberg e Frances Westley, observando, porém, que a autora difere em questões fundamentais, como o caráter emergente e igualitário da liderança e a priorização do grupo em vez do indivíduo. Para Follett, não existem líderes heroicos, e sim membros do grupo que têm todos o potencial para a liderança.
20. Desse modo, Follett estabelece os alicerces para as teorias de liderança democrática (Lewin, 1958; McGregor, 1960), liderança compartilhada (Katz; Kahn, 1978), liderança facilitativa (Wilson; Harnish; Wright, 2003), liderança colaborativa (Chrislip, 2002) e liderança servil (Greenleaf, 1982).
21. A descrição de Follett da emergência organizacional é semelhante ao conceito de inovação descrito por Schumpeter (1943).

22. Novamente precedendo teorias de liderança, a liderança emergente é agora entendida em termos do novo entendimento científico do cosmos (ver, por exemplo, Wheatly, 2006).
23. Dumas (1995) observa que, de acordo com Follett, planejamento e *design* são "o entrelaçamento de todos os conhecimentos" na situação que emerge do grupo e não é movida pelo especialista ou por um modelo predeterminado (p. 208).
24. Este é um problema que Herbert Simon (1997) mais tarde descreveria como RACIONALIDADE VINCULADA.
25. Nesse entendimento, Follett oferece os alicerces para as práticas contemporâneas do engajamento público e da coprodução (isso será aprofundado no Capítulo 12).

Capítulo 10
Estabelecendo uma conversa entre Follett e Whitehead

com Miroslaw Patalon

§

Embora várias notas de fim de capítulo tenham apontado as semelhanças e as diferenças entre as ideias follettianas e whiteheadianas, este capítulo compara a obra de Follett com a de Whitehead, um dos fundadores da filosofia e teologia do processo contemporâneas, com relação a conceitos ontológicos chave que refletem semelhanças importantes. Defendemos que cada um dos autores tem algo de valor a acrescentar ao outro. Para benefício de Follett, Whitehead dá mais corpo às bases ontológicas da autora e garante que elas sejam percebidas como suficientemente rigorosas para sustentar uma alternativa à governança baseada no entendimento newtoniano/cartesiano da existência. Destacar as maneiras como o pensamento de Follett abraça e reflete adequadamente a filosofia do processo pode ajudar a estabelecer essas bases. Embora isso tenha sido alcançado em algum nível nas notas de rodapé dos capítulos anteriores, neste capítulo essas ligações ganham um tratamento mais sistemático.

Do outro lado da equação, a filosofia do processo de Whitehead foca com detalhes o nível ontológico da conceptualização. Tomar essas abstrações da filosofia orgânica e trazê-las para a ação ética, política, econômica e administrativa é toda uma outra empreitada. A filosofia orgânica de Whitehead tem sido diretamente relacionada à teoria política: "Embora o liberalismo moderno fosse um movimento bastante difuso na época de Whitehead, o que todos os seus proponentes tinham em comum era o objetivo de reconciliar a individualidade e a sociabilidade por meio de uma teoria da natureza humana. [...] A filosofia do processo também preocupa-se com um entendimento adequado da individualidade e da sociabilidade, e isso como característica não apenas da natureza humana, mas da realidade como um todo" (Morris, 1991, p. 9, 11). Porém, existem muitas interpretações diferentes das implicações que as ideias de Whitehead têm no liberalismo. Ainda que haja muitos autores contemporâneos que apliquem a filosofia do processo a várias questões práticas (ver, por exemplo, Cobb Jr., 2002; Connolly, 2011, 2014; Daly; Cobb Jr., 1990; Griffin, 1988; Pittenger, 1989), acreditamos que Follett oferece uma perspectiva única por ser contemporânea de Whitehead e um tratamento mais abrangente da aplicação da filosofia do processo ao indivíduo e à sociedade. De fato, o próprio Whitehead disse que, quando se trata de definir a justiça, "confio em Follett e em Platão juntos" (Tonn, 2003, p. 436). Portanto, estudiosos de Whitehead podem se beneficiar do trabalho de Follett em criar práticas sociais democráticas com conceitos extraídos da ontologia do processo relacional. Como observa John B. Cobb, Jr. no prefácio desta obra:

> *A comunidade whiteheadiana em específico pode comemorar o fato de que o pensamento de Follett relaciona* insights *compartilhados com Whitehead com alguns dos mais importantes campos do pensamento e da prática, incluindo política, relações internacionais e economia. Especialmente importante é a colaboração da autora para o pensamento sobre gerenciamento e governança. Os estudiosos whiteheadianos acreditam que a conceitualidade de*

Whitehead é relevante para todas as áreas do conhecimento, mas mostrar isso e especificar as implicações disso ainda é, em grande parte, um projeto embrionário. O trabalho de Follett vai nos levar longe.

Para que se tenha um contexto histórico, Alfred North Whitehead (1861-1947) era inglês e começou sua carreira acadêmica na Universidade de Cambridge e na Universidade de Londres. Depois, lecionou por algum tempo na Universidade de Harvard. Embora grande parte dos primeiros anos de sua carreira tenham sido focados na lógica e na matemática, mais tarde o autor passou a dedicar-se à filosofia. Foi durante essa época que ele desenvolveu sua filosofia ontológica do organismo, que mais tarde ficou conhecida como *filosofia do processo* (Irvine, 2010). Muito do pensamento do processo de Whitehead foi escrito e desenvolvido na década de 1920, com a publicação de seu principal trabalho, *Process and Reality*, em 1929 (Irvine, 2010). A filosofia do processo entende "o fluxo das coisas como uma grande generalização em torno da qual devemos tecer nosso sistema filosófico" (Whitehead, 1978, p. 208). Assim, embora seja fundacional, é dinâmica e não especificamente substancial.

Expandindo sobre essa ideia pré-socrática da mudança como princípio fundamental da existência (ou seja, as ideias de Heráclito), Whitehead desenvolveu uma filosofia orgânica que há muito tempo está conectada com o pragmatismo americano (Patalon, 2009). De acordo com pensadores como Charles Peirce, William James, George Herbert Mead, Charles Horton Cooley e John Dewey, o conhecimento deve sempre estar orientado para o mundo real, caracterizado pela diversidade e pela mutabilidade. Modelos abstratos e estáticos são firulas inúteis, o que importa é a vida cotidiana e soluções para problemas reais (as dimensões ética e política da filosofia). Para os pragmatistas, a realidade é uma coleção dinâmica de interações entre seres, é de caráter aberto (processual) e cada aspecto do mundo consiste de um vir a ser contínuo. Portanto, os pragmatistas criticam a realidade dualista e abandonam as diferenciações rígidas entre a alma e o corpo, consciência e ser, pensar e agir, organismo e ambiente e indivíduo e sociedade. Em vez disso, as pessoas estão em contínuo ajuste mútuo umas com as outras e com o ambiente. Infelizmente, os filósofos do processo perderam a contribuição-chave que Follett poderia oferecer a esses elementos do pragmatismo americano.

Embora a conexão entre Follett e Whitehead tenha sido identificada independentemente, com base no reconhecimento de ideias paralelas (ver a seção "Agradecimentos"), é importante notar que, historicamente, os dois autores tiveram contato por meio da amiga e mentora acadêmica de Follett, Ella Lyman Cabot (1866-1934), que recorreu ao pensamento de Whitehead em seu trabalho (Kaag, 2008). Apesar de os três terem estado envolvidos com a Universidade de Harvard como alunos ou professores, os estudos de Follett (1892-1898) e Cabot (1889-1906) não coincidem com o posto de docente de Whitehead (1924-1937). Contudo, Follett faz referência ao "professor Whitehead" e seu entendimento da unidade orgânica em seus últimos textos (ver, por exemplo, Follett 2003m, 2013h, 2013g); então, provavelmente, pode-se dizer que os três assistiram às palestras um do outro e fizeram parte dos "intelectuais de Cambridge" (Kaag, 2008, p. 148), um grupo que também incluía Charles Peirce, William James e Josiah Royce, todos tendo se debruçado sobre a filosofia pragmatista americana durante a *Progressive Era*[1].

De acordo com sua biógrafa, Follett trabalhou junto com Richard Cabot em 1926 para organizar o *Follett-Cabot Seminary*, um "seminário de pós-graduação com um ano de duração [...] que era uma ramificação do desejo persistente de Follett de encontrar corolários entre diferentes disciplinas acadêmicas" (Tonn, 2003, p. 428). Os participantes desse seminário representavam quase todos os departamentos das ciências sociais e, entre eles, encontrava-se Whitehead. Durante sua própria palestra no seminário, Follett tratou da situação em evolução e do relacionar-se recíproco, enfatizando que "o professor Whitehead, com seu conceito de organismo como estrutura de atividades que estão continuamente em evolução, chegou 'mais perto do ponto central da questão do que qualquer pessoa'" (Tonn, 2003, p. 433-434). Whitehead parece corresponder a essa admiração, haja vista seu comentário (anteriormente mencionado) sobre as aplicações da filosofia do processo aos indivíduos e à sociedade. Algumas das obras e palestras publicadas de Follett são anteriores às obras de filosofia de Whitehead, e muitas foram apresentadas contemporaneamente entre 1918 e 1924. Mas uma vez que muitos dos arquivos e documentos de Follett foram destruídos na ocasião de sua morte a pedido da própria autora (Tonn, 2003), é difícil dar muito mais substância a essa relação. Portanto, nosso foco aqui está na semelhança entre suas ideias concretas, e não em genealogia histórica e especulações sobre quem influenciou quem.

Neste capítulo, tratamos dos conceitos mais básicos da filosofia do processo que dizem respeito à vida humana social e individual, para comparar o pensamento do processo de Follett aos princípios ontológicos de Whitehead[2]. Mais especificamente, ambos os estudiosos abordam quatro questões ontológicas chave de maneira semelhante: (1) a natureza do vir a ser; (2) o papel de Deus no vir a ser; (3) a natureza da diferença; e (4) o propósito do vir a ser. Sobre a natureza do vir a ser, Follett descreve o entrelaçamento como resposta circular ontológica e como integração intencional entre seres humanos, enquanto Whitehead descreve a concrescência como processo ontológico e a forma como a consciência está envolvida nesse processo. Sobre o papel de Deus no vir a ser, Follett descreve uma cocriação em evolução que busca a perfeição, enquanto Whitehead descreve um impulso criativo expresso em Deus da forma mais completa e mais perfeita, e de forma apenas parcial em todas as outras entidades reais, bem como a atração relacional por Deus da verdade, da beleza, da bondade e do amor. Sobre a natureza da diferença, Follett descreve o indivíduo na sociedade, enquanto Whitehead descreve sociedades de entidades reais em relação. Sobre o propósito do vir a ser, Follett descreve o progresso individual e social através do integrar de diferenças, enquanto Whitehead descreve a satisfação através da novidade e do contraste.

10.1 A natureza do vir a ser

10.1.1 A resposta circular e a integração de Follett

Para Follett, os indivíduos e a situação dentro da qual eles interagem são cocriados em um processo contínuo de vir a ser relacional através da resposta circular inconsciente e da integração consciente, o qual ela chama alternadamente de "entrelaçamento" (Follett, 1919, p. 576), INTEGRAÇÃO (Follett, 1919, 1998, 2013c, 2013e), INTERPENETRAÇÃO (Follett, 1919, 1998, 2013), COADAPTAÇÃO (Follett, 1998), SÍNTESE (Follett, 1998) e HARMONIZAÇÃO (Follett, 1998). Todas essas conceptualizações baseiam-se no termo *intersubjetividade* de Hegel (1977), ao mesmo tempo que diferenciam o processo de unificar da unidade estática concebida por Hegel. Em suma, Follett imagina o indivíduo-em-sociedade como algo que está constantemente sendo feito e refeito no "processo essencial da vida" (Follett, 1919, p. 576). O ser humano é um indivíduo relacional em evolução, "sempre no fluxo, tecendo a si mesmo a partir de suas relações" (p. 577).

Entretanto, as relações estendem-se para além dos seres humanos. Ao longo de toda a sua obra, Follett preocupa-se com a maneira reflexiva como os indivíduos e as situações em que estão engajados afetam mutuamente uns aos outros em um processo sistêmico e complexo de influência recíproca. Por *situação* Follett entende o contexto real em que pessoas reais estão engajadas: o ambiente e todos os fatores que ele contém, incluindo aspectos físicos, institucionais e humanos. Follett chama esse processo de *resposta circular*, através do qual "estamos criando um ao outro o tempo todo [...] no próprio processo de encontrar-nos, através do próprio processo de encontrar-nos, ambos NOS TORNAMOS algo diferente" (Follett, 2013c, p. 62-63, grifo nosso). "É o eu mais o-entrelaçamento-entre-você-e-eu que encontra o você mais o-entrelaçamento-entre-você-e-eu etc., etc. [...] elevado à enésima potência" (p. 63). Para Follett, a resposta circular é uma representação mais precisa da condição ontológica na qual indivíduos relacionados interagem uns com os outros e com o ambiente que os rodeia, dando forma a tudo em um processo formativo e gerador.

No entanto, a resposta circular não é dirigida de nenhum modo específico à agência consciente: ela simplesmente acontece. Para usar a resposta circular como oportunidade para o aperfeiçoamento individual e social, esse processo natural pode ser engajado de maneira mais intencional. Esse processo consciente é a INTEGRAÇÃO, que Follett (2013c) aplica aos seres humanos em todos os contextos sociais (p. 57). O processo grupal da integração é o processo intencional de criar "UNIDADE FUNCIONAL" (p. 256) entre indivíduos ativamente engajados em comportamento circular em qualquer setor da sociedade. No entendimento da autora, "o método da integração" (p. 178) é composto de um número de elementos e técnicas processuais que são de natureza iterativa, em vez de linear. Esses elementos incluem uma disposição relacional, um estilo cooperativo de relacionar-se e um modo participativo de associação que dão suporte a uma técnica para integrar diferenças para resultados criativos, como é discutido em mais detalhes no Capítulo 12.

10.1.2 A concrescência de Whitehead

A filosofia do processo explica o processo ontológico contínuo através do qual expressões do experienciar individual ou "fatos finais" (Whitehead, 1978, p. 18) tornam-se concretos como ENTIDADES REAIS OU OCASIÕES REAIS. No nível microcósmico (não observável), entidades/ocasiões reais são "as coisas reais finais das quais é feito o mundo [...] gotas de experiência, complexas e interdependentes" (Whitehead, 1978, p. 18). Esses momentos de experienciar ou "SENTIR" (Mesle, 2008, p. 95) implicam um processo contínuo de CONCRESCÊNCIA: o termo que Whitehead usa para o processo de "vir a ser concreto" no espaço e no tempo (Cobb; Griffin, 1976, p. 15). Cada ocorrência de concrescência é física em termos de espaço (como matéria ou energia) e momentânea em termos de tempo (Mesle, 2008, p. 95). Cada "evento" (Connolly, 2011; Deleuze, 1992) de vir a ser constitui ambos – espaço e tempo; daí o uso intercambiável entre os termos *entidade* e *ocasião real*. Assim, "o Universo é uma vasta trama ou campo de microeventos" (Mesle, 2008, p. 95).

Whitehead usa o termo *preender* para descrever a maneira como características tanto físicas quanto conceituais que existem além do espaço e do tempo são trazidas ao plano da existência durante a concrescência. Em outras palavras, combinações únicas de qualidades são apreendidas e trazidas para a realidade através do processo de vir a ser em cada momento. Preensões estão associadas a três coisas: (1) potencialidade pura ou objetos eternos; (2) experiências passadas como entidades reais; e (3) a experiência de vir a ser uma entidade real em relação com outras entidades reais. Isso significa que existem preensões nas quais as potencialidades ou "objetos eternos ingressam em entidades reais" (Sherburne, 1966, p. 235). Existem também preensões nas quais "a nova ocasião [entidade] atrai a ocasião [entidade] passada para dentro de si" (Cobb, 2008, p. 31). Por fim, existem preensões pelas quais uma entidade real se torna objetificada em outra, ambas, assim, influenciando-se mutuamente enquanto "adentram as constituições uma da outra" (Whitehead, 1978, p. 148-149). Para Whitehead, "o processo de experienciar constitui-se pela recepção de objetos [entidades] na unidade daquela ocasião complexa que é o processo em si" (p. 229-230).

Embora as noções de trazer à tona experiências passadas do vir a ser de uma entidade real e as influências mútuas de outras entidades reais no vir a ser relacional sejam bastante tangíveis, a preensão da potencialidade infinita é um pouco mais abstrata. As duas primeiras enfatizam os aspectos físicos do vir a ser, enquanto a última enfatiza os aspectos conceituais do vir a ser. Whitehead (1978) argumenta que "potenciais puros" (p. 22) ou "potenciais para o processo do vir a ser" (p. 29) são realizados em objetos eternos (Shaviro, 2009)[3]. Objetos eternos são potencialidades ordenadas imutáveis e atemporais que oferecem os padrões para aquilo que é possível de ser manifestado neste universo específico. Assim, toda a criação é uma expressão de objetos eternos, que são as bases da existência e da experiência, e todos os objetos eternos estão relacionados uns com os outros (Root, 1953). São eternos no sentido de imutáveis, mas são atemporais e só podem ser expressos em um grau ou outro por entidades reais que os incluem em suas ocasiões de vir a ser. Durante a concrescência, "a potencialidade torna-se realidade" (Whitehead, 1978, p. 149), mas a potencialidade "retém sua mensagem das alternativas que a entidade real evitou" (p. 149). Em outras palavras, enquanto todos os objetos eternos são POTENCIALMENTE expressos por uma entidade real, aquilo que é escolhido em preensão oferece um caráter específico que ajuda a definir e diferenciar ocasiões de vir a ser em termos das "qualidades" e "relações" expressas (p. 191). Ainda assim, o potencial daquilo que NÃO foi expresso continua a existir fora do espaço e do tempo.

A noção de tais escolhas em preensão pressupõe algum nível de autonomia. Portanto, tal como Follett, Whitehead traz a noção de agência para o processo do vir a ser. De acordo com Mesle (2008), Whitehead explica isso como preensão POSITIVA E NEGATIVA: a primeira se refere àquilo que é preendido, e a última se refere àquilo que não foi realizado, mas continua a existir como potencial. Esse processo de "fazer escolhas" é explicado em terminologia experiencial como algo que não exige consciência e não deveria pressupor consciência, *per se*. De fato, Whitehead argumenta: "A CONSCIÊNCIA É A FORMA SUBJETIVA DE UM SENTIMENTO INTELECTUAL QUE SURGE, SE É QUE SURGE, SOMENTE EM UMA FASE FINAL DE UM MOMENTO DE EXPERIÊNCIA" (Griffin, 2007, p. 51). Porém, Whitehead explica essa liberdade como função de uma experiência DIPOLAR que tem aspectos FÍSICOS e MENTAIS (experienciais e conceituais). Mas essa não é uma proposição dualista: toda entidade real integra ambos os POLOS de experiência a um ou outro grau de complexidade. O polo físico está associado com a CAUSAÇÃO EFICIENTE de eventos anteriores que são fisicamente preendidos em concrescência (Griffin, 2007). O polo mental está associado com a CAUSAÇÃO FINAL, que permite a criatividade no que é positivamente preendido (Griffin, 2007). O polo mental implica autocriatividade ou meta. Para Whitehead, a META INICIAL é uma combinação das forças causais do passado com a atração por Deus de potencialidades específicas, que será examinada na próxima seção.

Contudo, cada entidade real também tem uma META SUBJETIVA que orienta os resultados da preensão positiva e negativa.

A concrescência termina no momento em que a ocasião real é completada. Nesse ponto, cada SUJEITO da experiência torna-se um OBJETO de entidades reais subsequentes a serem preendidas. Assim, "em cada indivíduo que permanece, existe uma oscilação perpétua entre dois modos de existência: subjetividade e objetividade" (Griffin, 2001, p. 115-116). Porém, Griffin (2007) enfatiza que não existe possibilidade de preender uma ocasião real durante o processo de concrescência.

Analisados em conjunto, o processo de vir a ser (concrescência) ocorre à medida que entidades reais expressam potencialidade nas características dos objetos eternos ocorridos, do experienciar de ocasiões anteriores e do impacto mútuo das outras entidades reais com as quais elas estão inter-relacionadas no processo de vir a ser. Dessa maneira, entidades reais não são apenas o produto de, mas também a entrada para o processo de vir a ser. Toda a existência pode, por fim, ser dividida em entidades reais no processo de concrescência: "Cada condição a que o processo de vir a ser obedece em qualquer instância específica tem seu motivo OU no caráter de alguma entidade real no mundo real daquela concrescência, OU no caráter do sujeito [entidade real] que é o processo de concrescência" (Whitehead, 1978, p. 24). Isso significa que todos os objetos, incluindo seres humanos, em virtude das entidades reais que são suas bases, são participantes no processo de criar o mundo. A participação, portanto, não é uma opção: ela simplesmente é. Tudo está relacionado em influência mútua com a potencialidade dos objetos eternos e das entidades reais que os precedem e rodeiam no espaço e no tempo.

10.1.3 Entrelaçando Follett e Whitehead: o vir a ser como processo relacional

O conceito de *entrelaçamento*, pedra angular do pensamento de Follett, corresponde em grande parte à base da filosofia do processo: a concrescência. O entrelaçamento é um conceito que conecta as ideias de Follett de resposta circular, integração e interpenetração: as formas pelas quais os indivíduos afetam mutuamente o desenvolvimento contínuo um do outro. A concrescência é o processo relacional complexo de vir a ser que inclui as várias preensões descritas por Whitehead. Essencialmente, ambos os autores estão descrevendo a natureza da existência (para um *self* socialmente situado, para Follett, e uma entidade real, para Whitehead) como processo relacional de vir a ser que é tanto físico quanto conceitual, direcionado tanto externamente quanto internamente. Follett baseia-se em princípios psicológicos e ontológicos microcósmicos para oferecer uma explicação macrocósmica específica do vir a ser de indivíduos em grupos sociais, enquanto Whitehead oferece uma explicação microcósmica específica da cocriação (o vir a ser concreto) e uma explicação macrocósmica da individuação (vir a ser uma configuração única de qualidades).

Mais especificamente, durante a concrescência, entidades reais integram dados de diversas fontes: o potencial puro e o caráter padronizado dos objetos eternos, entidades reais anteriores e entidades reais contemporâneas. Através dessa integração, uma entidade real única passa a existir, uma entidade que é completamente nova e diferente de qualquer um dos elementos constitutivos. Da mesma forma, durante o processo de Follett de resposta circular, indivíduos interagem e influenciam-se mutuamente, criando assim algo novo que é mais do que um simples agregado das partes. Desse modo, tanto na concrescência como no entrelaçamento, entidades/sociedades em todas as escalas (subindivíduo, indivíduo e grupo de indivíduos) influenciam-se mutuamente em um processo relacional contínuo. Assim como entidades reais se tornam através de preensões dos objetos eternos, das entidades reais passadas e das entidades reais atuais aos quais estão conectadas, pessoas individuais também se tornam através de resposta circular com suas próprias experiências (passadas) em relação com seus contemporâneos em uma dada situação.

Contudo, uma diferença importante entre os dois conceitos surge sobre a questão de subjetividade e objetividade. Enquanto Follett sintetiza esses dois aspectos da relacionalidade – um indivíduo é sempre ambos –, Whitehead divide o processo de vir a ser de uma maneira que exige uma divisão das duas posições com base no tempo. No início da concrescência, uma entidade real é um sujeito causal preendendo de uma variedade de fontes. Ao final da concrescência, uma entidade real é um objeto de preensão por outras ocasiões reais. Portanto, durante o próprio processo de vir a ser, os sujeitos não estão engajados em influência mútua. Isso contradiz o entendimento de Follett do fluxo contínuo do vir a ser relacional, que, essencialmente, nunca está "completo" no sentido entendido por Whitehead. Em outras palavras, o entrelaçamento durante o processo de vir a ser é algo esperado por Follett.

10.2 O papel de Deus no vir a ser

10.2.1 A cocriação de Follett

Follett não se aprofunda em questões de crença, e seus comentários tendem a ser inconsistentes, referindo-se ora a conceitos teístas, ora a conceitos humanistas. Entretanto, a autora refere-se com frequência ao metafísico, ao espiritual e até a Deus. Para Follett, um universo participativo colabora para cocriar tudo o que existe: "Deus é a força motora do mundo, o criar eternamente contínuo em que os seres humanos são cocriadores" (Follett, 1998, p. 103). Portanto, "devemos saber que somos cocriadores em cada processo de criação, que nossa função é tão importante quanto o poder que mantém as estrelas em suas órbitas" (p. 100). Esses tipos de afirmações sugerem um ser potencialmente diretivo e transcendente ("o poder") que trabalha com a humanidade.

Ainda assim, a autora também afirma que os seres humanos são múltiplas partes do um. "O que o todo está fazendo? Não é um ser beneficente silencioso bondosamente tomando conta de seus atarefados filhos. Ele não vive indiretamente EM suas 'partes', da mesma forma que não vive indiretamente PARA suas 'partes'. As partes não são seus progenitores nem seus descendentes" (Follett, 2013c, p. 101). Só existe "o todo em formação; isso envolve um estudo do todo e das partes em sua relação ativa e CONTÍNUA umas com as outras" (p. 102). Isso sugere que Deus é imanente e está em relação com tudo o mais que está se tornando, mas diferencia-se de todas as outras entidades. Essas explicações esclarecem suas referências anteriores ao que parece ser uma fonte transcendente do ser, além de seres remanescentes, que ou ordena o todo ou inclui o todo (Deus). Em vez disso, os próprios seres, incluindo Deus, MONTAM o todo em configurações dinâmicas através da integração e do impulso para o unificar de todos cada vez maiores. Isso ajusta a concepção de Deus de Follett para um sistema de crenças panenteísta em que todos são parte do divino.

Analisados em conjunto, pode-se presumir que, ao final, a fonte do ser de Follett não é nem transcendente nem imanente, é sagrada e multidimensional. Isso é explicado com mais detalhes em *Creative Experience*:

> A doutrina da resposta circular envolvida na teoria da integração nos dá a experiência criativa [...] Mas a teoria da experiência criativa que nos foi dada pela mais profunda filosofia ao longo das eras, e agora é tão felizmente reforçada por pesquisas recentes em diversas áreas, mostra que o indivíduo pode criar sem "transcender". Ele expressa, faz manifestar, poderes que são os poderes do Universo e, portanto, as forças que ele mesmo está ajudando a criar, as que existem nele e por ele e através dele, estão cada vez mais prontas para responder, e assim a vida se expande e se aprofunda; preenche e ao mesmo tempo possibilita ainda mais preenchimento. (Follett, 2013c, p. 116)

10.2.2 A teologia do processo de Whitehead

Whitehead afirma que Deus é diferente da "potencialidade criativa", bem como de todas as outras entidades reais, mas é equivalente a todas as outras entidades reais em um nível ontológico através do processo de vir a ser. Esses "dois conceitos estão inter-relacionados. Eles pressupõem um ao outro, dependem um do outro e complementam um ao outro" (Wang, 2012, p. 78). Mais especificamente, a potencialidade criativa pura sugere

O NADA como fonte do vir a ser. Para driblar o princípio ontológico de que NADA PODE VIR DO NADA, bem como para evitar o problema de uma fonte transcendente de vir a ser, a potencialidade – os objetos eternos descritos no processo de concrescência – deve ser realizada em alguma entidade. Whitehead (1978) chama essa entidade real de *Deus*, que "não deve ser tratado como exceção a todos os princípios metafísicos, nem invocado para salvar o colapso destes" (p. 343). Nesse sentido, Deus preende da mesma forma que todas as outras entidades reais e é, portanto, constituído pela potencialidade (objetos eternos), pelas instâncias passadas da concrescência e pelo vir a ser de entidades reais inter-relacionadas.

Contudo, Deus é diferente no sentido de ser "sua principal exemplificação" (Whitehead, 1978, p. 343). Em vez de preender algumas potencialidades e não outras, como fazem muitas realidades, Deus preende TODA potencialidade. Essa característica de Deus é descrita como sua "natureza primordial" (Griffin, 2001, p. 175) (semelhante ao polo mental na preensão). Assim, por um lado, toda potencialidade ou todos os objetos eternos residem na natureza primordial de Deus, a qual outras entidades incorporam em padrões únicos, mas menos completos. Por outro lado, Deus preende todas as entidades reais que constituem o mundo e suas ocasiões passadas através de sua "natureza CONSEQUENTE" (p. 195). Nesse sentido, Deus é, em parte, constituído por tudo o que já foi e tudo o que está se tornando a cada dado momento (semelhante ao polo físico na preensão).

É por isso que a teologia do processo tem estado estreitamente alinhada com o panenteísmo (Keller, 2003): tudo está em Deus através de sua natureza primordial e sua natureza consequente. Ademais, todas as entidades reais (incluindo Deus) EXPERIENCIAM em algum grau de complexidade. É por isso que a filosofia orgânica de Whitehead é muitas vezes caracterizada como "pan-experiencial" (Mesle, 2008, p. 94), em oposição ao pampsiquismo, que infere consciência. Entretanto, em virtude de diferenças em complexidade, Griffin (2001) esclarece isso como "pan-experiencialismo com dualidade organizacional" (p. 6).

No entanto, alguns estudiosos contemporâneos de Whitehead se recusam a tratar objetos eternos como NECESSÁRIOS ao processo de vir a ser e simplesmente apontam para o princípio da criatividade como fonte de potencialidade. Tais filósofos do processo estão reconceptualizando a filosofia do processo sem Deus (Ford, 1977; Sherburne, 1967). Essas explorações devem ser bem-vindas, uma vez que o próprio Whitehead (1978) argumenta que "o menor sinal de certeza quanto à finitude da afirmação é uma demonstração de tolice" (p. xiv). A partir dessa perspectiva, "a criatividade é a realidade definitiva do Universo, pressuposta por toda instância da realidade" (Wang, 2012, p. 150). Em resumo, a essência do vir a ser, a necessidade criativa em si, está dentro de todas as entidades reais e expressa por todas elas, e não precisamos considerar Deus. Em vez disso, podemos focar a POTENCIALIDADE CRIATIVA em si como a fonte definitiva do vir a ser e de como esse processo funciona.

Para os filósofos e os teólogos do processo que aceitam a explicação de Whitehead da natureza primordial de Deus, é através do vir a ser relacional que Deus convida ou ATRAI todas as entidades para realizar as potencialidades ou objetos eternos de maneiras específicas relevantes e de valor para a situação, encorajando assim a verdade, a beleza, a bondade e o amor. De fato, é a relação de Deus com todas as outras entidades reais que permite que elas SINTAM (antes da percepção consciente) tais valores, normas e ideais (Griffin, 2007). O estímulo que Deus oferece a elas é chamado de *meta inicial* (Whitehead, 1978, p. 257), gerando assim a metáfora de Deus como "poeta do mundo" (p. 464). Entretanto, todas as entidades reais compartilham da natureza autônoma, porém relacional de Deus e, assim, a meta está presente nelas também, e elas nem sempre expressam o que Deus iria preferir. Whitehead refere-se a essa liberdade como *meta subjetiva*, que orienta tanto a preensão positiva quanto a negativa, como mencionado anteriormente.

10.2.3 Entrelaçando Follett e Whitehead: experiência cocriativa

Tanto Follett quanto Whitehead incluem alguma concepção de Deus em seus entendimentos do vir a ser. Contudo, embora ambos imaginem Deus em uma relação cocriativa com tudo o mais que está se tornando, eles divergem de uma maneira que tem importantes implicações para a aplicação da filosofia do processo relacional à ética, à teoria política, à teoria econômica e à teoria administrativa. Mais especificamente, a natureza diretiva de Deus segundo a noção de Whitehead da natureza primordial de Deus e a meta inicial estão em conflito direto com a noção de Follett da cocriação[4]. Um entendimento completamente participativo e imanente da cocriação está baseado na meta subjetiva relacional sem a necessidade de objetos eternos ou da meta inicial de Deus. Quando Deus é inserido no vir a ser dessa maneira, a pergunta de quem substitui ou fala no lugar de Deus torna-se necessária em questões práticas. Ademais, seria possível entender que Follett e Whitehead também podem discordar sobre a questão de objetos eternos que envolvem a potencialidade. Essa natureza estática da potencialidade limita a criatividade de uma maneira que Follett certamente rejeitaria em sua concepção da experiência cocriativa e seu papel no processo individual e social (examinado a seguir).

Entretanto, a noção de que Deus preende ou expressa a completude de todas as entidades reais em sua natureza consequente em qualquer dado momento não estaria em conflito com a visão relacional de Follett de que a humanidade colabora totalmente para as forças que constituem o Universo em si. Ademais, voltando ao Capítulo 6, Whitehead deixa uma outra opção para estabelecer meta e valor que estaria de acordo com Follett: sua explicação da simpatia e da força emocional. O autor vê a simpatia como uma percepção não sensorial de "sentir o sentimento EM outro e sentir de acordo COM outro" (Whitehead, 1979, p. 162) e reconhece que seres humanos têm o potencial de desenvolver a moralidade com base na "força emocional" (p. 15). Portanto, é possível que ele tenha concordado com Follett sobre seres humanos poderem "encontrar o certo" juntos, mesmo sem a meta inicial de Deus.

10.3 A natureza da diferença

10.3.1 O indivíduo em sociedade de Follett

Com base nos conceitos de resposta circular e integração, Follett oferece novas definições do indivíduo e da sociedade e de como esses dois conceitos se relacionam. Embora a filosofia ocidental tipicamente perceba os indivíduos como separados uns dos outros e conceptualize a sociedade como separada do indivíduo, Follett afirma que um não pode existir sem o outro, uma vez que ambos estão em um processo constante de cocriar. Um indivíduo não pode existir fora do processo social, mas existe "na inter-relação sem fim entre o um e o múltiplo através da qual ambos estão constantemente formando um ao outro" (Follett, 1919, p. 582). Através desse processo de cocriar, "a falácia do *self*-e-outros desaparece e existe apenas o *self*-dentro-e-através-dos-outros" (Follett, 1998, p. 8).

Em contrapartida, a sociedade não pode existir sem o indivíduo, pois é pelo processo integrativo do unificar que a sociedade é cocriada por indivíduos em relação um com o outro. "A inter-relação constitui tanto a sociedade, por um lado, quanto a individualidade, por outro: a individualidade e a sociedade estão evoluindo juntas a partir dessa ação e reação constante e complexa" (Follett, 1998, p. 65). A participação no todo não é uma escolha, é uma certeza. Porém, a sociedade não é apenas indivíduos agregados para criar um todo: "A responsabilidade coletiva não é uma questão de somar, mas de entrelaçar, uma questão da modificação recíproca causada pelo entrelaçamento" (Follett, 2013b, p. 75). Os indivíduos não estão conectados simplesmente porque agimos em proximidade um com o outro; nossa conexão é muito mais fundamental do que isso, uma vez que tudo se entrelaça em seu vir a ser.

Follett enfatiza que a participação no processo de integrar da sociedade não implica homogeneização. De fato, a individualidade só pode ser percebida no contexto social. "Minha individualidade é a diferença vindo à tona como relacionada com outras diferenças" (Follett, 1998, p. 63). Em grupos humanos, "a essência da sociedade é a diferença, a diferença relacionada" (p. 33). A diferença é expressa através de variadas perspectivas, preferências, entendimentos, experiências e ideias. Follett (2003b) defende que tais diferenças podem criar conflitos e desarmonia que dificultam o viver em conjunto se forem mal resolvidas, retardando assim o progresso social. Contudo, através do processo colaborativo da integração, a diferença e o conflito geram oportunidades de realização pessoal e progresso social. De fato, "esta é a realidade do ser humano: o unificar de diferenças" (Follett, 1919, p. 588). Não é a uniformidade que é alcançada, mas a harmonização e a integração através da interpenetração ou coadaptação contínua. "O teste do nosso progresso não é nem nossas semelhanças, nem nossas diferenças, mas o que vamos fazer com as diferenças. Devo combater tudo o que for diferente de mim ou encontrar a síntese mais elevada?" (Follett, 1998, p. 96). Assim, "a necessidade de unidade não é uma redução, uma simplificação, é a necessidade de abraçar mais e mais, é um buscar" (Follett, 1919, p. 583) da diferença.

Essa criação da harmonia social a partir da diferença individual é uma peça importante da teoria administrativa de Follett. Ao tratar do que ela chama de PROCESSO CRIATIVO (Follett, 1919) e CONFLITO CONSTRUTIVO (Follett, 2003b), a autora defende que, onde for possível, a síntese deve ser usada para resolver conflitos porque "somente a integração realmente estabiliza" a situação (p. 35). A síntese é o chegar a uma solução "em que ambos os desejos encontraram um lugar, em que nenhum lugar precisou sacrificar nada" (p. 32). Através do processo grupal integrativo, indivíduos confrontam diversos interesses e desejos que levam a uma reavaliação dos próprios interesses e valores do indivíduo, e finalmente é cocriada uma nova solução, que unifica esses interesses e desejos diversos; uma solução que é maior do que as ideias originais dos indivíduos. O processo integrativo é mais eficaz do que a dominação ou a conciliação, que não levam a soluções criativas nem à harmonia duradoura.

Follett explora ainda mais as implicações de integrar diferenças quando trata de poder e autoridade. O processo de integração gera PODER-COM sob a LEI DA SITUAÇÃO: "Se existe uma influência interativa ocorrendo o tempo todo entre vocês, o poder-com pode ser construído [...] Se ambos os lados obedecem à lei da situação, nenhuma PESSOA tem poder sobre a outra" (Follett, 2003j, p. 105). Em vez disso, é a situação que tem autoridade, permitindo que cada pessoa desempenhe um papel adequado dependendo do contexto, em um "processo autogerador" (Follett, 2013a, p. 46). É um "poder desenvolvido conjuntamente, a meta, um unificar que, enquanto permite a diferenciação infinita, elimina embates" (Follett, 2003j, p. 115). O poder, então, torna-se uma força geradora criada através da colaboração, o que, por sua vez, serve para unificar indivíduos em grupos, em vez de colocá-los uns contra os outros.

10.3.2 As sociedades de Whitehead

Entidades reais são eventos que não perduram ao longo do tempo: são ocasiões que "surgem, tornam-se e completam-se. Quando o vir a ser é completado, elas ficam no passado; o presente é constituído por um novo conjunto de ocasiões [entidades], que passam a existir" (Cobb; Griffing, 1976, p. 19). "A mudança é a diferença entre esses eventos" (Mesle, 2008, p. 96). Entretanto, entidades reais são microcósmicas e não são experienciadas ou percebidas nas atividades cotidianas. No nível macrocósmico (observável), muitas entidades reais são parte do "processo no qual o universo de muitas coisas adquire uma unidade individual em uma relegação determinada de cada item do 'múltiplo' para sua subordinação na constituição do novo 'um'" (Whitehead, 1978, p. 211). Entendemos que esse uso do termo *subordinação* significa "modificar", porque, no todo de uma coisa individual ou no todo da criação em si, o um é constituído em um processo relacional contínuo do vir a ser individual em meio aos múltiplos. O que é de fato percebido são as "entidades macrocósmicas da experiência cotidiana", que "são agrupamentos de entidades chamados de *nexos*" (Sherburne, 1966, p. 230).

Quando esses padrões são repetidos no tempo e/ou no espaço, eles formam o que chamamos de *sociedade*, um tipo especial de nexo "que goza de ordem social, ou seja, que exibe características em cada geração de entidades reais derivadas de preensões de gerações anteriores" (Sherburne, 1966, p. 231). O que permanece é o padrão específico ou ordem da sociedade de entidades reais que compartilham "características definidoras" (Whitehead, 1979, p. 89). Dessa forma, entidades reais são percebidas como objetos individuais no tempo e no espaço. Esse padrão persistente trazido à tona no tempo pela preensão cria tamanha semelhança com o momento anterior que somos capazes de perceber entidades reais como seres ou coisas materiais e distintos, quando na verdade eles são um leque de entidades reais em um processo de concrescência.

Esses são os tipos específicos de preensões que trazem a entidade real do passado para a nova entidade real, de maneira que elas podem ser percebidas mais ou menos como a mesma. Por exemplo, não vemos que envelhecemos a cada dia, nem a lenta erosão de um penhasco. Essa semelhança ao longo do tempo no espaço é criada por um processo de TRANSMUTAÇÃO que cria uma "identidade de padrão em seus objetos eternos" (Sherburne, 1966, p. 247). Esse padrão nos permite perceber o microcósmico no nível macrocósmico. Através da transmutação, percebemos não entidades reais do nível microcósmico, mas sociedades de entidades reais no nível macrocósmico. A transmutação traz consigo um tipo específico de ordenação que faz com que entidades reais combinem-se de maneira semelhante a outras sociedades, ao passo que ainda são únicas. Esse padrão pode ser relacionado com a maneira como o DNA ordena organismos complexos estabelecendo o padrão pelo qual as células se agregam para formar uma árvore, em vez de um ser humano, conforme são continuamente substituídas ao longo do tempo. Como resultado, percebemos um mundo físico de aparente estase, no qual é possível ver um todo como existente ao longo do tempo, em vez das inúmeras entidades reais das quais ele é composto – entidades em um processo constante de vir a ser.

Contudo, sociedades são mais do que simplesmente uma coleção de entidades com uma característica comum. "Assim, uma sociedade é, para cada um de seus membros, um ambiente com algum elemento de ordem, persistindo por causa das relações genéticas entre seus próprios membros" (Whitehead, 1978, p. 89). A característica-chave de uma sociedade é que ela é auto-ordenadora, "é autossustentada; em outras palavras, ela é sua própria razão de existir" (p. 89).

Existem diversos tipos de sociedade, cada um com suas próprias características. Um OBJETO PERSISTENTE é o tipo mais simples de sociedade, que é "uma sociedade puramente temporal, um mero fio de herança contínua que não contém nenhuma entidade real que seja contemporânea a outra" (Sherburne, 1966, p. 220). Um tipo mais complexo de sociedade é a SOCIEDADE ESTRUTURAL. Esse tipo de sociedade "consiste no entrelaçar padronizado de vários nexos com características determinantes muito diferentes [...] Essa sociedade estruturada oferecerá o ambiente imediato que sustenta cada uma de suas subsociedades" (Whitehead, 1978, p. 103). Sociedades estruturadas podem variar em sua COMPLEXIDADE e INTENSIDADE, conceitos que vamos explorar mais tarde. Por fim, uma SOCIEDADE CREPUSCULAR é um tipo de sociedade estruturada em que as "sociedades subordinadas que a constituem são todas vertentes de objetos persistentes" (Sherburne, 1966, p. 216).

Todos macrocósmicos que são fisicamente percebidos como coisas independentes (moléculas, células, árvores, seres humanos etc.) são, portanto, resultados das preensões negativa e positiva examinadas anteriormente – "as entidades reais diferem umas das outras em sua realização de potenciais" (Whitehead, 1978, p. 149) –, bem como de diferentes padrões estabelecidos por várias sociedades. Porém, nem a expressão única de pura potencialidade no nível microcósmico nem a distinção das experiências percebidas no nível macrocósmico significam que as entidades reais, as sociedades de entidades reais ou qualquer outro grupamento sejam

REALMENTE separados. De fato, a filosofia do processo afirma o contrário: "A conectividade é a essência de todas as coisas" (Morris, 1991, p. 71). Essa interdependência é uma "característica ontologicamente provada" (Cobb; Griffin, 1976, p. 21). "Não é primeiro algo em si, que só secundariamente entra em relações com os outros. As relações são primárias" (p. 19). Entretanto, essas relações operam em um nível microcósmico que não é perceptível pelos sentidos físicos.

10.3.3 Entrelaçando Follett e Whitehead: o vir a ser relacional, porém único

Tanto Follett quanto Whitehead descrevem o relacionamento inerente do vir a ser cocriativo de maneiras que não negam a individualidade e celebram a diferença. Para Follett, o princípio ontológico é o de que seres humanos individuais estão sempre em sociedade e engajados no processo contínuo de cocriação: a formação do *self*-dentro-e-através-dos-outros" (Follett, 1998, p. 8). Um não pode ser desagregado do outro. Contudo, esse relacionamento não conota uniformidade ou concordância. De fato, é através do relacionamento que a diferença se torna evidente. Cada indivíduo é uma expressão única dos vários entrelaçamentos experienciados no vir a ser. Essas distinções representam nossa "diferença relacionada" (p. 33) como seres humanos.

De maneira semelhante, na filosofia do processo, as entidades reais e os vários tipos de sociedades compostas por elas não podem existir independentemente ou completamente separados de outras entidades reais, e os objetos eternos não podem existir separadamente do mundo experienciado. Ademais, essas entidades reais unificam-se em várias configurações ou sociedades, através do tempo e do espaço que podem ser percebidos pelos sentidos como objetos específicos, mas que estão na verdade em um processo de vir a ser relacional. Nada transcende o todo, e todos dentro do todo estão conectados: "as relações são primárias" (Cobb; Griffin, 1976, p. 19). Porém, cada entidade real é uma expressão real, e cada sociedade é uma composição única. Assim, a condição ontológica é uma condição de diferença interdependente e interconectada, e não de uniformidade.

10.4 O propósito do vir a ser

10.4.1 O progresso pela colaboração de Follett

Combinadas, a natureza do vir a ser e a natureza da diferença levam Follett a identificar o propósito da vida social humana como o desejo de cocriar: "o criar eternamente contínuo no qual os seres humanos são cocriadores" (Follett, 1998, p. 103). O "sustento [de um indivíduo] é a relação, e ele busca eternamente novas relações na inter-relação sem fim entre o um e o múltiplo" (Follett, 1919, p. 582). É só através da relação que somos capazes de conhecer e confrontar a diferença, participando assim da "experiência criativa" (Follett, 2013c, p. 377), o processo unificador da integração, que é "uma força irresistível compelindo cada membro" de um grupo (Follett, 1998, p. 83). A integração de diferenças é o processo gerador da vida, pois "a síntese é o princípio da vida, o método do progresso social" (p. 97). "Então, o que é a lei da comunidade? Na biologia, na psicologia, em nossa observação de grupos sociais, vemos que a comunidade é esse misturar-se que evoca poder criativo" (Follett, 1919, p. 577). Esse poder gerador nos empurra adiante, "desde a ameba e seu alimento até o ser humano, como liberação de energia, evocação ou chamado de novos poderes de um para o outro" (Follett, 2013c, p. 303). Através disso, alcançamos "o progresso do indivíduo ou da raça" (p. 173).

Daí decorre que, para gerar a maior quantidade de poder ou a experiência mais criativa, devemos garantir "que a oportunidade total seja dada em qualquer conflito, em qualquer reunião de diferentes desejos, para que todo o campo do desejo seja visto" (Follett, 2003b, p. 39). Quanto maior o número de diferenças trazidas para o processo integrativo, maior o nível de síntese que pode ser alcançado, gerando assim maior progresso individual e social.

10.4.2 O avanço criativo de Whitehead

Para Whitehead, o propósito da concrescência – da vida – é o "avanço criativo do mundo" (Mesle, 2008, p. 98). Cada "ocasião surge como um efeito voltado para o seu passado [objeto] e termina como uma causa voltada para o seu futuro [sujeito]. No meio está a teleologia do Universo" (Whitehead, 1967, p. 194). Engajar nesse processo como sujeito é desejável para todas as entidades reais porque isso causa SATISFAÇÃO, pois "ser, realizar-se, agir sobre os outros, compartilhar em uma comunidade mais ampla é gozar de ser um sujeito em experiência" (Cobb; Griffin, 1976, p. 16-17).

O propósito de uma entidade real individual não pode ser considerado separadamente do propósito de outras realidades no mundo; a experiência é a "autossatisfação de ser um entre os múltiplos e de ser um emergindo da composição dos múltiplos" (Whitehead, 1978, p. 145). Assim, ao considerar a satisfação de qualquer entidade real única, devemos também considerar a satisfação de outras entidades.

A INTENSIDADE, que é o resultado ideal do processo de concrescência, leva a maior satisfação. A intensidade maximizada é alcançada através da incorporação da NOVIDADE e da experiência do CONTRASTE. A novidade aparece pela preensão da potencialidade a partir de objetos eternos, bem como de novas qualidades de entidades reais inter-relacionadas. "A realização de novas possibilidades geralmente aumenta a satisfação da experiência, pois a variedade de possibilidades que são realizadas em uma experiência adiciona riqueza à experiência, e o elemento da novidade empresta entusiasmo e intensidade à satisfação" (Cobb; Griffin, 1976, p. 28). Um contraste pode ser experienciado tanto DENTRO de uma sociedade quanto ENTRE sociedades. Dentro de sociedades, conforme mais entidades reais contrastantes são reunidas no processo de concrescência, aumenta a intensidade sentida pela sociedade resultante. "*Grosso modo*, realidades mais complexas gozam de mais valor do que realidades mais simples" (p. 63-64). Entre sociedades, o contraste é vivenciado através da diversidade. Quando uma dada sociedade confronta a diferença em outra sociedade, novas preensões se formam pelo contraste, gerando assim intensidade e satisfação. Whitehead (1978) observa que "a intensidade do sentimento decorrente de qualquer ingresso percebido de um objeto eterno é amplificada quando o objeto eterno é um elemento em um contraste percebido entre objetos eternos" (p. 278).

A novidade e a intensidade por si sós, no entanto, não são suficientes para criar a máxima satisfação para uma entidade. As sociedades e as entidades das quais elas são compostas também devem encontrar a HARMONIA que maximize a satisfação não apenas de suas próprias experiências, mas também da sociedade da qual são parte; os diferentes elementos devem ser adequadamente integrados para que a máxima satisfação seja produzida. A harmonia é obtida por preensões que trazem entidades reais passadas para a entidade real atual e que permitem que entidades reais sejam impactadas mutuamente, de maneira complementar. "Para que a experiência seja satisfatória, ela deve ser harmoniosa, os elementos não devem contrapor-se de modo que a discórdia seja maior do que a harmonia. Além disso, para uma grande satisfação, deve haver uma intensidade adequada da experiência. Sem a intensidade, pode haver harmonia, mas o valor que será gozado será trivial. A intensidade depende da complexidade, visto que a intensidade exige que uma variedade de elementos sejam reunidos em uma unidade de experiência" (Cobb; Griffin, 1976, p. 64-65).

Assim, a diversidade é importante para a maximização da satisfação, mas só é positiva e melhoradora se diferentes entidades e sociedades puderem ser harmonizadas. Whitehead (1978) usa a música para ilustrar. Duas vozes cantando notas diferentes, mas complementares oferecem ao ouvinte uma satisfação simples sem muita intensidade. Conforme a diversidade de vozes aumenta para um coral de dois ou três, a intensidade do som também aumenta. Conforme a diversidade e a complexidade aumentam DE MANEIRA A CRIAR HARMONIA, aumentam a intensidade e a satisfação. Considere também o som que faz um piano quando uma criança bate em várias teclas aleatoriamente. Embora notas diversas toquem juntas, não estão harmonizadas, oferecendo um alto nível de contraste sem muito valor. Através da harmonização das entidades diversas na concrescência de uma nova entidade ou sociedade, a intensidade e, finalmente, a satisfação aumentam. Como mostra o segundo exemplo, porém, diversidade por diversidade não basta: entidades diversas devem ser integradas para produzir, através da preensão, entidades reais complexas e HARMONIZADAS. Quanto mais diversas e complexas são as entidades harmonizadas, mais intensa e satisfatória é a experiência. De fato, para Whitehead, "o critério do progresso é, portanto, a riqueza de experiências" (Griffin, 2007, p. 45).

10.4.3 Entrelaçando Follett e Whitehead: harmonizando as diferenças para o progresso e o avanço

Em vez de ver a diferença como um problema, Follett e Whitehead a veem, ambos, como fonte de progresso e avanço individual e humano. Em resumo, se não houvesse diferença, não haveria propósito para o processo social, fonte de satisfação, nem meios para o progresso e o crescimento individuais ou sociais. De fato, quanto maior a diferença, maior a satisfação. Quanto maior o grau de síntese e harmonização, maior o progresso individual e social.

Para Follett, diferenças em perspectivas, preferências e ideias são inevitáveis. Se percebemos essas diferenças como fonte de problemas destrutivos, então o progresso individual e social pode ficar estagnado, pois estamos tentando evitar ou reprimir o conflito. Porém, se vemos essas diferenças como oportunidade de integração e síntese, o processo de harmonizar diferenças ou "conflito construtivo" (Follett, 2003b) cria progresso individual e social, o que Follett vê como o poder de cocriar. De fato, conforme mais pontos de vista são incluídos nesse processo, maior o progresso que dele resulta. Assim, a diferença é boa, mas pode ser um problema se for percebida e respondida de maneira inadequada.

Na filosofia de Whitehead, a diferença é necessária para a máxima satisfação das entidades reais e, finalmente, das sociedades delas compostas. De fato, deve haver diferenças suficientemente intensas para que a satisfação seja vivenciada. A diferença pode ser alcançada tanto pela novidade da expressão quanto pelo contraste com outras expressões ou expressões anteriores. É por isso que sociedades complexas de entidades reais experienciam maior satisfação. Porém, demasiado contraste pode criar o caos: imagine qual seria o resultado de novidade demais ao longo do tempo interferindo na aparência de uma coisa em padrões imprevisíveis.

Assim, embora ambos os autores celebrem a diferença, ambos também observam a importância de unificar ou harmonizar a diferença. Sem harmonia, o progresso e a satisfação não podem ser obtidos. As diferenças, então, devem ser harmonizadas no processo de vir a ser e nos processos sociais de viver. Ambos também veem esse processo harmonizador como producente de algo maior do que uma mera soma das partes: o que é hoje comumente chamado de *sinergia*. Assim, tanto o grupo quanto o indivíduo progridem e avançam de maneiras que só podem ser cocriadas.

10.5 Por que comparar Follett e Whitehead

Follett observa que buscar a mudança social somente no nível do comportamento ou da ação não basta, porque os pressupostos subjacentes acabam se manifestando no comportamento, subvertendo-o ou fazendo-o retornar aos pressupostos filosóficos originais. Isso hoje é entendido como a característica precursora dos compromissos filosóficos (White, 2000). Para mudar e sustentar com sucesso novos comportamentos, o contexto filosófico subjacente também precisa mudar. Isso deve ir mais além do que a teoria para alcançarmos os pressupostos mais fundamentais. É precisamente por isso que Follett explora os elementos conceituais da ontologia, da teoria psicossocial, da epistemologia e das crenças, em vez de simplesmente oferecer recomendações práticas de ética, política, economia e administração.

A necessidade de um alicerce filosófico para qualquer teoria da governança foi devidamente notada na literatura da administração pública (ver, por exemplo, Box, 2008; Catlaw, 2007; McSwite, 1997; Waldo, 1984). A ontologia é a base filosófica mais ampla para a teoria, no sentido de que descreve a natureza da existência, enquadrando assim pressupostos sobre todos os aspectos da vida. Conforme defende Waldo (1984), "Qualquer teoria política apoia-se em uma metafísica, em um conceito da natureza definitiva da realidade" (p. 21). Filosofias políticas adotam pressupostos ontológicos específicos, oferecendo recomendações para formas políticas (White, 2000). De fato, o termo "ontologia política" foi usado para descrever pressupostos complexos sobre a natureza do ser humano, da identidade e da vida social em específico (Catlaw, 2007; Howe, 2006). A relação entre esses dois componentes é reflexiva: a forma política implica a ontologia específica, e a ontologia específica implica a forma política. Essas formas políticas se tornam lugares primários para a ação social, reproduzindo assim aquilo que é pressuposto. Da mesma forma, a ontologia sugere a possibilidade lógica apenas de certas formas políticas. Desse modo, a ontologia política retrata tanto o que é quanto o que DEVERIA SER. De fato, a partir de uma perspectiva whiteheadiana, posições metafísicas, ideológicas e políticas podem ser avaliadas observando-se

> *as premissas sobre a realidade que elas implicam. As ações concretas de nossa vida diária, o que fazemos quando interagimos com nossos semelhantes, com outros membros de grupos aos quais pertencemos, com outros cidadãos, implicam metas específicas, individuais e coletivas, motivando nossas ações. Essas muitas metas implicam atitudes e práticas mais gerais, contextos primários de entendimento e esquemas comportamentais primários, constituindo as condições de limites aceitáveis e inteligíveis para o que pensamos que fazemos. E essas características constituem o bem comum que explica nossa percepção de senso de verdade.* (Allan, 1993, p. 284)

Em resumo, a ontologia molda a forma como vivemos juntos, e essa visão de mundo causa um impacto direto na política pública (Christ, 2003). Embora a ontologia seja tipicamente estudada na filosofia, na religião e na física, tais considerações foram recentemente estendidas pela teoria social e política contemporânea, a qual se distanciou da adoção impensada dos compromissos filosóficos positivistas que caracterizam a cultura ocidental moderna, tanto criticando sua ontologia quanto oferecendo alternativas ou modificações afirmativas (White, 2000). Nesse processo, práticas sociais de todo tipo estão sendo desconstruídas para entendermos os tipos de entidades pressupostas e a natureza presumida do seu ser, bem como para questionar a pertinência desses compromissos filosóficos e valores associados aos resultados sociais desejados. Seguindo tais questionamentos críticos, ontologias começam a confrontar umas às outras, mesmo em termos de nuances dentro da cultura dominante (ver, por exemplo, Brigg, 2007; Pesch, 2008).

Muitos estudiosos estão buscando uma ontologia alternativa porque o universo newtoniano/cartesiano não abarca logicamente recomendações para a democracia participativa e a prática colaborativa. Portanto, esforços para instituir essas aproximações eventualmente falham em produzir os resultados esperados. Infelizmente, muitas dessas propostas tratam apenas dos níveis epistemológicos ou psicossociais da análise, enquanto a ontologia positivista oferece explicação para TODOS os aspectos da realidade, não apenas para os elementos humanos. Limitar a discussão a explicações da experiência HUMANA da realidade, em oposição a uma explicação de sua necessidade ontológica física, deixa espaço para questionamentos. Dizer simplesmente que "precisamos começar na fundação e SUPOR que já estamos todos conectados, assim como no passado supusemos que não estávamos" (Stivers, 2008, p. 93-94) não basta. A dominante suposição de desconexão baseia-se em um sistema muito claramente explicado de ciência positiva, em suas ramificações tanto físicas quanto sociais, e é defendida pelo "veredito da ciência" (Waldo, 1984, p. 21). Levianamente substituir essa suposição por outra sem uma explicação igualmente completa carece da robustez necessária para fazê-lo de forma convincente. Devemos explicar não apenas nosso entendimento da realidade humana ou social, mas também como entendemos seus atributos físicos e não físicos. Em outras palavras, é preciso mais para resistir à crítica positivista.

Assim, o objetivo de relacionar Follett e Whitehead é ancorar os sistemas colaborativos de governança da autora em um alicerce ontológico robusto. Concordamos que precisamos de "um questionamento que teria relacionado uma concepção básica da realidade (ontologia) com uma posição epistemológica específica [...] e uma forma distintiva de política" (Catlaw, 2007, p. 11). Em suma, concordamos que "o desafio colocado para a administração pública é começar a conceber as relações sociais e suas subsequentes estruturas e práticas governamentais que têm suas raízes em uma ontologia política diferente" (Catlaw, 2005, p. 471). Porém, isso levanta a questão: Qual exatamente é a ontologia alternativa que se encaixa em uma abordagem diretamente democrática e colaborativa da governança? Qual ontologia nos ajudaria a "PRATICAR a teoria crítica" (King; Zanett, 2005, p. xviii)? "Qual visão da realidade nos ajudaria a encontrar significado na vida pública?" (Stivers, 2008, p. 93). Defendemos que Follett e Whitehead, juntos, têm a resposta.

Notas de fim de capítulo

1. Nessas palestras, a autora também se refere ao aluno e coautor de Whitehead, Bertrand Russell (Follett, 2003j, p. 98).
2. Elementos dessa análise foram explorados em publicações iniciais, então este capítulo baseia-se livremente em Stout e Staton (2011). Contudo, aqui a análise é substancialmente expandida e mais detalhada.
3. Muitos estudiosos contemporâneos de Whitehead recusam a visão de objetos eternos como necessários para o processo do vir a ser. Essas questões serão examinadas com relação ao papel de Deus no vir a ser.
4. Essa perspectiva de Whitehead é explicada por Allan (1993) em sua análise da ideologia do processo e do bem comum em Morris e Hartshorne. Entretanto, o próprio Allan discorda das interpretações desses autores e considera Whitehead consistente com uma metafísica do processo ateia, alinhando essa visão com um "liberalismo comunalista secular" (p. 283).

Capítulo 11
Recapitulando

*

É provável que qualquer pessoa que esteja familiarizada com o trabalho de Follett tenha se perguntado: Por que este livro é necessário? Por que não apenas ler as publicações originais da autora? Incentivamos o leitor a fazer precisamente isso, porque é apenas por meio da leitura dos textos originais da autora que se pode encontrar as inúmeras ilustrações e exemplos práticos que Follett usa para dar vida à sua teoria. Da mesma forma, por que não recorrer à literatura contemporânea para uma interpretação de seu trabalho? Incentivamos isso também. Porém, em ambas as empreitadas, deve-se ter o cuidado de interpretar Follett corretamente com base em seus alicerces filosóficos.

Por exemplo, é provável que ocorram erros de julgamento caso apenas algumas das obras de Follett sejam lidas ou caso se aceitem as interpretações de estudiosos contemporâneos de Follett que não leram todas as obras. Um caso é o de Boje e Rosile (2001). Embora formulem uma complementaridade interessante entre a abordagem foucauldiana do poder de Follett e a de Clegg, tal iniciativa é, de certa forma, supérflua. Na verdade, ao focar apenas sua noção do poder-com, os autores perdem totalmente a explicação de Follett sobre a integração, sem dúvida precursora dos resultados mutuamente vantajosos que eles atribuem a Clegg. Em resumo, não se pode ler *Dynamic Administration* ou *Freedom & Co-ordination* e entender totalmente seu significado sem ter lido *The New State*, *Community as a Process* e *Creative Experience*. Mesmo tendo lido a obra completa da autora, é fácil perder de vista os pressupostos filosóficos nos quais suas recomendações práticas se baseiam. Como observado no Capítulo 1, isso pode ocorrer facilmente em razão de seu estilo de linguagem.

Mais importante, como já foi discutido em outras obras (ver Stout; Love, 2014b), o trabalho de Follett é frequentemente mal interpretado na literatura em virtude de uma falta de sensibilização ou de capacidade para entender a ontologia do processo relacional que caracteriza de maneira única sua interpretação dos princípios filosóficos e a aplicação deles à prática. Como observam Calas e Smiricich (1996), "entender Follett de dentro de SUA PRÓPRIA ORIENTAÇÃO FILOSÓFICA", incluindo o entendimento de seu "sofisticado e bem desenvolvido contexto teórico processual" (p. 149), é vital para interpretar corretamente o entrecruzamento de suas ideias. De fato, Stewart (1996) sugere que a natureza abrangente da filosofia de Follett é um desafio para muitos que buscam frases de efeito empacotadas e que, portanto, veem suas ideias como "ricas demais" para serem totalmente compreendidas (p. 175). Portanto, o problema real é a opção por ler somente ALGUNS dos textos originais da autora ou por basear-se unicamente em interpretações secundárias que não consideram sua perspectiva ontológica única.

Embora não ofereça uma análise ou explicação detalhada, Tonn (2003) defende que muitos estudiosos interpretaram mal o trabalho de Follett desde o início da carreira da autora, refletindo "um equívoco no entendimento básico sobre o argumento de Follett – um equívoco que persiste até hoje" (p. 308). Infelizmente, tais equívocos "paternalistas" (Child, 1995, p. 88) não se limitam aos que criticam as ideias de Follett, mas estendem-se a alguns de seus defensores mais convictos. Como resultado, um consultor de gerenciamento faz uma crítica severa em sua resenha das respostas à Follett na obra completa de Graham (1995b), afirmando: "A maioria desses comentários revela a falta de conhecimento de alguns ou de todos os comentaristas com relação ao material que eles se dignaram a resenhar, egocêntricos e arrogantes em sua demonstração condescendente de admiração pela autora, ao mesmo tempo que representam mal o pensamento dela como prenúncio do pensamento deles próprios e de sua escassez dos instintos dinâmicos progressistas com os quais Follett foi imbuída" (Stroup, 2007)[1]. Embora mordaz, o argumento de Stroup (2007) é bem recebido: até mesmo alguns dos maiores defensores de Follett não entendem os princípios fundamentais da autora.

Para fundamentar essa afirmação, este capítulo oferece uma série de exemplos nos quais o pensamento de Follett é mal interpretado nas duas principais linhas de pensamento que ela entrelaçou: a teoria do gerenciamento e a teoria política. Nosso objetivo não é fazer uma crítica hostil, mas chamar atenção para a necessidade de um esclarecimento geral sobre o pensamento de Follett e uma apreciação da completude de sua contribuição às teorias política e administrativa e às áreas práticas que nelas se baseiam. Dada a natureza robusta da abordagem teórica de Follett, selecionar elementos de seu pensamento para serem considerados independentemente é uma prática que induz ao erro. Isso se dá porque, conforme observado no Capítulo 9, a teoria administrativa de Follett é o PONTO CULMINANTE de sua obra, o nível da análise em que suas teorias tanto filosóficas (pressupostos ontológicos, teoria psicossocial, conceitos epistemológicos e crenças) quanto orientadas para a prática (ética, teoria política e teoria econômica) entram em ação como um todo integrado.

Assim, quando as recomendações de Follett são removidas desse contexto, o que a autora realmente quis dizer é facilmente perdido, muitas vezes reinterpretado através das próprias lentes dualistas que ela renega. Como ela mesma alerta, "a menos que estejamos pensando holisticamente em termos de processo, as afirmações que faço não terão nenhum significado" (Follett, 2003m, p. 195). Sem interpretar cuidadosa e ativamente a obra de Follett pela lente de sua ontologia do processo relacional, equívocos na interpretação são bastante prováveis, como demonstram as seções a seguir. Afirmamos que esses equívocos produzem exatamente o efeito para o qual Follett alerta: "Nossa perspectiva é curta, nossas chances de sucesso grandemente diminuídas, quando nosso pensamento é restringido pelos limites de uma situação mutuamente exclusiva. Nunca devemos nos permitir ser intimidados por uma situação de exclusão mútua" (p. 201).

11.1 Interpretações equivocadas na teoria do gerenciamento

As teorias organizacional e do gerenciamento são aplicadas a organizações tanto públicas quanto privadas. O foco teórico está primariamente sobre as operações internas das organizações, com considerações mais limitadas de suas interações com o ambiente. Tais relações são tipicamente consideradas com relação à sustentabilidade da organização, em vez de ao seu impacto no ambiente, à exceção de questões tais como a responsabilidade social. Assim, esta seção se concentrará em questões da teoria pertinentes às operações organizacionais.

Ryan e Rutherford (2000) observam que as afirmações de Follett são muitas vezes mal interpretadas na teoria do gerenciamento quando tomadas individualmente e quando interpretadas pela perspectiva dicotômica sujeito-objeto tipicamente considerada nas ciências sociais. Como exemplo, Urwick (2013) alerta que, embora "as palestras de Mary Follett sobre a organização de negócios sejam um manual básico" para os que desejam manter a liberdade em vez de alcançar uma organização "ao custo da liberdade e da igualdade", elas também são "um manual com grandes chances de ser ignorado por aqueles que têm um gosto pelo autoritarismo"

(p. xv). De fato, Follett não oscilou entre nenhuma das muitas posições dialéticas, dualismos ou binarismos que criticou. Por meio de seu entendimento da integração, Follett promoveu consistentemente uma "terceira via" que era uma verdadeira síntese, sendo, paradoxalmente, ao mesmo tempo idealista e realista, humanista e instrumental, conservadora e liberal, mas também nenhuma dessas alternativas. Uma vez que Follett não obedecia a dicotomias e hierarquias, suas ideias não são tipicamente bem recebidas ou compreendidas a menos que sejam reinterpretadas a partir de tal lente.

A própria Follett observa esse desafio: "Um cientista político muito capaz que escreva sobre liderança trata esse conceito como um tropismo e discute por que as pessoas obedecem ou não obedecem, por que tendem a liderar ou seguir, como se liderar e seguir fossem a essência da liderança. Mas esse mesmo homem realizou estudos valiosos sobre liderança, e toda a tendência de seu pensamento sobre esse assunto parece longe desse estereótipo; ainda assim, ao falar diretamente sobre liderança, ele volta à velha ideia e fala da situação de liderança como sendo de comando e obediência" (Follett, 2003n, p. 289-290). Tais contradições internas muitas vezes aparecem quando a obra de Follett é discutida, uma vez que os estudiosos tendem a voltar às ideias tradicionais do gerenciamento com base na hierarquia, que tem seus alicerces em uma ontologia estática.

O exemplo mais básico de tais equívocos é o que sofre do que O'Connor (2000) chama de "a barreira da filosofia" (p. 168), "uma preferência pela pesquisa com base numérica" (Stewart, 1996, p. 176). Por exemplo, em um de seus primeiros artigos, a própria O'Connor (1996) sofre dessa barreira com sua afirmação de que "Follett se situa em um nível abstrato, filosófico, ao falar sobre a atrativa, mas ilusória, 'lei da situação', de modo que não há maneira nem possibilidade de alicerçar sua visão" (p. 46). Isso reflete a preocupação de Stewart (1996) de que as "ideias [de Follett] não se emprestam facilmente" à investigação empírica e, como resultado, são muitas vezes negligenciadas (p. 176). Ainda assim, tais críticas claramente não percebem a fundamentação cuidadosa que Follett estabelece para a lei da situação, bem como para seus outros conceitos filosóficos, usando amplos exemplos empíricos em todos os seus muitos trabalhos.

Esses equívocos ocorrem com relação a princípios básicos também. Por exemplo, em sua afirmação de que "o comportamento organizacional não pode ser capturado no sujeito ou no objeto por si só, mas deve ser visto na interação entre sujeito e objeto, dado que um é função do outro", Fry e Raadschelders (2014) simplificam a resposta circular ao ponto de esta ser fundamentalmente mal compreendida como uma relação causal linear entre binários. Contudo, esse truncamento ocorre apesar de seu reconhecimento anterior de que Follett "deplorou o hábito de separar objeto (variável dependente) de sujeito (variável independente)" (p. 155). Aqui, os autores caem na armadilha de voltar à ontologia estática, esquecendo-se de que o argumento de Follett não trata apenas de uma interação complexa, mas de um desafio às próprias classificações de sujeito e objeto. Para Follett, a influência recíproca se baseia na mistura real de sujeitos e ambiente de maneira que não permita categorias distintivas de nenhum tipo no processo dinâmico do vir a ser.

De maneira semelhante, apesar de inicialmente definir a lei da situação corretamente como "a avaliação intersubjetiva da situação", Fry e Raadschelders (2014, p. 151) mais tarde a explicam como "as demandas objetivas da situação de trabalho" (p. 166). Mas, ao voltar à ideia estática da objetividade, essa segunda descrição descarta a explicação de Follett da situação em formação, que é tanto dinâmica quanto intersubjetiva. Em outras ocasiões, a lei da situação é truncada para significar "uma análise da situação tanto da gestão quanto dos trabalhadores" (Boje; Rosile, 2001, p. 108). Embora esse seja certamente um aspecto da integração aplicado ao local de trabalho, é um entendimento seriamente limitado que perpetua uma visão da gestão e dos trabalhadores como partes estáticas que agem sob um conjunto de circunstâncias puramente objetivas, em vez de se relacionarem em funções dinâmicas.

Em interpretações tão incompletas e incorretas, a descrição de Follett das relações dentro da organização é ou confundida ou mal conduzida.

Por exemplo, o conceito de Follett do controle como função coordenadora se perde quando se afirma que a autora define o "controle como 'poder exercido como meio em direção a um fim específico'", em que o poder é "a capacidade de fazer as coisas acontecerem" (Fry; Raadschelders, 2014, p. 165). Tão descuidada explicação retrata o poder dentro da organização como poder-com e o controle como coercitivo. Essa interpretação coercitiva do controle foi aplicada até mesmo à própria Follett. O'Connor (1996) acusa Follett de fazer sua própria "reivindicação por uma fala autoritária" (p. 40) e, portanto, sugere que "podemos tomar o conselho de Follett de 'dar o controle [...] à pessoa com o maior conhecimento da situação' [p. 281] como uma reivindicação desta pelo controle" (p. 41). Claramente, O'Connor erroneamente entende o fato de Follett compartilhar suas ideias e sua *expertise* como sendo um argumento a favor do controle, ignorando completamente a crítica precisa e aprofundada da autora a tais reivindicações de autoridade baseadas na *expertise*. O poder-com transforma o controle em uma função coordenadora participativa e em uma experiência cocriativa.

Tais interpretações errôneas do poder-com também são encontradas na literatura sobre negociação e resolução de conflitos. A negociação é uma especialização do gerenciamento que tomou um interesse particularmente forte pelo trabalho de Follett. Kolb (1996) demonstra, por meio de cuidadosa análise da literatura sobre resolução de conflito, que a maioria das pessoas nessa área aplica o conceito de integração de uma forma que se baseia no pressuposto do interesse próprio atomístico, no qual o respeito pelo outro vem de uma perspectiva instrumental. Por exemplo, como observa Cohen (2008), as ideias de Follett foram influentes para alguns dos trabalhos canônicos da negociação, incluindo *A Behavioral Theory of Labor Negotiation*, de Walton e McKersie (1965), e o aclamado *Getting to Yes*, de Fisher e Ury (1991). Mas o processo de barganha desses autores retrata a integração de interesses como meio para alcançar o interesse próprio (Kolb, 1996), em vez do interesse social de Follett.

O impacto dessas interpretações errôneas da integração e do poder-com reverberou através da literatura até a abordagem da negociação INTEGRATIVA. Por exemplo, Pruitt e Lewis (1975) parecem sugerir que abordagens conciliadoras podem ser consideradas integração, afirmando que elas "permitem o desenvolvimento de *trade-offs* em que as concessões de uma parte quanto a uma questão são trocadas pelas concessões da outra parte quanto a outra questão" (p. 622). Claramente, sem um entendimento da ontologia do processo relacional, a integração parece ser alguma forma de conciliação, de encontrar um meio termo entre duas posições estáticas através de um processo de negociação ou, pior, através de pura dominação. Quando a chamada *negociação integrativa* é tirada dessa perspectiva, ela não escapa da abordagem atomística da negociação. Tais entendimentos não relacionais estão fundamentalmente incorretos. Outros estão de acordo com essa avaliação, levando alguns estudiosos a se referirem à negociação integrativa como uma abordagem de *"trade-off"* em vez de colaborativa (Sass, 2007), o que felizmente incentivou a criação da nova literatura da negociação COLABORATIVA (Cohen, 2008), descrita no Capítulo 12.

Esses equívocos não são novidade. De fato, eles ocorrem desde os contemporâneos de Follett. Como muitos durante a *Progressive Era*, Follett era uma leitora assídua do periódico *Bulletin of the Taylor Society* (Tonn, 2003, p. 397) e a influência do gerenciamento científico é aparente em seu trabalho. Assim como Taylor, Follett defende que "a ideia mais fundamental nos negócios hoje, que permeia todo o nosso pensamento sobre organização de negócios, é a da função. Cada pessoa desempenha uma função ou parte de uma função. Pesquisas e estudos científicos determinam a função em empresas gerenciadas cientificamente" (Follett, 2013g, p. 1). Ademais, ela afirma que "não deve haver confusão com relação às funções dos empregados em uma capacidade gerencial; os limites de tais funções devem ser francamente e claramente definidos" (Follett, 2003a, p. 88-89) e que "honestidade e precisão na delimitação de funções é, penso, essencial para o sucesso da redistribuição de funções" (p. 89). Portanto, a autora pede a extensão do "padrão científico", o qual ela insiste que "deve ser aplicado a todo o gerenciamento de negócios" (Follett, 2003e, p. 122).

Com base nesses comentários, fica claro que a teoria administrativa de Follett poderia ser interpretada como uma abordagem clássica do gerenciamento científico. De fato, Stivers (2006) sugere que a acomodação de Follett da hierarquia em contextos organizacionais era uma submissão à lei da situação com o intuito de ir além de paradigmas e "seu efeito foi incentivar a leitura de Follett como colega capitalista ou como membro do movimento das relações humanas" (p. 476). Mas, como observa Child (1995), "quando autores ingleses do gerenciamento (incluindo Urwick) tentaram sintetizar as ideias dos dois pensadores [Mayo e Follett] em uma filosofia comum do gerenciamento, eles adotaram uma visão do gerenciamento paternalista e *top-down* que veio primeiramente de Mayo e seus colegas e que era, de fato, intrinsecamente alheio às premissas mais básicas de Follett" (p. 88). Como explica Stivers (1996), contudo, entender que Follett "dá aos gerentes as ferramentas para manter os trabalhadores na linha" é "ignorar a transformação fundamental que sua visão acarreta" (p. 164). Nós estamos de acordo com essa análise.

Perpetuando a suposição de que estaria alinhada com o gerenciamento científico, Follett tem sido mal interpretada por alguns como se tivesse sugerido um meio de a gestão manipular os subordinados e como se tivesse apenas proposto uma técnica de gerenciamento (Child, 1969) em que ela aborda "uma tensão entre dois níveis: 'gerentes' e 'trabalhadores'" (O'Connor, 1996, p. 42). Da mesma forma, Fry e Raadschelders (2014) avaliam que Follett considerou "treinar pessoas para se tornarem instrumentos eficientes para fins organizacionais" (p. 153) como uma parte integral da administração. E até mesmo Ryan e Rutherford (2000) sugerem que a autora defendia a hierarquia e líderes fortes, contradizendo completamente sua afirmação de que a filosofia dela evitava tais dualismos. Essa perspectiva, na verdade, reflete a CRÍTICA da autora ao gerenciamento científico, conforme explicado no Capítulo 9, e contradiz seu compromisso inabalável para com a natureza multidimensional e holística do ser humano. Novamente, tais equívocos revelam uma perspectiva ontológica subjacente estática e atomística.

Para corrigir esses equívocos, embora Follett apoie o estudo científico da administração, ela acredita que, quando funções organizacionais são isoladas, estudos científicos são "aplicados a apenas uma parte" (Follett, 2003e, p. 122), à "parte técnica, como é normalmente chamada" (p. 123). Ele não é aplicado à "parte do pessoal, um conhecimento de como negociar de forma justa e produtiva com seus colegas. [...] Ou seja, uma parte do gerenciamento de empresas estava alicerçada na ciência; a outra parte, pensava-se, nunca poderia sê-lo" (p. 123). Ademais, a autora alerta que "divorciar pessoas de situações causa um grande dano" (Follett, 2003c, p. 60). Para retificar o gerenciamento científico, Follett (2003m) defende que a cooperação interpessoal e a coordenação da função são essenciais à unidade funcional e devem ser buscadas através do "unificar" como "processo, não como produto" (p. 195). Dessa forma, enquanto "o gerenciamento científico [de Taylor] despersonaliza, a filosofia mais profunda do gerenciamento científico nos mostra relações pessoais dentro de todo o conjunto da coisa da qual fazem parte" (Follett, 2003c, p. 60). Aqui, a própria Follett observa que, sem a reinterpretação fundamental a partir de uma base da ontologia do processo relacional, os conceitos do gerenciamento científico não fazem sentido.

Apesar do pensamento robusto e do escopo abrangente de aplicação prática de Follett, alguns, tais como Fox (1968), alegam que a autora "não tem nada de útil para nos dizer sobre estruturas organizacionais ou dispositivos administrativos" (p. 527). Outros descartam suas explicações de funções gerenciais como se fossem otimistas demais ou, no mínimo, como se contivessem "elementos mais idealistas" (Fry; Raadschelders, 2014, p. 154). Por exemplo, Child (2013) argumenta que a "confiança de Follett nas boas intenções dos gerentes [...] claramente precisa ser ajustada" à luz da irresponsabilidade gerencial presente nas organizações contemporâneas (p. 88). Da mesma forma, Schilling (2000) acusa Follett de ser uma "idealista" que não reconhece que a integração às vezes não é possível (p. 233).

Mas tais rejeições claramente ignoram as muitas formas pelas quais o trabalho de Follett continua a ter muitas coisas úteis a nos dizer, como será abordado no Capítulo 12. E as alegações de idealismo exageram a posição de Follett, desconhecendo suas previsões de que as falhas do gerenciamento observadas tanto naquela época quanto hoje continuarão enquanto os paradigmas da competição e da hierarquia forem mantidos. De fato, tanto Tonn (1996) quanto Morton e Lindquist (1997) explicam que a experiência de Follett no serviço comunitário a tornou muito ciente de que a maioria dos gerentes não busca a integração nem tenta seguir a lei da situação. Mas acusações de que a autora teria sido demasiadamente otimista com relação às possibilidades de integração ignoram completamente as muitas ocasiões em que essa questão é não apenas mencionada, mas discutida com alguns detalhes: "Nem todas as diferenças, contudo, podem ser integradas. Precisamos encarar esse fato, mas é certo que existem menos atividades irreconciliáveis do que pensamos atualmente, embora muitas vezes seja necessário engenhosidade, uma 'inteligência criativa', para encontrar a integração" (Follett, 2013c, p. 163).

Assim, Follett repetidamente se refere às POSSIBILIDADES e depois oferece exemplos de sua experiência prática. Como sugerem Roll e Thomas (2014), se é necessário interpretar suas ideias como utópicas, elas devem "ser vistas como uma sociedade utópica à qual devemos aspirar, em vez de um conjunto de resultados sociais possíveis que se encontram próximos" (p. 180). Sua recomendação é uma recomendação normativa quanto ao que PODERIA SER, em vez de uma descrição do que realmente existia em sua época (Morton; Lindquist, 1997; Tonn, 1996). A própria Follett reconhece que está descrevendo práticas emergentes que têm o potencial de se tornarem prevalecentes SOMENTE SE NÓS AS CULTIVARMOS.

11.2 Interpretações equivocadas na teoria política

Tanto teóricos e cientistas políticos quanto estudiosos da administração pública recorrem ao pensamento follettiano. Eles compartilham de um cuidado pela relação entre o indivíduo e a sociedade e, portanto, esse é o foco teórico examinado nesta seção. Muitas questões relacionadas a operações organizacionais internas aplicam-se também a essa relação, porque, embora a escala seja maior, os processos grupais continuam sendo os mesmos do pensamento follettiano. Aqui, vamos enfatizar o relacionar-se entre pessoa e grupo pelo que Follett (1998) chama de "indivíduo verdadeiro" (p. 295): sua maneira particular de entender "a unidade do indivíduo e da sociedade" (Follett, 2013c, p. 50), que remove "a sugestão de atomismo na palavra *individual*" e "a sugestão de abstração na palavra *social*" (p. 51).

Visto que Follett promove esse tipo específico de unificar, um equívoco comum com relação à sua teoria política é a má compreensão de sua posição ideológica. Por exemplo, Fry e Thomas (1996) defendem que a descrição que a autora faz do Estado tem implicações autoritárias. Os autores ignoram todos os detalhes que ela oferece sobre como o Novo Estado deve ser configurado para não manifestar tais tendências, incluindo sua crítica audaz ao próprio Hegel: "Mas existe o Hegel real e o Hegel que aplicou sua própria doutrina equivocadamente, que pregou o absolutismo de um Estado prussiano" (Follett, 1998, p. 267). De maneira semelhante, a afirmação de que Follett defende que "tanto o grupo quanto o Estado servem a um propósito maior que interesses individuais" (Fry; Raadschelders, 2014, p. 150) se contradiz pela explicação de Follett do processo recíproco de formar propósito individual e grupal e do interesse social. Follett insiste que o grupo não é de alguma forma MAIS do que os indivíduos, insistindo que "essa ideia deve ser recusada rápida e enfaticamente" (Follett, 2013c, p. 99).

A má interpretação da relação entre o indivíduo e o grupo é igualmente aplicada ao nível psicossocial da análise. Não é correto afirmar que, uma vez que os "indivíduos são criados por atividade recíproca" dentro do grupo, a "'individualidade' não é singularidade, e sim capacidade de união ou habilidade de encontrar seu lugar no todo" no qual "o determinismo é uma inevitabilidade" (Fry; Raadschelders, 2014, p. 158-159). Tais equívocos sugerem um comprometimento com dualismos da parte do leitor, e não uma contradição subjacente à teoria de Follett.

De fato, para Follett, o problema fundamental das relações sociais é a questão do poder. Sua diferenciação entre o poder-sobre e o poder-com molda seu pensamento sobre a ação social e a estrutura. Embora tenham um claro entendimento da aplicação de Follett do poder-com ao local de trabalho em suas últimas obras (por exemplo, *Dynamic Administration*), Boje e Rosile (2001) não percebem a maneira sistêmica como a autora aborda o poder-com no nível social da análise em suas obras iniciais. Ela não apenas foca os "espaços de trabalho mundanos do dia a dia" (p. 107), mas também explora como o poder se desenrola em situações e sistemas políticos, legais e econômicos. O fato de ela admitir que o poder-com é MAIS DIFÍCIL na indústria também não deve ser interpretado como uma afirmação de que o poder-sobre jamais deve ser eliminado da sociedade. Ainda assim, essas alegações são numerosas (ver, por exemplo, Boje; Rosile, 2001; Child, 2013; Eylon, 1998; Nohria, 1995; Pratt, 2011). Nohria (1995) articula bem essa preocupação comum: "Temo que é isso que inevitavelmente ocorre com os esforços para introduzir um sistema de autoridade mais igualitário e participativo e explica a curta vida de tentativas anteriores de criar organizações que apresentem uma alternativa à hierarquia. [...] Alguém deve tomar uma decisão difícil, uma decisão que será inevitavelmente contestada pelos que perdem" (p. 161-162).

Alguns reduzem a aplicabilidade de princípios como o poder-com e a integração ao processo de grupos pequenos. Roll e Thomas (2014) alegam que "a resolução de problemas e a ação coletivas só podem funcionar em grupos pequenos e distintos" (p. 174). Igualmente, Child (2013) defende que "embora o 'poder-com' possa ser alcançado em grupos pequenos ou associações comunitárias em que os membros podem não ter interesses fundamentalmente divergentes, é provável que o 'poder-sobre' prevaleça em sistemas sociais maiores, tais como relações empregatícias, e na governança de sociedades como um todo" (p. 87). Essas afirmações revelam profunda desconfiança sobre a própria possibilidade de integração e o pressuposto de que a dominação é INERENTE em vez de um comportamento adquirido, ignorando-se, assim, o argumento contrário de Follett, que é apoiado pela filosofia, pela física, pela biologia e pela psicologia. Ademais, tais afirmações descartam a explicação de Follett sobre um federalismo interligado profundamente aninhado e amplamente inclusivo. Sim, tudo acontece em grupos relativamente pequenos, mas dentro desse todo em formação mais amplo.

Seria mais correto sugerir que Follett acredita que o poder-com, a integração e todas as suas outras recomendações práticas seriam POSSÍVEIS se a sociedade fosse dirigida como uma democracia verdadeira. De fato, o poder-com é uma suposição dentro do entendimento de Follett do processo integrativo e de como ele é aplicado a grupos e estendido para o escopo global. Com relação a aplicar o processo integrativo à política, o historiador Kevin Mattson (1998) parece ignorar as muitas ocasiões em que Follett observa conflitos, rupturas e desintegração como parte integrante do processo integrativo e reconhece questões que não podem ser integradas dentro da situação em questão. Outros estudiosos defendem que, por admitir isso, Follett oferece uma teoria apenas parcial (Fox, 1968; Fry; Thomas, 1996). Isso parece ser um tipo de implicância, visto que é bastante óbvio, com base em sua análise das três alternativas disponíveis – integração, conciliação e dominação –, que ela claramente acredita que a conciliação é o menor dos males e é preferível à dominação, caso a integração falhe. Contudo, a autora também reconhece que aprender a conciliar é um passo menor no desenvolvimento em direção à capacidade de integrar. No outro extremo desse debate, Child (2013) repreende Follett por precipitar-se em ver integração em situações em que um aparente consenso pode ocorrer somente porque grupos se tornam "internamente coercitivos e suprimem opiniões que desviam das opiniões da maioria" (p. 87). O autor claramente ignora os alertas de Follett contra tais ações inautênticas quando a autora trata da multidão, além do fato de que ela identifica tais situações como dominação ou imitação em vez de integração.

Sobre a questão da multidão, Fry e Thomas (1996) sugerem que Follett dá poucas orientações concretas sobre como transformar multidões em grupos. Ainda assim, toda a explicação de Follett sobre a integração como busca intencional da resposta circular é voltada para esse objetivo específico. Ela chega a apresentar isso como um MÉTODO – "Os que aceitam a integração em vez da conciliação ou da dominação como lei das relações sociais buscarão o método" (Follett, 2013c, p. 165) – e então explica os processos que o compõem. Essencialmente, indivíduos atomísticos que formam multidões, manadas ou turbas podem aprender o método para se tornarem indivíduos relacionais que cocriam grupos.

Somando-se à pouca fé no potencial dos processos grupais, O'Connor (1996) critica Follett por ser "quase obcecada com o conceito de unidade" (p. 40). Da mesma forma, Mattson (1998) caracteriza a aplicação da autora da resposta circular ontológica à integração social como imaginária: "As pessoas nem sempre podem alcançar a unidade. Promover a unidade como bem social e ideal atingível é ótimo; acreditar que a unidade se baseia numa lei objetiva é ignorar a realidade. Criando uma lei ficcional e ignorando o fato de que o conflito político pode muitas vezes ser agoniante e tenso, Follett enfraqueceu suas ideias mais poderosas e interessantes sobre a contingência da política" (p. lv). Esses autores ignoram o fato de que o argumento de Follett sobre a resposta circular se dá num nível ontológico – princípios que NECESSITAM de uma realidade relacional e dinâmica; não se trata de uma lei psicossocial. No nível psicossocial, o processo de integração está repleto de conflitos, e a unidade nunca é ALCANÇADA; ela é simplesmente um objetivo temporário dos processos integrativos iterativos. De fato, como observa Tonn (1996), Follett "repetidamente reconhece as dificuldades envolvidas em alcançar o unificar, dificuldades que ela vivenciou pessoalmente" (p. 173).

Desse modo, um elemento importante do método da integração é considerar a diferença e o conflito como oportunidades para o progresso construtivo tanto para o indivíduo como para a sociedade. Ainda assim, isso é muitas vezes confundido, conforme anteriormente observado com relação à negociação. Stivers (2006) apoia essa avaliação, observando que até mesmo Dwight Waldo (ver 1952, p. 96), um fiel defensor de Follett na administração pública, equivoca-se sobre sua visão do conflito, um elemento fundamental do processo integrativo.

Follett considera o conflito na ação econômica, bem como o comportamento político e organizacional. Assim, interpretações equivocadas também são encontradas quando se trata de economia política, a qual muito preocupava Follett em sua busca por um modo de vida mais democrático. Kanter (1995) argumenta que "Quando Follett escreveu que 'a competição acirrada está começando a cair de moda' e que, apesar da competição entre empresas, 'a cooperação entre elas passa a ocupar um lugar cada vez maior', ela estava errada. [...] Ao menos nos Estados Unidos. Ao menos aí" (p. xviii). Da mesma forma, Mattson (1998) argumenta que Follett não entendia a indústria: "Tenho convicção de que Follett estava em seu melhor quando pensava não sobre a iniciativa privada, mas sobre a natureza da política americana e da vida política" (p. xxxi). Da mesma forma, Roll e Thomas (2014) parecem castigar a ingenuidade de Follett quando insistem que a literatura econômica contemporânea considera que "é muito menos provável que a ação coletiva seja uma função do processo grupal ou de coordenação comunitária nos níveis acima da comunidade" (p. 175), visto que, do contrário, "os membros teriam incentivos significativos para tirarem proveito disso" (p. 173).

Contudo, pode-se argumentar que Follett estava apenas parcialmente enganada em suas ideias sobre a economia política. A autora esperava que, na forma de sindicatos e outras cooperativas voltadas para os negócios, o espírito de grupo fosse prosperar. Em vez disso, o que inicialmente parecia cooperação era meramente uma ampliação do "nós" contra um "eles" comum no modo de associação competitivo que é o *status quo*. Embora uma tendência de empresas-contra-a-sociedade e capital-contra-o-trabalho, na qual os grupos se reúnem em torno dos interesses próprios que têm em comum sem considerar o bem maior, seja a norma, quando se toma como exemplo a Corporação Mondragon, na região basca da Espanha

(Cheney, 2001; Ormaechea, 2001), e sua recente expansão para a América do Norte em cooperativas de Cleveland, exemplos da competição cooperativa descrita por Follett seguem existindo.

11.3 Um resumo das interpretações equivocadas

Haja vista os frequentes problemas de má interpretação, "as ideias de Follett constituem uma diferença que a administração pública nunca integrou" (Stivers, 2006, p. 475), pelo menos não de forma completa e precisa. Nosso argumento tem sido o de que o trabalho de Follett é mal interpretado tanto na teoria política quanto na administrativa porque os pesquisadores simplesmente não entendem essa "diferença", sua base filosófica completa. Contudo, também devemos considerar a probabilidade de que muitos pesquisadores NÃO CONCORDAM com a abordagem da autora do processo relacional.

Por exemplo, Fry e Thomas (1996) defendem que "os textos de Follett são movidos por uma premissa filosófica questionável" (p. 18). Apesar de não explicarem completamente o que querem dizer, isso é um bom exemplo de uma alegação típica contra Follett de que ela seria idealista demais, ou de que ela apresenta "um ideal semiutópico" (Roll; Thomas, 2014, p. 173). Stever (1986) caracteriza o idealismo da autora como apenas "astutamente coberto" de pragmatismo (p. 274). Da mesma forma, embora Fry e Raadschelders (2014) pontuem sua sugestão de idealismo observando o fato de a própria Follett admitir buscar um mundo POSSÍVEL em vez de descrever o mundo REAL ou o mundo IDEAL, esses autores defendem que a visão dela da mudança se baseia em dois pressupostos fundamentais que eles julgam improváveis: (1) as atitudes devem mudar do desejo de poder-sobre para o fomento do poder-com e (2) os interesses devem ser formulados de modo a permitir a integração. Porém, eles descrevem o primeiro pressuposto como "engajar-se na ideia da melhor das hipóteses ao supor que esses instintos mais básicos podem ser superados" (Fry; Raadschelders, 2014, p. 171). Quanto ao segundo, eles insistem que sempre haverá configurações de interesses para os quais a integração não é possível e "mesmo que os interesses estejam em uma configuração adequada, a discordância sobre os objetivos ou os meios para alcançá-los pode seguir sendo um impedimento para soluções integrativas" (p. 172).

Aqui, novamente, transparecem o individualismo atomístico, a ontologia estática e a epistemologia positivista dos próprios autores, mas sem a presença de declarações autorreflexivas. A noção de que qualquer coisa é estática ou eterna – atitudes, interesses, identidades ou qualquer outra coisa – entra em conflito com a ontologia do processo relacional de Follett. Portanto, tais críticas precisam ser um desafio bem construído a cada uma das bases filosóficas do argumento de Follett: pressupostos ontológicos, teoria psicossocial, conceitos epistemológicos e crenças baseadas no processo relacional. Ademais, os autores devem identificar seus próprios pressupostos filosóficos para fazer tal crítica. Assim, é importante situar nossa recapitulação do pensamento de Follett na "virada ontológica" da teoria política e social (Prozorov, 2014a, p. xxviii).

11.4 Em busca de ontologias políticas

Talvez em razão da forte influência da ontologia newtoniana/cartesiana sobre a sociedade moderna, até mesmo sobre as ciências sociais, teóricos de uma variedade de disciplinas estão buscando entender de que forma os pressupostos ontológicos moldam tanto o conhecimento quanto a prática. Embora não seja ideal entrar em mais detalhes agora, vale notar esse projeto teórico mais amplo porque ele destaca a necessidade de esclarecer a ontologia que fundamenta a governança follettiana se desejamos que ela seja afirmada e empregada.

Como cientistas sociais, muitas vezes somos chamadas para oferecer sugestões de mudanças benéficas, e não podemos nos contentar com simples descrições ou mesmo críticas. Sugerimos que tais recomendações devam esclarecer os compromissos filosóficos que as fundamentam (Stout; Love, 2013a, 2013b). Como afirma o teórico político Robert Cox (1995), "a primeira tarefa de uma teoria política contemporânea é DECLARAR SUA ONTOLOGIA" (p. 36, grifo nosso). De maneira semelhante, o teórico da administração pública Gary Wamsley (1996) insiste que a transparência ontológica é a única plataforma adequada a partir da qual é possível fazer alegações normativas sobre a governança. Em outras palavras, é preciso descrever de que forma seu entendimento da existência EXIGE as recomendações que estão sendo feitas. Tais compromissos não são facilmente postos de lado e exigem congruência lógica desde as crenças até as práticas, de modo que uma incongruência não gere "angústia ontológica" (Evans; Wamsley, 1999, p. 119).

Além disso, Stephen White (2000) defende que, em um contexto dinâmico, globalizado e pluralista que se tornou profundamente fragmentado e competitivo e no qual alegações de legitimidade e verdade são contestadas com frequência, devemos descartar ontologias que fazem FORTES alegações tanto de um todo transcendente quanto de um ser estático, as quais sustentam os pressupostos positivistas de verdade que movem a prática. Porém, FRACO não implica PEQUENO. Ontologias fracas podem oferecer uma explicação robusta e detalhada e, ainda assim, manter seu caráter fluido na qualidade de afirmações normativas passíveis de modificações. Como exemplo, a ontologia do processo relacional (Stout; Love, 2013b) oferece uma alternativa que pressupõe a possibilidade tanto de um elemento do *self* autêntico quanto da conexão relacional, ao mesmo tempo que é suficientemente dinâmica para ser não colonizadora e não fundamentalista em seu conhecimento e recomendações práticas[2].

A governança follettiana em específico implica uma ontologia fraca que não tem posições hierárquicas nem nenhum tipo de unidade permanente, mas que também não é atomística ou sem governança. Ela também sugere um estado dinâmico do ser que suporta a mudança contínua, mas não permite a representação através de papéis sociais fixos. Como tal, a governança follettiana fornece um alicerce ontológico "fraco" para a governança global.

Afirmações semelhantes de ontologias fracas estão surgindo na literatura da administração pública, mas pecam por falta de profundidade e detalhamento. Por exemplo, um painel na conferência da American Political Science Association de 1999 e um subsequente simpósio no periódico *Administration & Society* lançaram um importante diálogo sobre a ontologia na administração pública, concentrando-se primariamente em conceitos oferecidos por Arendt e Heidegger (Farmer, 2002a). Esses artigos problematizam a ontologia individualista prevalecente que imagina o estar-no-mundo como fundamentalmente separado de tudo e todos (Hummel, 2002), bem como a noção de representação de uma natureza política ou especialista (Stivers, 2002b). Se somos indivíduos isolados que devem gerar espaço social antes que qualquer tipo de relação política seja possível, como criamos espaço social? Se somos mundos em nós mesmos, como qualquer pessoa pode representar outra?

Farmer sugere que a solução está em mudar nossa consciência e "entendimento do *self*, dos outros e da natureza" (2002b, p. 125), mas não oferece explicação. Hummel (2002) sugere que a resposta está em entender a nós mesmos como "sempre em um contexto físico e social, no qual nossa presença e seu contexto são um todo inseparável" (p. 103). Stivers (2008) complementa esse argumento sugerindo que as formas políticas recomendadas por Arendt e Follett baseiam-se em uma ontologia descrita por Heidegger (1996) em sua visão não cartesiana da realidade na qual o ser é vivenciado sempre em associação com o mundo e os outros. Na verdade, toda a existência está em um estado ontológico de ser-com, sem separação e sem uma fonte transcendente. Essa explicação reflete os aspectos relacionais dos pressupostos ontológicos de Follett, mas sem necessariamente indicar um estado dinâmico.

Howe (2006) afirma que a ontologia científica e neutra do liberalismo deixa muito a desejar como base para uma ética pública: ela não oferece nem significado intrínseco nem propósito transcendente. Também não existe aqui um senso de conexão humana. O autor oferece um argumento convincente para considerarmos o materialismo encantado que

Bennett (2001) toma emprestado dos epicuristas gregos da Antiguidade como base alternativa para uma ética não racionalista da administração pública. Howe sugere que, se mantivermos uma apreciação estética de toda a existência, faremos melhores julgamentos sobre a ação coletiva. Isso não é inconsistente com a ética de Follett, mas não é robusto o suficiente como quadro metodológico.

Também existe uma discussão da ontologia na condição presumida do sujeito na psicanálise lacaniana (Catlaw, 2007; Catlaw; Jordan, 2009; McSwite, 2006). Catlaw (2007) também faz um apelo por uma alternativa para substituir a ontologia política da "REPRESENTAÇÃO" (p. 2). O autor descreve isso como "uma política do sujeito", na qual: (1) nem a unidade nem o atomismo são aceitáveis; (2) diferenças radicais devem ser acomodadas dentro de composições dinâmicas; (3) o vir a ser ocorre através de processos situacionais e geradores; (4) governar é um processo que corta a atividade humana; (5) governar não acarreta papéis sociais permanentes; e (6) governar concentra-se em facilitar o processo (Catlaw, 2007, p. 192-199). Embora essas características se relacionem com a governança follettiana (Love, 2013), o projeto do autor de uma explicação ainda não se materializou.

Apesar de essas discussões preliminares sobre ontologia e governança serem encorajadoras, de forma alguma elas apresentam respostas completas. Respeitosamente sugerimos que muitas das alternativas propostas até agora deixam a desejar de duas maneiras fundamentais. Primeiro, nem todas descrevem uma posição ontológica que se encaixe completamente na abordagem colaborativa. Embora o entendimento de Heidegger do SER-COM aborde o relacionamento, ele não acomoda totalmente um entendimento do processo dinâmico do VIR A SER (Shaviro, 2009). Heidegger também não vai além da realidade social para explicar um universo não cartesiano. Nem a condição ontológica do sujeito lacaniano pós-analítico nem a apreciação mútua estética do materialismo encantado abordam o conceito de relacionamento inato. Mais promissora é a descrição do que foi amplamente rotulado de "ontologia relacional", em oposição à predominante "ontologia individualista" (Stout; Salm, 2011).

Ainda mais consistente com a explicação de Follett é o modelo em desenvolvimento da governança integrativa (Stout; Love, 2013a), uma conceptualização baseada na ontologia do processo relacional (Stout; Love, 2013b). Esse tipo ideal inclui todos os elementos conceituais apresentados aqui: ontologia e linguagem, teoria psicossocial, epistemologia, crenças, ética, teoria política, teoria econômica e teoria administrativa. Contudo, somada às ideias de Follett está uma ampla gama de perspectivas contemporâneas baseadas em conceitos coerentes retirados de fontes tão diversas quanto biologia, psicologia, sociologia, filosofia, teologia e física quântica, bem como das espiritualidades oriental, feminista e indígena. Nos termos da governança integrativa, a ontologia do processo relacional compromete-se com uma noção da vida como processo contínuo de vir a ser entre seres independentes, cada um dos quais sendo uma expressão única da existência. Somos uma infinidade dinâmica e mutuamente influenciada de indivíduos únicos, mas relacionados. Tal ontologia oferece uma base logicamente coerente para práticas que incluem todos os indivíduos em questão, permitindo influência mútua igualitária e mudança em um processo político contínuo. Esses conceitos estão refletidos no pensamento de Follett.

Em sua própria afirmação de sua teoria da governança, Follett explica: "Perguntaram se esse é um ponto de vista conservador ou radical. É ambos" (Follett, 2013c, p. 188). A autora observa repetidamente que a síntese é a única solução duradoura para as contestações, patologias e paradoxos causados pela separação de qualquer conceito ou coisa em tese e antítese, como uma teoria conservadora contra uma radical. "Não vemos também aqui, assim como em qualquer pergunta em que mergulhamos abaixo da superfície, que desejamos eliminar o atomismo?" (p. 188). Assim, em um nível filosófico, a governança follettiana é "melhor" porque está fundamentada em uma síntese "fraca" em vez de em uma ontologia da conciliação "forte" híbrida ou dominante.

Para explicar o problema da conciliação ontológica, um híbrido serviria unicamente para coisificar ou fazer pressupostos ontológicos relacionais estáticos, tornando sem efeito os pressupostos do processo (Stout; Love, 2015b). Portanto, a ontologia que fundamenta a governança follettiana exige total recapitulação. Sugerir que podemos simplesmente pontuar a ontologia política convencional com um pouco de ontologia do processo relacional apresenta uma lógica falha: a ontologia do processo relacional é fundamentalmente diferente das ontologias coletivista e individualista. Não podemos "fermentar o individualismo autocontido com o individualismo conjunto, pois, uma vez que entramos no quadro do primeiro, já definimos nossos termos de maneiras que contradizem sua própria essência dentro do quadro do segundo" (Sampson, 1988, p. 21). Essas posições ontológicas diferentes não podem coexistir sem a competição contínua pela supremacia de uma sobre a outra. Da mesma maneira, formas de governança representativa pluralistas ou autoritárias não podem coexistir com a autogovernança participativa sem uma dissonância inerente: quando líderes políticos, administradores públicos ou o povo não estão de acordo, um deve definitivamente se sobrepor aos outros (Stout, 2013b).

Em vez disso, se presumirmos que uma abordagem do processo relacional para a governança é ontologicamente necessária, então sistemas não relacionais eventualmente serão substituídos. Contudo, dada a força dos compromissos com as posições ontológicas, é mais provável que as ontologias continuem a competir pela supremacia por um longo tempo. Se os teóricos da administração pública desejarem formar algum tipo de vanguarda para fomentar uma transformação revolucionária para a governança colaborativa (Stout, 2009b), devemos encontrar a coragem de mostrar o caminho para uma ontologia necessariamente e essencialmente diferente. Devemos descobrir "A VONTADE DE DESEJAR A VONTADE COMUM" (Follett, 1998, p. 49) e criar trilhas a partir dessas ontologias concorrentes em direção à alternativa do processo integrativo oferecida por Follett. Essa recapitulação do pensamento follettiano tem o objetivo de auxiliar nessa empreitada. Esperamos que mais pesquisadores e profissionais reconheçam que "o escopo de sua visão era enorme; a tarefa, formidável", mas que os desafios servirão para "nos incentivar mais do que nos desencorajar" (Tonn, 1996, p. 173).

Notas de fim de capítulo

1. O autor, contudo, isenta o artigo de Enomoto (1995) de sua crítica, e nós concordamos, com base no entendimento que ele demonstrou da perspectiva da ontologia do processo relacional.
2. O termo *autêntico* usado aqui se refere a algo que se origina de si mesmo, em vez de ser externamente imposto. Ele presume a possibilidade ontológica de um aspecto do *self* que escapa à construção social e/ou ao ordenamento transcendente.

Capítulo 12
Os frutos do pensamento follettiano

Voltando ao método descrito no Capítulo 1, destrinchamos e explicamos detalhadamente o pensamento de Follett nos Capítulos 2 a 9. Com base nas análises mais aprofundadas das semelhanças entre os pensamentos de Follett e Whitehead apresentadas no Capítulo 10, acreditamos que é possível dizer que a filosofia do processo de Whitehead oferece um alicerce ontológico coerente para o pensamento follettiano e, por analogia, para as teorias da prática administrativa participativa e colaborativa relacionadas. Ademais, no Capítulo 11, demonstramos de que forma as ideias da autora são mal interpretadas com base em equívocos ontológicos. Agora, é hora de reintegrarmos as ideias dela em um todo coeso dando a devida atenção à sua ontologia do processo relacional. Aqui, examinaremos os princípios de Follett que se entrecruzam e os resultados que eles produzem. Com o domínio desse entendimento, consideraremos de que maneira o pensamento de Follett está sendo usado no estudo acadêmico contemporâneo, como já foi mencionado nas notas de fim de capítulo ao longo deste livro.

Se relermos Follett com um entendimento de uma ONTOLOGIA DO PROCESSO RELACIONAL QUE ABRAÇA A DIFERENÇA E BUSCA A HARMONIA, então as recomendações da autora para a prática política e administrativa são não apenas bastante lógicas, mas necessárias. Em suma, essa ontologia do processo relacional do vir a ser cocriativo prefigura a ideia de pessoas-em-comunidade por meio de uma epistemologia experiencial e dinâmica e de uma governança de processo que não impõe valores predeterminados (no sentido de formas de ser *a priori*), mas que, em vez disso, os substitui por um processo determinante (no sentido de vir a ser e aprender) que busca uma harmonia coordenada auto-organizadora em vez da dominação e do controle. Não precisamos impor o relacionamento pela ordem, pois ele é uma certeza ontológica. Contudo, PODEMOS FOMENTÁ-LO OU REPRIMI-LO POR MEIO DE NOSSAS PRÁTICAS E ESTRUTURAS INSTITUCIONAIS.

Esse pressuposto ontológico alternativo nos faz pensar e agir em termos relacionais em vez de contratuais: o mundo não é habitado por indivíduos desagregados e atomísticos que precisam estar integrados por ordens externas; ele é composto de indivíduos em relação que buscam um ao outro para experienciar a diferença e, com ela, a satisfação e o desenvolvimento criativo. Mas o que PODEMOS fazer é orientar conscientemente o relacionar-se em direção à integração. O fato de essa ontologia abraçar a diferença nos permite transformar nosso entendimento do conflito como problema social para enxergar a diferença como oportunidade para um processo auto-organizador, construtivo, unificador, harmonizador e sintetizador que gera poder compartilhado e progresso. Na verdade, talvez essa seja a principal diferenciação da filosofia liberal: em vez de o conflito ser entendido como um PROBLEMA para a ordem social, ele é visto como criador de OPORTUNIDADES para o progresso individual e social. A administração, portanto, passa de um papel social permanente de diretora autoritária da ordem para uma função social fluida de facilitar a harmonização de diferenças.

Conjuntamente, esses conceitos refutam a noção de representação, porque, embora existam semelhanças com base no relacionamento, cada expressão do vir a ser, cada indivíduo dentro da sociedade é único e não pode ser replicado. Nenhuma configuração específica pode ser apontada como a expressão "certa" ou "adequada" da potencialidade pura. Tampouco nenhum momento específico da expressão pode ser apontado como ponto de equilíbrio estático e autoritário. Portanto, a prática participativa contínua entre redes complexas de relacionamento torna-se necessariamente a forma como ocorre a harmonização da diferença, o que Follett descreve como *federalismo profundamente aninhado, interligado e amplamente inclusivo*.

Essa é a noção básica daquilo que pode ser chamado de *governança follettiana*: a facilitação de um modo de associação por meio de um processo relacional do vir a ser de indivíduos únicos, coletivamente engajados em um processo contínuo de harmonizar diferenças através de redes interligadas, para progredir como indivíduos e como sociedade. Contudo, conforme exemplificado pela Orquestra Sinfônica Orpheus, que não tem regente (Seifter; Economy, 2001), aqueles que "regem" esse processo são escolhidos com base no que é necessário no momento: escolher o papel de líder ou facilitador de acordo com a lei da situação e, portanto, abrir esse papel para todos os participantes em um processo auto-organizador de governança, um processo que está "localizado em todos os espaços, realizado através de cada interação" (Catlaw, 2007, p. 14). Em outras palavras, a democracia se torna um modo de vida.

As recomendações práticas de Follett são baseadas na teoria democrática de maneira a servir de referência tanto para a política quanto para o gerenciamento organizacional: uma combinação ideal para a governança colaborativa como está sendo praticada hoje (Stout; Love, 2014, 2015a). De fato, muitos pesquisadores da administração pública usam as teorias da autora como referência para a prática participativa e o engajamento público na governança colaborativa (ver, por exemplo, Elias; Alkadry,

2011; King, 2011; King; Feltey; Susel, 1998; King; Stivers e colaboradores, 1998; King; Zanetti, 2005; Stivers, 2000, 2006; Stout, 2013b). Assim, usamos o termo "governança follettiana" (Stout; Staton, 2011) para nos referirmos ao conjunto de recomendações feitas pela autora para a coordenação grupal em todos os níveis da análise, em ambientes tanto públicos quanto privados.

A governança follettiana é movida por três princípios entrecruzados: o processo integrativo, a situação e a lei da situação. Follett formula esses três princípios conforme eles aparecem e reaparecem ao longo dos elementos conceituais de seu pensamento, dos pressupostos ontológicos à prática administrativa. Por sua vez, esses três princípios filosóficos alteram fundamentalmente os termos comumente usados na ética e nas teorias política, econômica e administrativa, como mostrado tanto em sua crítica às abordagens padronizadas quanto em sua afirmação de alternativas. Os princípios alimentam um método específico de associação que é, então, aplicado a várias práticas sociais para produzir a democracia como modo de vida que, por sua vez, produz progresso tanto para o indivíduo quanto para a sociedade. Sem um entendimento firme desses princípios, os termos que a autora redefine podem ser facilmente mal interpretados e, assim, os três princípios merecem ser reiterados como pontos de referência.

O PROCESSO INTEGRATIVO combina pressupostos ontológicos, teoria psicossocial, conceitos epistemológicos e um sistema de crenças em um entendimento filosófico da experiência cocriativa. A SITUAÇÃO refere-se ao contexto dentro do qual o processo integrativo ocorre, assumindo uma estrutura federada de grupos desde o escopo mais íntimo até o mais global. É dentro desses grupos que o conhecimento é coproduzido, a ética é codeterminada e as práticas administrativas, econômicas e políticas são colaborativamente construídas. Finalmente, a LEI DA SITUAÇÃO é o que é descoberto através do processo integrativo no qual a autoridade e a ética são estabelecidas para guiar a ação cocriativa.

Juntos, esses três princípios orientam a aplicação prática do MÉTODO DA INTEGRAÇÃO da autora: a pedra angular da governança de Follett.

Se implementado com precisão e de forma adequada, Follett acredita que esse método produzirá a democracia como modo de vida e o progresso tanto para o indivíduo quanto para a sociedade. Para ilustrar, Follett retira exemplos da vida comunitária, política e industrial para mostrar o caráter emergente e decididamente não utópico do método da integração na governança grupal. Ainda assim, a autora tem o cuidado de observar as limitações do método em termos tanto das barreiras institucionais existentes quanto da impossibilidade de integrar absolutamente todos os desejos com sucesso. Não obstante, ela tem a certeza de que podemos ter mais sucesso vivendo juntos do que sob as práticas tradicionais de governança grupal. As seções a seguir trazem mais detalhes sobre esses princípios, sua aplicação e seus resultados.

12.1 Processo integrativo

O processo integrativo é, de forma mais simplificada, "a lei básica da vida" (Follett, 2003c, p. 65). O processo integrativo "suporta a estrutura de toda a vida e orienta toda atividade" (p. 302), do metafísico ao administrativo. A integração é certamente o conceito fundamental de Follett, o qual ela aplica igualmente à existência física, à psique individual e a grupos de seres humanos em todos os contextos sociais (p. 57). A autora explica que o processo ontológico dinâmico de RESPOSTA CIRCULAR, ou "a doutrina do comportamento integrativo ou circular" (p. xv), pode ser encontrado na química, na engenharia e na teoria da relatividade da física (p. 73-74) e é "o termo da psicologia para a verdade mais profunda da vida" (p. 116).

De acordo com a ontologia do processo relacional na qual a autora se baseia, não existe nada além da integração entre as partes relacionadas que formam o todo do Universo: "a realidade está no relacionar-se, na atividade-entre" (Follett, 2013c, p. 54). O processo integrativo busca a harmonia coordenada auto-organizadora em vez da ordem externamente imposta. Portanto, a integração é RELACIONAL porque ela ocorre entre: diferentes dimensões do indivíduo (física, intelectual, emocional, espiritual etc.); indivíduos e indivíduos no grupo; indivíduos e a situação; o grupo e a situação; grupos e grupos; grupos e grupos e a situação; e assim por diante, em conjuntos interligados ao que ela chama de "situação total" (p. 55).

Ademais, a integração é um PROCESSO porque nunca alcança um ponto permanente de estase. Follett (2013c) insiste que "não existe resultado DO processo, somente um momento NO processo" (p. 60); portanto, "o processo deve ser enfatizado, em vez do produto, pois o processo é contínuo" (p. 102). Assim, em vez de descrever a integração, Follett (1919) muitas vezes se refere a "integr*ar*" (p. 576, grifo nosso).

12.1.1 A situação

Usando uma abordagem de sistemas muito antes da existência de tal terminologia, Follett conceitualiza o contexto ambiental como A SITUAÇÃO. Situações são campos dinâmicos de influência mútua nos quais os fatores "juntos constituem uma certa situação, mas constituem essa situação através de sua relação uns com os outros. Eles não formam uma situação total meramente existindo lado a lado" (Follett, 2013h, p. 79). Follett sugere que a expressão "relatividade total" é "bastante infeliz", mas explica que ela está "tentando expressar um total que inclua todos os fatores em uma situação não como um total adicional, mas como um total relacional – um total em que cada parte foi permeada por todas as outras partes" (p. 79). Ademais, a situação é dinâmica porque "existem 'integrações progressivas'" (Follett, 2013c, p. 146) no que "pode ser chamado de *situação em evolução*" (p. 55). Cada "situação em evolução" (p. 55) se interconecta com outras situações de maneira interligada, produzindo "a situação total" (p. 55). Assim, a situação é tanto relacional quanto dinâmica.

Esse entendimento do todo serve de referência para a interpretação da autora do federalismo como um "todo em formação" (Follett, 2013c, p. 102) profundamente aninhado, interligado e amplamente inclusivo. Assim, o princípio da situação também se baseia na perspectiva da ontologia do processo relacional de Follett, que entende a existência como holística, dinâmica, relacional e cocriativa. Então, os indivíduos estão conectados em um nível ontológico através de influência mútua; porém, a integração ativa e consciente é necessária para fomentar o vínculo social para a ação coletiva eficaz. As versões dinâmicas de Follett da resposta circular, da psicanálise e da Gestalt fundamentam seu entendimento de indivíduos verdadeiros em identidades que são o resultado integrativo de forças tanto internas quanto externas: indivíduos são tanto autodeterminantes quanto responsivos ao seu ambiente. Em suma, a situação e todos dentro dela – humanos ou não – estão em influência relacional e dinâmica.

12.1.2 A lei da situação

A partir da perspectiva pragmatista de Follett, para alcançarem os melhores resultados individuais e sociais, os que estão agindo dentro de determinada situação devem ser responsivos à situação emergente imediata e, no maior grau possível, à situação total também. Follett concebe esses impulsionadores contextuais dinâmicos tanto da instigação quanto da adaptação como "a lei da situação" (Follett, 2003j, p. 104). Isso inclui todos os aspectos físicos e sociais da situação, com a consideração dos que não estão realmente presentes no momento. Como explica a autora, "Queremos encontrar a lei da situação na situação e ainda ser guiados por tal lei e não por caprichos pessoais ou nacionais ou por interesses próprios limitados" (Follett, 2013c, p. 152). O grupo deve sentir quando essa lei for encontrada e reavaliar essa percepção conforme a situação evolui.

A lei da situação é determinada por meio de maneiras específicas de saber, entender e encontrar um acordo. Portanto, Follett explica esse processo em termos tanto epistemológicos quanto éticos. Na epistemologia pragmática de Follett, o conhecimento está constantemente sendo cocriado e recriado através de experimentação e integração ativas entre os que empregam o que ela chama de "atitude mental científica" (Follett, 2013c, p. 29): uma disposição para ver coisas em uma nova luz, com entendimentos alternativos. A autora afirma: "O pensamento coletivo deve ser reverenciado como ato de criação" (Follett, 1998, p. 372).

Com base nessa abordagem do entendimento comum, a ética não é a SUBSTÂNCIA da vontade coletiva, mas encerra o PROCESSO de criá-la como sua "incubadora" (Follett, 1998, p. 49). O processo de gerar ética é integrativo e relacional, em vez de procedural e formal, assim como na ética comunicativa (Habermas; Cooke, 1998). Através da integração, uma ética grupal mutualista é gerada, na qual todos compartilham da responsabilidade de exigir e oferecer obediência mediante um senso de comprometimento que é experiencialmente fundamentado. Assim, obedecer à lei da situação dá autoridade à situação total, à situação e ao processo grupal, em vez de a indivíduos, posições ou organizações específicas. Esse método, portanto, retifica as relações de poder em todos os contextos sociais: "Se ambos os lados obedecem à lei da situação, nenhuma PESSOA tem poder sobre a outra" (Follett, 2003j, p. 105). Essa é a base da noção de poder compartilhado na qual "o poder genuíno é o poder-com, o pseudopoder é o poder-sobre" (Follett, 2013c, p. 189).

12.1.3 O método da integração

O processo grupal de integração torna-se o ponto focal de grande parte do pensamento de Follett. A autora explica o integrar como o processo intencional de criar "UNIDADE FUNCIONAL" (Follett, 2013c, p. 256) entre indivíduos ativamente engajados em comportamento circular em qualquer setor da sociedade. Portanto, "EXISTE uma técnica para a integração" (Follett, 2013b, p. 68). No entendimento da autora, "o método da integração" (Follett, 2013c, p. 178) é composto de um número de elementos processuais que são de natureza iterativa em vez de linear. Esses elementos incluem uma disposição, um estilo de relacionar-se, um modo de associação e uma abordagem para a ação.

O integrar começa com uma atitude, uma disposição que ela descreve como "A VONTADE DE DESEJAR A VONTADE COMUM" (Follett, 1998, p. 49). Essa perspectiva está alicerçada em uma visão de mundo baseada na filosofia do processo relacional: uma crença de que o indivíduo está fundamentalmente interconectado com tudo o mais no Universo através de uma rede profundamente aninhada e amplamente inclusiva do vir a ser (Stout; Love, 2013b). Essa disposição relacional gera um estilo cooperativo de se relacionar e permite interações participativas – ou "MODOS DE ASSOCIAÇÃO" (Follett, 1998, p. 147) – nas quais sentimos uma obrigação de nos engajarmos na vida pública e de considerarmos outros em tudo o que fazemos. Assim, a segunda característica do integrar é a participação genuína: "é preciso ter participação antes de ter cooperação" (Follett, 2003g, p. 171).

Nessa cooperação participativa, o grupo coproduz conhecimento, desejos compartilhados, propósito, escolha do método, entre outros – em resumo, todas as atividades comuns ao processo de tomada de decisão do grupo. Nessas atividades, o integrar busca "a interpenetração das ideias das partes envolvidas" (Follett, 2003l, p. 212). Para alcançar esse fim, a integração ocorre por meio não da deliberação tradicional, que tende para o debate entre interesses em competição, mas de "interpermeação" dialógica (Follett, 2013c, p. 17) e "discussão genuína", que "busca a verdade" (Follett, 1998, p. 210) na situação e em resposta à lei da situação. O efeito sinergético da integração produz métodos mais criativos e eficazes porque nada é perdido pela dominação ou pela conciliação: "Integrando esses interesses, obtém-se a vantagem do unificar" (Follett, 2013c, p. 45-46).

Muitas vezes, é "necessário engenhosidade, uma 'inteligência criativa', para encontrar a integração" (Follett, 2013b, p. 163). Mas, a partir da perspectiva do CONFLITO CONSTRUTIVO (Follett, 2003b), interesses divergentes podem ser mais facilmente integrados por meio de técnicas de desintegração e reavaliação. A desintegração é necessária para passar das POSIÇÕES A PRIORI totalmente formuladas para as nuances dos desejos impulsionadores por trás dessas posições. INTERESSES são tipicamente compostos de um desejo, uma ideia sobre como suprir esse desejo e uma paixão para fazer isso acontecer. O desejo deve ser separado do método para permitir a integração, que pode ser alcançada mediante a mudança tanto do desejo quanto do método preferido de realização. Uma vez dividida, "a reavaliação é a flor da comparação" (p. 38) que precipita uma mudança orgânica de opinião através do diálogo e da comparação de valores.

Contudo, Follett (2013c) também observa que a reavaliação pode ocorrer em resposta a mudanças na situação, mudanças no indivíduo ou novas fontes de conhecimento. Independentemente da fonte relacional, "através de um interpenetrar do entendimento, a qualidade do pensamento próprio de uma pessoa é mudada" (Follett, 2013c, p. 163). "O plano de ação que é decidido é o que todos queremos juntos, e eu vejo que isso é melhor do que o que eu queria sozinha. É o que EU quero agora" (Follett, 1998, p. 25). Hoje, chamaríamos isso de um *processo de construção de consenso* (Susskind; McKearnan; Thomas-Larme, 1999) ou *processo de resolução de conflito* (Forester, 2009), que se refere a crenças tanto normativas quanto causais (Sabatier, 1988).

Por causa dessa integração de desejos e/ou métodos preferidos, o comprometimento com o que é cocriado é garantido não pelo consentimento ou pela autoridade vinculativa das leis ou de contratos, mas pelo "fato de que [a lei] foi produzida pela comunidade" (Follett, 1998, p. 130). A lealdade é fundamentada NA EXPERIÊNCIA. Da mesma forma, um senso de responsabilidade mútua é gerado por essa propriedade compartilhada: "a responsabilidade coletiva não é uma questão de somar, mas de entrelaçar" (Follett, 2013b, p. 75).

12.2 Aplicação prática

Follett aplica seus princípios de processo integrativo, situação e lei da situação às teorias política, econômica e administrativa através de seu método da integração. Com relação à teoria política, as experiências de Follett com o movimento dos centros comunitários deram a ela "a certeza de que a democracia pode ser mais do que um ideal abstrato. Ela deve, conforme insistia a autora, tornar-se uma realidade vivida, uma prática diária vigorosa" (Mattson, 1998, p. liv). Assim, a principal preocupação de Follett são os MODOS DE ASSOCIAÇÃO em grupos humanos, preferindo a participação direta às formas representativas de governança grupal em qualquer escala e em qualquer setor da sociedade. A autora defende que "a maioria absoluta é democrática quando se aproxima não de uma vontade unânime, mas de uma vontade integrada" (Follett, 1998, p. 142). Mesmo uma votação unânime não é necessariamente a vontade do todo, porque ela provavelmente esconde alguma forma de dominação, ainda que apenas por meio de passividade e imitação ou conciliação.

No que a autora chama de "democracia verdadeira" (Follett, 1998, p. 156), diversos conceitos são fundamentalmente redefinidos: (1) a política é um processo criativo de integração; (2) os valores democráticos de liberdade e igualdade são o poder-com relacional; (3) o povo é um todo dinâmico e relacional composto por meio de um federalismo profundamente aninhado e interligado e amplamente inclusivo; e (4) a representação e a liderança são dinâmicas e determinadas pela lei da situação; e (5) o Estado é convocador e facilitador do processo integrativo.

Aplicando o processo integrativo à economia e aos negócios, Follett vê o poder como "o problema central das relações sociais" (Follett, 2013c, p. xiii), incluindo o poder econômico entre competidores, bem como entre consumidor e produtor, capital e trabalho e indústria e sociedade. A autora imagina um novo sistema econômico que teria um propósito de produção criativa por meio da competição cooperativa e da autogovernança emergente. Embora os mercados continuassem a existir, eles seriam transformados em uma unidade funcional com os mesmos princípios operacionais democráticos que um governo segue.

Aplicando o processo integrativo à administração em empreendimentos tanto políticos quanto econômicos, Follett imagina um gerenciamento científico no qual a coordenação ocorre através do "unificar" como "um processo, e não como um produto" (Follett, 2003m, p. 195). Assim, seus dois princípios-chave da teoria administrativa são: (1) AUTORIDADE como processo grupal em que todos seguem "o que a situação exige" (Follett, 2013b, p. 22) e (2) o UNIFICAR FUNCIONAL, no qual as partes inter-relacionadas são mutuamente e dinamicamente influentes. Em sua essência, essas duas características mudam fundamentalmente o PAPEL do gestor na busca por uma nova META do gerenciamento: COORDENAR O PROCESSO INTEGRATIVO DE UNIFICAR FUNÇÕES.

Mais especificamente, a unidade de comando e o controle gerencial são redefinidos como autoridade e responsabilidade responsivas, que são determinadas pela situação; o planejamento e a tomada de decisão são guiados pela colaboração participativa em vez de o serem pela direção gerencial; a divisão funcional do trabalho se torna um processo contínuo de ação integrativa; e o estilo de organização hierárquico passa a ser o federalismo e a coordenação não hierárquica. O estilo de organização emprega a forma da democracia verdadeira – integrando federações de pequenos grupos –, na qual os participantes são empoderados para buscar a atividade coordenada com liderança emergente e dinâmica baseada nas necessidades da situação e nas capacidades dos envolvidos. Qualquer um pode ser um líder e um especialista no "autocontrole coletivo" (Follett, 2013h, p. 89).

12.3 A democracia como modo de vida

Em suas obras, Follett aplica o processo integrativo a contextos comunitários, governamentais e de negócios, insistindo que a governança de todos os grupos dentro da economia política federada deve operar de acordo com o método da integração. A implementação adequada e precisa do método de integração em todas as esferas da sociedade – governo, mercado e comunidade – gera o que Dewey mais tarde chamaria de "democracia como modo de vida" (Talisse, 2003, p. 1)[1].

Assim, seguindo o princípio da situação total, o entendimento de Follett do todo exige que todas as demarcações artificiais de setores sociais sejam eliminadas. Ela observa que "temos uma espécie de teoria do tempo da salvação: deixe as influências humilhantes da indústria para certas horas do dia, empregue as outras de alguma forma educacional e, se o jogo for bem jogado, as influências espiritualizadoras vencerão. Mas não podemos nos dividir dessa forma, a influência das oito horas será sentida no período de lazer; é a própria influência das oito horas que precisamos considerar" (Follett, 2013c, p. 87-88). Isso é particularmente verdadeiro na governança: "Há muito pensamos na política como estando inteiramente fora de nossa vida diária, manipulada por aqueles definidos para esse propósito [...] Agora, começamos a reconhecer mais e mais claramente que o trabalho que fazemos, as condições desse trabalho, as casas em que vivemos, a água que bebemos, o alimento que comemos, as oportunidades de criar nossos filhos, que, de fato, todo o escopo de nossa vida diária deve constituir a política. Não existe uma linha em que termina a vida doméstica e começa a vida cidadã. Não existe um muro entre minha vida privada e minha vida pública" (Follett, 1998, p. 189). "Todo e qualquer ato de nossa vida deve ser visto como um ato social" (p. 368).

Dessa forma, o entendimento de Follett do federalismo começa com cada indivíduo integrando aspectos do *self* dentro de um todo dinâmico e relacional: o indivíduo-em-comunidade. A partir daí, o federalismo se expande para os vários grupos nos quais um indivíduo atua, incluindo família, trabalho e vizinhança. Como foi observado em sua explicação da "democracia verdadeira", a autora descreve essas inúmeras e complexas conexões como "um número infinito de filamentos" que "cruzam e recruzam e conectam todas as minhas diversas lealdades" (Follett, 1998, p. 312).

Portanto, "a tarefa para a política, a economia e a jurisprudência é fornecer esses contatos, encontrar essas relações, que libertam em cada um a energia espiritual que, unindo cada um a todos os outros, nos dá, não no plano conceitual mas em nossa vida diária, uma 'vontade do povo'. Essa libertação recíproca, esse chamar do um pelo outro, essa evocação constante é o [...] processo-vida" (Follett, 2013c, p. 130). Facilitando essas conexões, seremos capazes de "democratizar a tal ponto nossos métodos industriais e políticos que todos teremos uma parte na política e na responsabilidade" (Follett, 1998, p. 339). Assim, "precisamos de um novo método: o processo grupal deve ser aplicado a grupos industriais bem como a grupos domésticos, grupos de negócios, sociedades profissionais – a toda forma de associação humana" ou então "a 'democracia industrial' falhará exatamente como a chamada democracia política falhou" (Follett, 1998, p. 325).

Follett (1998) explica: "Falo de um novo método de viver, pelo qual o indivíduo deve aprender a fazer parte de todos sociais, através dos quais ele deve expressar todos sociais" (p. 180). Para Follett, tal democracia verdadeira é "a definitiva arte de viver, o que ela mais tarde chamaria de 'experiência criativa'. [...] a arte da troca humana mutuamente criativa, da qual a ética, a política, a economia, a sociologia e a psicologia social são apenas aplicações ou variações" (Cabot, 1934, p. 80). Em suma, Follett argumenta que, quando a governança se baseia no processo integrativo, empregando o método de integração dentro da situação e guiada pela lei da situação, o resultado é a democracia verdadeira.

12.4 O progresso como colaboração criativa

Follett continua seu argumento afirmando que, se a democracia verdadeira se tornasse um modo de vida em todas as atividades sociais, tanto o indivíduo quanto a sociedade iriam progredir. Embora o significado de *progresso* hoje seja bastante limitado em termos de fins tangíveis, esse não era o caso na *Progressive Era*. Naquela época, o progresso era concebido por alguns como um processo relacional através do qual todos os tipos de necessidades humanas em evolução encontravam maior expressão e realização (Stout, 2010a). Dessa forma, o próprio processo criativo e colaborativo de autogovernança pode se tornar o significante do progresso, em vez de valores-fim tangíveis, predeterminados e estáticos, tais como a propriedade, o valor monetário ou o lucro.

Essa diferença requer alguma explicação. Da forma como é tradicionalmente concebido, o progresso tem sido medido de maneira materialista e individualista. Em uma conceptualização que vê os recursos como soma-zero, o progresso de um indivíduo tira recursos do progresso de outro indivíduo; o progresso de uma nação limita o potencial de outra. Follett sugere que essa ficção de ganhar ou perder causa precisamente o conflito e a competição que Hobbes e Locke temiam. Ela insiste que "a situação em evolução, as 'integrações progressivas', o entrelaçamento incessante de novas respostas específicas é todo o avanço da existência" (Follett, 2013c, p. 134). Portanto, a autora desafia pressupostos individualistas em suas teorias política e econômica.

Voltando aos princípios ontológicos e psicossociais defendidos por ela, Follett (1998) afirma que "a associação é o impulso no âmago do nosso ser" (p. 193). Mas, como sempre, a autora preocupa-se com o MODO dessa associação. Ela conta uma história sobre veteranos de guerra, dizendo que, quando retornam, sentem falta do pertencimento que sentiam entre seus camaradas, e conclui: "Se a característica essencial da guerra é fazer coisas juntos, vamos começar a fazer coisas juntos em paz" (Follett, 1998, p. 195). Em vez de associação por destruição, Follett busca a associação por criação. De fato, ela sugere que "o progresso implica respeito pelo processo criativo" (p. 98).

Em conjunto, as conceptualizações revisadas de Follett com relação à democracia, ao federalismo, à produção criativa, à competição cooperativa e à autogovernança que emerge da economia política dão à autora a possibilidade de transformar nosso entendimento do progresso. Para Follett (1998), "o progresso não é determinado unicamente por condições econômicas ou físicas nem por fatores biológicos, mas especialmente pela nossa capacidade de cooperação genuína" (p. 93). Assim, "o progresso visto de um único ponto de vista é uma ampliação contínua da área de associação" (p. 193), e a velocidade de nosso progresso vai depender de até que ponto realizamos a democracia cocriativa em todas as esferas da sociedade[2]. Follett observa que ela não está sozinha nessa realização: "Existem executivos hoje que percebem que o PROCESSO da produção é tão importante para o bem-estar da sociedade quanto o PRODUTO da produção" (Follett, 2003d, p. 141). Contudo, assim como ocorre com o espírito de equipe competitivo, o espírito de grupo colaborativo deve ser desenvolvido: "O pensamento coletivo deve ser reverenciado como um ato de criação. O tempo que se gasta desenvolvendo o espírito de grupo é tempo que se gasta criando a força dinâmica de nossa civilização" (Follett, 1998, p. 372).

Follett acredita que o progresso será fomentado se entendermos o governo como uma comunidade, a economia como uma comunidade e a comunidade como um processo. Portanto, "o estudo da comunidade como processo é absolutamente necessário para o desenvolvimento sólido da indústria. E se desejamos ter democracia industrial – democracia é apenas isso, inter-relações produtivas" (Follett, 1919, p. 583). Somando a noção de inter-relacionar-se ao seu entendimento de progresso, a definição de Follett pode ser assim expressa: O PROGRESSO É UM PROCESSO COCRIATIVO DE INTEGRAÇÃO DENTRO DE UM TODO EM CONTÍNUA AMPLIAÇÃO. De fato, a autora afirma que "o processo social com certeza deverá adaptar-se" (Follett, 1998, p. 35). "O progresso não depende da semelhança que ENCONTRAMOS, mas da semelhança que ALCANÇAMOS" (p. 36). Assim, "O teste de nosso progresso não é nem nossas semelhanças nem nossas diferenças, mas o que vamos fazer com as diferenças. Devo combater tudo o que for diferente de mim ou encontrar a síntese mais elevada?" (p. 96).

Entretanto, Follett não sofre da síndrome de Pollyanna. Ela observa repetidamente que a integração não é fácil e nem sempre possível: "coadaptar-se significa sempre que a nova unidade torna-se o polo de uma nova diferença, levando novamente a novas unidades que levam a campos de atividade mais e mais amplos" (Follett, 1998, p. 35). Em outras palavras, como foi notado em suas outras discussões acerca da integração, rupturas na integração que ocorrem pela inclusão de novas perspectivas e experiências causam o conflito que impele as respostas criativas que produzem novas integrações. Porém, Follett argumenta que "a próxima diversidade emergirá em um nível social mais alto – isso é progresso" (Follett, 2013c, p. xiii). Juntas, as respostas recíprocas da integração produzem progresso tanto no indivíduo quanto no todo e, assim, "queremos os valores positivos do conflito" (p. xiv).

Conforme observado em sua aplicação da integração à ética, à política e à economia, a integração da diferença é um desafio contínuo, mas uma busca valiosa: "A tarefa de coadaptar-se não tem fim" (Follett, 1998, p. 93) e, assim, "o progresso é um avanço infinito em direção ao objetivo infinitamente retrocedente da perfeição infinita" (p. 51). Mas através dessa empreitada contínua, "a sociedade floresce pela satisfação do desejo humano, mas não de tantos desejos quanto possível, e sim de desejos humanos entrelaçados" (Follett, 2013c, p. 49), no que Follett chama de "integração progressista" (p. 160).

12.5 O pensamento follettiano na teoria contemporânea

Ao contrário de muitos estudiosos que desenvolveram quadros teóricos sem bases empíricas ou aplicação prática, o pensamento de Follett está alicerçado em práticas no mundo real. Embora suas teorias sejam construídas a partir de experiências de mais de um século, Salimath e Lemak (2004) defendem que o trabalho de Follett "segue contemporâneo, uma vez que está enraizado em sua habilidade afiada de captar as complexidades inerentes aos serviços humanos" (p. 1291). De fato, Maddock e McAlpine (2006) sugerem que "Mary Follett estava tão à frente de seu tempo que ainda está para ser descoberta como uma pensadora central da democracia como processo e do papel dos líderes nesse processo" (p. 44). Assim, embora seus "profundos *insights* tenham sido ignorados por cientistas modernos e consultores políticos" (Kakabadse et al., 2013, p. 80) durante décadas, Follett está de fato sendo redescoberta, em especial nos campos da prática que buscam integrar teoria e prática em *praxis*.

Existe um consenso cada vez maior de que tais comunidades de prática podem prosperar melhor se abraçarem uma abordagem follettiana para alcançar uma unidade diversa (Novicevic et al., 2007), permitindo que as diferenças surjam, confrontem umas às outras e busquem a integração em um grupo de profissionais situado e em evolução. Isso faz com que as disciplinas aplicadas continuem respondendo a condições mutáveis e novos conhecimentos, contribuindo para a construção de organizações de aprendizado (Senge, 1990; Senge, 1994) e permitindo que grupos de todos os tipos estejam interligados e evoluam de maneira eficaz em um ambiente global (Gehani e Gehani, 2007). Assim, conceitos follettianos podem ser encontrados cada vez mais na teoria contemporânea em disciplinas aplicadas, tais como administração pública, gerenciamento organizacional, mediação e negociação e serviço social. Aqui, destacamos alguns exemplos das literaturas dessas áreas que compartilham de nosso entendimento do processo integrativo, de sua aplicação prática, da democracia como modo de vida e do progresso como colaboração criativa.

12.5.1 Governança

Na escala mais ampla, as ideias de Follett são aplicadas à governança e à administração de qualquer tipo de organização: governo, empresas ou organizações sem fins lucrativos. Por exemplo, Morton e Lindquist (1997) argumentam que as ideias de Follett poderiam ajudar a construir uma base teórica coerente para a administração pública. Por causa de sua ênfase no processo integrativo, as ideias de Follett consistentemente exigem maior participação autêntica contínua em todos os aspectos da vida social, levando alguns a dar-lhe a alcunha não apenas de "profeta do gerenciamento", mas também de "profeta da participação", pressagiando "o esforço de criar uma administração pública mais democrática pelo engajamento dos cidadãos" (Morse, 2006, p. 8), bem como melhorar "a eficiência e eficácia do governo" (Morse, 2006, p. 10).

A crescente ênfase na democracia participativa reitera o chamado de Follett por práticas que não apenas rendam mais e melhores resultados democráticos, como também "satisfaçam o espírito" (Cunningham, 2000). De fato, Mathews (2014) defende que um desejo por tal participação democrática está nascendo dentro de todos nós. Assim, existe um reconhecimento cada vez maior de que o trabalho de Follett oferece um alicerce robusto para nos levar de um estado de dependência de instituições governamentais representativas para um modelo de governança como "coordenação multiníveis em vez de tomada de decisões autoritária" (Wachhaus, 2014, p. 574), um "processo dinâmico em vez de uma estrutura" (p. 589). Talvez isso se reflita melhor em algumas articulações daquilo que foi cunhado como "nova governança", que "não é um conjunto estático de relações sociais, e sim dinâmico" (Cohen, 2008, p. 517), em que "o Estado não é [...] um poder central e coercitivo, mas um convocador, financiador, catalisador, coordenador e supervisor, e também um participante" (p. 513).

Esse processo de governança começa no nível local com as agências usando processos participativos, criação e fortalecimento de associações de moradores e atividades cocriativas de desenvolvimento comunitário. De fato, um estudo de caso desse *mix* de atividades pode ser encontrado em Tempe, Arizona (ver Stout, 2010b). Focar a comunidade como processo no nível micro é o alicerce mais básico para desenvolver o senso de democracia "profunda", segundo Follett; a ação integrativa deve ser produzida do nível mais amplo até o mais básico, até as interações diárias entre vizinhos, no que descrevemos hoje como *construção de capital social* (Morse, 2006, p. 10). Por exemplo, tomando as escolas como núcleos dos sistemas comunitários, Follett faz "recomendações específicas sobre como organizar atividades comunitárias locais para fazer melhor uso das instalações existentes, tal como o uso das dependências da escola no contraturno, e suas visões sobre como o ativismo comunitário pode dar maior substância ao processo democrático" (Child, 2013, p. 90). Como tal, a autora repensa a relação entre essas instituições públicas locais e a comunidade, articulando maneiras de fomentar a participação e construir laços comunitários e habilidades democráticas. Roll e Thomas (2014) explicam que isso implica "um dos principais *insights* de seu trabalho"; que as comunidades "desenvolverão seus próprios meios de criar instituições" (p. 174). Assim, de acordo com Morse (2006), tal abordagem cumpre o requisito de Follett de que "uma democracia autêntica é uma democracia em que todos participam do autogoverno" (p. 10).

Contudo, a abordagem de Follett da governança não para no nível micro das vizinhanças: a autora vê esses esforços locais entrelaçando-se para formar unidades políticas maiores a fim de produzir o que Barber (1984) chama de "democracia forte". Como observam Roll e Thomas (2014), "ao se permitir o autogoverno, os interesses de uma comunidade são integrados com a sociedade como um todo" (p. 175). Esse processo é explicado com as redes federadas profundamente aninhadas e amplamente inclusivas nas quais os processos sociais micro e macro estão intrinsecamente interligados (Cohen, 2008) e "mudanças em pequena escala criam andaimes para mudanças em larga escala" (Ansell, 2011, p. 52). Como explicam Mendenhall, Macomber e Cutright (2000, p. 203), "Follett acreditava que a experimentação e o entendimento teórico devem servir ao propósito de auxiliar o progresso moral e social da comunidade humana" (p. 203). Por isso, Mathews (2014) compara a descrição de governança de Follett a um sistema ecológico: cada elemento dentro do sistema influencia os outros de forma a melhorar (ou piorar) a saúde do sistema político. Essa conexão entre ações comunitárias micro e impactos macro reflete a descrição de Follett do federalismo.

Essas recomendações para a participação autêntica na autogovernança também têm implicações profundas para os papéis das agências públicas e dos administradores públicos. De fato, como explica Ansell (2011), na governança colaborativa as agências públicas são transformadas em "um elemento central para construir consentimento para a resolução pública de problemas" (p. 18), tornando-as um "nexo da democracia e da governança" (p. 3). Roll e Thomas (2014) explicam que essas agências cumprem as recomendações de Follett para a administração participativa "unindo pessoas e organizações em decisões do serviço público" (p. 176). Gabriele (2013) alerta, porém, que essas interações devem ser integrativas, reconhecendo que "trocas contínuas entre administradores e cidadãos vão naturalmente variar, mudar e adaptar-se como fazem as circunstâncias externas" (p. 7). Isso tem implicações profundas não apenas para o processo, mas também para os relacionamentos dentro da comunidade. Como observa Morse (2006), quando tais interações públicas fazem parte de um processo contínuo de participação em que todos estão sujeitos à lei da situação, as distinções entre cidadãos e administradores são cada vez menos definidas. Como resultado, os administradores são vistos "como cidadãos, ainda que cidadãos com responsabilidades especiais" (p. 24).

12.5.2 Gerenciamento e administração

Quando Follett começou a estudar as relações de trabalho, ela passou do nível macro da governança da sociedade para o nível micro do gerenciamento organizacional. Aqui, Follett refinou suas ideias sobre o conflito construtivo e a integração dentro da indústria, novamente usando uma perspectiva da democracia como modo de vida. Como foi observado no Capítulo 9, talvez tenha sido durante esse período que ela alcançou o ápice de sua popularidade como palestrante, consultora e até mesmo conselheira presidencial. Os principais estudiosos do gerenciamento da época gostaram tanto de seu trabalho que publicaram em coleções todas as palestras que puderam encontrar postumamente. Suas ideias continuam ressoando em várias áreas de pesquisa do gerenciamento: teoria dos *stakeholders*, desenvolvimento de recursos humanos e estudos de liderança. Como observa Aupperle (2007), "seria difícil identificar qualquer outro pesquisador que tenha trazido tantas contribuições inovadoras para o campo do gerenciamento" (p. 363), e Stewart (1996) insiste que ainda é verdade que "o que ela tem a dizer é relevante" (p. 177), visto que "Follett já tinha dito muito do que [estava] sendo escrito na década de 1990" (p. 178).

Embora mais tarde a autora tenha estudado explicitamente empresas privadas, o entendimento de Follett da unidade integrativa dentro de empresas e entre elas tinha suas raízes em seu próprio trabalho com a comunidade em Boston. Esse alicerce em experiências práticas leva McLarney e Rhyno (1999) a sugerir que Follett "pode ter sido uma das primeiras pesquisadoras da pesquisa-ação" (p. 302). De fato, Damart (2013) defende que foi a experiência prática de Follett nos centros comunitários e trabalhando com empresas na área que permitiu que ela entendesse as inter-relações que existem não só dentro de uma organização, mas entre essa organização e seu ambiente: todos interagindo como parte de uma situação total.

Essa visão sistêmica pode ser encontrada hoje na teoria dos *stakeholders*, que combina a teoria organizacional e a ética nos negócios para ajudar gerentes a abordar os interesses variáveis daqueles que sofrem os impactos das operações organizacionais (Freeman, 1984) dentro de uma rede de atores inter-relacionados em um "ecossistema de negócios" (Moore, 1993). Embora Follett não seja mencionada na literatura tradicional de *stakeholders*, Melé (2007) observa a sobreposição de ideias quando Follett "menciona um número de grupos relacionados à empresa que o gerente precisa levar em consideração e com quem ele ou ela precisa manter relações humanas" (p. 416). Da mesma forma, Schilling (2000) defende que as descrições de Follett do processo integrativo "são muito úteis para entender a forma como as ações da empresa com relação a um único *stakeholder* afetam todo o sistema e causam um efeito *feedback* para a empresa" (p. 227). De fato, essas ideias são consideradas "o principal dogma, se não a definição, da teoria dos *stakeholders*" (Schilling, 2000, p. 230) ou a "abordagem inovadora da teoria dos *stakeholders*" (Melé, 2007, p. 405).

Ao reconhecer firmas como parte de um sistema maior, a teoria dos *stakeholders* relaciona-se a questões de responsabilidade social corporativa (Melé, 2007), a qual enfatiza "ações institucionais e seu efeito em todo o sistema social" (Davis, 1967, p. 46). Assim, os gerentes são encorajados a considerar o impacto não apenas que a situação causa em suas ações, mas também aquele que suas ações causam na situação total. Isso requer uma consideração cuidadosa dos interesses de todos os *stakeholders* dentro do sistema (Melé, 2007). Aplicando o método da integração, Schilling (2000) explica que gerentes socialmente responsáveis devem buscar mudar as relações entre *stakeholders*, permitindo que comportamentos evoluam de modo que "cada indivíduo está [...] ajudando a criar o todo da sociedade (e sendo mutuamente criado pela sociedade) por uma variedade de caminhos", incluindo as ações da empresa (p. 230). Esse processo faz uma ligação entre a responsabilidade social corporativa e uma noção follettiana do progresso social usando o método de integração por todo o *pool* de *stakeholders* dentro do sistema social para fertilização cruzada (Schilling, 2000).

A análise de Follett da "interpermeação" de vários *stakeholders* também demonstra seus interesses coincidentes na abordagem de problemas sociais, em especial *"wicked problems"* (Ritel; Webber, 1973). Novamente, as experiências de Follett em Boston criaram uma base essencial para seus *insights*. Gabriele (2013) afirma que, nesse trabalho, "mulheres em centros comunitários criaram redes ancoradas em princípios democráticos" (p. 2) nas quais "trabalhando em conjunto para tomar decisões, agentes da rede estão envolvidos no conceito de Follett do gerenciamento por resposta circular" (p. 9-10). Assim, Follett também oferece a base para a colaboração interorganizacional nas áreas do gerenciamento público colaborativo e do gerenciamento de redes públicas. De fato, Roll e Thomas (2014) defendem que há um "meio termo claro entre a visão de Follett e o empurrão moderno para o entendimento das redes" (p. 175) e que a "literatura contemporânea sobre redes interorganizacionais também leva as ideias de Follett adiante de maneiras fundamentais" (p. 179).

Saindo desse sistema mais amplo e analisando a empresa em si, Melé (2007) explica que Follett também desenvolve uma noção de responsabilidade corporativa que se aplica internamente à organização. Aqui, elabora-se um argumento a favor da participação democrática no local de trabalho, em que "ser responsável com o todo funcional dá aos trabalhadores um senso de serviço à comunidade" (Melé, 2007, p. 416) da organização. De fato, como explica Weinberg (1996), a teoria do gerenciamento deve fazer ajustes para reconhecer "a humanidade essencial da organização", uma mudança que "exige uma consciência dessa realidade [...] de que as dinâmicas interpessoais que apoiam e as que prejudicam possam ser identificadas e compreendidas" (p. 178). Fazer essa mudança exige "imaginar novos padrões de relacionamento entre funcionários e entre eles, seus gerentes e a situação do seu trabalho" (Weinberg, 1996, p. 177).

Assim, concordando com Follett, os gerentes reconhecem que as organizações são entidades dinâmicas que são continuamente criadas e recriadas juntamente com os indivíduos que as compõem (Weinberg, 1996). Dessa forma, as recomendações de Follett para as dinâmicas organizacionais seguem sua recomendação para a governança: PARTICIPAÇÃO DEMOCRÁTICA. Child (2013) defende que essas recomendações estão "alinhadas com a crescente inversão da tradicional organização hierárquica em 'pirâmide' na posse do conhecimento e na resolução de problemas" (p. 89), e Eylon (1998) usa as ideias de Follett para transformar nosso entendimento do empoderamento no local de trabalho como uma delegação ou compartilhamento de poder para permitir que cada pessoa exerça sua função de acordo com a lei da situação.

Isso se aplica não só a políticas e procedimentos operacionais do local de trabalho, mas também a questões de justiça no local de trabalho. Melé (2007) observa que, embora Follett não tenha escrito sobre a ética do gerenciamento especificamente, seus princípios éticos podem ser aplicados com sucesso nesse contexto. Por exemplo, Barclay (2005) explica que o processo integrativo de Follett oferece um método para que gerentes e funcionários "desenvolvam definições de justiça conjuntamente", tais como *workshops*, sessões de *feedback* e reuniões individuais, em vez de simplesmente tomar atitudes unilaterais para entender as reclamações dos funcionários e oferecer soluções *top-down* para as injustiças percebidas (p. 747). De fato, Barclay (2005) defende que a abordagem de Follett chega a ser "mais extrema que a dos pesquisadores contemporâneos, porque a integração empodera os funcionários e aumenta o senso de justiça interpessoal, garantindo que "todas as partes estejam envolvidas e entendam por que uma determinada decisão foi tomada" (p. 743). Assim, a "unidade integrativa cria um entendimento comum de 'justiça' e alinha os interesses das partes envolvidas" (Barclay, 2005, p. 747).

Child (2013) argumenta que essa abordagem pode ser muito eficaz "tanto na qualidade da inovação que fornece quanto no nível de comprometimento do funcionário que gera" (p. 89). Desse modo, "as pesquisas atuais sobre motivação devem muito ao trabalho de Follett e incorporam muitos dos conceitos dela" (Roll; Thomas, 2014, p. 180).

Barclay (2005) defende ainda que a situação em formação de Follett expande a justiça organizacional ao entender a ética como um "processo contextual e dinâmico" (p. 751). O processo integrativo ajuda os teóricos do gerenciamento a ver que ideias de justiça não são meramente diferenças em perspectivas estáticas (por exemplo, gerente *versus* empregado), mas que concepções de justiça são impactadas por uma interligação recíproca entre as partes dentro da situação. Assim, os gerentes devem ser treinados no método da integração para ajudá-los a fomentar a justiça organizacional (Barclay, 2005) e outros aspectos da administração (Wheelock; Callahan, 2006).

Essas ideias estão sendo expandidas para além dos entendimentos tradicionais de justiça no local de trabalho para reconhecer que as organizações podem ter um papel no fomento do crescimento e do potencial humanos para os indivíduos na organização. Johnson (2007), por exemplo, refere-se ao local de trabalho como cálice para o crescimento e a expressão espirituais, argumentando que "Follett via o relacionar-se como meio para alcançar a espiritualidade em indivíduos, no local de trabalho e em outros domínios da sociedade" (p. 436). Nickel e Eikenberry (2006) defendem que, nessa abordagem democrática do gerenciamento, Follett é precursora de uma abordagem feminista "mais discursiva do que não discursiva" do gerenciamento (p. 373). Morton e Lindquist (1997) também aproximam essa abordagem dialógica de "abordagens feministas da resolução ética do conflito, a qual está focada na comunicação dialética entre os participantes para que se alcance uma solução integrativa que atenda às necessidades de todos", novamente demonstrando como as ideias de Follett são precursoras da teoria feminista contemporânea (p. 363). Banerjee (2008), da mesma forma, relaciona o entendimento da autora do poder-com à teoria e ao ativismo feministas, e Kaag (2008) argumenta que, em sua descrição e afirmação do poder-com, Follett "antecipa os escritos de Simone de Beauvoir, Hannah Arendt e Gloria Anzaldúa ao sugerir que a violência é a antítese do poder na medida em que a violência busca destruir relacionamentos" (p. 150). Assim, Stivers (1996) sugere que os valores demonstrados pela abordagem de Follett do gerenciamento podem ser classificados como "culturalmente 'femininos'" (p. 163).

Considerando o impacto que esses elementos causam no *design* organizacional, Wheelock e Callahan (2006) observam que a ontologia, a epistemologia e a axiologia de Follett enfatizam e integram os três elementos básicos da teoria do desenvolvimento de recursos humanos (DRH): pessoas, organização e aprendizagem. Os autores explicam que "o profissional de DRH que opera a partir da perspectiva de Follett usa a aprendizagem de adultos para facilitar o desenvolvimento do indivíduo e da organização por meio do trabalho de grupo para que uma unidade integrada seja alcançada" (Wheelock; Callahan, 2006, p. 268). De fato, como argumenta Parker (1984), Follett foi uma visionária ao perceber que, "ao lidarem com pessoal", os gerentes devem entender que "problemas humanos e técnicos nunca podem ser completamente separados e que os padrões de uma organização devem permitir muito mais elasticidade" (p. 739). Em outras palavras, metas, tecnologia e papéis individuais dentro da organização fazem parte da situação em evolução, e os gerentes devem sempre considerar de que forma cada um desses elementos muda e interage dentro da situação. Assim, Novicevic et al. (2007) sugerem que isso nos ajuda a entender melhor a aprendizagem organizacional como "um processo relacional" (p. 374), e Morton e Lindquist (1997) observam que Follett estava "fascinada pela natureza prática e experimental do aprendizado nas empresas; na opinião da autora, isso era essencial e acionável" (p. 352). Em suma, Child (2013) entende que as bases do desenvolvimento organizacional estão nas ênfases de Follett sobre "como o trabalho em equipe pode melhorar a inovação, especialmente em sua capacidade de integrar uma diversidade de contribuições e pontos de vista dos membros" e sobre mecanismos para lidar com o conflito dentro da organização" (p. 89).

A teoria da organização também está começando a reconhecer o papel do gerente como líder que fomenta a liderança múltipla ou compartilhada por meio de métodos não hierárquicos de poder-com (Wheelock; Callahan, 2006). Wheelock e Callahan (2006) observam que, embora haja semelhanças entre a abordagem de Follett e de outros autores da área quanto ao gerenciamento, ela "introduz novos pensamentos com relação a organizações participativas, comunicação e liderança" (p. 266). Essas mudanças críticas levam McLarney e Rhyno (1999) a acreditar que a filosofia de Follett oferece um novo entendimento da liderança, passando de um foco particularista nos LÍDERES para um foco grupal na LIDERANÇA. Ademais, as autoras comparam a abordagem de Follett à "liderança visionária" de Westley e Mintzberg (1989, p. 1), defendendo que Follett foi precursora da ênfase que esse modelo coloca sobre a inter-relação entre líder e grupo: o líder deve evocar a participação dos membros da equipe que são parte do processo de integração. Como observa Follett, a liderança e a *followership* estão em relacionamento recíproco dentro do grupo.

Ainda com base nessa noção follettiana de liderança, Wheelock e Callahan insistem que o profissional de DRH deve "manter em primeiro plano a importância de desenvolver líderes que instituem autoridade horizontal, liderança funcional, trabalho em equipe, poder-com e a lei da situação" (p. 268). Gehani e Gehani (2007) chegam a dizer que líderes que entendem como usar o poder-com para evocar tal participação estão "mais preparados hoje para dirigir uma empresa baseada em conhecimento dinâmico" tal como os inúmeros "empreendimentos globais inovadores do século XXI" (p. 400). Nesse sentido, a versão de Follett do líder visionário deve também ser capaz de fomentar a integração contínua, uma habilidade que requer a capacidade de atuar como facilitador ou negociador em vez de como diretor (Maddock; McAlpine, 2006). É da influência de Follett no campo da negociação que trataremos a seguir.

12.5.3 Negociação

A negociação é um "processo que permeia todos os níveis de interação humana" (Kolb, 1996, p. 339). Portanto, embora seja uma prática por si só, ela é aplicada a todos os tipos de contextos de grupo. A literatura de negociação foi fundamentalmente influenciada por Follett; Kolb (1996) a chama de "mãe da contemporaneidade" (p. 339) e Drucker (1995) afirma: "Se Mary Parker Follett é conhecida hoje, é graças ao seu *Constructive Conflict*" (p. 4). Alguns sugeriram que é essa valiosa contribuição à negociação que levou ao ressurgimento de Follett e sua maior popularidade (Fry; Thomas, 1996; Melé, 2007). Davis (1991) insiste que a ênfase que Follett coloca sobre a maleabilidade dos fatos e sua multiplicidade de perspectivas, e portanto a necessidade de diálogo entre múltiplas partes (especialistas, tomadores de decisões, leigos), "poderia descrever uma estratégia de investimento negociado ou mediação de políticas dos dias de hoje" (p. 137). As ideias de Follett continuam a oferecer uma orientação para essa área da negociação porque sua "muitas vezes bem-humorada e sempre provocante análise serve como uma '*checklist*' muito útil para os negociadores, mediadores, árbitros, facilitadores e *factfinders* de hoje", insistindo que "sua abordagem é especialmente valiosa para aqueles envolvidos em negociações complexas" (Davis, 1991, p. 131).

Cohen (2008) explica que a prática da negociação está relacionada com teorias da nova governança como prática facilitadora. Essencialmente, ambas as teorias refletem as recomendações de Follett para empregar o método de integração e seus elementos do conflito construtivo. Follett reconhece que o processo integrativo dentro da situação total em formação permitirá que as negociações sejam "escaladas" para o nível nacional ou mesmo global. Assim, a literatura da negociação, que oferece uma análise detalhada de como aplicar o conceito do conflito construtivo à prática no nível micro, é essencial ao nível macro do federalismo profundamente aninhado de Follett.

Independentemente da escala de aplicação, a negociação é geralmente dividida em duas abordagens principais, com base no trabalho de Walton e McKersie (1965): a negociação distributiva e a negociação integrativa. A primeira pressupõe um *pool* estático de recursos em um jogo de soma-zero no qual os interesses dos indivíduos estão em competição entre si. A segunda pressupõe uma situação dinâmica e usa a "negociação com princípios", inspirada pelo fato de Follett recomendar a integração como método preferível à dominação ou à conciliação para tratar um conflito (Kolb, 1996; Shapiro, 2012). A negociação integrativa começa com o pressuposto de que "é possível obter um benefício conjunto maior do que pela conciliação", e os negociadores buscam encontrar um "terceiro caminho" que possa integrar os interesses das partes negociando em vez de buscar a dominação ou a conciliação com base em posições existentes (Kolb, 1996, p. 341).

A abordagem integrativa da negociação tem cinco pressupostos principais: (1) a conciliação não é ideal nem necessária; (2) relações de poder afetam a resolução de conflitos; (3) o conflito é funcional e necessário; (4) a dinâmica interpessoal tem um papel importante nas negociações de conflitos; e (5) situações de conflito podem, e devem, ser abordadas de maneira conjunta (Jones-Patulli, 2011, p. 6). Essa abordagem claramente reflete "as visões de Follett sobre o conflito e a unidade integrativa" e, portanto, "ela é conhecida como uma líder em negociações integrativas" (Wheelock; Callahan, 2006, p. 266). De fato, tal abordagem e seu rótulo derivam do método de Follett da integração (Pruitt; Lewis, 1975), muito embora ela tenha sido apropriada e popularizada por Fisher e Ury (1991)[3].

A negociação integrativa pressupõe negociadores INTERDEPENDENTES em vez de noções particularistas de interesses (Kolb, 1996). De fato, Kolb (1996) insiste que é nessa passagem de interesses individuais para RELACIONAMENTOS que a negociação pode ser considerada integrativa, no sentido follettiano. Esse foco no relacionamento durante as negociações cria uma atmosfera de conectividade, enfatizando um senso de interdependência e confiança que faz com que as negociações possam gerar resultados mais produtivos. Isso porque os facilitadores entendem não apenas que os fatos da situação são maleáveis e sujeitos a múltiplas interpretações (Davis, 1991), mas também que as metas e os interesses são igualmente não fixados (Kolb, 1996). Assim, da mesma forma que a investigação e a interpretação são uma ação conjunta, a revelação e a determinação de interesses e metas também o são. Essa abordagem colaborativa leva Morton e Lindquist (1997) a afirmar que o método integrativo de Follett está alinhado com abordagens feministas da resolução de conflito que "defendem métodos alternativos para gerar soluções criativas que atendem às necessidades e interesses de cada participante" (p. 366), reforçando a atenção à justiça organizacional conforme discutido anteriormente.

Cohen (2008) alerta, no entanto, que hierarquias sociais e desequilíbrios de poder já existentes podem ser elementos da situação e, assim, moldar indivíduos, interesses e interações sociais. Portanto, o processo integrativo deve levar em consideração esses desequilíbrios em potencial dentro dos relacionamentos para evitar reforçar o poder-sobre em nome do poder-com. Ademais, também existe um receio de que elementos do particularismo continuam presentes não só na negociação distributiva, mas também na literatura da negociação integrativa. Desse modo, alguns sugerem atualmente que a marca deixada por Follett talvez seja mais bem implementada em um sucessor mais contemporâneo: a negociação COLABORATIVA (Cohen, 2008). Na negociação colaborativa, as partes trabalham juntas para entender os interesses individuais e coletivos e gerar soluções que atendam aos interesses situacionais de todas as partes (Lewicki; Saunders; Barry, 2003).

Assim como Follett, profissionais da negociação insistem que a resposta circular sem integração intencional é problemática e, portanto, buscam treinar indivíduos para desenvolverem as habilidades necessárias para se tornarem "agentes autorreflexivos" (Cohen, 2008, p. 523), uma percepção que tem implicações "tanto no nível micro quanto no nível macro" (Schilling, 2000, p. 224). Voltando à conexão que Cohen faz entre a nova governança e a negociação, vemos que ambas as literaturas rejeitam a ideia de um jogo de soma-zero nas negociações e, em vez disso, reconhecem que indivíduos, recursos, interesses e desejos em qualquer situação são relacionalmente determinados e, portanto, dinâmicos em vez de estáticos: todos podem expandir-se ou contrair-se juntos. Além disso, ambas as literaturas supõem um indivíduo relacional engajado em "círculos de *feedback* perceptuais" (Cohen, 2008, p. 524) que funcionam de acordo com o conceito de Follett do processo integrativo. O campo do serviço social reúne esses pressupostos macro e micro e coloca em prática essas recomendações no nível individual e familiar da análise. É dessa área da literatura que trataremos a seguir.

12.5.4 Serviço social

Considerando-se que a construção da teoria de Follett começou com a prática direta do serviço social em suas atividades de "fundar, desenvolver e liderar o movimento dos centros comunitários" durante a *Progressive Era* (Phillips, 2010, p. 50), "a experiência da autora claramente teve um grande papel em seu pensamento, oferecendo provas empíricas de que as pessoas trabalham melhor juntas" (Maddock; McAlpine, 2006). De fato, faz sentido que sua filosofia seja baseada em sua experiência com o serviço social, um ponto de vantagem a partir do qual ela poderia entender a unidade funcional em grupos, engajar-se em negociação integrativa, ver várias famílias e membros da comunidade fazerem a diferença uns para os outros em resposta circular e reconhecer que ações micro reverberam nas esferas macro política e social. Ainda assim, "embora outros tenham trabalhado com o desenvolvimento de comunidades, poucos relacionaram sua experiência e seu pensamento ao Estado e sua governança, tampouco relacionaram tão claramente a organização social e as instituições políticas à psicologia e aos relacionamentos sociais" (Maddock; McAlpine, 2006). Portanto, Follett oferece uma visão holística única do serviço social, sendo que o principal volume de suas atividades ocorre no nexo entre o governo e a comunidade no setor sem fins lucrativos – a maior área de atuação do serviço social.

Embora tenhamos visto que as ideias de Follett têm grandes implicações, é interessante ver como estão sendo aplicadas DENTRO do campo do serviço social, uma vez que são tão fortemente influenciadas por sua experiência nessa área. Apesar de a discussão sobre seu trabalho não ser amplamente encontrada na literatura sobre serviço social, Selber e Austin (1997) afirmam que os conceitos do gerenciamento de Follett são particularmente produtivos para essa área, porque sua filosofia oferece um suporte robusto para conceitos centrais "como a perspectiva dos pontos fortes e o reconhecimento do valor de cada pessoa", a apreciação da diversidade e o foco no empoderamento de indivíduos (p. 12). O método da integração em si – o quebrar de todos em partes componentes e o examinar de diferenças para um entendimento mais profundo da situação total – alinha-se precisamente com o "modelo de resolução de problemas do serviço social" (p. 12).

Mais especificamente, Cohen (2011) recorre a Follett para melhorar as abordagens já estabelecidas do serviço social, tais como a "prática baseada na autoridade" (PBA) tradicional e o paradigma emergente da "prática baseada em evidências" (PBE). O autor defende que tais métodos pressupõem problemas estáticos e bem definidos e baseiam-se quase explicitamente em dados empíricos para entender problemas a fim de determinar soluções fixas e categóricas. Essas abordagens também dependem de implementação *top-down* com base ou na autoridade posicional ou na *expertise* técnica, respectivamente. Por contraste, o autor insiste que "os sistemas sociais nos quais os assistentes sociais devem se engajar estão embutidos em AMBIENTES TURBULENTOS, em que processos dinâmicos surgem das interações com outros sistemas sociais e de mudanças no ambiente" (p. 341) – um entendimento bem corroborado pelas descrições de Follett do processo integrativo dentro da situação. Nesse contexto, Cohen (2001) pede uma abordagem criativa e integrativa na qual a resolução de problemas é um processo de descoberta que envolve o assistente social, o indivíduo atendido e o grupo de indivíduos atendidos "com o objetivo de criar um futuro desejável para os indivíduos dentro do contexto de sua situação total" (p. 342). Tal qual Follett, Cohen destaca que esses processos são não lineares e iterativos sem culminação clara, "com os vários aspectos aparecendo e reaparecendo" (p. 343).

Para uma melhor adequação desses pressupostos, Cohen (2011) recorre ao trabalho de Follett, Dewey e Simon para confeccionar uma abordagem do serviço social que o autor chama de *prática baseada no design* (PBD). Essa abordagem: (1) busca a criação do conhecimento como um processo conjunto e experiencial; (2) pressupõe um ambiente dinâmico; (3) implica que as metas desejadas são descobertas e refinadas pela integração contínua e a avaliação conjunta; e (4) empodera os indivíduos atendidos usando processos reflexivos e interativos. Cada um desses componentes reflete claramente os compromissos filosóficos de Follett e emenda bem a abordagem de Simon da racionalidade vinculada. Assim, nessa abordagem, "DESIGN" não significa algo ORQUESTRADO, mas, com base na liderança facilitativa de Follett, um processo propositado e reflexivo no qual o plano de ação planejado em qualquer dada situação é conjuntamente determinado e ajustado através de um processo contínuo de integração. Tal abordagem está "mais em sintonia com as complexidades do ambiente contextual em que o serviço social opera e com os desafios que o campo do serviço social terá de enfrentar no futuro" (Cohen, 2011, p. 338).

Refletindo essa conexão, Cohen relaciona ainda a PBD com os componentes da liderança organizacional de Follett (evocar, interagir, integrar, emergir), embora ajuste levemente a abordagem da autora. Da mesma forma, o autor identifica quatro elementos-chave: (1) evocar – o assistente social "identifica as percepções, pressupostos e desejos do indivíduo, do profissional e de *stakeholders* com relação à situação do indivíduo"; (2) integrar – "identificar as representações ou cenários alternativos para a ação e depois criar um *design* unificador através da interação recíproca e do ajuste mútuo"; (3) emergir – "o indivíduo ou grupo de indivíduos atendidos começa a experimentar novos comportamentos, formas ou estruturas organizacionais que são consistentes com o *design* unificador"; e (4) adaptar – continuamente reavaliar e ajustar-se à situação em evolução através de meios criativos e inovadores" (Cohen, 2011, p. 343). Esse processo emprega o método integrativo para trabalhar com indivíduos e grupos de indivíduos de maneira que beneficie a todos os envolvidos.

Infelizmente, Cohen (2011) observa que uma abordagem baseada em *design* tão explicitamente integrativa ainda não é proeminente nas faculdades de serviço social. Em vez disso, os alunos ainda são ensinados a "descrever, entender e criticar sistemas, mas não a redesenhá-los" (p. 344). Ainda assim, o serviço social se concentra em melhorar as situações dos indivíduos que atende, entendendo e melhorando os RELACIONAMENTOS como meio de incitar a mudança, tanto para os indivíduos como para seus grupos (Cohen, 2011). Isso é precisamente o que a filosofia de Follett traz para o serviço social em termos concretos: oferecer orientações reais para que assistentes sociais sejam agentes de mudança, para que "usem esse relacionamento como base para engajar indivíduos no *design* de seus próprios futuros e monitorem seu progresso" (p. 345). Nós concordamos, esclarecendo somente que, pelo pensamento follettiano, o monitoramento deve ser realizado conjuntamente.

Resumo

Fica claro que os frutos da governança follettiana são tão desejáveis hoje quanto na época de sua introdução e discussão nas décadas anteriores à Segunda Guerra Mundial. Esse ressurgimento do interesse no processo integrativo e suas aplicações práticas na governança, no gerenciamento e administração, na negociação e no serviço social é encorajador por apresentar uma promessa de geração de democracia como modo de vida e de progresso por meio da colaboração criativa. Assim, no Capítulo 13, consideraremos tais afirmações à luz do contexto contemporâneo.

Notas de fim de capítulo

1. Aqui, novamente, Follett é precursora da visão da sociologia relacional: "Ela apresenta uma cidadania complexa que opera valorizando o princípio da relacionalidade aplicado a todas as esferas da sociedade" (Donati, 2014, p. 113).
2. Conforme observado por Stout (2010a), o intelectual público e executivo Henry George (1929) compartilha dessa interpretação holística do progresso.
3. Apesar de desenvolverem uma abordagem da negociação que claramente se baseia em Follett e de usarem uma de suas histórias mais conhecidas para ilustrar sua obra, Fisher e Ury (1991) não reconhecem a autora como uma influência em sua aclamada obra, meramente a citam como referência do estudo de caso em seu prefácio.

Capítulo 13
Uma afirmação da governança follettiana: por que agora?

No Capítulo 1, sugerimos que o meio contemporâneo é mais receptivo e adequado ao que chamamos de *governança follettiana* (Stout; Staton, 2011) do que momentos históricos do passado. Roll e Thomas (2014) concordam, sugerindo que a visão de Follett do Estado Novo "é hoje mais realista do que na época de sua concepção" (p. 180). Este capítulo discute a condição contemporânea em mais detalhes, cuidadosamente considerando algumas das mudanças que ocorreram conforme nosso mundo foi se tornando cada vez mais globalizado e uma visão de mundo voltada para o mercado, cada vez mais pronunciada. Destacamos algumas das crises atuais nas esferas sociais e governamentais, bem como movimentos de resistência que estão emergindo em resposta a essas crises. Isso é cuidadosamente considerado tanto empiricamente quando teoricamente, seguido por uma afirmação de que o pensamento follettiano é mais produtivo nesse contexto do que outras abordagens. Atualmente, vivemos em uma época em que as ideias de Follett oferecem uma base melhor para a democracia como modo de vida. Para TODOS.

13.1 O contexto contemporâneo da globalização

Reiterando o que já foi enfocado no Capítulo 1, Follett (2003e) afirma que a sociedade no início do século XX estava em uma condição desesperadora em virtude: "(1) [...] da exploração de nossos recursos naturais que estão prestes a se esgotar; (2) da competição acentuada; (3) da escassez de trabalho; (4) de uma concepção mais ampla da ética das relações humanas; (5) da ideia crescente de empresas como serviço público, que carrega consigo um senso de responsabilidade por sua conduta eficiente" (p. 122). Nesses cinco pontos sucintos, Follett articula as crises de sustentabilidade ambiental, social e econômica que estavam surgindo após a Revolução Industrial. Suas ideias de governança foram desenvolvidas com esses tipos de desafios em mente, mas nunca foram devidamente consideradas ou aplicadas aos próprios problemas que a autora aborda diretamente. De fato, na esteira da globalização, os problemas que Follett buscou abordar só fizeram crescer em urgência.

Parece haver um consenso de que as forças da globalização impactaram todos os sistemas naturais e sociais. Recorrendo a áreas como física teórica, novo materialismo, teologia do processo, pós-humanismo, sociologia e teoria política, vemos que a situação humana está repleta de crises. Nas palavras sucintas do físico teórico David Bohm (2004), "Quais são os problemas do mundo? Parecem ser tantos que mal conseguimos começar a enumerá-los" (p. 55). Contudo, em geral, podemos categorizá-los como problemas ambientais, econômicos e sociais, enfatizando particularmente "os grandes problemas de mudanças climáticas, desigualdade global e guerras que o mundo enfrenta hoje" (Edwards, 2010, p. 297). Em cada uma das crises examinadas a seguir, embora as condições pareçam sombrias, também notamos o surgimento de respostas.

13.1.1 Crise ambiental

A questão ambiental mais abrangente ainda é geralmente o problema das mudanças climáticas. À época em que este livro foi escrito, embora argumentos políticos sobre suas causas continuem a ser formulados, é geralmente aceito que os impactos das mudanças climáticas ressoam em todo o mundo, "desde o derretimento de geleiras, do gelo marinho e da tundra, até secas e climas extremos" (Randolph, 2012, p. 127). No longo prazo, tais mudanças ameaçam as habitações humanas. Como alerta Speth (2008), "Se você olhar honestamente para as tendências ambientais destrutivas de hoje, é impossível não concluir que elas ameaçam profundamente a vida e as perspectivas humanas no planeta como as conhecemos" (p. 17). No curto prazo, as mudanças climáticas exacerbam tensões na economia em razão de "preços elevados de combustíveis fósseis e eletricidade" (Randolph, 2012, p. 127). O conhecimento da crise ambiental agravada pela poluição é aumentado pelo entendimento contemporâneo dos impactos das práticas industriais e agrícolas que instalam o caos na saúde humana e na biodiversidade nos níveis local, regional e global. De fato, a natureza crítica dos impactos ambientais em curso levou muitos biólogos a afirmar que uma sexta extinção em massa já está ocorrendo, movida pela ação humana" (Barnosky et al., 2011).

Filosoficamente, essas práticas são em grande parte movidas por pressupostos econômicos de mercado que veem os recursos naturais como meios ilimitados para o lucro. A demanda por uma qualidade de vida cada vez mais alta – conforme determinada pelos padrões ocidentais – para um número cada vez maior de pessoas resulta na extração massiva de recursos naturais sem que se atente para as limitações do sistema ou os impactos no ecossistema geral. Tais práticas, movidas tanto pelo lucro quanto pela demanda, são muitas vezes operadas por grandes corporações multinacionais.

Por exemplo, o amplamente divulgado derramamento de óleo da plataforma Deepwater Horizon da BP em 2010 ocorreu em partes em virtude de "uma série de ações para redução de custos" por parte da BP e de suas terceirizadas (Freudenburg; Gramling, 2011, p. 15) e a catástrofe "iniciou uma categoria de poluição marinha até então desconhecida" (Somasundaran et al., 2014, p. 19), cujo impacto total só será averiguado com o tempo. O uso de *fracking* para alcançar fontes cada vez mais remotas de gás natural tem profundos impactos na saúde das comunidades e da fauna locais decorrentes da contaminação do solo e da água (Kassotis et al., 2014; Osborn et al., 2011). Sabe-se que o processo causa microterremotos, e não se trata apenas do aumento no número de eventos em áreas com riscos historicamente baixos: conforme os poços se tornam cada vez mais profundos, a severidade dos terremotos induzidos também está aumentando (Ellsworth, 2013).

Essa demanda por produtos baratos também levou à produção agrícola em larga escala, a qual, apesar de "ter tido sucesso em aumentar a produção de alimentos, também causou danos ambientais extensos" (Foley et al., 2005, p. 570). A produção animal industrial busca maximizar o lucro criando animais para corte e produção de leite e ovos em ambientes altamente compactos e muitas vezes fechados (confinamento intensivo animal). Essa alta concentração de animais resulta no aumento do uso de antibióticos e da produção de dejetos animais, poluindo o solo e a água nas proximidades (Halden; Schwab, 2008; Mallin; Cahoon, 2003). Essas operações de alta densidade também exercem uma pressão insustentável sobre os recursos hídricos e terrestres para a alimentação dos animais, resultando na exaustão dos nutrientes do solo, em erosão e no desmatamento global (Halden e Schwab, 2008), e calcula-se que elas tenham um impacto maior no aquecimento global do que o gerado pelo setor de transportes (Steinfeld et al., 2006). Práticas agropecuárias intensas para a produção de alimentos usam altos níveis de pesticidas e fertilizantes ricos em nitrogênio e estão ligadas à poluição e degradação do solo, à eutrofização de massas d'água que causa um aumento tóxico de algas em fontes hídricas importantes, à perda da biodiversidade e ao *smog* (Kane et al., 2014; Mallin; Cahoon, 2003; Tilman et al., 2002). Esses impactos comprometem a saúde do ecossistema global. Apesar do crescente entendimento dos impactos danosos generalizados da produção de alimentos e energia, tais práticas continuam a ser encorajadas por um modelo econômico baseado num suposto crescimento ilimitado (Kakabadse et al., 2013; Roy; Crooks, 2011), que relega os impactos sobre fatores naturais críticos, como a camada de ozônio, os lençóis freáticos, a qualidade do solo e a biodiversidade, ao *status* de externalidades não quantificadas nem consideradas no sistema. Na realidade, tais "externalidades" têm implicações INTERNAS profundas para a vida neste planeta. Como defende o zoólogo e ambientalista David Suzuki, "essa economia está baseada em algo que não corresponde em nada ao mundo real" (citado por Roy; Crooks, 2011).

Em razão das crises ambientais de mudanças climáticas e da perda da biodiversidade, a CONDIÇÃO humana tornou-se um PROBLEMA: um sistema devastado que nos levou à beira do desastre ecológico que revela o equilíbrio delicado do ecossistema, o que Connolly (2013) caracteriza como "a fragilidade das coisas". De fato, os efeitos da poluição, da perda de biodiversidade e das mudanças climáticas não são, e não podem ser, isolados; essas crises ameaçam a todos, independentemente de nacionalidade. Esse sistema insustentável cria "efeitos prejudiciais generalizados em nossos sistemas econômico e social, que agora devem arcar com os custos da conversão para uma economia ecológica de baixo carbono" (Randolph, 2012, p. 127).

Assim, embora Follett tenha sido hábil em identificar a exploração de nossos recursos naturais como um problema-chave, esses processos, em vez de diminuírem com a expansão do conhecimento do problema, infelizmente continuam sendo exacerbados pelas mesmas condições sociopolíticas que a autora criticou quase um século atrás: hierarquia (dominação sobre a natureza) e competição (exploração pelo lucro). Nesse sentido, o problema humano é tipicamente atribuído às práticas tecnológicas e financeiras do capitalismo avançado, mais delicadamente chamadas de "as incertezas da economia internacional" (Coole; Frost, 2010b, p. 16). Em resumo, a máquina do desenvolvimento "encontra limitações estruturais em seus ambientes externo e interno" (Donati, 2014, p. 19). Seus limites externos são a capacidade do ambiente natural de acomodar nossas práticas. Hoje, essas questões "adquirem uma urgência que era inimaginável apenas uma geração atrás" (Coole; Frost, 2010b, p. 16).

Ter consciência dessas crises "inaugura uma forma negativa ou reativa de vínculo planetário pan-humano, que recompõe a humanidade ao redor de um vínculo compartilhado de vulnerabilidade, mas também conecta o ser humano ao destino de outras espécies" (Braidotti, 2013, p. 111). O teórico político William Connolly (2011) refere-se a essa situação como "a propriedade humana" (p. 5) – um mundo de interesse específico em oposição a todos os outros campos de força do vir a ser. Embora a geologia da Terra ignore a propriedade humana, nós devemos dar muita atenção à sustentabilidade desta. Dessa forma, as respostas nas ciências físicas e sociais cada vez mais "apoiam-se sobre um ampliado senso de interconexão entre o *self* e os outros, incluindo os outros não humanos ou 'da terra'" (Braidotti, 2013, p. 47-48): uma perspectiva chamada de *"zoe-igualitarismo"* (p. 71) em referência à vida ou à existência em geral.

As humanidades e ciências sociais contemporâneas defendem que nossa própria sobrevivência exige uma retomada de um entendimento da existência para além da consciência humana e da percepção para nos tornarmos incorporados e embutidos na natureza novamente. Isso está começando a acontecer de maneiras concretas por meio do amplo reconhecimento público do conceito de nossas pegadas de carbono individuais e coletivas e das ações específicas que podem ser tomadas individualmente para mitigá-las. Aplicando esforços não hierárquicos e colaborativos, podemos dar passos mais largos. Por exemplo, o gerenciamento de recursos pode ser melhorado criando-se oportunidades de voluntariado "na implementação de projetos relacionados a recursos naturais, como monitoramento hidrológico, manutenção de trilhas, melhoria do *habitat* e restauração de cursos d'água" (Randolph, 2012, p. 132). Igualmente, o planejamento para mitigação de riscos naturais está começando a incluir esforços comunitários colaborativos em "(1) planejamento para a sustentabilidade ambiental, econômica e social de longo prazo e (2) ação imediata para fortalecer a capacidade comunitária e organizacional" (p. 135). Tais esforços são mais bem exemplificados atualmente na rede Iclei – Governos Locais pela Sustentabilidade (antigo Conselho Internacional de Iniciativas Ambientais Locais, ou International Council of Local Environmental Initiatives, na sigla em inglês), com seus vários programas para o desenvolvimento de áreas urbanas resilientes e sustentáveis.

13.1.2 Crise econômica

Como já mencionamos, o crescimento econômico enfrenta limitações na forma de recursos naturais, mas nossos sistemas econômicos também enfrentam limitações internas (Donati, 2014). As limitações internas da abordagem atual do desenvolvimento econômico tiveram seu mais recente ápice na crise econômica global de 2008 e na recessão que veio em seguida e perdurou até 2012 ou além, dependendo do ponto de vista. De fato, essas condições exacerbadas subjacentes à crise financeira global (CFG) são exatamente as mesmas que estão causando nossa crise ambiental contemporânea: uma "ordem institucional de toda a sociedade" (Donati, 2014, p. 73) que se baseia em um pressuposto de progresso e crescimento ilimitados. Em resposta a essa observação, Kakabadse et al. (2013) afirmam que "as raízes da CFG atual podem ser vistas nas muitas ondas de projeções ideológicas neoliberais que tomaram conta das políticas governamentais desde os dias de Thatcher e Reagan no final da década de 1970" (p. 81). De fato, o pressuposto de recursos infindáveis, bem como o embate da competição e lucro liberais contra a solidariedade e redistribuição socialistas levam o sociólogo Pierpaolo Donati (2014) a concluir que a crise ocorreu porque sistemas econômicos baseados em uma tensão entre liberdade (individualismo) e controle (holismo) "NÃO SÃO SUSTENTÁVEIS COMO SISTEMAS DE LONGO PRAZO" (p. 45).

Manipulando o mesmo dualismo criticado por Follett, essas vertentes neoliberais do capitalismo de livre mercado são capazes de usar o medo de um forte controle centralizado e a atual onda de globalização para se tornarem uma força hegemônica para um movimento global em direção à desregulação e ao esvaziamento de governos (Love, 2013). O resultado é a propagação de uma ideologia em que a economia política é vista como o único ou o melhor tipo de sistema auto-organizador e autorregulador (Connolly, 2013). Mas trata-se de um sistema que "leva a impregnações éticas e morais que cultivam a ganância e a corrupção vorazes" (Kakabadse et al., 2013, p. 81). Assim, em vez de diversificar as perspectivas econômicas e sociais, a globalização tem sido movida pela ideologia do mercado e tende a homogeneizar culturas: "É uma ideologia que define as expectativas básicas sobre os papéis e comportamentos de indivíduos e instituições" (Kettl, 2000, p. 490). O movimento que resultou disso tem colocado foco na "desregulação como forma de liberdade", na qual "o corporativismo global e a 'utopia' do consumo ilimitado prevalecem" (Kakabadse et al., 2013, p. 81).

Esse argumento hegemônico é difícil de refutar, visto que os agentes-chave na globalização e no avanço em direção à governança internacional incluem o Banco Mundial, o Fundo Monetário Internacional, várias iniciativas da Organização das Nações Unidas, a Organização para a Cooperação e o Desenvolvimento Econômico e o G20 (Fremond; Capaul, 2002; Kettl, 2000). Essas organizações exercem forte influência sobre a política pública para a dívida externa, o auxílio e o comércio exterior e, em geral, colocam como condições de empréstimos o *status* favorável e a assistência ao desenvolvimento. Em seu modelo compartilhado, os governos são auxiliados com base na *accountability* democrática, na estabilidade política, na segurança, na eficácia, na falta de encargos regulamentares, no Estado de direito e na ausência de corrupção (Fremond; Capaul, 2002). De acordo com esses grupos, a boa governança é definida como "transparência e *accountability* no governo, liberalização econômica e privatização, participação da sociedade civil e respeito pelos direitos humanos, pela democracia e pelo Estado de direito" (Collingwood, 2003, p. 55). Em outras palavras, o papel do governo é garantir que "os direitos de fornecedores de financiamentos externos a corporações estão protegidos e recebem uma justa contrapartida" (Fremond; Capaul, 2002, p. ii). Tais políticas usam desequilíbrios de poder e necessidade econômica para forçar políticas de mercado capitalistas sobre as populações, independentemente de tais estruturas econômicas ou de governança serem culturalmente adequadas ou não.

Apesar do impacto global negativo de tais políticas, diante das crises financeiras que se seguiram, esse sistema continua a responder com mais do mesmo. Assim, tentativas de controlar os impactos desenfreados que levaram à crise financeira global falham em mitigar adequadamente o problema. De fato, nas sociedades cujas políticas neoliberais provocaram a CFG, Kakabadse et al. (2013) afirmam que as respostas econômicas à crise reduzem essas forças de mercado e, assim, meramente exacerbam os problemas originais que as criaram. Essas respostas contêm mais incentivos para a continuação da ganância e da corrupção por meio de políticas como a do *too big to fail* ("grande demais para quebrar"), da captura regulatória e de falhas contínuas na governança corporativa que não enxergam além do "pensamento de grupo" hegemônico da mentalidade do (aparentemente) livre mercado. Como resultado, não apenas a CFG intensificou as disparidades econômicas no curto prazo, como também as políticas para tratar dela continuam a incentivar assimetrias, injustiças e ressentimentos tanto dentro quanto entre regiões, fomentando a "discrepância cada vez maior e de longo prazo entre os ricos e os pobres [que] às vezes é chamada de '*apartheid* global'" (Griffin, 2007, p. 104). Essas condições amplificam antagonismos e hostilidades globais que causam impactos em processos de Estado e de mercado, espalhando-se por todos os papéis sociais (Connolly, 2011).

Em resposta à crescente consciência dessas disparidades, bem como do impacto generalizado da crise, Connolly (2013) sugere que a crise econômica produziu uma espécie de descrença cultural: como o governo e o mercado puderam permitir que isso acontecesse? O autor afirma que, se fizermos "um relato crítico da expansão, intensificação e aceleração do capitalismo neoliberal, podemos ficar cara a cara com a fragilidade das coisas hoje – ou seja, as discrepâncias e desarticulações cada vez maiores entre as demandas que o neoliberalismo força sobre diversas áreas humanas e não humanas e as capacidades destas de supri-las" (p. 10). Com o fracasso do sistema capitalista e as alternativas sendo praticadas em diversos movimentos sociais, o autor acredita que podemos estar em um ponto de virada na economia política bastante semelhante ao vivido pela religião antes do Iluminismo e pelas ciências físicas quando o sistema newtoniano começou a se dividir em teoria quântica e da complexidade. Prozorov (2014b) concorda, observando que o movimento Occupy exemplifica uma promissora "orientação emancipatória, igualitária e comunitária" (p. xx).

Mais especificamente orientadas para a ação econômica, iniciativas de desenvolvimento comunitário que buscam relacionar a micro e a macropolítica foram executadas por grupos como a Industrial Areas Foundation (IAF) e a Local Initiatives Support Corporation (LISC). Essas grandes organizações não governamentais têm como valor comum a importância de apoiar a construção da comunidade por movimentos de base e o inter-relacionar-se de pessoas e lugar. De maneira semelhante, sistemas econômicos alternativos com base na competição cooperativa são bem estabelecidos pela Corporação Mondragon de cooperativas de trabalhadores federados na região basca da Espanha (Cheney, 2001; Ormaechea, 2001). Esse modelo Mondragon começou a se espalhar e pode ser visto em esforços emergentes nos Estados Unidos, como a Evergreen Cooperatives Initiative de Cleveland, Ohio, que provocou o que está sendo chamado de "modelo de Cleveland", uma abordagem que "foca a inclusão econômica e a construção de uma economia local do zero" (Howard; Kuri; Lee, 2010, p. 3).

13.1.3 Crise social

O resultado dessa força econômica globalizadora foi uma "Economização do Mundo" (Waldo, 1988, p. 931), por meio da qual todas as formas de relações sociais se tornam transações de caráter econômico ou de mercado (Ramos, 1981). Alguns descrevem essa globalização como uma força que produz o que pode ser chamado de "organização econômica" em vez de política econômica (Wolin, 1982, p. 31). Dessa forma, muitos sentem que a globalização "está nos forçando cada vez mais a viver em uma economia em vez de em uma sociedade" (Smadja, 2000, p. 64).

A maioria das perspectivas da teoria social crítica contemporânea enxerga um capitalismo avançado que move o problema humano: "todas as espécies vivas são capturadas na máquina giratória da economia global", na qual os recursos naturais e os organismos vivos são comoditizados em um "complexo industrial biotecnológico" (Braidotti, 2013, p. 7). De muitas maneiras, essa máquina tomou vida própria, a ponto de tornar-se "a condição global contemporânea que agora excede o controle de qualquer sistema de mercado, Estado ou rede de Estados" (Connolly, 2011, p. 127). Nessa visão de mundo economizada, o papel dos cidadãos no governo quase desapareceu – a governança foi despolitizada (Stivers, 2008) e substituímos a virtude cívica pelo "comercialismo cívico" (Ventriss, 1991, p. 121). Tornamo-nos pouco mais do que "cidadãos de nações corporativas" (King; Zanetti, 2005, p. 21).

Nesse contexto dominado pelo mercado, os produtores é que têm o controle do comércio (Throne, 2010), e não os consumidores, como retoricamente esperado. De fato, Debord (1994) compara o mercado neoliberal a um espetáculo espalhafatoso porque tem a intenção de distrair e enganar o consumidor para esconder desequilíbrio de poder. Assim, as políticas e a retórica voltadas para o mercado do neoliberalismo servem para tornar o poder concentrado dentro do mercado globalizador invisível, enquanto criam um visível, porém falso, senso de empoderamento individual (Thorne; Kouzmin, 2004, 2006). Essa "colonização do mundo-vida" (Habermas, 1989, p. 54) permitiu a infiltração e hegemonia de valores de mercado em todas as instituições sociais, e a correspondente perda de outros valores está prejudicando a vida política e cívica.

Na feira neoliberal do capitalismo tardio, os indivíduos são aparentemente livres para consumir como desejarem. Contudo, "as dinâmicas de consumo na verdade tornam o indivíduo mais vulnerável ao controle, e não menos" (Barber, 2007, p. 36). Mesmo que a consumidora se esforce para construir uma identidade através do consumo, ela continua fragmentada através da proliferação de mercados de nicho. De fato, as "escolhas" oferecidas pelo mercado são desempoderadoras, pois são manipuladas e multiplicadas, muitas vezes usando necessidades fabricadas para sufocar necessidades autênticas (Marcuse, 1964). Consumidores individuais tornam-se cada vez mais sujeitos à manipulação pelas forças do mercado (Barber, 2007; McSwite, 1997), vulneráveis a tal manipulação em virtude de seu anseio por uma identidade estável (Kinnvall, 2004). Como resultado, a política identitária divide e separa indivíduos em várias características, e comunidades amplamente inclusivas desaparecem.

Ainda assim, como explica Bauman (2001), "isso entra em conflito aberto com a experiência cotidiana nos mundos do trabalho, da família e da comunidade local (e nos estudos sociológicos destes), que mostram que o indivíduo não é uma mônada, mas é autoinsuficiente e cada vez mais ligado a outros, incluindo no nível das redes e instituições mundiais" (p.xxi). Essas redes resultam em uma estranha contradição na qual, apesar da degradação da comunidade, estamos mais conectados pelas tecnologias de comunicação do que nunca. Mas, como afirma o físico teórico David Bohm (2004), "apesar desse sistema mundial de ligações, existe, neste exato momento, uma sensação geral de que a comunicação está falhando em todo lugar, em uma escala sem precedentes" (p. 1). Com isso, o autor quer dizer que nossa capacidade de DIÁLOGO real – o ouvir e o entender-se mutuamente que permite a mudança integrativa – é menor em vez de maior. Somos mais diversos e menos conectados do que nunca e temos menos habilidades para "tornar comum" (ou seja, comunicar) os significados compartilhados. Assim, embora "a sociedade esteja baseada em significados compartilhados, que constituem a cultura [...] atualmente, a sociedade em geral tem um conjunto muito incoerente de significados" (p. 32).

Bohm defende que isso se dá porque as línguas e as visões de mundo ocidentais na verdade desativam nossa capacidade de estarmos abertos, sem julgamento, e de permitir que significados compartilhados surjam. Usamos a discussão para analisar e fragmentar significados e o debate para proliferar nossos próprios entendimentos. Infelizmente, isso é "não apenas fazer divisões, mas dividir coisas que não estão de fato separadas" (Bohm, 2004, p. 56). E, conforme os acordos sociais sobre tudo, desde significados de linguagem até ideologias políticas e identidades, são divididos, a condição humana está rapidamente se tornando a condição do INDIVÍDUO FRAGMENTADO (Love, 2012): um *self* isolado e descentralizado que está sob o efeito de muitas construções sociais de identidade mutantes que têm a ver cada vez menos com a essência autêntica de cada um. Essa condição corresponde ao tipo social do atomismo (Douglas, 1996), em que não existe grupo e, portanto, não existe ordem social.

Beck e Beck-Gernsheim (2001) descrevem o impacto sociológico desse crescente ideal neoliberal como "individualização" – uma situação paradoxal em que a autossuficiência é retoricamente defendida, mas cada vez menos viável. De fato, nossa sociedade pós-moderna globalizada é cada vez mais experienciada como uma "'comunidade paradoxal': uma comunidade construída por pessoas sem nenhuma comunidade real" (Donati, 2014, p. 13), ou uma "coletividade paradoxal de individualização recíproca" (Bauman, 2001, p. xxi). Como explica Bauman (2001), "a economia neoliberal mantém-se sobre uma imagem do *self* humano autárquico. Ela supõe que os indivíduos por si sós são capazes de dominar completamente suas vidas, que extraem e renovam sua capacidade para a ação de dentro de si mesmos" (p. xxi). Assim, a coexistência não pode ser alcançada a partir da perspectiva atomística e binária do individualismo. Uma cultura coletiva também não pode ser alcançada por meio de nossas tentativas tradicionais de equilibrar liberdade e controle, que impedem a sociedade de "desenvolver novas relações significativas e estáveis" (Donati, 2014, p. 5). Desse modo, embora a globalização esteja cada vez mais trazendo as pessoas para uma comunidade econômica cada vez mais ampla, a "ética da autorrealização e conquista individuais" está dividindo todas as outras comunidades, criando "uma era em que a ordem social de Estado-nação, classe, etnia e família tradicional está em declínio" (Beck; Beck-Gernsheim, 2001, p. 22). Isso leva a "uma sociedade em que ninguém mais é capaz de ser reconhecido pelo outro [e] nenhum indivíduo é capaz de reconhecer sua própria realidade" (Debord, 1994, p. 152).

Para tratarmos dessa situação paradoxal em que o indivíduo é empoderado retoricamente ao mesmo tempo que é desempoderado economicamente, socialmente e politicamente, em que as tecnologias de comunicação são meios avançados de autoexpressão ao mesmo tempo que a comunicação entre indivíduos é atrofiada, devemos buscar uma "política pós-humana" (Braidotti, 2006) que reconheça a primazia da relação, da interdependência, e da VIDA como um todo. Uma vez que ainda vacilamos entre ontologias eternas ou sem vida, a pós-humanista Rosi Braidotti (2003) afirma que "nossa moralidade pública simplesmente não está à altura do desafio da escala e complexidade dos danos causados por nossos avanços tecnológicos. Isso dá origem a uma urgência ética dupla: primeiro, como transformar a ansiedade e a tendência de lamentar a perda da ordem natural em ação política e social eficaz e, segundo, como fundamentar tal ação na responsabilidade pelas gerações futuras, no espírito da sustentabilidade social" (p. 112-113). Devemos "começar do imperativo empírico de pensar globalmente, mas agir localmente, para desenvolver um quadro institucional que realize uma prática pós-humana 'digna de nossos tempos'" (Braidotti, 2001, p. 177). Isso deve ser feito sem cinismo nem niilismo, com uma metapolítica para além da resistência que "mantenha a possibilidade de transformação política sem articular nenhum princípio universal [substancial] que prescreva sua direção" (Prozorov, 2014a, p. 45).

Uma "política do vir a ser" (Connolly, 1999) tão afirmativa deve estar assentada em uma "ética afirmativa [...] baseada na *praxis* de construir positividade" (Braidotti, 2013, p. 129) que seja "fundamentada em um senso de responsabilidade e em uma *accountability* intergeracional" (p. 192). Connolly (2013) concorda, mas observa que essa perspectiva afirmativa "parece insuficientemente articulada na teoria radical dos dias de hoje"

(p. 31). Assim como Donati (2014), o autor defende que nenhuma das posições ideológicas promovidas até agora é suficiente para suprir a condição contemporânea: "Nem a teoria liberal, nem o produtivismo socialista, nem a ecologia profunda, nem a democracia social em sua forma clássica" (p. 37). Prozorov (2014a) concorda, defendendo que todas as tentativas de combinar ou equilibrar comunidade, igualdade e liberdade fracassaram.

No nível individual, em vez de fazerem reivindicações através da política identitária, as pessoas estão explorando suas próprias subjetividades e suas diferenças com outros de diferentes culturas para encontrar maneiras de viver JUNTOS ao mesmo tempo que mantêm diferenças importantes, como gênero, classe, raça, etnia, idade e orientação sexual. Por meio de esforços como o Occupy Together, movimentos sociais de resistência e recusa estão crescendo e unindo-se para encontrar locais estratégicos de ação política e social para exercer mudanças produtivas em sistemas estruturais através de "montagens pluralistas vibrantes que agem em múltiplos locais [...] em vez de [...] uma mera constelação eleitoral" (Connolly, 2013, p. 41). Como defende a Comissão sobre Governança Global, "a emergência de uma sociedade civil global, com muitos movimentos reforçando um senso de solidariedade humana, reflete um grande aumento na capacidade e vontade das pessoas de tomarem o controle de suas próprias vidas" (Carlsson e Ramphal, 1995, p. 335). Embora a interconexão, cada vez mais globalizada pela tecnologia, possa enfrentar as dificuldades destacadas anteriormente, em parte em razão desses avanços, "mais e mais pessoas começaram a perceber que existem muitos outros mundos, outras formas de vida, outras crenças, outras visões de mundo e perspectivas. Isso quer dizer que há sabedoria, verdade e beleza em outras tradições, em outros lugares" (Wang, 2012, p. 44).

13.1.4 Resumo

Claramente, a crise de sustentabilidade que enfrentamos nos setores ambiental, econômico e social exige uma resposta teórica. Ademais, é certo que Follett leu os sinais do que estava por vir mesmo em sua época, à sua maneira curiosamente visionária. Embora esteja claro que as teorias social, econômica e política comumente aceitas contribuíram para essas crises, alternativas que não fazem mais do que criticar não ajudam a construir aquilo que os movimentos sociais buscam. Portanto, devemos considerar todos os três tipos de resposta teórica: perpetuar as abordagens aceitas por meio do incrementalismo, tentar destruir a casa-grande com as próprias ferramentas do senhor de engenho (crítica para a reforma) ou construir novas ferramentas (afirmação ou transformação). Aqui, vamos considerar a discussão atual na teoria da governança em comparação com o pensamento de Follett sobre como responder ao contexto contemporâneo da globalização.

13.2 A teoria contemporânea da governança[1]

O que a sociedade acredita que seja governança muda de acordo com o tempo e o lugar. Estamos em um contexto de governança contemporânea em que existe menos hierarquia organizacional e controle dentro das instituições da sociedade, mas mais competição. Não eliminamos as instituições originais, mas mudamos as regras do jogo, passando do que pode ser descrito como os ditados autoritários do liberalismo conservador clássico para as transações pluralistas de mercado do liberalismo e neoliberalismo modernos. Como observado ao tratarmos do contexto contemporâneo, pode parecer que somos significativamente mais independentes da dominação hierárquica, mas somos impedidos de formar vínculos sociais em virtude do esmagador espírito competitivo imbuído na economia política (Stout, 2010a). E, ainda assim, também não escapamos do pressuposto compartilhado por todas as formas de liberalismo: o de que podemos ser coletivamente representados ou por pessoas ou por ideias.

A maioria das democracias ocidentais mantém um prerrogativa de soberania dentro do Estado ou dos estados federados porque esta empodera os representantes e administradores que compõem o Estado e controlam suas leis (Ostrom, 1989). A soberania representa o poder político – o poder de decidir e agir não apenas para si mesmo, mas de maneira que afete outro. A soberania "está acima ou é superior a todos os outros; chefe; a maior; suprema [...] suprema em poder, patente ou autoridade [...] na posição de governante; real; reinando [...] independente de todos os outros" (Neufeldt, 1996, p. 1283). Quando aqueles que têm autoridade para agir em nome do governo são, para todos os propósitos, a principal autoridade da jurisdição, os membros da jurisdição são privados de sua completa soberania.

Claramente, a teoria da governança parece não conseguir fugir desse significado de soberania. Ao estabelecermos um sistema representativo de governo, retemos a soberania simbólica dentro do indivíduo independente ao mesmo tempo que imbuímos as instituições do Estado com autoridade política funcional através da vontade supostamente voluntária de uma abstração chamada *povo* (Catlaw, 2007). Por intermédio desse sistema, todos os que são considerados cidadãos são capazes de escolher seus representantes e temporariamente lhes emprestar sua soberania até a próxima eleição. Essa autoridade política é então delegada, ao menos em parte, a administradores públicos que são responsabilizados por meio de vários mecanismos. Mediante parcerias cada vez mais intersetoriais e internacionais de vários tipos, essa soberania é "emprestada" adiante, com ainda menos controle eleitoral. Ainda assim, as condições sociais e humanas delineadas anteriormente negam a possibilidade de qualquer tipo de objetividade, garantindo uma impossibilidade corolária de qualquer tipo de representação (Sarup, 1989).

Em vez de empoderar o autogoverno, esse processo aprofunda tensões entre o indivíduo retoricamente soberano e um Estado representativo funcionalmente soberano, criando, exacerbando e aumentando a natureza paradoxal do individualismo sentido no contexto social. Ali, o indivíduo supostamente autossuficiente é removido da comunidade; no contexto de representação, a voz autogovernante existe apenas ATRAVÉS da comunidade, e ainda assim a individualização cria expectativas de "REPRESENTAÇÕES INDIVIDUAIS DO POVO" (Catlaw, 2007, p. 181). Contudo, quando a soberania é entregue por sistemas de representação, o indivíduo subsequentemente se encontra sob a alçada da autoridade dada a outra entidade (White, 1990) e passa a ver cada vez menos de si mesmo no "espelho" da representação subsequentemente apresentado (Catlaw, 2007). Catlaw (2007) retrata o impacto dessa dissociação de maneira bastante clara: conforme nos tornamos cada vez mais individualizados, "vemos o colapso da massa no indivíduo" (p. 181). Isso reflete o entendimento de Follett da imitação em multidões e sua respectiva crítica.

Com as tendências alienadoras do contexto social destacado anteriormente exacerbadas pela patologia dissociativa da representação, é de se esperar alguma apatia, com a correspondente erosão da participação, deixando os indivíduos isolados sob a autoridade do soberano. Isso permite que o poder esteja concentrado nas mãos de alguns poucos "indivíduos soberanos", elevados por seu poder relativo dentro do mercado e, portanto, dentro da esfera política (Thorne, 2010). Isso dá origem à "sociedade de controle" (Catlaw, 2007, p. 156), na qual o controle é onipresente em formas centralizadas e descentralizadas e os indivíduos são desempoderados. Nessa atmosfera, políticas neoliberais continuam a amplificar a ontologia do individualismo, atuando como "parteira [de] uma nova ordem mundial" (Witt, 2010, p. 924).

No contexto contemporâneo, então, os próprios GOVERNOS estão cada vez mais descentralizados entre outros agentes em todos os setores. "O governo – o Estado – não é mais o ingrediente principal" (Stivers, 2008, p. 104). Novamente, como parte das reformas neoliberais, um elemento-chave desse fenômeno é o avanço em direção a um desafogar de funções por parte do governo e à privatização de serviços exemplificada em movimentos de reforma como o *Reinventing Government*, nos Estados Unidos (Gore; Clinton, 1993; Osborne; Gaebler, 1992) e o *New Public Management* (Hood, 1996). Em resumo, o bem público é cada vez mais coproduzido por governos, corporações e uma variedade de organizações não governamentais (ONGs) sem fins lucrativos mediante a terceirização ou a eliminação total de funções do governo. Na verdade, até 2005, nos Estados Unidos o fornecimento direto de bens e serviços pelo governo federal representava somente cinco por cento de todas as suas atividades (Salamon, 2005). Em governos locais, para os quais serviços diretos representam um nível maior de atividade governamental, mais de um quarto de todos os serviços foi privatizado, observando-se o crescimento do setor de terceirização pelo governo mesmo durante a recessão de 2008 (Epstein, 2013). Entretanto, está claro para muitos que a privatização "não é meramente outra ferramenta do gerenciamento, mas uma estratégia básica de governança social. Ela está baseada em uma filosofia fundamental do governo e no papel do governo em relação a outras instituições essenciais de uma sociedade livre e saudável" (Savas, 2000, p. 328). Em termos gerais, essa é uma filosofia que rejeita a noção de *Publicness* e abraça a expansão de valores de mercado para alcançar o bem comum. Por causa dessa mudança de filosofia, toda a noção de *Publicness* passou a ser questionada (Bozeman; Bretschneider, 1994; Emmert; Crow, 1988; Wettenhall, 2001).

Considerando-se questionáveis as implicações combinadas da PUBLICNESS, a prevalência da privatização e o aumento da globalização e seu respectivo espírito de mercado, o contexto da governança não é mais exclusivamente a agência governamental ou mesmo a nação, mas um processo intersetorial e internacional caracterizado mais por mercados capitalistas operando com o apoio do governo do que pela democracia. À complexidade INTERSETORIAL também devemos somar uma indefinição internacional. O Estado-nação está rapidamente perdendo seu *status* como "lugar de governança para a vida coletiva [...] eventos impulsionaram uma conectividade ou interdependência global que transcende as fronteiras nacionais e manifesta-se financeira, política, ambiental, tecnológica e culturalmente" (Yoder; Cooper, 2005, p. 298). Isso tem implicações significativas tanto para a teoria quanto para a prática da governança que estão apenas começando a ser exploradas – questões que "se alastram para as questões mais básicas da governança americana" (Kettl, 1993, p. 211).

Contudo, essa é uma visão superficial do papel do governo que não necessariamente inclui todas as perspectivas culturais (Brinkerhoff; Goldsmith, 2005). Mais basicamente, essas alternativas afirmativas defendem que "nem a hierarquia nem os mercados são formas adequadas de governança" (Marsh, 1998, p. 8). Apesar disso, Connolly (2011) argumenta que não podemos simplesmente renunciar ao Estado como instituição em virtude da atual hegemonia dos mercados neoliberais. Porém, devemos unir a política de Estado à micropolítica para alcançar a sustentabilidade não apenas social, mas econômica e ambiental em face da atual fragilidade das coisas. O novo Estado de bem-estar social "deve permitir maior diferenciação social enquanto garante maior integração. Em outras palavras, deve buscar uma sociedade menos baseada no Estado enquanto oferece maior coordenação e orientação política em direção ao bem comum de toda a sociedade" (Donati, 2014, p. 79).

Para alcançar isso, como há muito observado, "uma distinção importante deve ser feita entre o lugar de decisão e o modo de cálculo" (Wildavsky, 1979, p. 123). Conforme o setor no qual a governança ocorre torna-se menos importante, a forma como são tomadas decisões torna-se mais importante: o grau de democracia do processo é de crucial relevância. Por exemplo, cidadãos de nações europeias não estão tão insatisfeitos quanto à ideia de a União tomar decisões de política externa, mas para eles é importante saber se essas decisões estão nas mãos de especialistas nomeados em vez de estarem a cargo de deliberação política (Kettl, 2000). Assim, os pesquisadores pedem aos políticos que "desempenhem um papel fundamental nos esforços para garantir a ancoragem democrática das redes de governança" (Sørensen; Torgin, 2005a). Em resumo, a governança exige um reenquadramento da democracia, da ação cívica e da política (Boyte, 2005), um projeto que Follett entende como processo integrativo em todos os setores da vida social.

A *Publicness* deve, portanto, ser reafirmada e pode ser medida pelo "compromisso com o bem comum e o envolvimento cívico" (Carino, 2001, p. 60). De fato, Follett (1998) reconhece que, quanto mais longe estivermos de engajar tais deliberações participativas, menos democrática se tornará a governança. Práticas participativas viabilizam a governança como função da escolha tanto moral quanto instrumental. É esse modo de governança que "oferece a ligação entre teorias de ação comunicativa, democracia deliberativa e novas formas de governança global" (Risse, 2004, p. 293). Essas abordagens podem nos ajudar a determinar "como projetar e gerenciar os sistemas colaborativos imensamente complexos" (Salamon, 2005, p. 10-11) e, ao fazê-lo, "apresentam a possibilidade de que a participação melhorada e o diálogo possam preencher as lacunas que apareceram nos ideais e práticas do governo representativo e responsável" (Bevir, 2012, p. 110). Práticas de governança participativa devem acomodar a diversidade cultural, comportamentos humanos não racionais e demandas por uma cidadania inclusiva para além da mera escolha do consumidor (Kelly, 1998). Devem também penetrar as teorias da economia política como o novo paradigma para abordar "grandes questões" como democratização, igualdade social e ética (Klingner, 2004).

Essa noção do grau de inclusão do engajamento direto em deliberação democrática na governança foi conceptualizada por Arnstein (1969) em seu modelo da escada da participação: "A participação dos governados em seu governo é, em teoria, a pedra angular da democracia" (p. 216). Usando avaliações de práticas participativas na revitalização urbana, a autora identificou uma tipologia que inclui a não participação (manipulação e terapia), uma concessão mínima de poder (informação, consulta e apaziguamento) e o poder cidadão (parceria, delegação de poder e controle cidadão) (Arnstein, 1969). Ao apontar para a questão do poder da tomada de decisão, a autora revelou "a questão central do debate sobre a participação" (Fagence, 1977, p. 122). Estudos empíricos confirmam essa afirmação (ver, por exemplo, Kathlene; Martin, 1991; Stout, 2010b). Para serem autênticos, esforços de participação devem representar uma "devolução genuína da autoridade" (Carley; Smith, 2001, p. 198). Portanto, a coprodução não pode ser repressora nem refletir as características inautênticas da cooptação (Selznick, 1949). Follett reconhece essas práticas diretas como a única democracia verdadeira.

Grande parte da literatura contemporânea que busca abordar essas questões de governança está focada na teoria de redes e na colaboração. Dentro dessa literatura, dois tipos distintos de governança colaborativa são discutidos: (1) a colaboração ORGANIZACIONAL entre agentes formais, muitas vezes como maneira de coordenar recursos mais eficazmente em resposta a problemas complexos de política (ver, por exemplo, Agranoff, 2006, 2008; Agranoff; McGuire, 1998; Ansell; Gash, 2008; Bingham; O'Leary, 2008; Fung, 2006; Hartley; Sørensen; Torfing, 2013; Hertting; Vedung, 2012; Kettl, 2006; Koppenjan; Klijn, 2004; Milward; Provan, 1998; Provan; Kenis, 2008; Sørensen; Torfing, 2005b); e (2) a colaboração COMUNITÁRIA entre agentes organizacionais e o público em geral (ver, por exemplo, Bingham; Nabatchi; O'Leary, 2005; Box, 1998; Bryer, 2009; Cooper; Bryer; Meek, 2006; Nabatchi, 2010, 2012). Em algumas iniciativas, os dois tipos são combinados e, no geral, "o propósito da colaboração é gerar resultados desejados que não podem ser alcançados separadamente (Emerson; Nabatchi; Balogh, 2012, p. 14).

No entanto, a teoria que respalda essas duas linhas da governança colaborativa difere em pontos importantes com base na ênfase dos resultados instrumentais ou democráticos. Diferentemente de Follett, esses autores não entrelaçam essas linhas da teoria política e do gerenciamento. Aparentemente, o valor instrumental produzido pela colaboração é gerado pela remoção de estruturas de comando e controle hierárquicos, bem como da competição de mercados excessiva. Em vez disso, a colaboração oferece um estilo interligado e igualitário de organizar a ação coletiva – ou MODO DE ASSOCIAÇÃO – entre agentes motivados a trabalhar cooperativamente. Mas também sabemos que, em suas tentativas de colaborar, esses agentes trazem consigo dinâmicas de poder fundamentadas em seus relativos *status* social, econômico e organizacional (Cohen, 2008; Sabatier; Torfing, 2009, p. 234). Com base em Follett, defendemos que essas dinâmicas de poder também apresentam DISPOSIÇÕES atitudinais e ESTILOS RELACIONAIS que produzem dinâmicas interpessoais mais adequadas aos modos de associação hierárquicos e competitivos, prejudicando a capacidade colaborativa do grupo.

Portanto, ao avaliarmos o valor instrumental produzido pela organização em rede e a governança colaborativa (por exemplo, custo-benefício, eficiência e grau de inovação), devemos analisar até que ponto os valores democráticos (por exemplo, democracia participativa) são exercidos dentro da rede e em interações com o contexto (Sørensen; Torfing, 2009). Defendemos que as disposições e dinâmicas relacionais associadas com a democracia participativa são precisamente as características que fomentam resultados instrumentais bem-sucedidos: o progresso individual e social[2]. Entender e usar efetivamente o método integrativo no nível micro é necessário para alcançar o progresso social no nível macro (Cohen, 2008). Em resumo, os resultados instrumentais mais produtivos são produzidos por meio dos esforços do grupo; é somente através da experiência integrativa que os esforços do grupo podem produzir os resultados mais criativos e acertados. Assim, para alcançarmos os maiores resultados instrumentais, devemos primeiro ter o nível mais alto de colaboração integrativa.

Em nosso contexto contemporâneo, a governança "está espalhada por um ecossistema global" no qual "processos e estruturas interagem continuamente e uma nova ordem emerge em resposta a qualquer ruptura" (Crosby, 2010, p. s71). A globalização está "engrossando" por meio do aumento da densidade de redes organizacionais intersetoriais engajadas em atividades de governança que vão além das fronteiras nacionais (Keohane; Nye, 2000, p. 108). Assim, existe potencial para "um escalonamento dos princípios e técnicas da resolução de problemas colaborativa para questões de interesse nacional e global" (Cohen, 2008, p. 505). A partir desse escalonamento, um "'processo constitucional' multinível" emerge (Ansell, 2011, p. 61), no qual múltiplos "contratos funcionais" são criados "simultaneamente em vez de um único contrato social monolítico" (Wachhaus, 2014, p. 585). Isso altera significativamente os conceitos de soberania e contrato social, redefinindo-os para um mundo globalizado. O resultado dessas recomendações é uma indefinição de fronteiras em todos os níveis da sociedade e um chamado para pensar globalmente e agir localmente. Como sugere O'Connor (2000), "em uma época caracterizada pela ideia de 'inexistência de fronteiras', Follett tem muito a ensinar" (p. 167).

De fato, para abordar adequadamente os problemas da governança contemporânea, a teoria da governança deve fazer as perguntas certas: Até que ponto as relações entre os agentes são igualitárias? As regras do jogo são condizentes com as características integrativas da colaboração ou os comportamentos fundamentados na hierarquia ou na competição limitam os resultados da dominação ou da conciliação? Como podemos desenvolver uma capacidade colaborativa?

O pensamento follettiano é uma excelente fonte para gerar tais perguntas e respostas, e ele está começando a ser usado precisamente dessa forma (Bartels, 2013, 2014). Por recorrer às teorias política e organizacional para moldar a forma como o processo integrativo permeia toda ação social, Follett posiciona-se de maneira única para eliminar a discrepância teórica entre os resultados instrumentais e democráticos desejados. Ademais, conforme observado no Capítulo 12, a autora é única em seus esforços para oferecer exemplos práticos e sugestões de práticas (Child, 2013). De fato, Follett não é apenas uma teórica importante da governança, do gerenciamento, da negociação e do serviço social, ela também é reconhecida como fundadora da área da administração pública (Fry; Raadschelders, 2014). Muitos pesquisadores usam suas teorias para basear o engajamento público na governança colaborativa (ver, por exemplo, Elias; Alkadry, 2011; King, 2011; King; Feltey; Susel, 1998; King; Zanetti, 2005; Stivers, 2000; Stout, 2013b) e para amplificar nossos entendimentos das inter-relações dentro das redes (Gehani; Gehani, 2007).

Traçar uma ligação entre essas relações de nível micro nas redes de nível macro e a governança dentro de um contexto global exige um novo entendimento das agências públicas e uma dissolução das barreiras institucionais (Roll; Thomas, 2014; Wachhaus, 2014). O novo institucionalismo sugere que as instituições devem ser entendidas como as regras do jogo que estruturam a ação, e não como organizações de fato (North, 1990). Assim, o foco passa a estar sobre os agentes, os relacionamentos e as ações para além dos limites das agências individuais ou mesmo dos sistemas de governo. Essa passagem para um foco no relacionamento exige um entendimento claro de como as literaturas referentes a microestruturas e macrogovernança, respectivamente, podem respaldar uma à outra (Cohen, 2008). De fato, a intenção de "ativamente envolver o público NO PROCESSO de governar" (Wachhaus, 2014, p. 588) "pode e deve ser incorporada" no "*design* institucional" (Cohen, 2008, p. 513). Isso pode ser fomentado por literaturas relativas ao nível micro que oferecem "uma teoria e um conjunto de recomendações para lidar com as microinterações atualmente em falta [nos teóricos da governança]" (p. 514). Igualmente, a atenção aos impactos de nível macro coloca "as técnicas de resolução de problemas [de nível micro] em um contexto macropolítico" (p. 514).

Conclusão

Ainda que as circunstâncias contemporâneas sejam certamente graves, elas de forma alguma são imutáveis. Quando indivíduos e grupos se sentem dominados ou alienados, existem diversas respostas comuns: recusar e resistir, juntar-se ao concorrente, calar-se voluntariamente ou sucumbir. Porém, existe outra possibilidade, na qual se procura cocriar um senso de identidade que seja coeso e dinâmico, não pela dominação ou pela conciliação, mas pelo processo social intencional, o que Follett chama de *método da integração*. Apesar das tentativas frustradas de incluir tais abordagens na governança participativa, os cidadãos continuam a exigi-las de seus governos.

Uma resposta eficaz e sustentável às crises que enfrentamos exige mudanças fundamentais na maneira como moldamos a ação individual e coletiva juntos. Em outras palavras, podemos não mais considerar nossa situação como uma CONDIÇÃO objetiva sujeita à salvação divina ou à remediação por meio de um maior conhecimento científico ou tecnológico, mas como um problema completo e mutável no qual estamos profundamente envolvidos (Connolly, 2011). A abordagem completa de Follett oferece uma base a partir da qual tratar "do desafio fundamental" de "identificar o que está envolvido na construção do mundo como um mundo de processos em vez de coisas e, então, reformular tanto as ciências humanas quanto as naturais sobre esse alicerce" (Gare, 2000, p. 5). As descrições de Follett da situação total preparam o terreno para entendermos de que forma as ações humanas são uma parte intrínseca dos processos globais naturais, sociais e econômicos que podem causar um impacto tanto negativo quanto positivo nas crises que estamos enfrentando atualmente. Assim, as ideias da autora nos ajudam a entender tanto as forças que movem as crises contemporâneas quanto nosso potencial para tratar delas.

Embora a globalização seja muitas vezes descrita por seus atributos negativos, ela também é responsável por um efeito de pluralização radical, conforme observado anteriormente, ao final de cada subseção sobre o contexto contemporâneo. Enxergando alternativas ambientais, econômicas e sociais, muitas pessoas estão adotando uma abordagem afirmativa de recusa. Assim como Follett, para tornarem eficazes as críticas E tomarem uma ação positiva (Fraser; Nicholson, 1988), esses movimentos unem crítica e resistência com uma afirmação pragmática que não é dominadora em suas recomendações, mas cuidadosa e culturalmente inclusiva. Como vemos na famosa frase "pense globalmente, aja localmente", esses novos movimentos buscam respostas a desafios sociais, econômicos e ambientais que considerem e acomodem a todos.

Defendemos que o pensamento follettiano fortalece tais respostas às crises descritas anteriormente, trazendo-as para as verdadeiras funções da micropolítica, do Estado e da ação global: as práticas de governança em toda a sociedade. Follett oferece o que é, sem dúvida, a mais robusta formulação da democracia participativa em seu entendimento do processo integrativo. Suas ideias esclarecem a disposição relacional, o estilo cooperativo de relacionar-se e o modo participativo de associação que, juntos, produzem a dinâmica colaborativa mais produtiva. Esses entendimentos explicam melhor como os resultados desejados da colaboração são ou fomentados ou restringidos em práticas de governança. Sua formulação do processo integrativo, da democracia como modo de vida e do progresso como colaboração criativa pode contribuir grandemente para o desenvolvimento da teoria da governança.

De fato, tudo o que vemos hoje nas diversas crises ambientais, econômicas, sociais e de governança pode ser relacionado com o dualismo que Follett critica e suas muitas permutações. A autora esperava que essa perspectiva dicotômica seria rejeitada e uma síntese com base no processo seria acolhida em seu lugar. Contudo, ela não se surpreenderia pelo clima atual, visto que a tensão entre hierarquia e competição continuou a mesma dentro da crescente natureza hegemônica da competição global. Mas não é tarde demais para voltar às suas recomendações. Na verdade, é o que devemos fazer se desejamos mitigar as crises que descrevemos anteriormente em vez de exacerbá-las.

Essa mudança de perspectiva exige um diálogo entre as ciências físicas, as ciências sociais, a filosofia e a teologia para que possamos reconhecer os perigos da vida e nos proteger deles enquanto investimos em uma afirmação existencial (Connolly, 2011). A abordagem interdisciplinar de Follett é precursora dessa recomendação e traz uma base a partir da qual tratar nosso contexto contemporâneo de governança intersetorial e internacional. A maneira de fomentar essa abordagem deve ser cuidadosamente considerada. É dessa tarefa que trataremos no Capítulo 14.

Notas de fim de capítulo

1. Esta seção baseia-se livremente em Stout (2013b) e Stout, Bartels e Love (2014).
2. Essa afirmação reflete os argumentos de muitos durante a *Progressive Era* (ver Stout, 2010a).

Capítulo 14
Implementando a governança follettiana

Para que a governança follettiana se torne uma realidade, os teóricos da política e da administração que promovem sua abordagem (ou outras semelhantes) devem aceitar totalmente as implicações de se tentar uma implementação. Pragmaticamente, devemos desenvolver uma linguagem comum que expresse os conceitos de maneira abrangente ao mesmo tempo que os aproxima da nomenclatura contemporânea. Por exemplo, o termo *harmonização*, embora signifique para Follett o difícil processo de integrar diferenças para uma boa convivência, no mundo de hoje soa apenas utópico. Se os teóricos que promovem esses conceitos forem capazes de desenvolver terminologias comuns para expressar os processos dessa forma de governança, será mais fácil partir para a ação.

Contudo, também concordamos com Follett: independentemente da terminologia, pode ser muito difícil mudar perspectivas na prática porque isso "significaria uma verdadeira mudança de atitude" (Mintzberg, 1995, p. 204). Em seus últimos artigos sobre gerenciamento, Follett conta uma história sobre um problema com a companhia telefônica. Cada vez que tem um problema com um atendente ou não consegue uma solução satisfatória, ela pede para falar com a pessoa "acima" do indivíduo com quem está falando. Depois de refletir um pouco, a autora admite sentir vergonha de suas ações. Diz ela: "Veja bem, apesar de todos os meus princípios, eu estava tão acostumada à antiga maneira de pensar que não consegui ajustar minhas atitudes rapidamente para uma visão diferente. Eu queria alguém que tivesse a autoridade de mandar, então segui nessa procura por alguém que estivesse acima dos outros em vez de perguntar: 'Qual exatamente é essa função?'" (Follett, 2013a, p. 39). Assim, ela demonstra que todos nós estamos propensos a cometer o erro de voltar à "velha ideia" (Follett, 2003n, p. 290) e devemos nos policiar e refletir sobre nossas próprias ações.

Concordamos com a observação de que a onda cada vez mais humanista do gerenciamento e a governança cada vez mais participativa de cada década refletem um "movimento lento e pontual em direção à nova organização, com períodos de estagnação entre as ondas de interesse e entusiasmo. Dada a natureza arrebatadora da mudança em questão, nada menos do que uma mudança cultural total, o que mais se poderia esperar? A inércia organizacional é gigantesca, e a mudança é dolorosa" (Lawrence, 1995, p. 295). Mas, apesar do desafio que tal transformação representa, acreditamos que, se desejamos alcançar a governança global de uma maneira autenticamente democrática, devemos cocriar o federalismo profundamente aninhado, interligado e amplamente inclusivo que Follett propõe, um federalismo fundamentado na ontologia do processo relacional.

Introduzir tal "Estado" novo exigirá mais do que uma exploração teórica. Precisamos aceitar os conselhos de Follett para a prática e começar o processo de desenvolvimento necessário para instaurar a governança follettiana. Para esse fim, o método da integração, completamente baseado nos três princípios da autora – processo integrativo, situação e lei da situação –, deve ser aprendido, desenvolvido e praticado por indivíduos e grupos em todas as esferas da ação social. São essas micropráticas diárias que finalmente remodelarão as macromodalidades (estruturas), conforme observaram Foucault (1977) e Bourdieu (Swartz, 2003).

14.1 A integração como habilidade

O processo integrativo – essa nova predisposição relacional, esse novo estilo cooperativo de relacionar-se e esse novo modo de associação participativo – e seu método da integração não são habilidades sociais natas. Portanto, deve ser estabelecido um treinamento para o processo integrativo assim como para qualquer outra arte, ofício ou habilidade da vida. Ademais, a boa integração requer que TODAS as pessoas desenvolvam essa habilidade. "Nunca seremos capazes de reformar a política americana de cima, por meio de associações reformistas, cartas constitucionais e esquemas governamentais. Nossas formas políticas não terão fôlego a menos que nossa vida política seja tão organizada que se baseie primária e fundamentalmente na associação espontânea" (Follett, 1998, p. 202). Infelizmente, somos treinados principalmente nas habilidades de hierarquia e competição. Portanto, afirma Follett: "Se queremos uma nação que seja realmente autogovernada, e não apenas que se diga autogovernada, devemos treinar nossos jovens para a autodireção" (p. 371) e "fazê-los ver que a educação é para a vida toda" (p. 370).

Embora tenhamos uma predisposição ontológica para a experiência relacional social e criativa, a integração consciente e propositada é uma habilidade que deve ser aprendida e praticada ou aprendida na prática: "Nenhum treinamento para a democracia se iguala à prática da democracia" (Follett, 1998, p. 366). Mesmo que essas qualidades sejam facilitadas e geradas por meio de interações com determinado grupo, conforme os participantes interagem de maneira iterativa com outras situações na economia política existente, tensões entre estilos diferentes de relacionar-se ainda existirão. Por exemplo, muitas vezes os participantes não têm a capacidade de quebrar os padrões habituais de comunicação e adaptar o curso de suas conversas para a lei da situação (Bartels, 2014). Eles devem se tornar "conscientes da experiência [...] cientes de que coisas significativas ESTÃO acontecendo [em suas vidas]" (Follett, 1970, p. 140).

Para superar esses hábitos de hierarquia e competição, a colaboração eficaz requer o desenvolvimento de atitudes e habilidades adequado ao que Follett (1998) descreve como "democracia verdadeira" (p. 156). No que diz respeito às atitudes, a integração requer a disposição e a prontidão para trabalhar com outras pessoas: "que estejamos prontos para sacrificar interesses individuais pelo bem maior, que tenhamos um senso de responsabilidade completamente desenvolvido" (p. 366). Predisposições, embora se formem desde a infância, podem ser mudadas por meio do desenvolvimento de atitudes. A própria Follett observa que treinar para uma predisposição relacional, um estilo cooperativo de relacionar-se e um modo de associação participativo é possível. "William Blake disse: 'A verdadeira educação vive no cultivo da imaginação.' Sim, na agilização da imaginação, na ampliação da simpatia, no treinamento da emoção. Eu acredito que nossas emoções têm uma influência tão legítima em nossa vida quanto nosso pensamento, mas elas também precisam do tipo certo de cultivo" (Follett, 1970, p. 146).

Hoje, chamaríamos o desenvolvimento de tal entendimento de "inteligência emocional" (Goleman, 1995), que inclui tanto a INTELIGÊNCIA INTERPESSOAL (a capacidade de entender as intenções, motivações e desejos das outras pessoas) quanto a INTELIGÊNCIA INTRAPESSOAL (a capacidade de entender a si mesmo, de valorizar seus sentimentos, medos, motivações e desejos) (Gardner, 1983)[1]. Desenvolver a inteligência emocional tanto interpessoal quanto intrapessoal é essencial para a integração, uma vez que tais habilidades facilitam a capacidade do indivíduo de entender suas próprias respostas emocionais, bem como perceber a situação da perspectiva do outro (Goleman, 1995) através de "autoconsciência, motivação, autorregulação, empatia e proficiência em relacionamentos" (Goleman, 2011, p. 24). Conforme observa Bohm (2004), isso "exige SENSIBILIDADE, uma certa forma de saber como se aproximar e como não se aproximar, de observar todos os sinais sutis e os sentidos e sua reposta a eles: o que está acontecendo dentro de você, o que está acontecendo no grupo" (p. 45). Esse tipo de consciência "envolve os sentidos e também algo além. [...] É a percepção do significado [...] uma percepção mais sutil" (Bohm, 2004, p. 46). Ademais, fomentar tais habilidades é necessário para promover estilos cooperativos de relacionar-se, que incluem a capacidade de formar um propósito comum; de agir em conjunto sem ordens formais, regras e censuras; e de enfrentar o conflito e a diferença mediante uma contínua resolução de problemas coletiva.

Bohm (2004) descreve isso como algo que ocorre através de um tipo de suspensão em que abrimos nossa mente para o entrelaçamento com o outro em vez de defendermos nossa própria perspectiva, desenvolvendo em conjunto um entendimento emergente de situações complexas e imprevisíveis, bem como uma confiança mútua de que vamos aprender o que ainda não sabemos com nossas conversas contínuas. A suspensão envolve estar consciente de pensamentos, sentimentos e reações sem tomar nenhuma ação, apenas contemplando seus significados. Isso exige o desenvolvimento de uma capacidade de diálogo. Em vez de ouvirmos "de uma forma movida pelo ego, moldando o que vem até nós para que se encaixe em nossas ideias preexistentes, canalizando isso de acordo com nossas necessidades e desejos", a escuta ativa pode "encorajar o tipo de compaixão que acontece quando abandonamos a simplificação e a necessidade de impor diagnósticos prematuros de nossos próprios problemas complexos" (Stivers, 1994, p. 366). Tal escuta ativa implica prestar atenção no outro respeitosamente, reconhecendo a diferença e a disposição para aprender e fomentando o reconhecimento, a responsividade, a humildade, a inclusão, a sensibilidade moral e o autodesenvolvimento. Em suma, "o diálogo é a maneira coletiva de expor julgamentos e pressupostos" (Bohm, 2004, p. 53) que "de fato chega à raiz de nossos problemas e abre o caminho para a transformação criativa" (p. 27).

Esses estilos cooperativos de relacionar-se podem ser cultivados de várias maneiras[2]. Uma abordagem poderosa é o diálogo mediado, que cria condições nas quais os participantes se sentem seguros para compartilhar seus valores, sentimentos e experiências mais profundos. Os participantes aprendem a ouvir o que o outro realmente está dizendo e a tornar-se conscientes dos pressupostos e processos de pensamento desencadeados pelo que o outro está dizendo, questionando como eles limitam sua capacidade de integrar (Argyris, 1970; Schein, 2003). Outro método eficaz para desenvolver a capacidade colaborativa é mediar negociações em situações de conflito ou discordância. Mediadores podem usar um conjunto de estratégias e práticas facilitadoras para encorajar os participantes a concentrar sua energia em descobrir seus próprios interesses e os interesses compartilhados com todos e trabalhar para alcançar decisões conjuntas com as quais todos concordem (Forester, 2006, 2009). Uma outra abordagem é usar formatos criativos que desafiem os participantes a sair de suas zonas de conforto e refletir sobre suas práticas habituais. Por exemplo, uma dramatização pode permitir que os participantes considerem práticas que normalmente não seriam concebíveis em sua organização, vivenciem as experiências dos outros participantes e imaginem novas e criativas situações colaborativas (Innes; Booher, 1999).

Por fim, os modos de associação participativos requerem "que sejamos treinados em iniciativa e ação" (Follett, 1998, p. 366). Devemos aprender as habilidades do diálogo e do "pensamento participativo" (Bohm, 2004, p. 99) para podermos criar juntos entendimentos e significados comuns para que a ação se torne eficaz. Bohm (2004) recomenda que, embora possamos precisar começar com o diálogo facilitado, a função do facilitador é "fazer com que seu trabalho se torne desnecessário" (p. 17). "O processo grupal deve ser aprendido na prática" e "deve ser adquirido somente através dos modos de viver e agir que nos ensinam como cultivar a consciência social" (Follett, 1998, p. 363). "Essas são, pois, as lições que esperamos que as atividades de grupo ensinem – solidariedade, responsabilidade e iniciativa –, isto é, como tomar o seu lugar de maneira honrada em uma comunidade autodirigida e autogovernada" (p. 368). De fato, o processo integrativo deve se tornar parte da vida familiar e escolar, da recreação organizada, da vida associativa e cívica e do trabalho. Entretanto, dada a natureza heterogênea das comunidades, Follett as vê como o mais produtivo campo de treinamento para a democracia verdadeira.

14.2 A comunidade como conservatório

Assim como na autogovernança dos centros comunitários durante a *Progressive Era*, as pessoas precisam aprender na prática a participar do processo de pensamento, decisão e ação coletivos. Follett acredita que "o grupo da vizinhança traz a melhor oportunidade para o treinamento e a prática da cidadania" (Follett, 1998, p. 339). Organizações comunitárias "não existem meramente para a satisfação das necessidades da comunidade, para a criação de um vínculo comunitário, para a expressão desse vínculo pela ação comum. Elas também dão o treinamento necessário para trazer essa atividade à sua mais elevada realização. Não precisamos de oportunidades de simplesmente exercer a democracia, mas da oportunidade de treinar a democracia" (p. 207).

Follett explica que, se nos concentrarmos apenas em grupos de familiares, amigos ou semelhantes, podemos não ter a necessidade de aprender a habilidade da integração: "A homogeneidade em que nos aninhamos e na qual encontramos conforto não oferece as diferenças nas quais podemos crescer. Devemos conhecer a alegria refinada do reconhecimento da diversidade" (Follett, 1998, p. 199). Inversamente, "em um grupo comunitário, encontram-se o estímulo e o efeito revigorante de muitas experiências e ideais diferentes" (p. 196). "Em uma comunidade mais ou menos mista, pessoas de diferentes nacionalidades ou classes sociais são unidas facilmente e naturalmente por muitos interesses em comum: a escola, oportunidades de recreação, a colocação de seus filhos no mercado de trabalho, saneamento, habitação etc. Preconceitos de raça e classe são quebrados pelo trabalho em conjunto em prol de objetivos pessoais" (p. 197). Ademais, "a população flutuante das comunidades pode ser um argumento contra a prática de obter tudo o que quisermos pelo vínculo comunitário, mas, ao mesmo tempo, torna ainda mais necessário que alguma organização esteja pronta para assimilar os recém-chegados e dar a eles uma oportunidade de participar da vida cívica como parte integral e responsável desta" (p. 201).

Essa heterogeneidade é um dos motivos pelos quais Follett recomenda que as comunidades sejam consideradas a base da vida política. "Eu aprendo minha relação com a sociedade entrando em contato com uma ampla variedade de experiências, de pessoas, cultivando e aprofundando minha simpatia e meu entendimento completo da vida" (Follett, 1998, p. 193). As comunidades são o lócus da vida cotidiana e onde muitos interesses pessoais são mais diretamente vivenciados e contestados. "Se o grupo da comunidade deve ser a unidade política, ele deve aprender a reunir, em uma expressão comunitária significativa, essas expressões mais parciais dos desejos individuais" (p. 201). Essas aplicações práticas da integração em pequena escala oferecem o treinamento necessário para integrar desejos e diferenças mais complexos e de mais amplo alcance. "Nunca saberemos como ser um em uma nação enquanto não formos um em uma comunidade. E não existe maior treinamento para a organização mundial do que vizinhos conviverem juntos, não como indivíduos desligados, mas como uma comunidade verdadeira" (p. 202).

Mediante essa abordagem, "a organização comunitária nos dá um método que revolucionará a política" (Follett, 1998, p. 203). Ademais, as organizações comunitárias oferecem um espaço no qual agir: "formas dentro das quais a boa cidadania pode operar, tornando possível adquirir o hábito da boa cidadania pela prática da boa cidadania" (p. 339). Como membra ativa do movimento dos centros comunitários, Follett viu como tais associações podem "liberar os valores em potencial da vida comunitária, encontrar um canal para que eles fluam, ajudar as pessoas a encontrar e organizar seus próprios recursos" (p. 205). Através desse processo, "o que esperamos que a organização comunitária faça pelo desenvolvimento da responsabilidade é isto: que as pessoas aprendam que não devem INFLUENCIAR a política por meio de seus grupos locais, mas que devem SER a política" (Follett, 1998, p. 240).

Portanto, "a proposta [do movimento] é que as pessoas devem se organizar em grupos comunitários para expressar sua vida cotidiana, trazer à superfície as necessidades, desejos e aspirações dessa vida, que essas necessidades devem se tornar a substância da política e que esses grupos comunitários devem se tornar unidades políticas reconhecidas" (Follett, 1998, p. 192). Organizações comunitárias podem se tornar conservatórios da democracia através da prática da integração e da ação coletiva. Follett recomenda cinco métodos básicos para tal: (1) promover reuniões regulares de vizinhos para discutir questões cívicas da comunidade, bem como reuniões para abordar objetivos específicos; (2) praticar a discussão genuína para obter a integração durante as reuniões; (3) aprender uns com os outros durante palestras, aulas e clubes; (4) responsabilizar-se cada vez mais pela vida comunitária; e (5) estabelecer conexões entre a comunidade e os governos municipal, estadual e nacional (p. 204-205).

Infelizmente, Follett admite que "uma vida comunitária completa e livre vivida dentro do poder do vínculo da comunidade, que nutre e sustenta, vivido para os fins da comunidade, é algo quase inexistente hoje" (Follett, 1998, p. 200), e defendemos que isso parece não ter mudado. O que impede que a democratização aconteça?

> Tudo se resume ao nosso medo do ser humano. Se pudéssemos acreditar no ser humano, se pudéssemos ver o círculo que une a paixão humana e a realização divina como um halo ao redor da cabeça de cada um, então a reorganização social e política não seria mais uma esperança, mas um fato. O velho individualismo temia o ser humano; a pedra angular do novo individualismo é a fé no ser humano. [...] Estamos começando a perceber que o poder de redenção está dentro do poder social, que temos evolução criativa somente através da responsabilidade individual. (Follett, 1998, p. 341)

14.3 A academia como conservatório

Para superar esses medos e desenvolver o vínculo social, defendemos que cursos voltados para a prática que treinam profissionais para trabalhar com o público – administração pública, serviço social, licenciaturas, direito, administração e assim por diante – empregam a prática de desenvolver uma forte fundamentação filosófica e estendê-la para incluir uma variedade de perspectivas, não apenas as abordagens instrumentais tradicionais baseadas em ontologias estáticas e individualistas ou nas alternativas radicalmente coletivistas e individualistas. A teoria de Follett do processo integrativo é claramente diferenciada das dialeticamente opostas perspectivas do um e do múltiplo que busca sintetizar e suplantar. Portanto, respeitavelmente defendemos que alunos, particularmente nos campos da prática aplicada, devem ser introduzidos ao trabalho da autora para poderem considerar de que forma o processo integrativo pode melhorar sua própria prática. Selber e Austin (1997) parecem concordar, argumentando que "os conceitos do gerenciamento [de Follett] devem ser incluídos no currículo de serviço social" (p. 10).

Follett recomenda que a educação formal para a prática aplicada inclua três métodos: "(1) por meio da matéria que estamos estudando; (2) por meio das atividades definidas para o grupo da classe; (3) por meio de atividades externas em grupo para que nossos alunos façam experimentos, observem e relatem em classe" (Follett, 1970, p. 142)[3]. Cada um deles será discutido a seguir, usando-se a administração como exemplo[4].

Com relação à matéria, a administração pública como campo de estudo tem estado em conflito com seu papel na construção da teoria e na produção do conhecimento como campo de estudo acadêmico, justaposto ao seu papel como campo de prática profissional. Isso foi descrito no passado como uma "crise intelectual" (Ostrom, 1989) que levou a inúmeras críticas à preferência acadêmica da área pelo estudo de caso descritivo em vez da opção pela análise, pela meta-análise ou pela análise quantitativa avançada, mais orientadas teoricamente (Clearly, 1992, 2000;

Houston; Delevan, 1990; McCurdy; Clearly, 1984; O'Connor, 2000; Perry; Kraemer, 1986; Stallings, 1986; Stallings; Ferris, 1988; White, 1986; Wright; Manigault; Black, 2004). Em resumo, a administração pública se questiona sobre ser ou não uma disciplina acadêmica, no sentido mais aceito do termo. Talvez em virtude dessa angústia existencial, tem havido uma tendência cada vez maior de celebrar as carreiras profissionais de muitos "acadêmicos e profissionais" (Posner, 2009) e um apelo tanto do lado acadêmico como do lado profissional da disciplina para construir pontes melhores entre a teoria e a prática.

Podem-se encontrar evidências do desejo de unir mais produtivamente o trabalho de acadêmicos e profissionais na introdução de séries especiais no periódico *Public Administration Review* na última década, incluindo: (1) *O profissional reflexivo*; (2) *Trocas entre acadêmicos e profissionais*; (3) *Da teoria à prática*; (4) *Perfil administrativo*; e (5) *Estudo de caso administrativo*. Como exemplo, a intenção da série *Da teoria à prática* era aumentar a interação entre profissionais e acadêmicos nas áreas de pesquisa, desenvolvimento de teorias e currículo (Raadschelders; Lee, 2011). O legado da série *Da teoria à prática* é uma rara troca entre acadêmicos e profissionais de evidências, perspectivas e aplicações sobre as questões-chave do gerenciamento público (Durant; Durant, 2012).

Em agosto de 2008, o periódico acadêmico *Administrative Theory & Praxis* lançou a série *Reflexões sobre a teoria em ação*, chamando trabalhos que "refletissem sobre a teoria e sobre as ocasiões em que essa teoria é posta em ação para aprender, mudar ou inovar" (Kensen, 2008, p. 140-141). No artigo de abertura da série, o então editor e teórico da administração pública Thomas Catlaw (2008) observa: "provavelmente não existe nenhuma palavra que dê tanto trabalho ou cause tantos problemas quanto a palavra *prática* [...] Ela reúne os vários domínios que compõem a 'administração pública'. Nessa área, a academia deveria servir de fonte para a prática administrativa; a educação universitária deveria ser prática e ajudar os administradores a resolver problemas do 'mundo real' ou aplicada em um contexto administrativo hipotético, imaginado ou real" (p. 518).

Portanto, o termo *prático* geralmente é entendido como "capaz de ser utilizado, de ser posto em prática" (Catlaw, 2008, p. 517). Daí decorre que a teoria pode ser entendida como "ação em potencial sob consideração" (Miller; King, 1998, p. 54). Contudo, como aponta Catlaw (2008), estamos falando não só de utilidade instrumental, mas de oferta de valor porque é "INTERESSANTE. É uma ideia, instrumento ou pedaço de conhecimento que ressoa em nós" (p. 527). De fato, foi sugerido que "educar alunos do mestrado em Administração Pública na competência para a teoria adiciona pelo menos três aspectos em potencial à sua capacidade de ação administrativa eficaz: riqueza de perspectiva, flexibilidade de atenção e modéstia" (McSwite, 2001, p. 112). Como resultado, a teoria pode ajudar a construir competências universais em termos de conhecimento, habilidades, capacidades E atitudes (KSA, na sigla em inglês). Isso oferece um valor particular à luz da recente adição aos padrões de competência em administração pública da capacidade de "articular e aplicar uma perspectiva do serviço público" (NASPAA, 2009, p. 7). Ao desenvolverem tais atitudes, os programas de mestrado em Administração Pública são projetados para a especialização profissional (Stout, 2009a).

Essa ênfase renovada na filosofia está alinhada com o pensamento follettiano. Em sua introdução à obra *The New State*, Lord Haldane (1920) trata extensivamente da educação. Haldane defende, assim como fariam Mary Follett e John Dewey, que a educação não pode limitar-se apenas ao conhecimento técnico e aplicado tão somente para servir à produção. Em vez disso, deve incluir filosofia, ciências sociais, artes e ciências humanas para que "uma democracia instruída gradualmente se torne uma democracia inspirada" (Haldane, 1920, p. xxiv). É somente a partir de tal perspectiva que podemos esperar "mudar o clima" e "duplicar a eficácia do princípio de Follett da organização grupal" (Haldane, 1920, p. xxv). Isso deve ser feito reforçando-se a conexão entre a educação e a experiência para ajudar os alunos a seguir aprendendo durante toda a vida por meio da autorreflexão contínua (Wheelock; Callahan, 2006), pela qual poderão conectar o que aprendem na sala de aula com o que experienciam em suas organizações e comunidades (Dewey, 1997).

Para mudar as predisposições já enraizadas nos indivíduos quando eles chegam à universidade, estes devem ser expostos a perspectivas alternativas de uma maneira que encoraje e permita a escolha individual entre teorias e recomendações práticas. Essa pode ser uma proposta difícil, dadas as escolhas entre livros acadêmicos e publicações em periódicos – as ideias de Follett e outras semelhantes são muito menos comuns. Contudo, pelo menos um texto de nível de pós-graduação foi desenvolvido especificamente para esse propósito da exposição a alternativas e da escolha individual: *Logics of Legitimacy: Three Traditions of Public Administration Praxis* (Stout, 2013b)[5]. Esperamos, tendo em vista o ressurgimento de Follett dentro de vários campos da prática observado no Capítulo 11, que mais publicações venham na sequência. Oferecendo aos alunos uma variedade de teorias e recomendações práticas, tais textos dão a fundamentação teórica necessária para a gama de atividades exigidas pelo campo da prática, junto com abordagens distintas dessas atividades. Essa diversidade é fundamental para preparar os alunos para as perspectivas divergentes que eles certamente encontrarão na prática. No entanto, para dar vida a essas ideias abstratas, devem ser empregados exercícios em sala[6].

Ao tratar da relação aluno-professor, Follett (1970) defende: "A questão essencial sobre a qual se debruça este trabalho é a de que a liderança do professor consiste em relacionar seu aluno à vida da comunidade. Ele deve mostrar ao aluno sua relação com as necessidades do mundo" (p. 147). Uma vez que muitos alunos agora entram em programas de pós-graduação voltados para a prática saídos diretamente de cursos de graduação, a probabilidade de terem uma noção "das necessidades do mundo" a partir de suas experiências pessoais ou profissionais pode ser bastante limitada. De fato, mesmo os que contam com experiência prática podem ser bastante limitados, a menos que tenham ido além dos círculos da família, dos amigos e do trabalho, conforme observado anteriormente. Portanto, exemplos, discussões e exercícios de dramatização podem ser usados para abrir uma janela da sala de aula para o mundo[7]. Alunos de mestrado em Administração Pública que participaram desses tipos de exercícios em sala de aula relataram que eles foram úteis para esse propósito: "Os exemplos dos filmes foram maravilhosos para demonstrar os conceitos [...] Penso que serão muito úteis para entendermos cada uma das tradições em ação" (Anônimo, 2012). Alternativamente, em programas com alunos que já atuam no serviço público, é importante evocar as diversas experiências deles nas discussões e atividades em sala de aula, de modo que possam refletir sobre elas em comparação com as de seus colegas.

Para promover a coaprendizagem e iniciar o processo de construção de habilidades integrativas, fazer os alunos trabalharem em pares ou equipes para analisar exemplos – tanto ficcionais quanto de suas próprias experiências – permite que eles trabalhem juntos para considerar quais pressupostos filosóficos estão em jogo e, talvez, em conflito. Para contextualizar a prática da administração pública, as equipes de alunos podem criar exercícios experienciais (dramatização) que demonstrem os papéis que os representantes eleitos, os administradores especialistas e os cidadãos afetados têm na governança, em um processo adequado a esses pressupostos[8,9]. Tais atividades de dramatização são ferramentas pedagógicas essenciais, pois fazer conexões entre a teoria e a experiência é um componente crítico para a aprendizagem de longo prazo (Dewey, 1997; Sogunro, 2004).

Depois de discutir experiências, uma discussão reflexiva orientada com cada aluno, observando-se qual a sensação de representar os diferentes papéis e avaliando-se os prós e contras da abordagem com base nessas experiências, é uma importante contribuição para a *praxis*. Essa abordagem pedagógica pode ajudar os alunos a conectar a teoria e a experiência por meio do tipo de reflexão que é essencial para que eles se tornem profissionais reflexivos (Schön, 1983). Tal abordagem permite que os alunos descubram outros enfoques do serviço público e dá continuidade a "uma maneira de melhorar o aprendizado que tem avançado durante décadas" (Ash; Clayton, 2004, p. 137). Tendo acesso a diversas abordagens da matéria, em vez de serem socializados em uma abordagem específica da profissão, os alunos são expostos ao panorama com base no qual poderão tomar suas próprias decisões fundamentadas e a eles são dadas oportunidades para praticar dentro da segurança da sala de aula. Esse entendimento íntimo do processo de escolha envolvido em adotar uma determinada perspectiva sensibiliza os alunos para os problemas da diversidade no processo da prática, em especial quando as perspectivas de vários agentes e *stakeholders* são diferentes.

De acordo com o modelo de Follett, a partir dessa primeira janela, os alunos devem ser trazidos para o mundo para viver a experiência de fato. É essencial passar da teoria à prática com mais do que exercícios em sala de aula cuidadosamente projetados. O mundo real é imprevisível e ambíguo e coloca nossas teorias em teste (Argyris; Schon, 1978). Portanto, professores dos cursos de mestrado em Administração Pública cada vez mais usam técnicas pedagógicas desenvolvidas para unir a teoria à prática no mundo real (Bushouse et al., 2011; Cunningham, 1997; Killian, 2004; Kramer, 2007). Estágios, trabalhos de conclusão e experiências como aprendiz são estratégias comumente usadas em campos de prática. Tais abordagens práticas são especialmente valiosas em áreas que servem ao público. O serviço público é, de muitas maneiras, um "esporte de contato" que exige a capacidade de prosperar em um ambiente dinâmico e imprevisível e de tomar novas decisões para facilitar a ação coletiva.

Muitos programas de mestrado em Administração Pública exigem estágios, especialmente para alunos que nunca trabalharam na área ou para alunos que já atuam, mas desejam mudar sua área de especialização. Uma vez que esses tipos de programas avançados são voltados para uma carreira profissional, é necessário que os alunos tenham experiência para poder transferir a teoria para a prática. Estágios em administração pública colocam os alunos em uma variedade de instituições, incluindo governos locais, agências estaduais e federais, bem como organizações sem fins lucrativos, agências de saúde e outras organizações dentro do serviço público.

As colocações são escolhidas de acordo com os objetivos de carreira e a melhor relação entre as responsabilidades da função e as habilidades do aluno. Resultados específicos do aprendizado são identificados, o que requer um acordo entre o professor orientador, o aluno e o supervisor do estágio. Os alunos precisam completar um número específico de horas de atividades (por exemplo, 500 horas) na organização. Normalmente, as horas de atividades, o tipo de atividade e os resultados do aprendizado são registrados em relatórios de acompanhamento. Esse trabalho em campo geralmente é supervisionado por um professor orientador, bem como por um supervisor direto na própria organização. Às vezes, um relatório ou uma apresentação sobre experiências importantes do estágio e sua relação com os objetivos do programa de mestrado em Administração Pública também são exigidos.

Muitos programas de mestrado também adotam trabalhos de conclusão para ajudar os alunos a passar com sucesso da teoria à prática. Esses trabalhos oferecem a oportunidade não só de unir teoria e prática (McGaw; Wechsler, 1999; Reid; Miller, 1997), como também de entrelaçar competências adquiridas na área do serviço público para tratar de questões "do mundo real" na administração pública. Trabalhos de conclusão oferecem uma oportunidade para os alunos aplicarem seus próprios conhecimentos, habilidades e atitudes em liderança e gerenciamento na implementação de um projeto de ensino-serviço. Esses projetos muitas vezes são atividades de aprendizagem que trazem as teorias fundacionais aprendidas em cursos anteriores para a prática de fato na área. Os projetos muitas vezes estão repletos de ambiguidades, ideias conflitantes e mudanças não previstas. Os alunos aprendem a lidar com esses desafios com sucesso e podem aprender com esse processo mesmo com resultados aquém do esperado.

Projetos de ensino-serviço que colocam os alunos em contextos organizacionais e comunitários foram usados com eficiência em uma variedade de programas de Administração Pública para unir o material e a teoria do curso à prática (Bushouse; Morrison, 2001; Dicke; Dowden; Torres, 2004; Imperial; Perry; Katula, 2007; Lambright, 2008; Lambright;

Lu, 2009; Stout, 2013a), ao mesmo tempo que produzem valor real nas organizações e nas comunidades (Newcomer; Allen, 2010; Plein; Morris, 2005; Waldner; Hunter, 2008). Assim, o ensino-serviço é "projetado para promover melhoria acadêmica, crescimento pessoal e engajamento cívico" (Ash; Clayton, 2004, p. 138). Abordagens de ensino-serviço também devem evitar promover relacionamentos hierárquicos com parceiros da comunidade. Deve-se ter cuidado para utilizar o processo de integração, unindo as diversas perspectivas de especialistas, profissionais, alunos e membros da comunidade.

Follett provavelmente concordaria enfaticamente nesse quesito, seguindo seu modelo da prática para a academia e de volta para a prática. Por exemplo, quando tratou da educação, Lord Haldane não imaginou o relacionamento de aprendizado como uma atividade conduzida unicamente nas universidades. Ele e Follett acreditavam que professores universitários deveriam levar tal aprendizado para o mundo real, "devotar sua vida a esse novo mundo, externo aos muros da escola", da educação comunitária (Haldane, 1920, p. xxii) e dos anos sabáticos de pesquisa (Follett, 1970). Nas instituições de ensino superior de hoje, esse tipo de educação é oferecido por meio de programas profissionais (e não de pesquisa), cursos de extensão e aprendizagem ao longo da vida, programas sociais e pesquisa aplicada. Um exemplo são os programas de extensão para universidades Land Grant, dos Estados Unidos.

Contudo, no ímpeto de oferecer experiências práticas da vida real que apliquem os conceitos e teorias do curso por meio de estágios e ensino-serviço, muitas vezes falta reflexão. Ainda assim, tal reflexão sobre a experiência é o que permite que os alunos tirem algum sentido do que está acontecendo, relacionem isso conscientemente com a teoria e integrem isso da forma mais completa possível em seu conhecimento adquirido (Ash; Clayton, 2004; Cunningham, 1997). Refletir analiticamente sobre essas experiências promove o pensamento crítico e a ligação entre teoria e prática (Collier; Williams, 2005), além de apoiar o *"double loop learning"* (Argyris; Schon, 1978) tão buscado em contextos organizacionais, permitindo ao aluno adotar, ajustar ou rejeitar uma teoria com base na experiência. Portanto, Bushouse et al. (2011) defendem que "os professores devem oferecer aos alunos de Administração Pública oportunidades de relacionar teoria e prática por meio da reflexão. Os instrutores devem estar preparados para assumir um papel ativo na facilitação do processo de reflexão e não devem presumir que os alunos serão capazes de fazer a relação entre teoria e prática por conta própria" (Bushouse et al., 2011, p. 106).

Seminários de teoria e prática integrativas, bem como o ensino-serviço por meio de estágios e projetos de conclusão, podem oferecer oportunidades para uma reflexão orientada, ao passo que os alunos descobrem a teoria, articulam sua própria perspectiva do serviço público e aplicam tanto o conhecimento quanto a ação à construção prática de habilidades. A reflexão ativa pode ser encorajada por uma variedade de abordagens e tarefas, incluindo discussão sobre palestras, exercícios de dramatização, estudos de caso, exercícios de redação e *feedback* de colegas, professores e clientes. No geral, essas atividades desenvolvem "o profissional reflexivo" (Schön, 1983).

Uma abordagem pedagógica que combine as experiências em sala de aula e em campo com a teoria e a reflexão resulta no que Follett vê como um papel essencial de mentoria do professor para com o aluno:

> *Uma oportunidade que o professor tem de mostrar ao aluno sua relação com as necessidades do mundo é quando ele ajuda o aluno a escolher seu propósito de vida, o que não é raro. Embora nunca deva fazer essa escolha pelo aluno, uma vez que ela está no âmago da individualidade – o propósito distinto e separado para cada ser humano –, o professor pode ajudá-lo mostrando que sempre existem dois fatores determinantes: a própria inclinação do aluno e também como este pode melhor contribuir para a vida comunitária. Ademais, o professor pode mostrar ao seu aluno a relação do propósito deste com propósitos maiores, a relação de seus atos diários com a vida*

comunitária, a relação de qualquer parte com um todo maior, de forma que o aluno seja capaz de entender. (Follett, 1970, p. 147)

A abordagem descrita neste livro está de acordo com o espírito e o propósito dos conceitos epistemológicos de Follett. No ensino superior, "aluno e professor são camaradas em uma jornada de descoberta que ambos reconhecem que não tem fim e que não significa um corpo de verdade rígida e complexa, visto que isso não existe, mas a busca pela verdade, bem como a expansão e a liberdade do espírito que essa busca traz" (Haldane, 1920, p. xix). Follett falou sobre esse relacionamento em sua palestra sobre a relação entre professor e aluno como um aspecto da liderança. A autora afirma que "O maior serviço que um professor pode fazer por seu aluno é aumentar a liberdade deste – seu acesso à atividade e ao pensamento e seu poder de controle. [...] O professor libera energia, liberta potencialidades, mas dentro do método, dentro das leis de atividade do grupo e do controle do grupo" (Follett, 1980, p. 137-138). Naturalmente, com isso, Follett está falando da lei da situação que guia toda liderança e toda *followership* no processo integrativo e situado da atividade grupal.

Deve ser observado que o ensino coproduzido e o ensino-serviço exigem um maior comprometimento da parte tanto dos alunos quanto dos professores. Esses tipos de abordagens preparam os alunos para as expectativas do mundo real de autodireção, trabalho em equipe e colaboração interorganizacional (Killian, 2004), bem como desenvolvem habilidades de pesquisa e gerenciamento (Whitaker e Berner, 2004). Contudo, essas abordagens também são altamente ambíguas e levam a níveis mais altos de tensão e imprevisibilidade (Jacoby, 2003). Assim, elas representam um certo risco da parte dos professores, em especial aqueles que ainda não atingiram cargos mais estáveis em suas instituições (Boyer, 1990, 1996). Porém, elas preparam os alunos para começar o "processo contínuo para toda a vida" de aprendizado e reflexão conjuntos que é necessário para a integração (Wheelock; Callahan, 2006, p. 267). Em suma, acreditamos que as recompensas tanto para os alunos quanto para os professores são muito maiores do que os custos do esforço e engenhosidade pedagógicos exigidos pelas experiências de ensino coproduzido e ensino-serviço. Portanto, recomendamos fortemente essa abordagem a outros professores engajados na empreitada de preparar profissionais para servir o público.

14.4 Afirmando a governança follettiana

Para encerrarmos, gostaríamos de ponderar os desafios envolvidos na afirmação da governança follettiana em nossa posição de pesquisadoras em ciências sociais. Propomos essa empreitada em uma época em que as recomendações positivistas para a prática baseadas na teoria empírica ainda dominam, enquanto a teoria crítica ainda aponta que tais tentativas de mudanças incrementais são loucura, às vezes pedindo alternativas utópicas. Entretanto, muito da teoria crítica baseia-se em ressentimentos existenciais, e nós concordamos com Connolly (2011) quando este diz que "um cínico é muitas vezes um autoritário que rejeita o regime autoritário atual" (p. 55). Com Follett, encontramos não apenas uma crítica robusta à maneira como as coisas têm sido feitas, mas também uma alternativa que evita a armadilha do absolutismo. Sua fundamentação relacional dinâmica nos permite "agir de acordo com essa fé ao mesmo tempo que abraçamos uma apreciação de sua contestabilidade comparativa" (p. 112). Acreditamos que o pensamento follettiano pode nos ajudar a colocar as "práticas do *self*, da ética, da micropolítica e da macropolítica [...] na ativa de forma que uma prática apoie a outra" (Connolly, 2013, p. 130). Assim, afirmamos o pensamento follettiano na teoria contemporânea da governança.

Braidotti (2013) considerou uma intenção semelhante de afirmar um materialismo vital nas ciências humanas: "Esse projeto requer mais poder visionário ou energia profética, qualidades que não são nem particularmente bem aceitas nos círculos acadêmicos, nem altamente valorizadas cientificamente" (p. 191). Tal projeto requer uma "fé nos poderes criativos da imaginação" (p. 191) que não é tipicamente permitida na academia. Apesar disso, "mentes proféticas ou visionárias são as pensadoras do futuro. O futuro como objeto ativo de desejo nos impulsiona para a frente e nos motiva a sermos ativos no aqui e agora de um presente contínuo que pede tanto a resistência quanto a contrarrealização das alternativas" (p. 191). Connolly (2011) concorda, defendendo que os teóricos políticos devem assumir os métodos dos "videntes" que são comuns para todos os tipos de tradições ontofilosóficas. Usando a intuição, videntes podem perceber "como são cruciais para o mundo as mudanças no ritmo dos eventos e no tempo das respostas" (p. 153). O autor argumenta que, embora essa sensibilidade, ou predisposição, seja rara, ela pode e deve ser cultivada, sendo essencial para o pensamento criativo em um mundo do vir a ser para a "formação de novas máximas, julgamentos, conceitos e estratégias em momentos inoportunos nos quais uma coleção de velhos preceitos, hábitos e padrões de julgamento não é suficiente para uma situação emergente" (p. 164). De fato, devemos estar "intensamente comprometidos em escrever nosso futuro [...] Este é o horizonte para futuros sustentáveis" (Braidotti, 2010, p. 216-217).

O que queremos dizer é isto: o problema contemporâneo não é uma conclusão histórica já superada, tampouco nossa resposta possível a ela é necessariamente incremental. Trata-se simplesmente de um mundo entre vários mundos possíveis que podemos cocriar (Braidotti, 2013), e que poderia ter acontecido de outra forma (Connolly, 2013). Afirmar inconsequentemente uma resposta alternativa às condições atuais "é uma forma de agir resolutamente no mundo ao mesmo tempo que se repelem as predisposições coletivas e individuais para o ressentimento existencial" (Connolly, 2011, p. 6). Tal afirmação tão inabalável não precisa ser colonizadora nem hegemônica. De fato, o PROCESSO INTEGRATIVO, por natureza, não domina nem subjuga, pois está constantemente aberto para a diferença e o difícil desafio da integração.

Assim, juntamo-nos a Connolly (2011) no que ele afirma ser "um crescente contingente que pensa que uma perspectiva definida pelo exame ativo do vir a ser pode fazer contribuições positivas para as explorações da espiritualidade, da ação econômica e política, da experiência poética e da ética" (p. 8). Ademais, admitimos que isso pode exigir uma "montagem pluralista e radical" (Connolly, 2013, p. 137) que aja "de formas mais militantes, visíveis, criativas e inspiradoras" (Connolly, 2011, p. 144). Acreditamos que tal montagem se beneficiaria com a inclusão de pesquisadores e que desempenhar nosso papel como tal deveria incluir a liberdade de passar da crítica à afirmação. Seguindo a recomendação de Connolly (2013), deveríamos poder combinar a filosofia do processo, a experimentação pragmática e a reflexividade no cuidado pelo mundo, cultivando uma capacidade de insistir com tato em momentos significativos, introduzindo experiencialmente novos conceitos e práticas e periodicamente refletindo sobre essas intervenções para garantir que estejam funcionando. Nas próprias palavras de Follett:

> *a tarefa que nos foi dada hoje é reavaliar todos os valores do mundo, seguir em frente e em direção ao desconhecido – de fato, um belo avanço. Mas a evolução consciente, o processo infinito de um coordenar perfeito, exige pessoas com vitalidade. A guerra é o caminho mais fácil: usamos da guerra porque não temos vitalidade suficiente para o trabalho muito mais difícil de entrar em um acordo […] Precisamos ser seres mais elevados para fazer esse trabalho – ao fazê-lo, tornamos-nos seres mais elevados. E assim o progresso segue adiante eternamente: significa vida sempre em formação e a responsabilidade criativa de cada ser humano.* (Follett, 1998, p. 103)

É precisamente esse desafiador processo criativo que inspira Follett. Ela se fortalece com as possibilidades da filosofia do processo relacional tal como aplicada a grupos reais: "Estou interessada, mais do que tudo, nessas correspondências entre os pensamentos dos cientistas, dos filósofos e dos administradores de negócios, porque tais correspondências me parecem uma indicação bastante forte de que estamos no caminho certo" (2003m, p. 199). Follett sente que o coordenar de esforços grupais dentro das organizações oferece um bom exemplo dessas descobertas interdisciplinares e recusa uma crescente angústia social. De fato, em vez de acompanhar o coro que afirma que "vivemos em tempos áridos" de "degeneração" (Follett, 2003a, p. 94), Follett insiste que não devemos "cometer o erro de ligar a criatividade sempre e inevitavelmente a indivíduos", mas que "entraremos agora em um período de criatividade coletiva se tivermos a imaginação para ver suas potencialidades, seu alcance, sua maior significância, acima de tudo se estivermos dispostos a trabalhar o método pacientemente" (p. 94).

Follett acredita que mais pessoas compartilhariam de seu entusiasmo se o método fosse amplamente conhecido: "Certamente, com o mundo em sua condição atual, temos uma tarefa diante de nós que pode de fato chamar a atenção do entusiasmo construtivo presente em todas as pessoas – todas" (Follett, 2013h, p. 89). Nós concordamos, e afirmamos que a governança follettiana de nossa sociedade global trará os mais produtivos resultados para todos. Portanto, vamos dar atenção ao apelo da autora para o serviço público:

> O espírito de uma nova era está rapidamente abraçando a todos nós. O apelo que a vida nos faz hoje é pelo entusiasmo socialmente construtivo presente em todas as pessoas. Isso é algo a que eu respondo com todo o meu ser. É uma grande afirmativa. O sacrifício por vezes parece negativo demais, pois está naquilo de que abro mão. O serviço por vezes parece enfatizar o FATO DO serviço em vez do VALOR do serviço. Ainda assim, o serviço e o sacrifício são ideais nobres. Não podemos viver sem eles. Contudo, que eles sirvam ao propósito maior de nossa vida, isto é, a contribuição a esse novo mundo que desejamos ver nascer de nosso caos atual, essa era que deve nos trazer liberdade individual através do controle coletivo. (Follett, 2003f, p. 314)

Notas de fim de capítulo

1. O foco de Gardner (1983) está no que o autor chama de *inteligências múltiplas* e não só na inteligência emocional. As inteligências intrapessoal e interpessoal, que foram relacionadas à ideia de Goleman (1995) de inteligência emocional, são apenas dois dos sete tipos de inteligência identificados pela teoria de Gardner das inteligências múltiplas.
2. Nessa questão de criação *versus* natureza, Whitehead concordaria: "Crianças pequenas não são utilitaristas benthamistas egocêntricas, constantemente calculando sua vantagem própria, embora rapidamente aprendam tais habilidades sociais. Também não são os primitivos de Rousseau, naturalmente altruístas na relação com o próximo, ainda que possam rapidamente aprender também essas habilidades" (Allan, 1993, p. 275).
3. Gostaríamos de agradecer a Jessica Fowler, aluna do mestrado em Administração Pública da West Virginia University, por trazer esse artigo à nossa atenção em um trabalho.
4. Esta seção baseia-se livremente em Stout e Holmes (2013).
5. Esse texto apresenta três tradições dentro da prática administrativa nos Estados Unidos: constitucional, discricionária e colaborativa. Dentro de cada tradição, uma ampla revisão bibliográfica identifica os alicerces históricos, filosóficos e intelectuais de recomendações práticas logicamente alinhadas, considerando inclusive: ontologia política, autoridade política e escopo da prática administrativa, critérios para o comportamento adequado, abordagens da tomada de decisão, estilos de organização, as características presumidas do contexto da governança e a conceptualização de papéis do profissional que deles resulta. Em conjunto, diversos padrões sobre como essas questões são abordadas (LÓGICA DA LEGITIMIDADE) canalizam

o comportamento administrativo em direção a três tipos de papéis distintos: burocrata, empreendedor e empregado. Essas diferenças são cruciais para a socialização profissional e a prática.

6. A abordagem recomendada aqui se baseia em um método usado no programa de mestrado em Administração Pública da West Virginia University e foi descrito detalhadamente em outras ocasiões (Stout; Holmes, 2013).

7. Filmes são uma maneira produtiva de abordar o estudo de caso, especialmente para alunos que nunca atuaram no serviço público e que têm menos experiência direta para contextualizar os estudos de caso tradicionais (Stout, 2011; Goodsell; Murray, 1995; Eagan, 2011).

8. Se usarem a obra *Logics of Legitimacy* (Stout, 2013b), os alunos devem projetar essas atividades de acordo com a tradição identificada: constitucional, discricionária ou colaborativa. Esta última se baseia largamente no pensamento de Follett.

9. No campo do serviço social, exercícios experienciais podem levar em consideração o profissional, o usuário atendido e outros *stakeholders*, como a família ou membros da comunidade.

Referências

AGRANOFF, R. Inside Collaborative Networks: Ten Lessons for Public Managers. **Public Administration Review**, v. 66, p. 56-65, 2006. doi: 10.1111/j.1540-6210.2006.00666.x.

_____. Enhancing Performance through Public Sector Networks: Mobilizing Human Capital in Communities of Practice. **Public Performance & Management Review**, v. 31, n. 3, p. 320-347, 2008. doi: 10.2307/20447680.

AGRANOFF, R.; MCGUIRE, M. 1998. Multinetwork Management: Collaboration and the Hollow State in Local Economic Policy. **Journal of Public Administration Research and Theory**, v. 8, n. 1, p. 67-91, 1998.

ALLAN, G. Process Ideology and the Common Good. **The Journal of Speculative Philosophy,** v. 7, n. 4, p. 266-85, 1993.

ANSELL, C.; GASH, A. Collaborative Governance in Theory and Practice. **Journal of Public Administration Research and Theory,** v. 18, n. 4, p. 543-71, 2008. doi:10.1093/jopart/mum032.

ANSELL, C. **Pragmatist Democracy:** Evolutionary Learning as Public Philosophy. Nova York: Oxford, 2011.

APPLEBY, P. H. **Big Democracy.** Nova York: Knopf, 1945.

ARENDT, H. **The Human Condition.** Chicago: University of Chicago Press, 1998 [1958].

ARGYRIS, C. **Intervention Theory and Method:** A Behavioral Science View. Reading: Addison-Wesley, 1970.

ARGYRIS, C.; SCHON, D. A. **Organizational Learning:** A Theory of Action Perspective. Reading: Addison-Wesley, 1978.

ARNSTEIN, S. A Ladder of Citizen Participation. **Journal of the American Institute of Planners,** v. 35, n. 3, p. 216-224, 1969.

ASH, S. L.; CLAYTON, P. H. The Articulated Learning: An Approach to Guided Reflection and Assessment. **Innovative Higher Education,** v. 29, n. 2, p. 137-153, 2004.

AUPPERLE, K. E. Introduction: Mary Parker Follett – A Bridge Over Management's Troubled Waters. **International Journal of Public Administration,** v. 30, n. 4, p. 363-366, 2007.

BANERJEE, A. Follett's Pragmatist Ontology of Relations: Potentials for a Feminist Perspective on Violence. **Journal of Speculative Philosophy,** v. 22, n. 1, p. 3-11, 2008.

BARBER, B. Foreword. In: FOLLETT, M. P. **The New State:** Group Organization the Solution of Popular Government. University Park, PA: Pennsylvania State University Press, 1998. p. xiii-xvi.

_____. **Strong Democracy:** Participatory Politics for a New Age. Berkeley: University of California Press, 1984.

BARCLAY, L. J. Following in the Footsteps of Mary Parker Follett: Exploring How Insights from the Past Can Advance Organizational Justice Theory and Research. **Management Decision**, v. 43, n. 5/6, p. 740-760, 2005.

BARNOSKY, A. D. et al. Has the Earth's Sixth Mass Extinction Already Arrived? **Nature**, v. 471, 2011.

BARTELS, K. P. R. Communicative Capacity: The Added Value of Public Encounters for Participatory Democracy. **The American Review of Public Administration**, v. 4, p. 656-674, 2014. doi: 10.1177/0275074013478152.

_____. Public Encounters: The History and Future of Face-to-Face Contact Between Public Professionals and Citizens. **Public Administration**, v. 91, n. 2, p. 469-483, 2013. doi:10.1111/j.1467-9299.2012.02101.x.

BAUMAN, Z. Individually Together. In: BECK, U.; BECK-GERNSHEIM, E. (Org.). **Individualization:** Institutionalized Individualism and Its Social and Political Consequences. Thousand Oaks: Sage Publications, 2001. p. xiv.

BECK, U.; BECK-GERNSHEIM, E. **Individualization:** Institutionalized Individualism and Its Social and Political Consequences. Thousand Oaks: Sage Publications, 2001.

BENNETT, J. **The Enchantment of Modern Life:** Attachments, Crossings, and Ethics. Princeton, NJ: Princeton University Press, 2001.

BENNIS, W. Thoughts on "The Essentials of Leadership". In: GRAHAM, P. **Mary Parker Follett, Prophet of Management:** A Celebration of Writings from the 1920s. Washington: Beard Books, 1995. p. 177-181.

BERGSON, H. **Time and Free Will:** An Essay on the Immediate Data of Consciousness. Tradução para o inglês de F. L. Pogson. 3. ed. Mineola: Dover Publications, 2001 [1913].

_____. **The Creative Mind:** An Introduction to Metaphysics. Mineola: Dover, 2007 [1946].

_____. **Matter and Memory.** Tradução para o inglês de Nancy Margaret Paul e Palmer W. Scott. Digireads.com Publishing, 2010 [1896].

BERGSON, H.; MITCHELL, A. **Creative Evolution.** Londres: Macmillan and Company, 1920 [1911].

BEVIR, M. **Governance:** A Short Introduction. Oxford: Oxford University Press, 2012.

BINGHAM, L. B; NABATCHI, T.; O'LEARY, R. The New Governance: Practices and Processes for Stakeholder and Citizen Participation in the Work of Government. **Public Administration Review**, v. 65, n. 5, p. 547-558, 2005.

BINGHAM, L. B.; O'LEARY, R. **Big Ideas in Collaborative Public Management.** Armonk: M. E. Sharpe, 2008.

BOHM, D. **Wholeness and the Implicate Order.** Londres: Routledge & Kegan Paul, 1980.

_____. **On Dialogue.** Nova York: Routledge, 2004.

BOJE, D. M.; ROSILE, G. A. Where's the Power in Empowerment? Answers from Follett and Clegg. **Journal of Applied Behavioral Science**, v. 37, n. 1, p. 90-117, 2001.

BOX, R. C. **Citizen Governance:** Leading American Communities into the 21st Century. Thousand Oaks: Sage Publications, 1998.

_____. **Making a Difference:** Progressive Values in Public Administration. Armonk: M. E. Sharpe, 2008.

BOYER, E. L. **Scholarship Reconsidered:** Priorities of the Professoriate. Organizado por Carnegie Foundation for the Advancement of Teaching. Nova York: John Wiley & Sons, 1990.

_____. The Scholarship of Engagement. **Journal of Public Service and Outreach**, v. 1, p. 11-20, 1996.

BOYTE, H. C. Reframing Democracy: Goverance, Civic Agency, and Politics. **Public Administration Review**, v. 65, n. 5, p. 536-546, 2005.

BOZEMAN, B.; BRETSCHNEIDER, S. The 'Publicness Puzzle' in Organization Theory: A Test of Alternative Explanations of Differences between Public and Private Organizations. **Journal of Public Administration Research and Theory**, v. 4, p. 197-223, Apr. 1994.

BRAIDOTTI, R. **Transpositions:** On Nomadic Ethics. Cambridge: Polity Press, 2006.

_____. The Politics of 'Life Itself' and New Ways of Dying. In: COOLE, D.; FROST, S. **New Materialisms:** Ontology, Agency, and Politics. Durham: Duke University Press, 2010. p. 201-218

_____. **Nomadic Theory:** The Portable Rosi Braidotti. Nova York: Columbia University Press, 2011.

_____. **The Posthuman**. Cambridge: Polity Press, 2013.

BRIGG, M. 2007. Biopolitics Meets Terrapolitics: Political Ontologies and Governance in Settler-Colonial Australia. **Australian Journal of Political Science**, v. 42, n. 3, p. 403-417, 2007.

BRINKERHOFF, D. W.; GOLDSMITH, A. A. Institutional Dualism and International Development: A Revisionist Interpretation of Good Governance. **Administration & Society**, v. 37, n. 2, p. 199-224, 2005.

BRYER, T. A. Explaining Responsiveness in Collaboration: Administrator and Citizen Role Perceptions. **Public Administration Review**, v. 69, n. 2, p. 271-83, 2009. doi:10.1111/j.1540-6210.2008.01973.x.

BUSHOUSE, B. K. et al. Crossing the Divide: Building Bridges between Public Administration Practitioners and Scholars. **Journal of Public Administration Research and Theory**, v. 21 (Suplemento 1), p. i99-i112, 2011.

BUSHOUSE, B. K.; MORRISON, S. Applying Service Learning in Master of Public Affairs Programs. **Journal of Public Affairs Education**, v. 7, n. 1, p. 9-17, 2001.

CABOT, R. C. Mary Parker Follett, An Appreciation. **The Radcliffe Quarterly**, v. 18, n. 2, p. 80-82, 1934.

CALAS, M.; SMIRICICH, L. Not Ahead of Her Time: Reflection on Mary Parker Follett as Prophet of Management. **Organization**, v. 3, n. 1, p. 147-152, 1996.

CARINO, L. V. Private Action for Public Good? The Public Role of Voluntary Sector Organizations. **Public Organization Review: A Global Journal**, v. 1, p. 55-74, 2001.

CARLEY, M.; SMITH, H. Civil Society and New Social Movements. In: CARLEY, M.; JENKINS, P.; SMITH, H. (Org.). **Urban Development and Civil Society**: The Role of Communities in Sustainable Cities. Londres: Earthscan, 2001.

CARLSSON, I.; RAMPHAL, S. **Our Global Neighborhood**: The Report of the Commission on Global Governance. Oxford: The Commission on Global Governance, 1995.

CATLAW, T. J. Constitution as Executive Order: The Administrative State and the Political Ontology of We the People. **Administration & Society**, v. 37, n. 4, 2005.

_____. **Fabricating the People**: Politics & Administration in the Biopolitical State. Tuscaloosa: University of Alabama Press, 2007.

_____. What's the Use in Being Practical? **Administrative Theory & Praxis**, v. 30, n. 4, p. 515-529, 2008.

CATLAW, T. J.; JORDAN, G. M. Public Administration and The Lives Of Others: Toward an Ethics of Collaboration. **Administration & Society**, v. 41, p. 290-312, 2009.

CHENEY, G. Mondragon Cooperatives. **Social Policy**, v. 32, n. 2, p. 4-9, 2001.

CHILD, J. **British Management Thought**: A Critical Analysis. Londres: George Allen and Unwin Ltd, 1969.

_____. Follett: Constructive Conflict. In: Graham, P. (Org.). **Mary Parker Follett, Prophet of Management**: A Celebration of Writings from the 1920s. Washington: Beard Books, 1995. p. 87-95.

_____. Mary Parker Follett. In: WITZEL, M.; WARNER, M. (Org.). **The Handbook of Management Theorists**. Oxford: Oxford University Press, 2013. p. 74-93.

CHRISLIP, D. D. **The Collaborative Leadership Fieldbook**: A Guide For Citizens And Civic Leaders. São Francisco: Jossey-Bass, 2002.

CHRIST, C. P. **She Who Changes**: Reimagining the Divine in the World. Nova York: Palgrave MacMillan, 2003.

CLEARY, R. E. Revisiting the Doctoral Dissertation in Public Administration: An Examination of the Dissertations of 1990. **Public Administration Review**, v. 52, n. 1, p. 55-61, 1992.

_____. The Public Administration Doctoral Dissertation Reexamined: An Evaluation of the Dissertations of 1998. **Public Administration Review**, v. 60, n. 5, p. 446-55, 2000.

COBB, J. B., Jr. **Christ in a Pluralistic Age.** Philadelphia: Westminster Press, 1975.

_____. **Process Theology as Political Theology.** Philadelphia: Westminster Press, 1982.

_____. **Sustaining the Common Good.** A Christian Perspective on the Global Economy. Cleveland: Pilgrim Press, 1994.

_____. **Postmodernism and Public Policy**: Reframing Religion, Culture, Education, Sexuality, Class, Race, Politics and the Economy. Albany: State University of Nova York Press, 2002.

_____. Thinking with Whitehead about Nature. In: POLANOWSKI, J.; SHERBURNE, D. (Org.). **Whitehead's Philosophy**: Points of Connection. Albany: State University of Nova York Press, 2004.

_____. **Whitehead Word Book.** Claremont, CA: P&F Press, 2008.

COBB, J. B., Jr.; GRIFFIN, D. R. **Process Theology**: An Introductory Exposition. Louisville: Westminster Press, 1976.

COHEN, A. J. Negotiation, Meet New Governance: Interests, Skills, and Selves. **Law & Social Inquiry**, v. 33, n. 2, p. 503-562, 2008.

COHEN, B. J. Design-based Practice: A New Perspective for Social Work. **Social Work**, v. 56, p. 4, p. 337-346, 2011.

COLLIER, P. J.; WILLIAMS, D. R. Reflection in Action: The Learning-Doing Relationship. In: CRESS, C. M.; COLLIER, P. J.; RETENAUER, V. L. (Org.). **Learning Through Serving**. Sterling: Stylus, 2005. p. 83-97.

COLLINGWOOD, V. Assistance with Fewer Strings Attached. **Ethics and International Affairs**, v. 17, n. 1, p. 55-68, 2003.

CONNOLLY, W. E. **Why I Am Not a Secularist?** Minneapolis: University of Minnesota Press, 1999.

_____. **A World of Becoming**. Durham: Duke University Press, 2011.

_____. **The Fragility of Things**: Self-Organizing Processes, Neoliberal Fantasies, and Democratic Activism. Durham: Duke University Press, 2013.

COOLE, D.; FROST, S. Introducing the New Materialisms. In: COOLE, D.; FROST, S. (Org.). **New Materialisms**: Ontology, Agency, and Politics. Durham, NC: Duke University Press, 2010a. p. 1-43.

COOLE, D.; FROST, S. (Org.). **New Materialisms**: Ontology, Agency, and Politics. Durham: Duke University Press, 2010b.

COOPER, T. L.; BRYER, T. A.; MEEK, J. W. Citizen- Centered Collaborative Public Management. **Public Administration Review**, v. 66, p. 76-88, 2006. doi:10.1111/j.1540-6210.2006.00668.x.

COX, R. W. Critical Political Economy. In: HETNE, B. (Org.). **International Political Economy**: Understanding Global Disorder. Halifax: Fernwood Publishing, 1995.

CROSBY, B. C. Leading in the Shared-Power World of 2020. **Public Administration Review**, v. 70, n. s1, p. s69-s77, 2010.

CUNNINGHAM, B. Experential Learnng in Public Administration Education. **Journal of Public Affairs Education**, v. 3, n. 2, p. 219-27, 1997.

_____. The New State. **Journal of Organizational Change Management**, v. 13, n. 1, p. 89-91, 2000.

DALY, H.; COBB, J. B., Jr. **For the Common Good**: Redirecting the Economy Toward Community, the Environment, and a Sustainable Future. Boston: Beacon Press, 1990.

DAMART, S. How Mary Follett's Ideas on Management Have Emerged: An Analysis Based on Her Practical Management Experience and Her Political Philosophy. **Journal of Management History**, v. 19, n. 4, p. 459-473, 2013.

DAVIS, A. M. Follett on Facts: Timely Advice from an ADR Pioneer. **Negotiation Journal**, v. 7, n. 2, p. 131-138, 1991.

DAVIS, K. Understanding the Social Responsibility Puzzle. **Business Horizons**, v. 10, n. 4, p. 45-50, 1967.

DEBORD, G. **The Society of the Spectacle**. Nova York: Zone Books, 1994.

DELEUZE, G. **The Fold:** Leibniz and the Baroque. Tradução para o inglês de Tom Conley. Minneapolis, MN: University of Minnesota Press, 1992.

_____. **Pure Immanence:** Essays on a Life. Tradução para o inglês de Anne Boyman. Nova York: Zone Books, 2001.

DELEUZE, G.; GUATTARI, F. **A Thousand Plateaus**: Capitalism and Schizophrenia. Tradução para o inglês de Brian Massumi. Nova York: Continuum, 1987.

DEMING, W. E. **Out of the Crisis**. Cambridge: MIT Press, 2000.

DESMET, R. **Whitehead and the British Reception of Einstein's Relativity**: An Addendum to Victor Lowe's Whitehead Biography. Claremont: Center for Process Studies, 2007.

DEWEY, J. The Reflex Arc Concept in Psychology. **Psychological Review**, v. 3, n. 4, p. 357-370, 1896.

_____. **Reconstruction in Philosophy**. Princeton: H. Holt, 1920.

_____. **A Common Faith**. New Haven: Yale University Press, 1934.

_____. **Experience and Education**. Nova York: The Macmillan Company, 1997 [1938].

DICKE, L.; DOWDEN, S.; TORRES, J. Successful Service Learning: A Matter of Ideology. **Journal of Public Affairs Education**, v. 10, n. 3, p. 199-208, 2004.

DONATI, P. **Transcending Modernity**: The Quest for a Relational Society. Bolonha: University of Bologna, Cesis-Department of Sociology and Business Law, 2014.

DOUGLAS, M. **Natural Symbols**: Explorations in Cosmology. Nova York: Routledge, 1996 [1970].

DRUCKER, P. F. Introduction. In: GRAHAM, P. (Org.). **Mary Parker Follett, Prophet of Management**: A Celebration of Writings from the 1920s. Washington: Beard Books, 1995. p. 1-9.

DUMAS, A. Reflections on Design and the Third Way. In: GRAHAM, P. (Org.). **Mary Parker Follett, Prophet of Management**: A Celebration of Writings from the 1920s. Washington: Beard Books, 1995. p. 205-211.

DURANT, R. F.; DURANT, J. R. S. (Org.). **Debating Public Administration**: Management Challenges, Choices, and Opportunities Boca Raton: CRC Press, 2012.

EDWARDS, J. The Materialism of Historical Materialism. In: COOLE, D.; FROST, S. (Org.). **New Materialisms:** Ontology, Agency, and Politics. Durham: Duke University Press, 2010. p. 281-298.

ELIAS, M. V.; ALKADRY, M. G. Constructive Conflict, Participation, and Shared Governance. **Administration & Society**, v. 43, n. 8, p. 869-95, 2011.

ELLSWORTH, W. L. Injection-Induced Earthquakes. **Science**, v. 341, n. 12, July 2013.

EMERSON, K.; NABATCHI, T.; BALOGH, S. An Integrative Framework For Collaborative Governance. **Journal of Public Administration Research and Theory**, v. 22, n. 1, p. 1-29, 2012. doi:10.1093/jopart/mur011.

EMMERT, M. A.; CROW, M. M. Public, Private and Hybrid Organizations: An Empirical Examination of the Role of Publicness. **Administration and Society**, v. 20, n. 2, p. 216-244, 1988.

ENOMOTO, T. The Individual in the Group. In: GRAHAM, P. (Org.). **Mary Parker Follett, Prophet of Management:** A Celebration of Writings from the 1920s. Washington: Beard Books, 1995. p. 240-245.

EPSTEIN, W. N. Contract Theory and the Failure of Public-Private Contracting. **Cordozo Law Review**, v. 34, p. 2211-2259, 2013.

ESCOBAR, O. **Public Dialogue and Deliberation:** A Communication Perspective for Public Engagement Practitioners. Edinburgh, Scotland: Beacons for Public Engagement, 2011.

EVANS, K. G.; WAMSLEY, G. L. Where's the Institution? Neoinstitutionalism and Public Management. In: FREDERICKSON, G. H.; JOHNSTON, J. M. (Org.). **Public Management Reform and Innovation:** Research, Theory, and Application. Tuscaloosa: University of Alabama Press, 1999. p. 117-44.

EYLON, D. Understanding Empowerment and Resolving Its Paradox: Lessons from Mary Parker Follett. **Journal of Management History**, v. 4, n. 1, p. 16, 1998.

FAGENCE, M. **Citizen Participation in Planning**. Nova York: Pergamon Press, 1977.

FARMER, D. J. Introduction. **Administration & Society**, v. 34, p. 87-90, 2002a.

_____. Questions. **Administration & Society**, p. 34, p. 125-29, 2002b.

FISHER, R.; URY, W. **Getting to Yes**: Negotiating Agreement without Giving In. Second edition. Nova York: Houghton Mifflin Company, 1991.

FOLEY, J. A. et al. Global Consequences of Land Use. **Science**, v. 309, n. 22, p. 570-74, June 2005.

FOLLETT, M. P. **The Speaker of the House of Representatives**. Nova York: Longmans, Green and Co, 1896.

_____. **The New State**: Group Organization the Solution of Popular Government. Nova York: Longmans, Green and Co, 1918.

_____. Community Is a Process. **Philosophical Review**, v. 28, n. 6, p. 576-588, 1919.

FOLLETT, M. P. **Creative Experience**. Nova York: Longmans, Green and Co, 1924.

_____. Some Methods of Executive Efficiency. In: OXFORD BALLIOLL COLLEGE (Org.). **Proceedings of the Twenty-Third Lecture Conference tor Works Directors, Foremen and Forewomen**. York: Yorkshire Printing Works, 1926. p. 72-76.

_____. The Teacher-Student Relation. **Administrative Science Quarterly**, v. 15, n. 2, p. 137-48, 1970.

FOLLETT, M. P. **The New State**: Group Organization the Solution of Popular Government. University Park: Pennsylvania State University Press, 1998 [1918].

_____. Business as Integrative Unity. In: METCALF, H. C.; URWICK, L. (Org.). **Dynamic Administration**: The Collected Papers of Mary Parker Follett. Nova York: Routledge, 2003a [1942]. p. 71-94.

_____. Constructive Conflict. In: METCALF, H. C.; URWICK, L. (Org.). **Dynamic Administration**: The Collected Papers of Mary Parker Follett. Nova York: Routledge, 2003b [1942]. p. 30-49.

_____. The Giving of Orders. In: METCALF, H. C.; URWICK, L. (Org.). **Dynamic Administration**: The Collected Papers of Mary Parker Follett. Nova York: Routledge, 2003c [1942]. p. 50-70.

_____. How Must Business Management Develop in Order to Become a Profession. In: METCALF, H. C.; URWICK, L. (Org.). **Dynamic Administration**: The Collected Papers of Mary Parker Follett. Nova York: Routledge, 2003d [1942]. p. 132-145.

_____. How Must Business Management Develop in Order to Possess the Essentials of a Profession? In: METCALF, H. C.; URWICK, L. (Org.). **Dynamic Administration**: The Collected Papers of Mary Parker Follett. Nova York: Routledge, 2003e [1942]. p. 117-131.

_____. Individualism in a Planned Society. In: METCALF, H. C.; URWICK, L. (Org.). **Dynamic Administration**: The Collected Papers of Mary Parker Follett. Nova York: Routledge, 2003f [1942]. p. 295-314.

_____. The Influence of Employee Representation in a Remoulding of the Accepted Type of Business Manager. In: METCALF, H. C.; URWICK, L. (Org.). **Dynamic Administration**: The Collected Papers of Mary Parker Follett. Nova York: Routledge, 2003g [1942]. p. 167-182.

FOLLETT, M. P. Leader and Expert. In: METCALF, H. C.; URWICK, L. (Org.). **Dynamic Administration**: The Collected Papers of Mary Parker Follett. Nova York: Routledge, 2003h [1942]. p. 247-269.

_____. The Meaning of Responsibility in Business Management. In: METCALF, H. C.; URWICK, L. (Org.). **Dynamic Administration**: The Collected Papers of Mary Parker Follett. Nova York: Routledge, 2003i [1942]. p. 146-166.

_____. Power. In: METCALF, H. C.; URWICK, L. (Org.). **Dynamic Administration**: The Collected Papers of Mary Parker Follett. Nova York: Routledge, 2003j [1942]. p. 95-116.

_____. The Psychology of Conciliation and Arbitration. In: METCALF, H. C.; URWICK, L. (Org.). **Dynamic Administration**: The Collected Papers of Mary Parker Follett. Nova York: Routledge, 2003k [1942]. p. 230-246.

_____. The Psychology of Consent and Participation. In: METCALF, H. C.; URWICK, L. (Org.). **Dynamic Administration**: The Collected Papers of Mary Parker Follett. Nova York: Routledge, 2003l [1942]. p. 210-229.

_____. The Psychology of Control. In: METCALF, H. C.; URWICK, L. (Org.). **Dynamic Administration**: The Collected Papers of Mary Parker Follett. Nova York: Routledge, 2003m [1942]. p. 183-209.

_____. Some Discrepencies in Leadership Theory and Practice. In: METCALF, H. C.; URWICK, L. (Org.). **Dynamic Administration**: The Collected Papers of Mary Parker Follett. Nova York: Routledge, 2003n [1942]. p. 270-294.

_____. The Basis of Authority. In: URWICK, L. (Org.). **Freedom and Co-ordination**: Lectures in Business Organization by Mary Parker Follett. Abingdon: Routledge, 2013a [1949]. p. 34-46.

FOLLETT, M. P. Co-ordination. In: URWICK, L. (Org.). **Freedom and Co-ordination**: Lectures in Business Organization by Mary Parker Follett. Abingdon: Routledge, 2013b [1949]. p. 61-76.

_____. **Creative Experience**. Peabody: Martino Fine Books, 2013c [1949].

_____. The Essentials of Leadership. In: URWICK, L. (Org.). **Freedom and Co-ordination**: Lectures in Business Organization by Mary Parker Follett. Abingdon: Routledge, 2013d [1949]. p. 47-60.

_____. **Freedom and Co-ordination**: Lectures in Business Organization, Routledge Library Editions: Organizations. Nova York: Routledge, 2013e [1949].

_____. The Giving of Orders. In: URWICK, L. (Org.). **Freedom and Co-ordination**: Lectures in Business Organization by Mary Parker Follett. Abingdon: Routledge, 2013f [1949]. p. 16-33.

_____. The Illusion of Final Authority. In: URWICK, L. (Org.). **Freedom and Co-ordination**: Lectures in Business Organization by Mary Parker Follett. Abingdon: Routledge, 2013g [1949]. p. 1-15.

FOLLETT, M. P. The Process of Control. In: URWICK, L. (Org.). **Freedom and Co-ordination**: Lectures in Business Organization by Mary Parker Follett. Abingdon: Routledge, 2013h [1949]. p. 77-89.

FORD, L. S. An Appraisal of Whiteheadian nontheism. **Southern Journal of Philosophy**, v. 15, n. 1, p. 27-35, 1977.

FORESTER, J. Making Participation Work When Interests Conflict: Moving from Facilitating Dialogue and Moderating Debate to Mediating Negotiations. **Journal of the American Planning Association**, v. 72, n. 4, p. 447-456, 2006.

_____. **Dealing with Differences**: Dramas of Mediating Public Disputes. Oxford: Oxford University Press, 2009.

FOUCAULT, M. Nietzsche, Genealogy, History. In: BOUCHARD, D. F. (Org.). **Language, Counter-Memory, Practice**: Selected Essays and Interviews. Ithaca: Cornell University Press, 1977.

_____. **The History of Sexuality**. v. I. Nova York: Pantheon Books, 1978. 3 v.

FOX, E. M. Mary Parker Follett: The Enduring Contribution. **Public Administration Review**, v. 28, n. 6, p. 520-529, 1968.

FRASER, N.; NICHOLSON, L. Social Criticism without Philosophy: An Encounter between Feminism and Postmodernism. **Theory, Culture & Society**, v. 5, n. 373-394, 1988.

FREEMAN, R. E. **Strategic Management**: A Stakeholder Approach. Boston: Pitman, 1984.

FREMOND, O.; CAPAUL, M. The State of Corporate Governance: Experience from County Assessments. In: _____. **Policy Research Working Paper**. Washington: The World Bank, 2002.

FREUDENBURG, W. R.; GRAMLING, R. **Blowout in the Gulf**: The BP Oil Spill Disaster and the Future Of Energy in America. Cambridge: MIT Press, 2011.

FRY, B. R. **Mastering Public Administration**: From Max Weber to Dwight Waldo. Seven Bridges Press, LLC, 1989.

FRY, B. R.; RAADSCHELDERS, J. C. N. **Mastering Public Administration**: From Max Weber to Dwight Waldo. 2. ed. Washington: CQ Press, 2008.

_____. **Mastering Public Administration**: From Max Weber to Dwight Waldo. 3. ed. Washington: CQ Press, 2014.

FRY, B. R.; THOMAS, L. L. Mary Parker Follett: Assessing the Contribution and Impact of her Writings. **Journal of Management History**, v. 2, n. 2, p. 11, 1996.

FULLER, R. B. **Synergetics**: Explorations in the Geometry of Thinking. Londres: Macmillan Publishing Co. Inc, 1975.

FUNG, A. Varieties of Participation in Complex Governance. **Public Administration Review**, v. 66, p. 66-75, 2006.

GABRIELE, K. R. Lessons from a Buried Past: Settlement Women and Democratically Anchored Governance Networks. **Administration & Society**, 2013. doi:10.1177/0095399713481600.

GADAMER, H.-G. **Truth and Method**. 2. ed. Nova York: Continuum, 1997.

GARDNER, H. **Frames of Mind:** The Theory of Multiple Intelligences. Nova York: Basic Books, 1983.

GARE, A. Human Ecology, Process Philosophy, and the Global Ecological Crisis. **Concrescence: The Australian Journal of Process Thought**, v. 1, p. 1-11, 2000.

GEHANI, R. R.; GEHANI, R. Mary Parker Follett's Constructive Conflict: A Psychological Foundation of Business Administration for Innovative Global Enterprises. **International Journal of Public Administration**, v. 30, n. 4, p. 387-404, 2007.

GEORGE, C. S. Jr. **The History of Management Thought**. 2. ed. Englewood Cliffs: Prentice-Hall, 1972.

GEORGE, H. **Progress and Poverty, the Remedy**: An Inquiry into the Causes of Industrial Depressions and the Increase of Want with Increase of Wealth, The Modern Library. Nova York: Random House, 1929 [1879].

GIDDENS, A. **The Constitution of Society**: Outline of the Theory of Structuration. Berkeley: University of California Press, 1984.

GILLIGAN, C. **In a Different Voice.** Cambridge: Harvard University Press, 1982.

GOLEMAN, D. **Emotional Intelligence:** Why It Can Matter More Than IQ. Nova York: Bantam Books, 1995.

_____. **Working with Emotional Intelligence.** Nova York: Bantam Dell, 2011.

GORE, A.; CLINTON, B. **From Red Tape to Results:** Creating a Government That Works Better and Costs Less. Washington: U.S. Government Printing Office, 1993.

GRADY, R. C. The Demise and Restoration of Pluralism in Early Political Science. **Southern Political Science Association Annual Meetings.** Savannah: 2002.

GRAHAM, D. W. Heraclitus and Parmenides. **Presocratic Philosophy:** Essays in Honour of Alexander Mourelatos, p. 27-44, 2002.

GRAHAM, P. Mary Parker Follett (1868-1933): A Pioneering Life. In: GRAHAM, P. (Org.). **Mary Parker Follett, Prophet of Management:** A Celebration of Writings from the 1920s. Washington: Beard Books, 1995a. p. 11-32.

GRAHAM, P. (Org.). **Mary Parker Follett, Prophet of Management:** A Celebration of Writings from the 1920s. Washington: Beard Books, 1995b.

GREENLEAF, R. **Servant As Leader.** Indianapolis: Robert K. Greenleaf Center, 1982.

GRIFFIN, D. R. (Org.). **Spirituality and Society:** Postmodern Visions. Albany: State University of Nova York Press, 1988.

GRIFFIN, D. R. **Reenchantment without Supernaturalism**: A Process Philosophy of Religion. Ithaca: Cornell University Press, 2001.

_____. **Whitehead's Radically Different Postmodern Philosophy**: An Argument for its Contemporary Relevance. Albany: State University of Nova York Press, 2007.

GULICK, L.; URWICK, L. (Org.). **Papers on the Science of Administration**. Nova York: Institute of Public Administration, 1937.

HABERMAS, J. **The Theory of Communicative Action, v. 1**: Reason and the Rationalization of Society. Tradução para o inglês de T. McCarthy. Boston: Beacon Press, 1984.

_____. **The Structural Transformation of the Public Sphere**: An Inquiry into a Category Of Bourgeois Society. Cambridge: MIT Press, 1989.

_____. **Between Facts and Norms**. Cambridge: MIT Press, 1998.

HABERMAS, J.; COOKE, M. (Org.). **On the Pragmatics of Communication, Studies in Contemporary German Social Thought**. Cambridge: MIT Press, 1998.

HALDANE, R. B. Introduction. In: FOLLETT, M. P. (Org.). **The New State**: Group Organization the Solution of Popular Government. Nova York: Longmans, Green and Co, 1920.

HALDEN, R. U.; SCHWAB, K. J. **Environmental Impact of Industrial Farm Animal Production**. Pew Commission on Industrial Farm Animal Production, 2008.

HARMON, M. M. **Public Administration's Final Exam**: A Pragmatist Restructuring of the Profession and the Discipline. Tuscaloosa: University of Alabama Press, 2006.

HARMON, M. M.; MCSWITE, O. C. Whenever Two or More Are Gathered: Relationship as the Heart of Ethical Discourse. In: STIVERS, C. (Org.). **Public Administration:** Criticism & Creativity. Tuscaloosa: The University of Alabama Press, 2011.

HARTLEY, J.; SØRENSEN, E.; TORFING, J. Collaborative Innovation: A Viable Alternative to Market Competition and Organizational Entrepreneurship. **Public Administration Review**, v. 73, n. 6, p. 821-830, 2013. doi:10.1111/puar.12136.

HEGEL, G. W. F. **Phenomenology of Spirit.** Tradução para o inglês de Arnold V. Miller. Oxford: Clarendon Press, 1977 [1807].

HEIDEGGER, M. **Being and Time.** Tradução para o inglês de J. Stambaugh. Albany: State University of Nova York Press, 1996.

HENDRIKS, F. **Vital Democracy:** A Theory of Democracy in Action. Nova York: Oxford University Press, 2010.

HENTON, D.; MELVILLE, J.; WALESH, K. **Grassroots Leaders for a New Economy:** How Civic Entrepreneurs are Building Prosperous Communities. São Francisco: Jossey-Bass, 1997.

HERTTING, N.; VEDUNG, E. Purposes and Criteria in Network Governance Evaluation: How Far Does Standard Evaluation Vocabulary Take Us? **Evaluation**, v. 18, n. 1, p. 27-46, 2012.

HOLT, E. B. **The New Realism.** Nova York: Macmillan, 1925 [1919].

HOOD, C. Exploring Variations in Public Management Reform of the 1980s. In: BEKKE, H. A.; PERRY, J. L.; TOONEN, T. A. (Org.). **Civil Service Systems in Comparative Perspective.** Bloomington: Indiana University Press, 1996. p. 268-87.

HOUSTON, D. J.; DELEVAN, S. M. Public Administration Research: An Assessment of Journal Publications. **Public Administration Review**, v. 50, p. 674-681, 1990.

HOWARD, T.; KURI, L.; LEE, I. P. The Evergreen Cooperative Initiative Of Cleveland, Ohio: Writing the Next Chapter for Anchor-Based Redevelopment Initiatives. In: **The Neighborhood Funders Group Annual Conference.** Minneapolis, MN, 2010.

HOWE, L. E. Enchantment, Weak Ontologies, and Administrative Ethics. **Administration & Society**, v. 38, n. 4, p. 422-446, 2006.

HUMMEL, R. P. Critique of Public Space. **Administration & Society**, v. 34, p. 102-107, 2002.

HUNT, R. D. Co-opetition. **Los Angeles Times**, 20 Nov. 1937.

HUSSERL, E. **General Introduction to a Pure Phenomenology**. Tradução para o inglês de F. Kerston. Boston: Kluwer, 1982 [1931].

IMPERIAL, M. T.; PERRY, J.; KATULA, M. C. Incorporating Service Learning into Public Affairs Programs: Lessons from the Literature. **Journal of Public Affairs Education**, v. 13, n. 2, p. 243-264, 2007.

INNES, J. E.; BOOHER, D. E. Consensus Building as Role Playing and Bricolage. **Journal of the American Planning Association**, v. 65, n. 1, p. 9-26, 1999.

IRVINE, A. D. Alfred North Whitehead. In: **Stanford Encyclopedia of Philosophy**. Stanford: Stanford University Metaphysics Research Lab, 2010.

JACOBY, B. Fundamentals of Service Learning Partnerships. In: JACOBY, B. (Org.). **Buildng Partnerships for Service Learning**. São Francisco: John Wiley & Sons, 2003. p. 1-29.

JAMES, W. **Pragmatism**: A New Name for Some Old Ways of Thinking. Cambridge: Harvard University, 1907.

_____. **A Pluralistic Universe**. Nova York: Longmans, Green, 1909.

_____. **Pragmatism and Four Essays from The Meaning of Truth**. Nova York: Meridian Books, 1955 [1907].

JOHNSON, A. L. Mary Parker Follett: Laying the Foundations for Spirituality in the Workplace. **International Journal of Public Administration**, v. 30, n. 4, p. 425-439, 2007.

JONES-PATULLI, J. Reconciling the Carrot and the Stick: An Intellectual History of Integrative Bargaining in 20th Century American Organizational Relations. In: **CRC Working Paper**. Ottawa: Saint Paul University, 2011.

KAAG, J. Women and Forgotten Movements in American Philosophy: The Work of Ella Lyman Cabor and Mary Parker Follett. **Transactions of the Charles S. Peirce Society**, v. 44, n. 1, p. 134-157, 2008.

KAGAN, S. **Normative Ethics**. Boulder: Westview Press, 1998.

KAKABADSE, A. et al. Auditing Moral Hazards for the Post-Global Financial Crisis (Gfc) Leadership. In: KOUZMIN, A.; WITT, M. T.; KAKABADSE, A. (Org.). **State Crimes Against Democracy**: Political Forensics in Public Affairs. Nova York: Palgrave Macmillan, 2013.

KANE, D. D. et al. Re-eutrophication of Lake Erie: Correlations between Tributary Nutrient Loads and Phytoplankton Biomass. **Journal of Great Lakes Research**, 2014. doi:10.1016/j.jglr.2014.04.004.

KANTER, R. M. Preface. In: GRAHAM, P. (Org.). **Mary Parker Follett, Prophet of Management**: A Celebration of Writings from the 1920s. Washington: Beard Books, 1995. p. xiii-xix.

KASSOTIS, C. D. et al. Estrogen and Androgen Receptor Activities of Hydraulic Fracturing Chemicals and Surface and Ground Water in a Drilling-Dense Region. **Endocrinology**, v. 155, n. 3, p. 897-907, 2014.

KATHLENE, L.; MARTIN, J. A. Enhancing Citizen Participation: Panel Designs, Perspectives, and Policy Formation. **Journal of Policy Analysis and Management**, v. 10, n. 1, p. 46-63, 1991.

KATZ, D.; KAHN, R. L. **The Social Psychology of Organizations**. Vol. 2d. Nova York: Wiley, 1978.

KELLER, C. **Face of the Deep**: A Theology of Becoming. Nova York: Routledge, 2003.

KELLY, R. M. An Inclusive Democratic Polity, Representative Bureaucracies, and the New Public Management. **Public Administration Review**, v. 58, n. 3, p. 201-208, 1998.

KENSEN, S. Reflections on Theory in Action: An Introduction and Invitation to Participate. **Administrative Theory & Praxis**, v. 30, n. 10, p. 139-142, 2008.

KEOHANE, R. O.; NYE, J. S. Globalization: What's New? What's Not? (And So What?). **Foreign Policy**, v. 118, p. 104-19, Spring 2000.

KETTL, D. F. Sharing Power: **Public Governance and Private Markets**. Washington, DC: Brookings Institution, 1993.

_____. The Transformation of Governance: Globalization, Devolution, and the Role of Government. **Public Administration Review**, v. 60, n. 6, p. 488-497, 2000.

_____. Managing Boundaries in American Administration: The Collaborative Imperative. **Public Administration Review**, v. 66, n. s1, p. 10-19, 2006.

KILLIAN, J. Pedagogical Experimentation: Combining Traditional, Distance, and Service Learning Techniques. **Journal of Public Affairs Education**, v. 10, n. 3, p. 209-224, 2004.

KING, C. S. (Org.). **Government Is Us 2.0**. Armonk: M. E. Sharpe, 2011.

KING, C. S.; FELTEY, K. M.; SUSEL, B. O. The Question of Participation: Toward Authentic Participation in Public Administration. **Public Administration Review**, v. 58, n. 4, p. 317-26, 1998.

KING, C. S.; STIVERS, C. et al. (Org.). **Government Is Us**: Public Administration in an Anti-Government Era. Thousand Oaks: Sage Publications, 1998.

KING, C. S.; ZANETTI, L. A. **Transformational Public Service**: Portraitsof Theory in Practice. Armonk: M. E. Sharpe, 2005.

KLINGNER, D. E. Globalization, Governance, and the Future of Public Administration: Can We Make Sense Out of the Fog of Rhetoric Surrounding the Terminology? **Public Administration Review**, v. 64, n. 6, p. 737-743, 2004.

KOLB, D. M. The Love for Three Oranges or: What Did We Miss about Ms. Follett in the Library? **Negotiation Journal**, v. 11, n. 4, p. 339-348, 1996.

KOPPENJAN, J.; KLIJN, E.-H. **Managing Uncertainties in Networks**. Londres: Routledge, 2004.

KRAMER, R. How Might Action Learning Be Used to Develop the Emotional Intelligence and Leadership Capacity of Public Administrators? **Journal of Public Affairs Education**, v. 13, n. 2, p. 205-242, 2007.

KRUPP, S. R. **Pattern in Organization Analysis**: A Critical Examination. Nova York: Holt, Rinehart and Winston, 1961.

LAMBRIGHT, K. T. Lessons Outside of the Classroom: Examining the Effectiveness of Service Learning Projects at Achieving Learning Objectives. **Journal of Public Affairs Education**, v. 14, n. 2, p. 205-217, 2008.

LAMBRIGHT, K. T.; LU, Y. What Impacts the Learning in Service Learning? An Examination of Project Structure and Student Characteristics. **Journal of Public Affairs Education**, v. 15, n. 4, p. 425-444, 2009.

LASSWELL, H. D. **Politics**: Who Gets What, When, How. Nova York: McGraw-Hill, 1950.

LAWRENCE, P. R. Epilogue. In: GRAHAM, P. (Org.). **Mary Parker Follett, Prophet of Management:** A Celebration of Writings from the 1920s. Washington: Beard Books, 1995. p. 291-296.

LEWICKI, R.; SAUNDERS, D.; BARRY, B. **Negotiation**. 4. ed. Boston: McGraw Hill Irwin, 2003.

LEWIN, K. **Group Decision and Social Change**. Nova York: Holt, Rinehart and Winston, 1958.

LISHNER, D. A.; BATSON, C. D.; HUSS, E. Tenderness and Sympathy: Distinct Empathic Emotions Elicited by Different Forms of Need. **Personality and Social Psychology Bulletin**, v. 37, n. 5, p. 614-625, 2011.

LOOMER, B. Two Conceptions of Power. **Criterion**, v. 15, n. 1, p. 7-29, 1976.

LOVE, J. M. The Rugged Individualist Club. **Administrative Theory & Praxis**, v. 30, n. 4, p. 424-449, 2008.

_____. From Atomistic to Interwoven: Utilizing a Typology of i/Individualisms to Envision a Process Approach to Governance. **Administrative Theory & Praxis**, v. 34, n. 3, p. 362-384, 2012.

LOVE, J. M. A Society of Control: The Paradox of the People and the Individual. **Public Administration Quarterly**, v. 37, n. 4, p. 576-593, 2013.

LUHMANN, N. **Social Systems**. Stanford: Stanford University Press, 1995.

MADDOCK, S.; MCALPINE, M. An Inspiration for Our Time: Mary Parker Follett (1968-1933). **The British Journal of Leadership in Public Services**, v. 2, n. 2, p. 44-48, 2006.

MALLIN, M. A.; CAHOON, L. B. Industrial Animal Production: A Major Source of Nutrient and Microbial Pollution. **Population and Environment**, v. 24, n. 5, p. 369, 2003.

MANSBRIDGE, J. J. Mary Parker Follett: Feminist and Negotiator. In: FOLLETT, M. P. **The New State:** Group Organization the Solution of Popular Government. University Park: Pennsylvania State University Press, 1998. p. xvii-xxviii

MARCUSE, H. **Counterrevolution and Revolt**. Boston: Beacon Press, 1972.

MARSH, D. The Development of the Policy Network Approach. In: MARSH, D. (Org.). **Comparing Policy Networks**. Philadelphia: Open University Press, 1998. p. 3-17.

MATHEWS, D. **The Ecology of Democracy**: Finding Ways to Have a Stronger Hand in Shaping Our Future. Dayton: Kettering Foundation Press, 2014.

MATTSON, K. Reading Follett: An Introduction to The New State. In: FOLLETT, M. P. **The New State:** Group Organization the Solution of Popular Government. University Park: Pennsylvania State University Press, 1998. p. xxviv-lix.

MATURANA, H. R.; VARELA, F. **The Tree of Knowledge**: The Biological Roots of Human Understanding. 2. Ed. Boston: Shambhala Publications, 1992 [1987].

MCCURDY, H. E.; CLEARY, R. E. Why Can't We Resolve the Research Issue in Public Administration? **Public Administration Review**, v. 44, n. 1, p. 49-55, 1984.

MCGAW, D.; WECHSLER, L. Romancing the Capstone: The Jewel of Public Value. **Journal of Public Affairs Education**, v. 5, n. 2, p. 89-105, 1999.

MCGREGOR, D. **The Human Side of Enterprise**. Nova York: McGraw-Hill, 1960.

MCLARNEY, C.; RHYNO, S. Mary Parker Follett: Visionary Leadership and Strategic Management. **Women in Management Review**, v. 14, n. 7, p. 292-304, 1999.

MCSWITE, O. C. **Legitimacy in Public Administration**: A Discourse Analysis. Thousand Oaks: Sage Publications, 1997.

_____. Theory Competency for MPA-educated Practitioners. **Public Administration Review**, v. 61, p. 111-115, 2001.

_____. Public Administration as the Carrier of the New Social Bond. **Administrative Theory & Praxis**, v. 28, n. 2, p. 176-189, 2006.

MELÉ, D. Ethics in Management: Exploring the Contribution of Mary Parker Follett. **International Journal of Public Administration**, v. 30, n. 4, p. 404-424, 2007.

MENDENHALL, M. E.; MACOMBER, J. H.; CUTRIGHT, M. Mary Parker Follett: Prophet of Chaos and Complexity. **Journal of Management History**, v. 6, n. 4, p. 191, 2000.

MESLE, C. R. **Process-relational Philosophy**: An Introduction to Alfred North Whitehead. West Conshohocken: Templeton Foundation Press, 2008.

METCALF, H. C.; URWICK, L. (Org.). **Dynamic administration**: The Collected Papers of Mary Parker Follett. Nova York: Harper & Brothers Publishers, 1942.

_____. **Dynamic Administration**: The Collected Papers of Mary Parker Follett. Nova York: Routledge, 2003.

MILLER, H. T.; KING, C. S. Practical Theory. **American Review of Public Administration**, v. 28, p. 43-60, 1998.

MILWARD, H. B.; PROVAN, K. Measuring Network Structure. **Public Administration**, v. 76, p. 387-407, Summer 1998.

MINTZBERG, H. Some Fresh Air for Management? In: GRAHAM, P. (Org.). **Mary Parker Follett, Prophet of Management**: A Celebration of Writings from the 1920s. Washington: Beard Books, 1995. p. 199-204.

MOORE, J. F. Predators and Prey: A New Ecology of Competition. **Harvard Business Review**, p. 75-86, May-June 1993.

MORRIS, R. C. **Process Philosophy and Political Ideology**: The Social and Political Thought of Alfred North Whitehead and Charles Hartshorne. Albany: State University of Nova York Press, 1991.

MORSE, R. S. Prophet of Participation: Mary Parker Follett and Public Participation in Public Administration. **Administrative Theory & Praxis**, v. 28, n. 1, p. 1-32, 2006.

MORTON, N. O'R.; LINDQUIST, S. A. Revealing the feminist in Mary Parker Follett. **Administration & Society**, v. 29, n. 3, p. 348-371, 1997.

NABATCHI, T. Addressing the citizenship and Democratic Deficits: The Potential of Deliberative Democracy for Public Administration. **The American Review of Public Administration**, v. 40, n. 4, p. 376-399, 2010. doi:10.1177/0275074009356467.

_____. Putting the Public Back in Public Values Research: Designing Participation to Identify and Respond to Values. **Public Administration Review**, v. 72, n. 5, p. 699-708, 2012. doi:10.1111/j.1540-6210.2012.02544.x.

NASPAA. **NASPAA Accreditation Standards.** Washington: National Association of Schools of Public Affairs and Administration, 2009.

NEUFELDT, V. (Org.). **Webster's New World College Dictionary.** 3. ed. Nova York: Macmillan, 1996.

NEWCOMER, K. E.; ALLEN, H. Public Service Education: Adding Value in The Public Interest. **Journal of Public Affairs Education**, v. 16, n. 2, p. 207-229, 2010.

NICKEL, P. M.; EIKENBERRY, A. M. Beyond Public vs. Private: The Transformative Potential of Democratic Feminist Management. **Administrative Theory & Praxis**, v. 28, n. 3, p. 359-380, 2006.

NIETZSCHE, F. **Will to Power.** Nova York: Vintage Books, 1968 [1901].

NOHRIA, N. Mary Parker Follett's View on Power, the Giving of Orders, and Authority: An Altenrative to Hierarchy or a Utopian Ideology? In: GRAHAM, P. (Org.). **Mary Parker Follett, Prophet of Management**: A Celebration of Writings from the 1920s. Washington: Beard Books, 1995. p. 154-162.

NORTH, D. C. **Institutions, Institutional Change and Economic Performance.** Cambridge: Cambridge University Press, 1990.

NOVICEVIC, M. M. et al. Communities of Creative Practice: Follett's Seminal Conceptualization. **International Journal of Public Administration**, v. 30, n. 4, p. 367-385, 2007.

O'CONNOR, E. S. Lines of Authority: Readings of Foundational Texts on the Profession of Management. **Journal of Management History**, v. 2, n. 3, p. 26-49, 1996.

_____. Integrating Follett: History, Philosophy and Management. **Journal of Management History**, v. 6, n. 4, p. 167-190, 2000.

ORMAECHEA, J. M. Mondragon's Ten Basic Principles. **Social Policy**, v. 32, n. 2, p. 4-9, 2001.

OSBORN, S. G. et al. Methane Contamination of Drinking Water Accompanying Gas-Well Drilling and Hydraulic Fracturing. **Proceedings of the National Academy of Sciences**, v. 108, p. 8172-8176, 2011.

OSBORNE, D.; GAEBLER, T. **Reinventing Government**: How the Entrepreneurial Spirit is Transforming the Public Sector. Reading: Addison-Wesley, 1992.

OSTROM, V. **The Intellectual Crisis in American Public Administration**. 2. ed. Tuscaloosa: University of Alabama Press, 1989 [1973].

PARKER, L. D. Control in Organizational Life: The Contribution of Mary Parker Follett. **The Academy of Management Review**, v. 9, n. 4, p. 736-745, 1984.

PARKER, P., Sir. Most Quoted – Least Heeded: The Five Senses of Follett. In: GRAHAM, P. (Org.). **Mary Parker Follett, Prophet of Management**: A Celebration of Writings from the 1920s. Washington: Beard Books, 1995. p. 282-290.

PARSONS, T. **The Structure of Social Action:** A Study in Social Theory With Special Reference to a Group Of Recent European Writers. Nova York: Free Press, 1968.

PATALON, M. Discursive Construction of the Subject and Inter-religious Dialogue from the Perspective of Process Theology. In: PATALON, M. (Org.). **The Process Perspective:** The Philosophical Basis of Inter-religious Dialogue. Newcastle upon Tyne: Cambridge Scholars Publishing, 2009.

PEIRCE, C. S. The Fixation of Belief. **Popular Science Monthly**, v. 12, p. 1-15, 1877.

PERRY, J. L.; KRAEMER, K. L. Research Methodology in the Public Administration Review, 1975-1984. **Public Administration Review**, v. 46, p. 215-226, 1986.

PESCH, U. The Publicness of Public Administration. **Administration & Society**, v. 40, p. 170-193, 2008.

PFEFFER, J. **New Directions for Organization Theory:** Problems and Prospects. Oxford: Oxford University Press, 1997.

PHILLIPS, J. R. Scholarship and Public Service: The Life and Work of Mary Parker Follett. **Public Voices**, v. XI, n. 2, p. 47-69, 2010.

PITTENGER, N. **Becoming and Belonging:** The Meaning of Human Existence and Community. Wilton: Morehouse Publishing, 1989.

PLEIN, L. C.; MORRIS, J. Promoting Smart Growth Through Participation and Partnership: The Community Design Team in Rural West Virginia. In: WIEWEL, W.; KNAAP, g. j. (Org.). **Partnerships for Smart Growth:** University-Community Collaboration for Better Public Places. Armonk: M. E. Sharpe, 2005. p. 165-80.

POSNER, P. L. The Pracademic: An Agenda for Re-Engaging Practitioners and Academics. **Public Budgeting & Finance**, v. 29, n. 1, p. 12-26, 2009.

PRATT, S. L. American Power: Mary Parker Follett and Michel Foucault. **Foucault Studies**, n. 11, p. 76-91, 2011.

PROVAN, K. G.; KENIS, P. Modes of Network Governance: Structure-nagement, and Effectiveness. **Journal of Public Administration Research and Theory**, v. 18, n. 2, p. 229-252, 2008. doi:10.1093/jopart/mum015.

PROZOROV, S. **Ontology and World Politics**: Void Universalism I. Organizado por Jenny Edkins e Nick Vaughan-Williams. Nova York: Routledge, 2014a. (Interventions, v. 1).

_____. **Theory of the Political Subject**: Void Universalism II. Organizado por Jenny Edkins e Nick Vaughan-Williams. Nova York: Routledge, 2014a. (Interventions, v. 1).

PRUITT, D. G.; LEWIS, S. A. Development of Integrative Solutions in Bilateral Negotiation. **Journal of Personality and Social Psychology**, v. 31, n. 4, p. 621-633, 1975.

RAADSCHELDERS, J. C. N.; LEE, K.-H. Trends in the Study of Public Administration: Empirical and Qualitative Observations from the Public Administration Review, 2000-2009. **Public Administration Review**, v. 71, n. 1, p. 19-33, 2011.

RAMOS, A. G. **The New Science of Organizations**: A Reconceptualization of the Wealth of Nations. Buffalo: University of Toronto Press, 1981.

RANDOLPH, J. Creating the Climate Change Resilient Community. In: GOLDSTEIN, B. E. (Org.). **Collaborative Resilience**: Moving Through Crisis to Opportunity. Cambridge: The MIT Press, 2012. p. 127-48.

REID, M.; MILLER, W. Bridging Theory and Administrative Practice: The Role of a Capstone Course in a P. A. Program. **International Journal of Public Administration**, v. 20, n. 10, p. 1769-1789, 1997.

RISSE, T. Global Governance and Communicative Action. **Government and Opposition**, v. 39, n. 2, p. 288-313, 2004.

RITTEL, H. W. J.; WEBBER, M. Dilemmas in a General Theory of Planning. **Policy Sciences**, v. 4, n. 2, p. 155-169, 1973.

ROLL, S.; THOMAS, N. The Legacy of Mary Parker Follett in Contemporary Scholarship. In: FRY, B. R.; RAADSCHELDERS, J. C. N. (Org.). **Mastering Public Administration**: From Max Weber to Dwight Waldo. Washington: CQ Press, 2014. p. 172-180.

ROOT, V. M. Eternal Objects, Attributes, and Relations in Whitehead's Philosophy. **Philosophy and Phenomenological Research**, v. 14, n. 2, p. 196-204, 1953.

ROY, M.; CROOKS, H. **Surviving Progress**. Canada: Big Picture Media Corporation, 2011.

RYAN, L. V.; RUTHERFORD, M. A. Mary Parker Follett: Individualist or Collectivist? Or Both? **Journal of Management History**, v. 6, n. 5, p. 207-223, 2000.

SABATIER, P. A. An Advocacy Coalition Framework of Policy Change and the Role of Policy-Oriented Learning Therein. **Policy Sciences**, v. 21, n. 2/3, p. 129-168, 1988.

SABATIER, P. A.; JENKINS-SMITH, H. C. The Advocacy Coalition Framework: An Assessment. In: SABATIER, P. A. (Org.). **Theories of the Policy Process**: Theoretical Lenses on Public Policy. Boulder: Westview Press, 1999. p. 117-68.

SALAMON, L. M. Training Professional Citizens: Getting Beyond the Right Answer to the Wrong Question in Public Administration. **Journal of Public Affairs Education**, v. 11, n. 1, p. 7-20, 2005.

SALIMATH, M. S.; LEMAK, D. J. Mary P. Follett: Translating Philosophy into a Paradigm of Lifelong Learning. **Management Decision**, v. 42, n. 10, p. 1284-1296, 2004.

SAMPSON, E. E. The Debate on Individualism: Indigenous Psychologies of the Individual and Their Role in Personal and Societal Functioning. **American Psychologist**, v. 43, n. 1, 1988.

SANDOVAL, C. **Methodology of the Oppressed**. Minneapolis: University of Minnesota, 2000.

SARUP, M. **An Introductory Guide to Post-Structuralism and Postmodernism**. Athens: University of Georgia Press, 1989.

SASS, M. Integration is Not Collaboration: Implication for Win-Win Negotiations. In: GIBSON, D. E. (Org.). **International Association for Conflict Management**. Budapeste: Fairfield University, 2007.

SAVAS, E. S. **Privatization and Public-Private Partnerships**. Nova York: Chatham House, 2000.

SCHEIN, E. H. On Dialogue, Culture, and Organizational Learning. **Reflections**, v. 4, n. 4, p. 27-38, 2003.

SCHILLING, M. A. Decades ahead of her Time: Advancing Stakeholder Theory Through the Ideas of Mary Parker Follett. **Journal of Management History**, v. 6, n. 5, p. 224-242, 2000.

SCHMIDT, M. R. Grout: Alternative Forms of Knowledge and Why They Are Ignored. **Public Administration Review**, v. 53, n. 6, p. 525-530, 1993.

SCHÖN, D. A. **The Reflective Practitioner:** How Professionals Think in Action. Nova York: Basic Books, 1983.

SCHUMPETER, J. A. **Capitalism, Socialism, and Democracy**. 6. ed. Londres: Routledge, 1943.

SEIFTER, H.; ECONOMY, P. **Leadership Ensemble:** Lessons in Collaborative Management from The World's Only Conductorless Orchestra. Nova York: Henry Holt & Company, 2001.

SELBER, K.; AUSTIN, D. M. Mary Parker Follett: Epilogue to or Return of a Social Work Management Pioneer? **Administration in Social Work**, v. 21, n. 1, 1997.

SELZNICK, P. **TVA and the Grass Roots**. Berkeley: University of California Press, 1949.

SENGE, P. **The Fifth Discipline:** The Art and Practice of the Learning Organization. Nova York: Doubleday, 1990.

_____. The Art and Practice of the Learning Organization. In: RAY, M. L.; RINZLER, A. (Org.). **The New Paradigm in Business:** Emerging Strategies for Leadership and Organizational Change. Nova York: Jeremy P. Tarcher, 1994. p. 126-138.

SHAFRITZ, J. M.; HYDE, A. C.; PARKES, S. J. (Org.). **Classics of Public Administration**. 5. ed. Belmont: Wadsworth, 2004.

SHAPIRO, D. L. Negotiation, Principled. In: CHRISTIE, D. J. (Org.). **Encyclopedia of Peace Psychology**. Malden: Blackwell Publishing, 2012. p. 703.

SHAPIRO, M. A. Toward an Evolutionary Democracy: the Philosophy of Mary Parker Follett. **World Futures**, v. 59, p. 585-590, 2003.

SHAVIRO, S. **Without Criteria**: Kant, Whitehead, Deleuze, and Aesthetics. Cambridge: Massachusetts Institute of Technology Press, 2009.

SHERBURNE, D. W. **A Key to Whitehead's Process and Reality.** Chicago: University of Chicago Press, 1966.

_____. Whitehead without God. **The Christian Scholar**, v. L, n. 3, 1967.

SIMON, H. A. **Administrative Behavior**: A Study of Decision-Making Processes in Administrative Organizations. Nova York: Free Press, 1997 [1945]. v. 4.

SMADJA, C. Time to Learn from Seattle. **Newsweek**, p. 64, 17 Jan. 2000.

SOGUNRO, O. A. Efficacy of Role-playing Pedagogy in Training Leaders: Some Reflections. **The Journal of Management Development**, v. 23, n. 3/4, p. 355-371, 2004.

SOMASUNDARAN, P. at al. **Oil Spill Remediation**: Colloid Chemistry-Based Principles and Solutions. Nova York: John Wiley & Sons, 2014.

SØRENSEN, E.; TORFING, J. The Democratic Anchorage of Governance Networks. **Scandinavian Political Studies**, v. 28, n. 3, p. 195-218, 2005a.

_____. Network Governance and Post-Liberal Democracy. **Administrative Theory & Praxis**, v. 27, n. 2, p. 197-237, 2005b.

_____. Making Network Governance Effective And Democratic through Metagovernance. **Public Administration**, v. 87, n. 2, p. 234-258, 2009. doi:10.1111/j.1467-9299.2009.01753.x.

SOROKIN, P. **Social and Cultural Dynamics**: A Study of Change in Major Systems of Art, Truth, Ethics, Law and Social Relationships. Rev. e simplif. Boston: Porter Sargent, 1957 [1937]. 5 v.

SPETH, J. G. **The Bridge at the Edge of the World**: Capitalism, the Environment, and Crossing from Crisis to Sustainability. New Haven: Yale University Press, 2008.

STALLINGS, R. A. Doctoral Programs in Public Administration: An Outsider's Perspective. **Public Administration Review**, v. 46, p. 235-240, 1986.

STALLINGS, R. A.; FERRIS, J. M. Public Administration Research: Work in PAR, 1940-1984. **Public Administration Review**, v. 48, p. 580-587, 1988.

STEINFELD, H. et al. **Livestock's Long Shadow**. Roma: Food and Agriculture Organization of the United Nations, 2006.

STEVER, J. A. Mary Parker Follett and the Quest for Pragmatic Administration. **Administration & Society**, v. 18, n. 2, p. 159-177, 1986.

STEWART, R. Why the Neglect? **Organization**, v. 3, n. 1, p. 175-179, 1996.

STIVERS, C. Toward a Feminist Perspective in Public Administration Theory. **Women in Politics**, v. 10, n. 4, p. 481-490, 1990.

_____. The Listening Bureaucrat: Responsiveness in Public Administration. **Public Administration Review**, v. 54, n. 4, p. 364-369, 1994.

_____. Mary Parker Follett and the Question of Gender. **Organization**, v. 3, n. 1, p. 161-166, 1996.

STIVERS, C. **Bureau Men, Settlement Women**: Constructing Public Administration in the Progressive Era. Lawrence: University Press of Kansas, 2000.

_____. **Gender Images in Public Administration**: Legitimacy and the Administrative State. 2. ed. Thousand Oaks: Sage, 2002a.

_____. Toward Administrative Public Space: Hannah Arendt Meets the Municipal Housekeepers. **Administration & Society**, v. 34, p. 98-102, 2002b.

_____. Integrating Mary Parker Follett and Public Administration. **Public Administration Review**, v. 66, n. 3, p. 473-476, 2006.

_____. **Governance in Dark Times**: Practical Philosophy for Public Service. Washington: Georgetown University Press, 2008.

STOUT, M. Enhancing Professional Socialization through the Metaphor of Tradition. **Journal of Public Affairs Education**, v. 15, n. 3, p. 289-316, 2009a.

_____. You Say You Want a Revolution? **International Journal of Organization Theory and Behavior**, v. 12, n. 2, p. 291-309, 2009b.

_____. Back to the Future: Toward a Political Economy of Love and Abundance. **Administration & Society**, v. 42, n. 1, p. 3-37, 2010a.

_____. Climbing the Ladder of Participation: Establishing Local Policies for Participatory Practice. **Public Administration and Management**, v. 15, n. 1, p. 46-97, 2010b.

_____. Reclaiming the (Lost) Art of Ideal-typing in Public Administration. **Administrative Theory & Praxis**, v. 32, n. 4, p. 491-519, 2010c.

_____. Competing Ontologies: A Primer for Public Administration. **Public Administration Review**, v. 72, n. 3, p. 388-398, 2012a.

STOUT, M. Toward a Relational Language of Process. **Administrative Theory & Praxis**, v. 34, n. 3, p. 407-432, 2012b.

_____. Delivering an MPA Emphasis in Local Governance and Community Development through Service Learning and Action Research. **Journal of Public Affairs Education**, v. 19, n. 2, p. 217-238, 2013a.

_____. **Logics of Legitimacy:** Three Traditions of Public Administration Praxis. Boca Raton: CRC Press, 2013b.

_____. The Many Faces of Unity. **Public Administration Quarterly**, v. 38, n. 2, 2014.

STOUT, M.; BARTELS, K. P. R.; LOVE, J. M. Collaborative Governance: Why Dispositions, Styles of Relating, and Modes of Association Matter. In: **Trans-Atlantic Dialogue**. Lugano: 2014.

STOUT, M.; HOLMES, M. H. From Theory to Practice: Utilizing Integrative Seminars as Bookends to The Master of Public Administration Program of Study. **Teaching Public Administration**, v. 31, p. 186-203, 2013.

STOUT, M.; LOVE, J. M. Ethical Choice Making. **Public Administration Quarterly**, v. 37, n. 2, p. 278-294, 2013a.

_____. Relational Process Ontology: A Grounding for Global Governance. **Administration & Society**, 2013b. doi:10.1177/0095399713490692.

_____. The Unfortunate Misinterpretation of Miss Follett. **Public Voices**, v. 13, n. 2, p. 11-32, 2014.

_____. Follettry Parker. In: DUBNICK, M. J.; BEARFIELD, D. A. (Org.). **Encyclopedia of Public Administration and Public Policy**. Nova York: Taylor and Francis Group, 2015a.

_____. **Dystopic Utopias:** Barriers to Governance in a Global Context. Morgantown: West Virginia University, 2015b.

STOUT, M.; SALM, J. What Restorative Justice Might Learn from Administrative Theory. **Contemporary Justice Review**, v. 14, n. 2, p. 203-225, 2011.

STOUT, M.; STATON, C. The Ontology of Process Philosophy in Follett's Administrative Theory. **Administrative Theory & Praxis**, v. 33, n. 2, p. 268-292, 2011.

STROUP, J. Mary Parker Follett – Prophet of Management. **Managing Leadership**: The Strategic Role of the Senior Executive. San Diego: 2007. Resenha.

STUEBER, K. Empathy. In: ZALTA, E. N. (Org.). **The Stanford Encyclopedia of Philosophy**. Stanford: Stanford University, 2008.

SUSSKIND, L.; MCKEARNAN, S.; THOMAS-LARME, J. (Org.). **The Consensus Building Handbook**. Thousand Oaks: Sage, 1999.

SWARTZ, D. L. From Critical Sociology to Public Intellectual: Pierre Bourdieu and Politics. **Theory and Society**, v. 32, n. 5-6, p. 791-823, 2003.

TALISSE, R. B. Can Democracy be a Way of Life? Deweyan Democracy and the Problem of Pluralism. **Transactions of the Charles S. Peirce Society**, v. XXXIX, n. 1, p. 1-21, 2003.

TAYLOR, F. W. **The Principles of Scientific Management**. Nova York: Harper & Brothers, 1911.

THORNE, K. Narcissistic and Dangerous Alphas: Sovereign Individuals and the Problem of Cultivating the Civic in Cyberspace. **International Journal of Critical Accounting**, v. 2, n. 1, p. 96-109, 2010.

TILMAN, D. et al. Agricultural Sustainability and Intensive Production Practices. **Nature**, v. 418, n. 8, p. 671-677, Aug. 2002.

TONN, J. C. Follett's Challenge for Us All. **Organization**, v. 3, n. 1, p. 167-174, 1996.

_____. **Mary P. Follett**: Creating Democracy, Transforming Management. New Haven: Yale University Press, 2003.

TRIST, E. L.; BAMFORTH, K. W. Some Social and Psychological Consequences of the Longwall Method of Coal Getting. **Human Relations**, v. 4, p. 3-38, 1951.

URWICK, L. (Org.). **Freedom & Co-ordination**: Lectures in Business Organisation by Mary Parker Follett. Londres: Management Publications Trust, Ltd, 1949.

_____. **Freedom & Co-ordination**: Lectures in Business Organisation by Mary Parker Follett. Abingdon: Routledge, 2013.

VENTRISS, C. Reconstructing Government Ethics: A Public Philosophy of Civic Value. In: BOWMAN, J. S. (Org.). **Ethical Frontiers in Public Management:** Seeking New Strategies for Resolving Ethical Dilemmas. São Francisco: Jossey-Bass, 1991. p. 114-34.

VON BERTALANFFY, L. **Perspectives on General System Theory**: Scientific-Philosophical Studies. Nova York: George Braziller Press, 1975.

WACHHAUS, A. Governance beyond Government. **Administration & Society**, v. 46, n. 5, p. 573-593, 2014.

WALDNER, L. S.; HUNTER, D. Client-based Courses: Variations in Service Learning. **Journal of Public Affairs Education**, v. 14, n. 2, p. 219-239, 2008.

WALDO, D. The Development of a Theory of Democratic Administration. **American Political Science Review**, v. 46, p. 81-103, Mar. 1952.

WALDO, D. **The Administrative State:** A Study of the Political Theory of American Public Administration. 2. ed. Nova York: Holmes & Meier Publishers, 1984 [1948].

_____. The End of Public Administration? **Public Administration Review**, v. 48, n. 5, p. 929-932, 1988.

WALTON, R. E.; MCKERSIE, R. B. A **Behavioral Theory of Labor Relations:** An Analysis of a Social Interaction System. Nova York: McGraw Hill, 1965.

WAMSLEY, G. L. A Public Philosophy and Ontological Disclosure as the Basis for Normatively Grounded Theorizing in Public Administration. In: WAMSLEY, G. L.; WOLF, J. F. (Org.). **Refounding Democratic Public Administration:** Modern Paradoxes and Postmodern Challenges. Thousand Oaks: Sage, 1996. p. 351-401.

WANG, Z. **Process and Pluralism: Chinese Thought on the Harmony of Diversity.** Organizado por Nicholas Rescher, Johanna Seibt e Michel Weber. Frankfurt: Ontos Verlag, 2012. (Process Thought, v. 23).

WEBER, M. Bureaucracy. In: GERTH, H. H.; MILLS, C. W. (Org.). **From Max Weber:** Essays in Sociology. Nova York: Oxford University Press, 1946. p. 196-244.

WEBER, M. **The Methodology of the Social Sciences.** Nova York: The Free Press, 1949.

WEINBERG, L. Seeing through Organization: Exploring the Constitutive Quality of Social Relations. **Administration & Society**, v. 28, n. 2, p. 177-204, 1996.

WESTLEY, F.; MINTZBERG, H. Visionary Leadership and Strategic Management. **Strategic Management Journal**, v. 10, n. S1, p. 17-32, 1989.

WETTENHALL, R. Public or Private? Public Corporations, Companies and the Decline of the Middle Ground. **Public Organization Review: A Global Journal**, v. 1, p. 17-40, 2001.

WHEATLEY, M. J. **Leadership and the New Science:** Discovering Order in a Chaotic World. 3. ed. São Francisco: Berrett-Kohler Publishers Inc, 2006.

WHEELOCK, L. D.; CALLAHAN, J. L. Mary Parker Follett: A Rediscovered Voice Informing the Field of Human Resource Development. **Human Resource Development Review**, v. 5, n. 2, p. 258-273, 2006.

WHITAKER, G. E.; BERNER, M. Learning Through Action: How MPA Public Service Team Projects Help Students Learn Research and Management Skills. **Journal of Public Affairs Education**, v. 10, n. 4, p. 279-294, 2004.

WHITE, J. D. Dissertations and Publications in Public Administration. **Public Administration Review**, v. 46, p. 227-234, 1986.

WHITE, O. F. Reframing the Authority/Participation Debate. In: WAMSLEY, G. L. et al. (Org.). **Refounding Public Administration**. Newbury Park: Sage Publications, 1990. p. 182-245.

WHITE, S. K. **Sustaining Affirmation:** The Strengths of Weak Ontology in Political Theory. Princeton: Princeton University Press, 2000.

WHITEHEAD, A. N. **Science and the Modern World.** Nova York: The New American Library, 1948.

_____. **Adventures of Ideas.** Nova York: Free Press, 1967 [1933].

_____. **Process and Reality:** An Essay in Cosmology. Organizado por David Ray Griffin e Donald W. Sherburne. Edição corrigida. Nova York: Simon and Shuster, 1978 [1929].

WHITEHEAD, A. N. **Science and the Modern World**. Nova York: Free Press, 1997 [1925].

WIEMAN, H. N. **The Source of Human Good**. Chicago: University of Chicago Press, 1946.

WILDAVSKY, A. **Speaking Truth to Power**: The Art and Craft of Policy Analysis. Boston: Little, Brown, 1979.

WILSON, P. H.; HARNISH, K.; WRIGHT, J. **The Facilitative Way**: Leadership That Makes the Difference. Shawnee Mission: TeamTech Inc, 2003.

WITT, M. T. Mary Parker Follett: Retrospect & prospect. In: **CMS5 2007**. Manchester, England, 2007.

_____. Pretending Not to See or Hear, Refusing to Signify: The Farce and Tragedy of Geocentric Public Affairs Scholarship. **American Behavioral Scientist**, v. 53, n. 6, p. 921-939, 2010.

WOLIN, S. The New Public Philosophy. **Democracy: A Journal of Political Renewal and Radical Change**, v. 1, n. 4, p. 23-36, 1981.

WRIGHT, B. E.; MANIGAULT, L. J.; BLACK, T. R. Quantitative Research Measurement in Public Administration: An Assessment of Journal Publications. **Administration & Society**, v. 35, n. 6, p. 747-764, 2004.

YODER, D. E., COOPER, T. L. Public-Service Ethics in a Transnational World. In: FREDERICKSON, H. G.; GHERE, R. K. (Org.). **Ethics in Public Management**. Armonk, NY: M.E. Sharpe, Inc, 2005.

Margaret Stout

Professora assistente de Administração Pública na West Virginia University. Sua pesquisa explora o papel de profissionais de agências públicas e sem fins lucrativos na conquista da justiça democrática social e econômica, com interesses específicos em teoria administrativa, liderança e ética no serviço público e desenvolvimento de comunidades sustentável. A autora tem um interesse particularmente especial nos fundamentos ontológicos dessas questões. Seus trabalhos foram publicados em "Logics of Legitimacy: Three Traditions of Public Administration Praxis" (CRC Press), bem como em inúmeros periódicos acadêmicos. Atua ativamente em papéis de liderança na Public Administration Theory Network e na American Society for Public Administration. Atua também nos conselhos editoriais dos periódicos "Administrative Theory & Praxis", "Public Policy and Administration" e "Teaching Public Administration" e realiza revisão por pares para uma gama de outras publicações. A Drª. Stout começou sua carreira em desenvolvimento de recursos humanos, focada em programas de equilíbrio entre a vida profissional e a vida pessoal. Com experiência em iniciativas regionais e estaduais de desenvolvimento de comunidades, a autora redirecionou sua carreira para o desenvolvimento de jovens e comunidades, atuando como diretora executiva, gerente de projetos e consultora para diversas agências governamentais e sem fins lucrativos no Estado do Arizona. Gosta de trazer essa variedade de experiências práticas para seu trabalho atual como professora, especialmente por meio do ensino-serviço, de programas sociais e da pesquisa aplicada.

Jeannine M. Love

Professora assistente de Administração Pública na Roosevelt University em Chigago, Illinois. Sua pesquisa analisa a retórica do individualismo e da liberdade na teoria e prática políticas, com atenção específica para as questões de justiça econômica. Vem atuando na administração pública desde 2000, quando começou seu trabalho como assistente social na guarda de menores em Columbus, Ohio. As inconsistências éticas e práticas que presenciou como "burocrata das ruas", em especial a problemática marginalização dos cidadãos menos favorecidos do país, continuam a motivar sua pesquisa. A autora traz essa perspectiva para a sua prática de ensino e a sua pesquisa no campo da administração pública. Seus trabalhos se encontram publicados em uma variedade de periódicos acadêmicos.

Miroslaw Patalon

Professor efetivo e presidente da Faculdade de Sociologia e Serviço Social da Akademia Pomorska em Slupsk, na Polônia. Também trabalha na Escola Vocacional Superior em Elblag. Anteriormente, atuou como professor e reitor executivo da Faculdade de Ciências Sociais da Universidade de Gdansk. De 1989 a 2003, foi pastor em igrejas batistas em Breslávia e Gdansk. É autor de livros e artigos sobre filosofia e sociologia da religião e teoria da educação. É membro da Whitehead Metaphysical Society e da International Processes Network, e já apresentou seus trabalhos em conferências na Polônia, nos Estados Unidos, na China, no Japão, na Índia, em Israel e em muitos países da Europa.

Os papéis utilizados neste livro certificados por instituições ambientais competentes, são recicláveis, provenientes de fontes renováveis e, portanto, um meio responsável e natural de informação e conhecimento.

FSC
www.fsc.org
MISTO
Papel produzido
a partir de
fontes responsáveis
FSC® C103535

Impressão: Reproset
Abril/2021